21世纪高等院校旅游管理类创新型应用人才培养规划教材

休闲度假村经营与管理

周绍健 主 编

单文君 王 玲 副主编

潘雅芳 贺 倩 姜 辽 参 编

黄 玮 胡 磊 张江汉

内 容 简 介

《休闲度假村经营与管理》内容以休闲度假村的经营与管理为主线，在明确休闲度假村概念、类型、经营特点的基础上，归纳阐述了国内外休闲度假村发展现状及趋势，着重从休闲度假村资源分析与规划设计、总体发展战略、产品开发战略、营销战略、经营模式创新、组织与人力资源管理、产品与服务质量管理、财务管理、生态环境管理、安全管理、度假者管理等方面论述了休闲度假村经营与管理，同时辅以相关案例分析。

本教材的编写从理论到实践、由宏观到微观，环环相扣、层层推进。通过理论篇三个章节学习，让学生掌握休闲度假村的基本概念、特点、类型以及国内外休闲度假村理论与实践的发展现状及趋势。经营战略篇的5个章节组成了休闲度假村经营的战略思路。管理实务篇的内容与实际最为密切，学生通过此篇章的学习，掌握度假村经营中各方面的实际管理方法和技能。

本书可作为旅游管理专业学生的学习用书，也可供休闲度假村乃至度假区、度假地管理人员和服务人员学习培训使用。

图书在版编目（CIP）数据

休闲度假村经营与管理 / 周绍健主编．—北京：北京大学出版社，2014.7
（21世纪高等院校旅游管理类创新型应用人才培养规划教材）
ISBN 978-7-301-24317-6

Ⅰ. ①休… Ⅱ. ①周… Ⅲ. ①旅游度假村—经营管理—高等学校—教材 Ⅳ. ①F590.6

中国版本图书馆CIP数据核字（2014）第118531号

书　　　　名：	休闲度假村经营与管理
著作责任者：	周绍健　主编
策 划 编 辑：	刘　嵩
责 任 编 辑：	刘　嵩
标 准 书 号：	ISBN 978-7-301-24317-6/C·1014
出 版 发 行：	北京大学出版社
地　　　　址：	北京市海淀区成府路205号　100871
网　　　　址：	http://www.pup.cn　新浪官方微博：@北京大学出版社
电 子 信 箱：	pup_6@163.com
电　　　　话：	邮购部 010-62752015　发行部 010-62750672　编辑部 010-62750667
印　 刷　 者：	北京虎彩文化传播有限公司
经　 销　 者：	新华书店
	787毫米×1092毫米　16开本　19.75印张　460千字
	2014年7月第1版　2022年8月第7次印刷
定　　　价：	40.00元

未经许可，不得以任何方式复制或抄袭本书之部分或全部内容。

版权所有，侵权必究

举报电话：010-62752024　电子信箱：fd@pup.pku.edu.cn

前　言

随着中国经济的持续发展，人们的旅游观念逐步转变，从传统走马观花式的观光旅游逐渐转向以休闲、放松和娱乐为主的休闲度假旅游。1992年，12个国家级旅游度假区经国务院批准试办，大众休闲度假旅游正式启动。

在此契机下，我国的休闲度假村得到了前所未有的发展。

从地域上看，1996年，地处亚龙湾的一家度假酒店开业迎宾，中国第一家五星级度假村由此诞生。随后，三亚亚龙湾相继诞生了十几家具有前沿态势的休闲度假村。与此同时，休闲度假村由海南迅速向青岛、桂林、杭州、昆明、上海、深圳、重庆等地扩展，国际知名品牌也纷纷登陆中国。目前，我国度假村的区域性特征已较为明显，长三角、珠三角、环渤海、西部、东北部等区域的度假村经营各显特色。北京、上海、广州、苏州、杭州、重庆等经济发达地区度假村数量明显多余国内其他地区，我国度假村细分市场的区域格局状况已经初步形成，区域内部竞争加剧。

从资源类型上看，海滨休闲度假村依靠阳光、沙滩、大海的3S资源优势，具有很强的度假吸引力，受到休闲度假者的偏爱，成为休闲度假村的领导者。上海、广州、北京等大城市周边的度假村集聚发展，成为短线休闲度假旅游产品的主流，其中高尔夫球场专项度假产品相对比较成熟。此外，依托冰雪、山地、温泉、森林、草原、湖泊、古迹等旅游资源的休闲度假村产品呈现百花齐放的局面。

从度假村运营模式来看，分时/假期所有权度假村和"家外之家"的开发，即度假村与房地产结合开发，成为目前休闲度假村开发经营的主要模式。

尽管如此，我国休闲度假村的经营与管理仍存在较大问题，如选址不当，吸引力不足；盲目建设，缺乏特色；经营管理模式单一，忽略差异竞争；服务的综合性和个性化不足等。

本书结合具体实例，从休闲度假村资源分析与规划设计、总体发展战略、产品开发战略、营销战略、经营模式创新、组织与人力资源管理、产品与服务质量管理、财务管理、生态环境管理、安全管理、度假者管理等方面入手论述休闲度假村的经营与管理，为即将进入休闲度假村实习和工作的旅游管理专业学生提供较为全面的学习指导。本书也可供休闲度假村、度假区、度假地管理人员和服务人员学习培训使用。

本书学习和借鉴优秀教材特别是国外精品教材的写作思路、写作方法以及章节安排，结合最新的前沿理论，以学生就业所需的专业知识和操作技能为着眼点，在适度基础知识与理论体系覆盖下，着重讲解应用型人才培养所需的内容和关键点。在编写过程中有机融入最新的实例以及操作性较强的案例，并对实例进行有效的分析。教材具有良好的可读性和实用性，能提高学生的学习兴趣和效果，全方位锻炼学生对知识的掌握和应用能力。

本书是校企合作的结晶。本书由浙江树人大学副教授、旅游会展系主任周绍健负责总体协调统稿，并进行第1、2、3、11章的编写，其余各章分别由浙江树人大学教师单文君、王玲、潘雅芳、贺倩、姜辽和黄玮分工合作编写。校企合作单位杭州千岛湖温馨岛浙旅度假酒店、宁波开元九龙湖度假村为本书的编写提供了难得的素材，为本书的案例精选奠定了坚实的基础，特别是杭州千岛湖温馨岛浙旅度假酒店的胡磊副总经理和张江汉总助，对本教材的内容和案例提出了许多宝贵的建议，在此深表感谢。同时，在成书过程中，作者参考并引用了许多学者、前辈的研究成果，对他们在相关领域的研究表示崇高的敬意。

感谢北京大学出版社及责任编辑刘嚣老师，其认真严谨、高效务实的工作态度使本书得以顺利出版。

限于学识水平，不妥和疏漏之处在所难免，望读者与同仁不吝赐教。

作　者
2014 年 4 月

目 录

第1章 休闲度假村概述 ………………… 1
1.1 基本概念体系 …………………… 3
- 1.1.1 休闲 ………………………… 3
- 1.1.2 度假 ………………………… 5
- 1.1.3 度假村 ……………………… 5

1.2 休闲度假村的类型 ……………… 9
- 1.2.1 按资源和客源分类 ………… 9
- 1.2.2 按地域和功能分类 ………… 9
- 1.2.3 按运营方式分类 …………… 11
- 1.2.4 按等级标准分类 …………… 13

1.3 休闲度假村经营与管理的特点 …… 13
- 1.3.1 休闲度假村具有独特的地域性资源 ……………… 14
- 1.3.2 休闲度假村服务管理具有特殊性 ………………… 15
- 1.3.3 休闲度假村设施及服务的综合性和高品质要求 …… 16
- 1.3.4 休闲度假村追求顾客的休闲度假体验 …………… 16

第2章 休闲度假村的发展与现状 ……… 21
2.1 国外休闲度假村的产生与发展历程 … 23
- 2.1.1 休闲萌芽阶段(公元前—19世纪) ……………… 23
- 2.1.2 形成阶段(19世纪—20世纪中叶) ……………… 25
- 2.1.3 发展阶段(20世纪60年代—20世纪末) ………… 26
- 2.1.4 兴盛阶段(20世纪末至今) … 26

2.2 国内休闲度假村的发展与现状 …… 28
- 2.2.1 国内休闲度假村发展历程 …… 28
- 2.2.2 国内休闲度假村发展现状 …… 29

2.3 国内休闲度假村发展面临的主要问题 …………………………… 32
- 2.3.1 选址不当,吸引力不足 …… 32
- 2.3.2 盲目建设,缺乏特色 ……… 32
- 2.3.3 经营管理模式单一,忽略差异竞争 ……………… 33
- 2.3.4 服务的综合性和个性化不足 ………………………… 35

第3章 休闲度假村产业及经营管理发展趋势 ……………………………… 38
3.1 休闲度假村产业发展背景 ………… 39
- 3.1.1 收入水平提高 ……………… 40
- 3.1.2 假日结构及调整 …………… 40
- 3.1.3 市场需求 …………………… 41
- 3.1.4 旅游者的成熟 ……………… 41

3.2 休闲度假村市场的发展 …………… 41
- 3.2.1 旅游度假区的建设 ………… 41
- 3.2.2 环城市休闲度假带的培育 ………………………… 42
- 3.2.3 自驾车旅游的兴起 ………… 43
- 3.2.4 俱乐部形式的产生 ………… 43
- 3.2.5 分时度假的探索 …………… 43
- 3.2.6 产权酒店的起步 …………… 44

3.3 休闲度假产业发展趋势 …………… 45
- 3.3.1 全球化趋势 ………………… 45
- 3.3.2 产业化趋势 ………………… 45
- 3.3.3 生态化趋势 ………………… 45
- 3.3.4 战略化趋势 ………………… 46
- 3.3.5 创新化趋势 ………………… 46
- 3.3.6 产品化趋势 ………………… 46
- 3.3.7 享乐化趋势 ………………… 48
- 3.3.8 多样化趋势 ………………… 49
- 3.3.9 系统化趋势 ………………… 49

3.4 休闲度假村经营管理发展趋势 …… 50
- 3.4.1 休闲度假村将注重选址和环境的营造 …………… 50
- 3.4.2 休闲度假村经营将实现集团化、国际化和特色化 … 50
- 3.4.3 休闲度假村将提升到无形的资本、品牌和综合产业经营 ………………………… 53
- 3.4.4 休闲度假村营销网络化 …… 54
- 3.4.5 休闲度假村的组织机构将由金字塔形结构向扁平化、虚拟化方向发展 …………… 54

3.4.6 休闲度假村将不断追踪研究，策划和推出更多、更新的特色产品 …………… 55
3.4.7 休闲度假村服务模式将走向个性化、人性化 …………… 56
3.4.8 可持续发展将成为休闲度假村所追求的永恒主题 …… 56
3.4.9 休闲度假村经营将更加注重度假者的人身安全和健康问题 …………………… 57

第4章 休闲度假村资源分析与规划设计 …………………… 61

4.1 休闲度假村的选址 …………… 62
    4.1.1 区位理论 …………………… 63
    4.1.2 国外休闲度假村选址 ……… 65
    4.1.3 国内休闲度假村选址 ……… 66
    4.1.4 休闲度假村选址的基本条件 …………………………… 67
4.2 休闲度假村资源分析 ………… 68
    4.2.1 生态休闲度假村资源分析 … 68
    4.2.2 乡村休闲度假村资源分析 … 70
    4.2.3 温泉休闲度假村资源分析 … 71
4.3 休闲度假村规划设计 ………… 73
    4.3.1 湖泊型休闲度假村规划设计 …………………………… 73
    4.3.2 滨海型休闲度假村规划设计 …………………………… 76
    4.3.3 人工"斑块"的景观生态设计 …………………………… 77
    4.3.4 自然"斑块"的景观生态设计 …………………………… 78
    4.3.5 廊道的景观生态设计 ……… 79

第5章 休闲度假村总体发展战略 …… 82

5.1 休闲度假村总体发展战略概述 … 83
    5.1.1 休闲度假村总体发展战略的内涵 …………………………… 83
    5.1.2 休闲度假村总体发展战略现状 …………………………… 84
5.2 休闲度假村总体发展战略的制定 … 86
    5.2.1 休闲度假村战略目标 ……… 86
    5.2.2 休闲度假村总体发展战略的制定 …………………………… 86
    5.2.3 休闲度假村总体发展战略具体思路 …………………… 87
    5.2.4 休闲度假村总体战略发展趋势 …………………………… 88

第6章 休闲度假村产品开发战略 …… 99

6.1 休闲度假村产品开发战略概述 … 101
    6.1.1 休闲度假村产品定义 ……… 101
    6.1.2 休闲度假村产品分类 ……… 101
    6.1.3 休闲度假村产品开发内涵 … 103
    6.1.4 休闲度假产品开发现状 …… 103
    6.1.5 休闲度假村产品开发战略内涵 …………………………… 108
6.2 各类型度假村的产品开发策略 … 110
    6.2.1 森林型度假村的产品开发策略 …………………………… 110
    6.2.2 温泉型度假村的产品开发策略——以张家界江垭温泉度假村为例 …………… 114
    6.2.3 乡村型度假村的产品开发策略 …………………………… 117

第7章 休闲度假村营销战略 ………… 123

7.1 市场营销观念演进及旅游市场营销新理念 …………………………… 125
    7.1.1 市场营销观念演进 ………… 125
    7.1.2 旅游市场营销新理念 ……… 126
7.2 休闲度假村市场定位战略 …… 131
    7.2.1 度假村市场定位概述 ……… 131
    7.2.2 度假村市场定位原则 ……… 133
    7.2.3 度假村市场定位策略 ……… 134
7.3 休闲度假村市场发展战略 …… 135
    7.3.1 度假村市场发展战略的特征 …………………………… 136
    7.3.2 度假村市场发展战略分析 … 137
    7.3.3 度假村市场发展战略操作 … 139
7.4 休闲度假村市场竞争战略 …… 141
    7.4.1 度假村主要市场竞争战略 … 141
    7.4.2 度假村市场竞争的基本策略 …………………………… 143
7.5 休闲度假村市场营销组合战略 … 144
    7.5.1 市场营销组合的产生与发展 …………………………… 144
    7.5.2 市场营销组合的特点 ……… 145

  7.5.3　市场营销组合策略 ……… 146
  7.5.4　市场营销组合的意义 ……… 146

第8章　休闲度假村经营模式创新 … 151
 8.1　休闲度假村经营模式创新概述 … 154
  8.1.1　基本概念 ………………… 154
  8.1.2　经营模式创新的重要意义 … 154
  8.1.3　经营模式创新的必然性 … 155
 8.2　温泉型休闲度假村经营模式创新 … 156
  8.2.1　文化体验模式 …………… 157
  8.2.2　会议中心模式 …………… 159
  8.2.3　主题休闲游乐模式 ……… 160
  8.2.4　绿色庄园模式 …………… 161
 8.3　滨海型休闲度假村经营模式创新 … 162
  8.3.1　生态保护模式 …………… 164
  8.3.2　健康养生模式 …………… 165
  8.3.3　自我特色模式 …………… 167
 8.4　城郊型休闲度假村经营模式创新 … 167

第9章　休闲度假村组织及人力资源管理 ……………………………… 175
 9.1　休闲度假村组织管理 ……………… 176
  9.1.1　组织管理概述 …………… 177
  9.1.2　组织管理理论 …………… 177
  9.1.3　休闲度假村组织结构设计 … 179
 9.2　休闲度假村人力资源管理 ……… 183
  9.2.1　人力资源管理概述 ……… 183
  9.2.2　休闲度假村人力资源管理现状 …………………………… 184
  9.2.3　休闲度假村人力资源管理——选人 ……………………… 185
  9.2.4　休闲度假村人力资源管理——育人 ……………………… 187
  9.2.5　休闲度假村人力资源管理——用人与留人 ……………… 189

第10章　休闲度假村产品及服务质量管理 ……………………………… 197
 10.1　休闲度假村产品及服务质量管理概述 ………………………… 199
  10.1.1　服务的定义 …………… 199
  10.1.2　服务质量的涵义 ……… 199
  10.1.3　休闲度假村产品与服务质量的内容 ………………… 200
 10.2　休闲度假村产品与服务质量控制 … 201
  10.2.1　休闲度假村产品与服务设计 ……………………… 201
  10.2.2　休闲度假村服务质量的现场管理和过程管理 ……… 204
 10.3　休闲度假村服务质量监控 ……… 206
  10.3.1　休闲度假村服务质量调查 … 207
  10.3.2　休闲度假村服务质量评估的方法 ……………………… 207
  10.3.3　休闲度假村服务保证体系设计 ……………………… 209

第11章　休闲度假村财务管理 ……… 215
 11.1　休闲度假村财务管理主要内容 … 217
  11.1.1　度假村筹资管理 ……… 217
  11.1.2　度假村投资管理 ……… 217
  11.1.3　度假村资产管理 ……… 217
  11.1.4　度假村营业收入、税费和利润管理 …………………… 218
 11.2　休闲度假村财务管理主要岗位及职责 ………………………… 219
  11.2.1　财务经理岗位职责 …… 219
  11.2.2　财务管理中心总监岗位职责 ……………………… 220
  11.2.3　会计部经理岗位职责 … 220
  11.2.4　固定资产总账主管岗位职责 ……………………… 221
  11.2.5　总营业收入主管岗位职责 … 221
  11.2.6　总工资主管岗位职责 … 222
  11.2.7　财务投资主管岗位职责 … 222
  11.2.8　信贷收款主管岗位职责 … 222
  11.2.9　出纳主管岗位职责 …… 223
  11.2.10　税务主管岗位职责 …… 223
  11.2.11　成本控制部经理岗位职责 ……………………… 224
  11.2.12　成本控制主管 ………… 224
  11.2.13　成本会计员岗位职责 … 225
  11.2.14　收货主管岗位职责 …… 225
  11.2.15　材料会计岗位职责 …… 226
 11.3　休闲度假村财务管理的完善 …… 226
  11.3.1　完善财务组织结构设置 … 226
  11.3.2　完善财务报表制度 …… 226
  11.3.3　加强财务管理水平 …… 227
  11.3.4　建立财务信息系统，实现财务信息化 ………………… 227

11.3.5 实现财务管理网络化 …… 227
11.3.6 加强度假村现金管理 …… 228
11.3.7 建立健全财务监督检查机制，完善度假村财务管理工作 …… 229
11.4 休闲度假村成本控制 …… 230
　11.4.1 设置成本控制部及成本控制经理 …… 230
　11.4.2 采购部与仓库直属财务部 …… 230
　11.4.3 加强各项费用的内部控制 …… 230
　11.4.4 存货管理环节的内控 …… 230
　11.4.5 成本内部控制的关键环节和重点 …… 231

第12章 休闲度假村生态环境管理 …… 238

12.1 休闲度假村与生态环境的关系 …… 239
　12.1.1 生态环境的内涵 …… 240
　12.1.2 休闲度假村与生态环境的关系 …… 240
12.2 生态环境管理概述 …… 242
　12.2.1 生态环境管理概念 …… 242
　12.2.2 生态环境管理的内容 …… 243
　12.2.3 生态环境管理的特点 …… 244
　12.2.4 生态环境管理的措施 …… 245
12.3 环境管理体系在度假村生态环境管理中的应用 …… 247
　12.3.1 环境管理体系简介 …… 247
　12.3.2 休闲度假村引入环境管理体系的意义 …… 250
　12.3.3 环境管理体系在度假村生态环境管理中的应用 …… 250

第13章 休闲度假村安全管理 …… 254

13.1 休闲度假村安全管理概述 …… 256
　13.1.1 休闲度假村安全管理内涵 …… 256
　13.1.2 休闲度假村安全管理现状分析 …… 257
　13.1.3 休闲度假村安全影响因素 …… 258
13.2 休闲度假村的自然环境安全管理 …… 259
　13.2.1 休闲度假村资源与环境辨析 …… 259
　13.2.2 休闲度假村自然环境安全管理措施 …… 260
13.3 休闲度假村的食品卫生安全管理 …… 261
　13.3.1 休闲度假村食品卫生安全事故的特点 …… 262
　13.3.2 构建休闲度假村食品卫生安全管理体系 …… 262
13.4 休闲度假村的设施设备安全管理 …… 265
　13.4.1 休闲度假村设施设备安全管理内容 …… 265
　13.4.2 休闲度假村设施设备安全管理措施 …… 266

第14章 休闲度假村度假者管理 …… 272

14.1 休闲度假村度假者管理概述 …… 274
　14.1.1 游客管理 …… 274
　14.1.2 休闲度假村度假者管理 …… 276
　14.1.3 度假者安全管理 …… 280
　14.1.4 度假者服务管理 …… 282
14.2 休闲度假村度假者管理存在的问题 …… 283
　14.2.1 唯经济效益至上，缺乏对度假者管理重要性的认识 …… 283
　14.2.2 从业人员培训管理不到位，缺乏度假者常态管理的意识和基本技能 …… 283
　14.2.3 度假者管理服务设施不完善，相关服务系统缺乏 …… 285
　14.2.4 管理混乱，人性化管理不到位 …… 286
14.3 休闲度假村度假者管理的模式 …… 286
　14.3.1 度假者管理的基本模式 …… 286
　14.3.2 基于利益相关者的度假者管理模式 …… 288
　14.3.3 基于CRM理论的度假者管理模式 …… 290

综合案例 杭州千岛湖温馨岛浙旅度假酒店 …… 295

参考文献 …… 303

第 1 章　休闲度假村概述

学习目标

知识目标	技能目标
(1) 了解休闲、度假及度假村的概念及内涵 (2) 了解休闲度假村的类型 (3) 了解休闲度假村经营与管理的特点	(1) 理解相关概念及特征，并能进行比较和区分 (2) 熟悉各类型度假村的涵义，能对具体度假村进行分类 (3) 理解度假村与其他酒店经营与管理的区别，树立度假村经营与管理的不同理念

知识结构

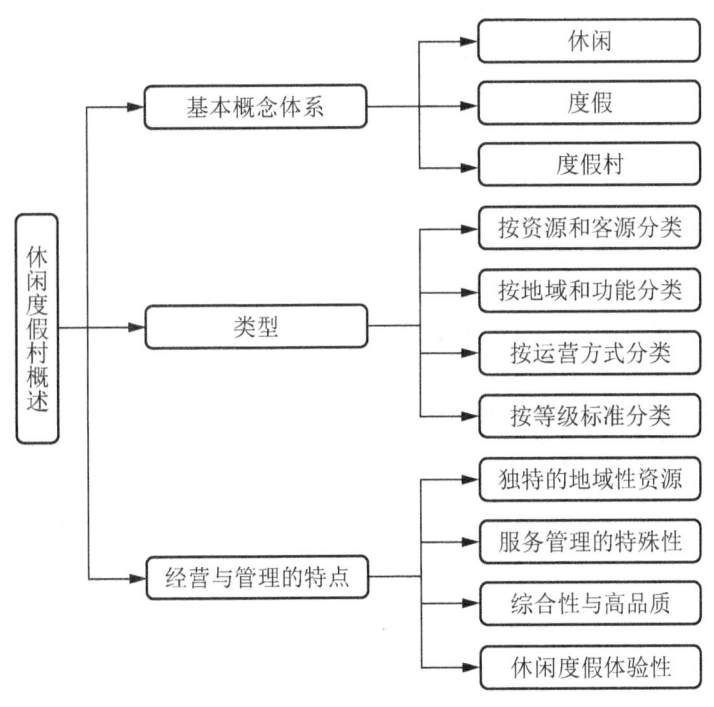

导入案例

"田源阳光"经营的失败

山西田源阳光农副产品有限公司是于2003年组建的综合性民营企业。公司集特色养殖、生态林业、花卉苗木、农产品加工、餐饮服务、休闲度假等为一体，占地2 000余亩，固定资产5 800余万元，有员工326人，是吕梁市经济结构调整中的龙头企业之一。

旅游观光、休闲度假是该公司目标之一，公司兴建了阳光浴疗中心、全方位仿真天然浴场、人工沙滩，种植了椰子树等热带作物，形成了颇具南国特色的自然景观。

在餐饮方面，公司修建了营业面积为7 000m²的特色生态餐厅，为观光游客提供了餐饮、休闲、沐浴等亲和大自然的综合享受。一座四星级，集客房、桑拿、KTV、演艺、咖啡厅等功能为一体的综合服务楼更是在孝义独树一帜。

进入2006年以后，公司的经营每况愈下，田源阳光旗下的部分产业也开始出售转让，一些建设中的项目也都停了下来。

有业内行家认为：公司董事长以前从事的煤炭行业利润大，用粗放式管理也能保障大的经济效益，而服务行业最能在细微之处体现核心管理价值，粗放式管理的做法是不能让服务业赢利的。多元化、一条龙的发展模式固然不错，但配套设施，比如人才、管理技术要能跟得上。

2008年1月9日，田源阳光生态园再次在喜庆的鞭炮、锣鼓声中开业，重新整合后的田源阳光也受到了孝义市委市政府的高度重视，引来众多媒体的关注。

然而这次重组开业也未能持续多长时间，20多天后，田源阳光再度关门。在知情人士看来，管理和选址问题是导致该公司再度开业失败的重要原因。

据了解，新老板进入田源阳光后也曾在管理上花了大量时间。在一份网上流传的《孝义田源阳光厨房管理制度》里，包括对总厨、主管、组长、初加工、面点师等各个环节的分工、赏罚制度都做出了明确规定，细至每个员工的思想工作都有体现。

一份厨房的管理制度都如此明细，何况整个生态度假园的管理。显然，新任老总并不想倒在管理这一关上，然而地理位置却不是他这个继任者能够选择的。

当地某职能部门的一位人士分析认为：这个度假村离孝义市区较远，而孝义离太原又不近，无论从地理位置还是市场定位来说，这个度假村都没有优势，甚至都是劣势。

讨论题：什么是休闲度假村？田源阳光休闲度假村失败的原因是什么？休闲度假村的经营管理具有什么特点？

资料来源：中国煤炭信息网 http://www.coalcn.com/，有删改。

中产阶级的形成和带薪假期制度的推行使全球度假旅游成为时尚。自20世纪30年代休闲度假村在欧洲兴建开始，休闲度假村作为一种特殊的旅游消费形式，已成为旅游业向纵深发展的标志。通过60多年的发展，世界各主要旅游接待国都竞相建设了休闲度假村。在中国，由于近几年对外开放程度的扩大，经济发展水平的提高，人们生活状况的改善，以旅游、娱乐、度假、休养为主要目的的休闲度假旅游已逐步兴起，相对于观光旅游来说，大有后来居上之势。休闲度假村的建立是我国旅游业发展格局由观光型向度假型转变的重要举措，也是各区域培养新的经济增长点、大众适应社会生活方式的变革、社会走向现代化和进一步对外开放的必然选择。

1.1 基本概念体系

基本概念的明晰是休闲度假村经营与管理的基础，学习与研究休闲度假村的经营与管理首先应明确概念体系与其逻辑关系。经过多年的发展，人们已创造了多种类型的度假村，进而在定义休闲度假村时，也就显得顾此失彼，各执一词了。特别是在我国，不少研究对度假地、度假区和度假村等概念不加区分，造成经营与管理实践问题研究的混淆和困难。

1.1.1 休闲

随着我国改革开放和经济建设的发展以及人民物质、文化消费水平的提高，休闲已成为人们精神与物质的重要需要。

人类对休闲的认识有着悠久的历史，在西方，最早可以追溯到古希腊的亚里士多德，他把休闲誉为"一切事物环绕的中心"、"科学和哲学诞生的基本条件之一"。这一思想后来成为西方休闲文化的传统。但真正把休闲放在学术的层面加以考察和研究，并形成学科体系则是近100年的事。

美国学者认为，休闲学在美国的诞生以1899年凡勃伦发表的《有闲阶级论》为标志。他在该书中提出，休闲已成为一种社会建制，人的一种生活方式和行为方式。

瑞典天主教哲学家皮普尔的《休闲：文化的基础》被誉为西方休闲学研究的经典之作。书中指出，休闲是人的一种思想和精神的态度，它不是外部因素作用的结果，也不是空闲时间所决定，更不是游手好闲的产物。

荷兰著名学者约翰·赫伊津哈所著的《游戏的人》，也是西方休闲学研究的重要参考书目。他认为人只有在游戏中才最自由、最本真、最具有创造力，游戏是一个阳光灿烂的世界。查里斯·波瑞特比尔的《挑战休闲》和《以休闲为中心的教育》被西方公认是休闲学研究的力作。

布莱特比认为，休闲是去掉生理必需时间和维持生计必需的时间之后，自己可以判断和选择的自由支配时间。

基斯特和弗瓦认为，休闲是人们从劳动或其他义务工作中解放出来，自由地放松，转换心情，取得社会成就，并促进个人发展的可利用的时间。

在我国，最早提出休闲学研究的学者是于光远先生，他指出："玩是人类基本需要之一，要玩得有文化，要有玩的文化，要研究玩的学术，要掌握玩的技术，要发展玩的艺术。"

马惠娣教授主要以哲学为背景，更多地从状态的角度定义休闲。她在《休闲：建造人类美丽的精神家园——休闲文化的理论思考》(1996)和《文化精神之域的休闲理论初探》(1998)两篇文章中较为具体地说明，"休闲的一般意义是指两个方面：一是解除体力上的疲劳；二是获得精神上的慰藉。将休闲上升到文化范畴则是指人的闲情所致，为不断满足人的多方面需要而处于的文化创造、文化欣赏、文化建构的一种生存状态或生命状态。"

王雅林则以社会学研究为背景，侧重从活动的角度对休闲进行阐释。她在《信息化与文明休闲时代》(2002)一文中指出"休闲是人们在可以自由支配的时间用于满足精神生活之需要所从事的各种活动。"

张广瑞、宋瑞(2001)总结出休闲应具备4个要素：可自由支配时间、个人偏好性活动、可自由支配收入、精神满足的状态和自我实现与发展的结果。他们认为休闲是一种特定的生存状态或是特定的生活方式，把休闲定义为：人们可以自由支配时间、可以自由地选择从事某些个人偏好性活动，并从这些活动中享受到惯常生活事物中所不能享受到的身心愉悦、精神满足和自我实现与发展即为休闲。

李仲广、卢昌崇(2004)在从词源、时间、活动、状态、制度、综合等多角度对国内外休闲定义述评之后，抽象出休闲的两个最本质特征：第一，休闲是一种自由活动；第二，休闲活动本身就是目的。

综合来看，国内外不同的学者对休闲的概念有不同的理解，但总体集中在时间、活动及理念等角度。从时间角度看，休闲是可自由支配的时间；从活动角度看，休闲是按自己的意愿做愉快惬意的事情，并可以随意地放弃这一活动；从理念角度看，休闲是获得一种生命的体验，寻找生命的意义。

经典人物 1-1

世界休闲科学院资深院士：马惠娣

马惠娣教授(图1.1)1995年前研究教授科学技术发展中的社会哲学问题，有多篇论文发表。自1995年起，她在于光远先生的指导下开始从事休闲理论研究，关注休闲这一新的社会文化现象，以及由这一现象提出的哲学、社会学、文化学、经济学等问题，关注休闲对生命价值的影响、对人性的滋养、对文化的孕育。2000年她被特聘到文化部中国艺术研究院，现担任中国文化研究所休闲研究中心主任、研究员，《自然辩证法研究》编辑部主任、副编审。曾在美国宾州立大学(Penn State University)、纽约州立大学伯切思学院、考特兰学院、乔治·梅森大学等休闲学系访问、讲学。

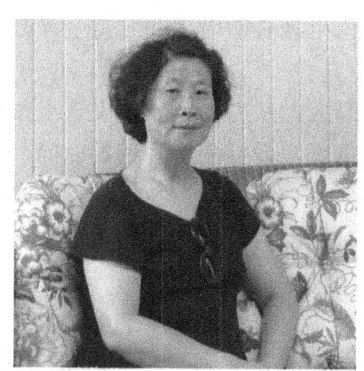

图 1.1 马惠娣教授

马惠娣教授于1998年访问美国宾夕法尼亚州立大学，回国后开始主持翻译我国首套"西方休闲研究译丛"，2000年由云南人民出版社出版。2009年主持翻译并出版第二套"西方休闲研究译丛"，总共10本，还出版了《休闲：人类美丽的精神家园》、《走向人文关怀的休闲经济》、《于光远马惠娣十年对话：关于休闲学的10个基本问题》等5本学术著作。2006年，马惠娣教授作为首位亚洲学者当选美国休闲科学院成员。2007年至今当选国际社会学协会休闲研究委员会理事会委员。2007年当选中国休闲哲学专业委员副主任委员。2010年当选世界休闲科学院资深院士，为中国学界唯一代表。

资料来源：百度百科 http://baike.baidu.com/view/2109708.htm.

1.1.2 度假

度，就是"度过"，假即"假期"。度假作为"如何利用一个时间段"的概念，是一种利用假期令精神和身体放松的康体休闲方式。度假有5个主要特征：一是以休息和放松为目的，按自己的意愿做事情；二是时间比较长，往往会花费几天的时间，且季节性比较明显；三是空间活动集中，即活动以特定的度假区域为中心辐射状展开；四是个体化行为突出，个体选择差异大，且主题性和组合性较高；五是重复率高，个体会反复地做相同的事情。

度假与度假旅游是不同的概念，简单地说，度假是一种利用时间段的休闲方式，而度假旅游则是以度假为目的的旅游形式。旅游虽然是度假的一种主要的形式，但度假不一定是以旅游的形式来实现。

1.1.3 度假村

在国外流行的"Resort"，中文可以解释为"度假村"，意为提供一个亲近大自然的机会，并享受一系列贴身服务和现代化的休闲和运动设施，彻底放松身心。

S.Medlik于1985年认为，度假村一词顾名思义，"即意指人们可大批量地去度假的旅游中心。"

世界旅游组织（WTO）将度假村定义为：度假村是为旅游者较长时间的驻留而设计的住宅群。在它的全价中，除了住宿费外，还有公共设备、体育及娱乐设施的使用费。

我国旅游度假区的研究始于20世纪80年代，伴随着我国度假区的发展，理论研究的成果也相继出现。各专家学者的文章涉及诸如度假地、度假区和度假村的定义。

许春晓(1998)认为，所谓旅游度假村，是人们为接待各种以度假休闲为目的的游客的旅游开发形式。它是独立的经济实体，向旅游者提供服务配套的全部旅游产品，并获得经济效益。

姜红敏(2007)则提出，对度假村的定义应概括为：①以度假市场和会议市场为目标市场；其坐落位置有所选择，必须满足度假需求；②提供全套的娱乐和服务设施。综合上面的分析，可以得出一个关于度假村的概念定义：度假村是为度假和会议服务，自然景观优美并拥有完善娱乐和服务设施的住宿设施（住宅群）。

以上对度假村的定义都不是十分准确，本书将度假村定义为一个接待机构，且具有环境优良清静、服务温馨舒适、交往随和自然、康体娱乐设施完备、提供综合服务等特征。其核心是创造一种能够促进并增强顾客休闲体验的环境和服务氛围。它与度假地、度假区是不同的概念。

邹统钎(1990)年对旅游度假地下的定义是：旅游度假地是以闲暇为导向、自给自足的设施与服务有机组合体，用以为游客创造一种特殊的环境与经历。吴人韦(1999)年对旅游度假地下的定义是：旅游功能相对完整独立，为游憩、休闲、休学、康复等目的而设计、经营的，能提供相当旅游设施和服务的旅游目的地整体。唐继刚(2002)则认为旅游度假地是由各种游憩设施、活动、环境、服务组成的地域综合体。可见，度假地的范围可以很广，其边界是模糊的。

度假区是中国化的概念，指经过向政府部门报批成立的一个管理和建设区域，往往是从旅游度假地划分出来的，具有明确的边界与范围，通常有统一的管理机构。一个旅游地可以包括多个度假区和众多度假村。如杭州是一个度假地，它有之江国家级旅游度假区、萧山湘湖省级旅游度假区和众多的度假村、度假酒店。

度假村的概念与区域大小无关，也没有专门的机构进行审批和授权，它是一个独立的经济实体。

课外阅读 1-1

国家旅游度假区

国家旅游度假区是指符合国际度假旅游要求、以接待海外旅游者为主的综合性旅游区，有明确的地域界线，适于集中设配套旅游设施，所在地区旅游度假资源丰富，客源基础较好，交通便捷，对外开放工作已有较好基础。与国家级风景名胜区等自然保护区域不同的是，国家旅游度假区属国家级开发区。

1992年，为进一步扩大对外开放，开发利用中国丰富的旅游资源，促进我国旅游观光型向观光度假型转变，加快旅游事业发展，中华人民共和国国务院决定在条件成熟的地方试办国家旅游度假区，鼓励外国和港澳台地区的企业、个人投资开发旅游设施和经营旅游项目，并对其实行优惠政策。

同年，国务院批复同意建立包括江苏太湖、上海横沙岛在内的11处国家旅游度假区。1993年，国务院批复同意将"江苏太湖国家旅游度假区"下设的"苏州胥口度假中心"和"无锡马山度假中心"分别更名为"苏州太湖国家旅游度假区"和"无锡太湖国家旅游度假区"。1995年，国务院又批复同意建立"上海佘山国家旅游度假区"，以取代"上海横沙岛国家旅游度假区"。至此，全国12处国家旅游度假区基本成形，并延续至今。国家旅游度假区列表见表1-1。

表1-1　国家旅游度假区

地　　区	度假区名称
海南	三亚亚龙湾4A级国家旅游度假区
辽宁	大连金石滩国家旅游度假区
上海	上海佘山国家旅游度假区
江苏	苏州太湖国家旅游度假区
	无锡太湖国家旅游度假区

续表

地　　区	度假区名称
浙江	杭州之江国家旅游度假区
福建	武夷山国家旅游度假区
	湄洲岛国家旅游度假区
山东	岛石老人国家旅游度假区
广东	广州南湖国家旅游度假区
广西	北海银滩国家旅游度假区
云南	昆明滇池国家旅游度假区

资料来源：百度百科 http://baike.baidu.com/view/4450172.htm.

课外阅读 1-2

杭州之江国家旅游度假区

杭州之江国家旅游度假区是 1992 年 10 月经国务院批准建立的全国 12 个国家级旅游度假开发区之一，南濒钱塘江，北依五云山，最初规划面积 9.88km²。为充分发挥国家旅游度假区的政策和品牌优势，与西湖区优势互补，带动转塘及周边地区的发展。杭州市委、市政府于 2002 年和 2004 年实施了两次管理体制调整，之江度假区党工委、管委会与西湖区委、区政府进行合署办公，委托西湖区委、区政府对之江度假区实施管理，并将转塘镇委托之江度假区管理，规划面积扩大至 50.68km²。

之江度假区建区以来，旅游接待量、招商引资、项目建设等方面在全国 12 个国家级度假区中都名列前茅，主要建成了宋城（图 1.2）、未来世界、西湖国际高尔夫球场（图 1.3）三大主题旅游项目和云栖度假酒店（图 1.4）、玫瑰园休闲世界、阳明谷度假村（图 1.5）、东方苑休闲中心等众多度假单元。当前，"冰雪世界"、"极地海洋公园"、"商务中心"、"玫瑰园康体中心"、"阳明谷度假村"等众多旅游度假项目也已先后建成，它们将进一步丰富度假区的休闲旅游产业。

图 1.2　宋城

图 1.3　西湖国际高尔夫球场

图 1.4　云栖度假酒店

图 1.5　阳明谷度假村

　　近年来度假区已投入 30 多亿元资金，道路、农居、管网等配套日趋完善，河道整治、矿山治理等力度加大，生态环境建设成效明显。随着杭州城市西部地区·上泗区块保护与发展规划优化工作的深入，之江度假区按"一心三轴五区"的空间结构，正抓紧完善之江单元、转塘单元、双浦单元 3 个区域空间规划布局，打造"旅游休闲，文化创意，生态人居，和谐创业"四大区域品牌，实现市委市政府提出的建设"一地两区"（旅游休闲度假之地、生态市建设示范区、城乡一体化发展示范区）的战略目标，使度假区真正成为生态一流、风景优美、经济繁荣、社会稳定、生活富裕的旅游休闲度假胜地。

资料来源：杭州之江国家旅游度假区 http://www.hz-zj.com/.

1.2 休闲度假村的类型

休闲度假村有各种类别,其中许多是相互交叉的。在各类文献中有对度假村类型的各种分类,根据前文对休闲度假村的定义,本书将度假村分为以下的主要类型。

1.2.1 按资源和客源分类

度假村按其资源和客源不同,可分为资源型、客源型、资源-客源型三类。见表 1-2。

表 1-2 按资源和客源分类的休闲度假村

类型	资源型	客源型	资源-客源型
含义	依托优美的自然风景或历史文化遗产	在环城游憩带内或邻近地区,依托经济发达的客源市场	兼有资源型与客源型的某些优势

1. 资源型

这类休闲度假村多依托于良好的自然风景区或者历史文化遗产。这些度假村坐落在极富魅力的地方,对度假者有足够的吸引力。但由于所在地区通常经济发展水平较低,距主要客源市场较远,度假产品销售的门槛值(指度假村赢利所需要的顾客最低数量所辐射的地域范围)较大,经济成本较高,其经济效益必须依赖一定数量消费水平较高的顾客。随着我国经济的发展,居民收入增加、带薪假期延长,交通设施和工具快速发展,这使得越来越多的人能克服时间、空间与费用的障碍,到资源型度假村度假。

2. 客源型

这类休闲度假村依托于经济发达的客源市场。它们通常坐落于交通便利、人口密集、城镇广布的城市周边地区,度假产品销售的门槛值较小,凭借城市强大的经济实力向顾客提供从生活到休闲娱乐的全套一流服务。但这类度假村要在城市周边获取优良自然风景的难度较大,并且成本较高。

3. 资源-客源型

这类休闲度假村介于资源型和客源型之间,其环境和基本条件较好,距主要客源市场也不太远,且交通便捷,因而兼有资源型和客源型度假村的某些优势。

1.2.2 按地域和功能分类

度假村按地域和功能不同,可分为海滨型、湖泊型、康体型、娱乐型等,见表 1-3。

表 1-3 按地域和功能分类的休闲度假村

划分标准	类型	特　征
地域	海滨型	位于海滨，游客度假目的是享受"3S"（即"Sun"阳光、"Sea"海水、"Sand"沙滩）。如位于地中海沿岸、夏威夷、加勒比海以及我国海南岛、舟山群岛的度假村多属于此类型
	湖泊型	靠近湖泊的度假村，顾客的主要目的是放松、静养及适度的运动。如位于浙江省千岛湖的众多度假村
	山地形	位于山间、林地等周围环境优美的地方，主要满足顾客运动、探险、娱乐、亲近自然等需求
	温泉型	位于天然温泉附近，度假者通过洗温泉浴达到医疗保健目的。如浙江省武义县的温泉度假村
	草原型	依托天然或人工草场，主要提供骑马、狩猎、放牧等户外活动
	沙漠型	依托沙漠资源，提供独特活动内容和环境体验
	乡村型	位于远离城市喧嚣，空气清新、风景优美的乡村。如北京蟹岛度假村、江西婺源县清华山水田园度假村等
	城市型	位于大都市的"城市型"度假村，在美国等一些发达国家甚为普遍。如世界上最大的度假村就是位于美国赌城拉斯维加斯的希尔顿饭店，拥有客房3120间
功能	康体型	借助于天然温泉等自然资源以及各种康体设施、桑拿按摩、医疗服务等为顾客提供健康产品
	娱乐型	以娱乐为主，有齐全的娱乐设施和服务（包括文艺、体育、博彩等）供度假者享用
	会议型	以接待国内外各类会议顾客为主，通常位于风景胜地，有齐全的会议设施和设备
	复合型	提供以大型、综合为主要特点的多功能度假设施，满足不同群体的多样化需求

课外阅读 1-3

内蒙古维信国际高尔夫度假村

内蒙古维信国际高尔夫度假村（图 1.6）是由维信集团投资兴建的内蒙古第一家大型综合旅游度假村。它地处内蒙古乌拉特前旗巴音花镇（110 国道包头西 38km 处），自然环境优美，交通十分便利。

度假村内拥有 18 洞国际标准高尔夫球场、高尔夫练习场、13 000m² 豪华会馆、66 栋高雅别墅、500 亩（1 亩＝666.67m²）园林景观花园、室内外游泳池、温泉洗浴中心、骑马（骆驼）、垂钓、网球、桌球、保龄球、健身房、儿童游乐场、游戏室、会议室、中西日韩餐厅等。

其中，高尔夫球场是由国内外顶级高尔夫设计大师联袂打造，属国际标准 18 洞 72 杆锦标赛级旅游观光球场。占地面积 1 489 亩，球道全长 7 128yd（1yd＝0.9144m）。充分利用自然景观和植物，借鉴苏格兰林克斯风格，设有大面积的原始沙地和茂密的荒草，高品质的本特草球道碧绿如洗，苏格兰式直壁沙坑尽显不凡，整个球场自然、古

图1.6　内蒙古维信高尔夫度假村

朴、宁静、耐人寻味。独具匠心的战略性设计，使每条球道都有不同的击球路线，适合不同水平的球手，趣味性与挑战性共存，是目前国内唯一的沙地林克斯球场，被誉为中国的圣安德鲁斯皇家高尔夫球场。

资料来源：中国高尔夫球场网 http://lyouw.wwwwang.com/content/20105/1127283.shtml.

1.2.3　按运营方式分类

度假村按其运营方式不同，可分为自行开发运营、分时产权、家外之家3种类型，见表1-4。

表1-4　按运营方式分类的休闲度假村

类型	自行开发运营	分时产权	家外之家
含义	业主自行开发并运营，拥有所有权和使用权	顾客拥有在指定年限（或永久）内指定时间段的居住使用权	个人和家庭拥有度假村度假单元，委托度假村进行统一管理

1. 自行开发运营

这类休闲度假村业主拥有度假村的所有权和使用权，是最常见的形式，即业主投资进行度假村的开发，开发后自行运营或委托专门的公司进行管理。

2. 分时产权

这类休闲度假村业主拥有度假村的所有权，但将使用权进行出售，即分时产权的度假村。随着人们需求的变化，将度假房间单元使用权进行出租与销售的运营方式被开发出来，顾客通过购买，拥有了房间单元在指定年限（或永久）内指定时间段的居住使用权。在这种运营方式下，度假村既可以较快地收回投资，又可解决度假设施季节性闲置的问题。同时，由于度假权益按时间进行分割，并可进行交换，增加了顾客度假的选择机会和地域范围，因而可以吸引更大的市场群体。

课外阅读 1-4

分时度假的概念及现状

分时度假起源于20世纪60年代。在20世纪60年代早期，一位名叫亚历山大·奈特（Alexander Nette）的德国人在他所管理的位于瑞士提西诺（Ticino）的饭店中首先创造出原始的分时度假概念。他设想将度假地房产的股份出售给消费者，然后给予每个购买者在度假地住宿的权利，所有购买者被称为股东或合伙人。随后，他又创建了专门经营分时度假产品的欢乐迈格（Hapimag）公司。这家公司是一家很成功的企业，在1968年就有8 000多名股东购买其房产。到20世纪90年代，这家公司共有12.5万名股东和遍布欧洲15个国家的53处分时度假地。

1. 分时度假的概念

分时度假（Timeshare，又称Vacation ownership 或 Holiday ownership），最初是指人们在度假地购买房产时，只购买部分时段的产权，几户人家共同拥有一处房产，共同维护、分时使用的度假形式，后来逐渐演变成每户人家在每年只拥有某一时间段的度假地房产使用权，并且可以通过交换系统对不同房产的使用权实行交换。

国际上一度通行的惯例是：将一处住宿设施（如饭店、公寓、度假别墅等）的住宿单元每年的使用期分为52周，将52周中的51周分时销售给顾客。每个单位的分时度假产品，就是在约定的时期内（一般为20～40年）每年在这一住宿单元中住宿一周的权利。

国际上流传较广的两个定义如下。

美国佛罗里达州《分时度假房产法案》（Real Estate Timesharing Act CH721 Florida）中对分时度假的定义是："所有以会员制、协议、租契、销售或出租合同、使用许可证、使用权合同或其他方式做出的交易设计和项目安排，交易中，购买者获得了对于住宿和其他设施在某些特定年度中低于1年的使用权，并且这一协约有效期在3年以上"，即称之为分时度假项目。

《欧盟分时度假指令》（European Union Timeshare Directive）中分时度假被定义为："所有的有效期在3年以上、规定消费者在按某一价格付款之后，将直接或间接获得在1年的某些特定时段（这一期限要在1周之上）使用某项房产的权利的合同，住宿设施必须是已经建成使用、即将交付使用或即将建成的项目"。

2. 分时度假的现状

（1）国外：目前世界上已有60多家分时度假集团，4 500个采用分时制度的度假村，分布在81个国家，来自124个国家的400多万户家庭购买了度假权。分时度假房产业已成为年营业额65亿美元的全球产业。

主要企业及现状：RCI、II、万豪、希尔顿、凯悦、迪斯尼、美国度假协会（ARDA）、欧洲分时度假协会（ETF）等，发展形势良好。

（2）国内：刚刚起步。诸多企业开始对这一舶来的新旅游产品形态感兴趣，有关分时度假的消息频现于媒体，但由于公众对它存在许多错误的理解，有关解释大多含混不清，加上国内的市场与法制环境还没有形成使其健康发展的土壤，因此，一些先期试水的项目普遍只是在概念本身上红火了一把，其经营纷纷陷入困境。

主要企业及现状：中房集团与美国 RCI 公司合作开发的中国房地产与分时度假联盟网络系统，挣扎于网络的建设和艰难的销售中；首创旗下的天伦度假公司 3 年在全国设立 100 个度假村的计划已不知下文。

2001 年，中国旅行社总社、中信安华集团、中宇集团、中股 4 家组成北京中安达旅游度假服务有限公司，计划在中国 40 个地方，每个地方建 500 栋别墅，建 400～800 个宾馆（每一栋房子都是 160 平方米，楼上有 3 个卧室，楼下是客厅、饭厅、厨房，两套半洗手间。度假卡是两万元一张，用 40 年，每年一个星期。这样每年 500 元，再加上 300 元的物业管理费，一共是 800 元）。目前，该项目由于资金不到位，只在湖北和山东建成两个。

其他企业还有国内首家从事交换业务的"华夏之旅"、松散型饭店联合体"新旅网"、天津泰达度假交换有限公司(TRAC)、云南太阳度假交换有限公司、全旅运通(上海)度假咨询有限公司、上海御都俱乐部等，运营状况都不理想，有些已经濒临破产。

资料来源：中国论文下载中心 http://www.studa.net.

3. 家外之家

这类休闲度假村由业主进行开发后，将度假单元的所有权进行出售。这种度假村往往由多个小面积单元住宅组成，有些人为了周末、假期、投资或退休后居住等需求而购买了属于个人或家庭所有的"家外之家"，在度假村居住时，能充分享受度假村专有的、配套齐全的休闲娱乐设施。另外，一部分人和家庭购买后，委托度假村进行统一经营管理，在享受度假权益外，还可获取相应的投资回报。

1.2.4 按等级标准分类

目前，国内外没有单独的休闲度假村的等级分类标准，度假村的等级分类一般采用酒店的等级分类标准，但度假村的等级一般都较高。国际上通常采用的酒店等级制度表示方法大致有以下几种，见表 1-5。

表 1-5 按等级标准分类的休闲度假村

划分标准	星级制	舒适度	字母表示	数字表示
类　　型	五星级	超豪华	A	特级
	四星级	豪华	B	一级
	三星级	中档	C	二级
	二星级	中低档	D	三级
	一星级	经济型	E	四级

1.3　休闲度假村经营与管理的特点

国内的度假村发展时间较短，在经营与管理方面较多地参照了传统观光与商务酒店的模式。但度假村针对的是度假者，其需求特点与观光商务有很大不同，这也就决定了度假村的经营与管理有其自身特点。

1.3.1 休闲度假村具有独特的地域性资源

休闲度假村是以康体休闲为主要功能的综合性接待机构,拥有舒适优美的环境和独特的地域性资源是其最基本的要求。国外常将度假村称作"第二家"(second home),这也从另一方面说明度假村要营造非常适合居住的环境,包括自然生态环境,也包括社会文化环境。人们外出度假的目的之一是摆脱日常生活带来的负效应(如环境污染、错综复杂的社会关系等),以达到消除疲劳、回归自然、增益健康、放松心情的目的,因此对度假村环境,特别是自然生态环境和休闲度假资源有较高的要求。

西班牙旅游部的抽样调查结果表明,游客对优美的度假环境较为偏爱(愿到恬静的环境中度假者占调查人数的52%)。日本青年女职员对优美的自然景色的偏爱则更是有过之而无不及,占到意向调查人数的71.3%。对我国上海市民周末度假旅游意向调查结果显示,选择"回归大自然,野趣浓,环境幽静"为度假目的地者占了51.4%,并且有37%的被访者认为,外出度假旅游的主要障碍是"旅游环境不尽如人意,达不到休闲目的"(苏文才,1996)。由此可见,优美的自然环境在度假村中具有重要的意义。日本的研究结果表明:要成功地开发度假村,需要具备3个条件,其中之一就是"拥有优美的自然环境、变化万千的景色风光"(林洪滨,1995)。

因此,是否具有良好的地域性资源成为一个决定度假村成功与否的重要标准。甘露(2005)结合当前度假村的设计实践认为,在满足度假村自身功能需求与主题表现的基础上,度假村与其所在地的自然和人文环境相协调的属性可以定义为度假村的地域性。虽然度假村地域性的核心内容是相同的,但不同的度假村表达地域性的方式和程度各不相同。依托于海滨、湖泊、山地、温泉、沙漠等不同自然景观及不同地域文化的度假村,都应利用独特的地域性资源,努力为顾客创造休闲放松的环境。

课外阅读 1 — 5

宁波九龙湖开元华城度假村景观资源

宁波九龙湖开元华城度假村(图1.7)位于被誉为"浙东的香格里拉"的九龙湖风景区内,九龙湖畔、香山寺旁,由享有"中国旅游饭店业集团20强"、"中国旅游知名品牌"、"中国饭店先锋"、"中国最具竞争力的民族品牌"等荣誉的开元旅业集团精心打造。

图 1.7 宁波九龙湖开元华城度假村

酒店由美国 WATG 公司和香港贝尔高林景观设计公司联合打造，将时尚元素与自然山水融为一体，宛如天成。酒店依山傍水，自然环境十分优越，项目充分利用周边自然山水的景观让宾客在酒店可以得到充分的享受和服务。

资料来源：宁波九龙湖开元华城度假村提供。

1.3.2 休闲度假村服务管理具有特殊性

为了有效说明度假村服务管理的特殊性，在此将度假村与商务酒店的服务管理作一比较，详见表 1-6。

表 1-6 休闲度假村与商务酒店服务管理的区别

特点	度假村	商务酒店
服务宗旨	满足度假者健康、放松、娱乐的需求，特别是满足度假者自我完善和实现健康可持续发展的需求	满足旅游者和商务顾客食、宿以及商务、娱乐等其他综合服务需求
服务对象	休闲度假散客和团队、以休闲度假为导向的会议顾客	商务人士、旅游团队及商务常住顾客
核心产品	休闲、健康	设施、服务
地理位置	大部分位于海滨、山地、湖泊等自然风景秀丽的度假胜地，或在环城游憩带附近，没有城市的拥挤、噪声、污染等	市中心或其他交通便利的地方
建筑设计与装潢	大都采用古朴典雅的别墅式、田园式建筑风格，空间开阔，烘托出家的感觉。其建筑模式视度假村所在地区的人文、地理、气候、民俗、民居建筑特色而定，追求回归自然，文化内涵丰富；讲究淳朴简洁，清新淡雅，赏心悦目，就地取材，其颜色的选择与建筑物的风格模式要与周边的环境能融为一体，相映成趣	追求相应星级的豪华气派，富丽堂皇，华贵浓重，一丝不苟，棱角分明，与都市风格相匹配
服务特色	突出个性化，突出健康、放松、享受、娱乐；强调亲情管理，不拘泥于服务规范	突出标准化，对顾客体贴入微，但令人有约束感
服务内容	以康体、健身、休闲、娱乐为主，餐饮、住宿为辅，不提供或较少提供商务服务（会议型度假村除外）	以住宿、餐饮、商务为主，康体、休闲、娱乐为辅
员工服饰	追求休闲、洒脱、亲切活泼，其款式、布料、色彩体现的是文化韵味和民族风情，消除顾客的拘谨感	多为西装革履，庄重笔挺，等级分明
淡季旺季	淡旺季随气候的变化而变化，能突出本度假村个性的月份多为旺季，越是节假日度假村越是旺季	多集中于商务活动比较集中的月份或重大事件发生的月份，节假日多为淡季
业务技能	服务技能范围较广，除了常规的客房、餐饮服务之外，员工还要掌握所设置的多项康体健身设施和娱乐活动的操作技能，要经常地担当教练、陪练、组织者、救护、饲养、园艺等角色，并要善于与顾客沟通	多集中于客房和餐饮的规范化服务

1.3.3 休闲度假村设施及服务的综合性和高品质要求

由于度假者的逗留时间长,重游率高,随着度假市场的不断成熟和度假者的理性消费,必须针对度假者的不同需求,赋予度假村"生活"的概念,为度假者提供有针对性的综合性设施及服务,即为顾客提供广泛选择机会的游憩设施与高质量的服务,才能为度假者提供满意的全方位服务,进而满足不同度假者个性化的独家需求,使度假者得到充分的享受。而休闲度假村的市场定位主要是高收入的阶层,他们要求的是高水平的服务设施和高质量的服务,而对价格的关心则在其次。因而,有针对性地提高度假村的服务设施水平和服务质量是度假村获取客源的一个重要途径。

分析墨西哥坎昆旅游度假区度假的游客意向调查结果发现,度假者一个最突出的特点是:他们把大部分时光消磨在度假村里,他们要求度假村有较大的空间,依傍海滨沙滩的地理位置及尽可能多而宽大的公共设施和店内娱乐设施,尤其是要有好的有特色的游泳池以满足他们度假的需要。在区内很少见到低档次的饭店,最低档次也是三星级(魏小安,1992)。城市生活带给市民太多的压抑,他们希望通过度假舒放绷紧的神经和劳累的身体。获得一份好的心情,从而更好地投入到生活中去。休闲度假村的服务设施不仅在数量上,而且在档次和类型方面都要比其他类型酒店的要求更高,即度假村除了能够提供必需的住宿、餐饮设施来满足度假者的基本需求之外,还要能提供多样的康体休闲和娱乐设施以及丰富多彩的旅游项目才能吸引度假者。事实上,度假村只要具有较强的可居性,气候宜人,环境优美,有适宜开展康体休闲娱乐活动的场所,大多都可以依靠人工设置的康体娱乐设施来吸引度假者。

同时,依托于旅游设施条件的高水平的旅游服务,也直接影响到度假者对度假活动的满意程度。直接面对公众的一线员工被看做是度假村的公众形象,他们的态度、行为、形体和谈吐都非常重要。Gronroos(1984)提出,服务质量包括技术性质量和功能性质量,技术性质量表示服务结果的质量,功能性质量表示服务过程的质量。技术性质量的模仿性强,虽然可以在短期内获得相对优势,但不利于企业培养核心竞争力。功能性质量强调以人为核心的人本主义服务,在对追求个性化和亲情体验的度假者进行服务时,提高服务的功能性质量显得尤为重要。

1.3.4 休闲度假村追求顾客的休闲度假体验

一般旅游者侧重于求新求异,度假者则看重康体休闲。日本的研究结果表明:度假村就是为度假者自我回归、恢复心身健康、减除疲劳提供休闲度假的空间(林洪滨,1995)。

企业经营理念的确立应以顾客需求、社会责任为导向,度假村亦然。从需求看,度假村的目标市场——度假者大多来自城市,并以中产阶级、工薪阶层,中年一族为主,其工作、家庭、社会事务繁重,工作与生活节奏快、压力大,身心疲劳,加上城市环境的压抑,空气、食物与水的不洁净,社会人际关系的复杂冷漠,心灵的孤独等一系列的现代城市生活方式,推动人们追求身心健康的休闲度假体验。

休闲度假村提供的产品应该是"生态环境、旅游景观、设施设备、休闲氛围、活动项目、支持物品、度假服务"等层面的有机组合,并涉及"食、住、行、游、购、娱"等项目要素的全方面休闲度假体验产品。因此,度假村的经营管理需要从关注度假者生理、心理、社交等出发,在产品的各自空间、各个层面、各种项目上,以及服务过程、管理过程中展开,形成休闲度假的体验舞台。

首先,在空间环境营造方面,度假村着重在气候、生态、人文、园林、景观等几个方面努力,为游客休闲度假提供一个娱憩体验环境,为心神康体、放松提供一个体验环境,营造人们理想中的"度假天堂"、"世外桃源"。其次,在产品项目开发方面,提供温馨客房、特色餐饮、绿色购物、环保交通、文化娱乐、保健养生、康体健身、观光审美、户外休闲、身体体检、心理咨询等系列康体休闲体验项目。再次,在服务过程中,服务员以自己健康的身体、心理与精神,以整体服务包(支持性设施、辅助物品、显性服务、隐性服务等)为"道具"和"舞台","表演"休闲度假体验服务,用构思巧妙的服务场景吸引顾客参与其中,体验休闲的乐趣。第四,在管理过程中,除了对物质和项目的管理外,还要关注服务管理、快乐管理、康体管理等内容,同时,由于供给和满足顾客休闲度假体验需求的是众多单位和部门在不同时空条件下提供的多种服务产品,因此需要不同单位和部门的员工进行协作。唯其如此,度假村才能提供给度假者难忘的、综合的休闲度假体验经历。

本章小结

随着休闲度假村在国内外的发展,理论界和企业界对休闲度假村的相关概念和经营管理都有许多争论性的观点和思想。本章在参阅各方面文献资料的基础上,结合国内外度假村发展的现状和趋势,对相关概念进行了界定,并对度假村的类型和经营管理的特点进行了简介。大家可以查阅相关的书籍和资料,进一步深入地了解和学习。这些内容目前在学术界都尚未有定论,只有不断地在理论和实践发展中逐步完善,以利于休闲度假村经营与管理的深入研究。

复习思考题

一、名词解释

休闲　　度假　　度假村　　分时产权　　家外之家

二、单项选择题

1. 产品销售门槛值较大的度假村类型是(　　)。
A. 资源型　　　　B. 客源型　　　　C. 豪华型　　　　D. 经济型
2. 个人和家庭拥有度假村度假单元,委托度假村进行统一管理的度假村运营模式称为(　　)。
A. 自行开发　　　B. 委托经营　　　C. 分时度假　　　D. 家外之家

三、多项选择题

1. 度假具有以下特征（　　）。
   A. 时间长　　　　　B. 异地性　　　　　C. 重复率高
   D. 空间活动集中　　E. 个性化突出
2. 休闲度假村按功能可分为（　　）。
   A. 康体型　　　　　B. 娱乐型　　　　　C. 乡村型
   D. 城市型　　　　　E. 会议型

四、简答题

1. 如何理解休闲的含义？
2. 度假村与度假地、度假区有什么区别？

五、论述题

1. 休闲度假村与传统的商务酒店在服务管理方面有哪些不同？
2. 休闲度假村的经营管理有何特点？

课后阅读

浙旅千岛湖温馨岛度假酒店

一、度假酒店基本概况

浙旅千岛湖温馨岛度假酒店（图1.8）位于国家5A级风景名胜区千岛湖中心湖区，是千岛湖一家全岛型度假休闲酒店，拥有露天湖景沙滩浴场，奢华优雅的现代建筑，宽敞舒适的酒店客房，无与伦比的养生美食体验，时尚多样的休闲设施，亲近自然的休闲垂钓以及风格独特的水上娱乐项目。酒店开业时间是2010年4月，楼高4层，客房总数208间（套）（现实际开发186间）。

图1.8　浙旅千岛湖温馨岛度假酒店

酒店分A、B、C 3个区域，间间客房碧湖环抱，豪华、行政房均配备有观景露台，使游客能够坐拥千岛湖一湖秀水。酒店拥有各类客房，房间设施齐全。酒店内设有健身房、VIP会所、室内外游泳池、桑拿、美容美发、台球、乒乓球、洗衣房、票务、商务中心、儿童活动中心、秀水休闲垂钓、水上高尔夫、KTV池畔烧烤、音乐茶座等娱乐设施。

美容美发沙龙为客人提供理发、烫发、染发、参加特殊宴会前的发型设计和婚宴妆容设计等服务。酒店还拥有豪华齐全的桑拿设备，专业按摩师。

酒店有风格各异的餐厅，提供东南亚风格菜肴。千岛湖温馨岛浙旅度假酒店拥有高档的中餐厅、咖啡厅及扒房、豪华包厢，可同时容纳600人用餐。餐饮做足做透"土"文章：豆腐、米酒、酱菜自酿自制，肉类、蔬菜农家定点供应，野生有机鱼原产地配送，名酒厂家直供。酒店拥有技术精湛的厨师队伍，顾客可享用名厨们精心烹调的各式原汁原味的粤菜、高档的鲍鱼、鱼翅。

酒店有大小不等的会议室可容纳30~300人，会议设施齐全，是举办会议的理想选择。豪华会所位于酒店四楼，面积370m^2的会所拥有小型会见厅、会议室、豪华餐厅、活动室、商务室等。会所四面环水，千岛湖的美景尽收眼底，为商务人士提供一个绝对私密的接见、洽谈、宴会、休闲空间，会所还提供专业的秘书服务。

二、度假酒店的选址及资源

1. 度假酒店的选址

度假酒店位于淳安县，千岛湖的北边，两条大的支流的中间，与千岛湖大桥隔湖相望。虽然地处郊区，不过通过环湖北路接连千黄高速，然后通过杭新景高速与杭州的交通网相连。酒店所在岛屿名为温馨岛，地势比较平缓，长年水位不会没过建筑，不过汛期外滩及一些基础设施会被水淹没。

度假酒店地处郊区，人口密度较小，远离城市的喧嚣，岛上植被覆盖面积大，具有优美的自然风光和良好的空气质量，独特的岛屿位置让所有的房间都留下一片湖景，适宜休闲度假。

2. 度假村的资源分析

（1）地域资源

酒店所处的地域旅游度假资源丰富，千岛湖的声望与资源每年吸引着大量的游客来游玩，为度假区提供了一个良好的客源市场，有持续发展的后劲。现有基础设施开发具有可得性与可行性，度假村择岛而建，有着丰富的水资源，可供开发各种水上活动与项目。而千岛湖本身就是由于建造我国建造的第一座自行设计、自制设备的大型水力发电站——新安江水力发电站而拦坝蓄水形成的，所以也不用顾虑电力的隐患。较为低缓的地势保证了通讯的流畅。

（2）气候资源

当地的气候条件可能随着地形的差异有着明显的变化，由于温馨岛地形不是很复杂，地势较低且平缓，又由于水的比热大，早上环境升温慢，晚上水的缓慢放热使气温保持一定的水平，因此形成了宜人的小气候条件。烈日炎炎的夏季，这里便成为了避暑的圣地。冬季虽也寒冷，但终究比其他地方要暖和些。

（3）生态资源

岛屿上的自然生态环境为度假的村的开发打下了良好的基础，有些自然的乡土气息是人工改造所无法代替的。现代都市人对钢筋水泥筑起的城市生活已经有些厌倦，有着较强烈的返璞归真的愿望。岛上植被茂密，负氧离子含量丰富，且草地、水体组合良好，这幽雅秀丽的生态环境是都市人释放压力和修身养性的好去处。

三、度假酒店的设施及服务

酒店开业时间是2010年4月,楼高4层,客房总数208间(套)(现实际开发186间),大体上已形成完善的体系(图1.9),还有部分设施在改建修缮中。酒店拥有各类客房,房间设施齐全,包括双人标准间、亲子房、家庭套房、行政套房、总统套房等,为游客提供丰富的选择。酒店内已开发健身房、VIP会所、室内外游泳池、台球室商务中心、儿童活动中心、秀水休闲垂钓、KTV、音乐茶座等娱乐设施。

图1.9 酒店内部设施

酒店主要提供以下服务项目。

(1)宾馆服务项目:无线上网的公共区域、酒吧、露天茶吧、大巴或轿车租赁服务、专职门童、外币兑换、滚梯/电梯、免费旅游交通图、会议厅、免费停车场、接机服务、大堂免费报纸、前台贵重物品保险柜、专职行李员、行李存放服务、洗衣服务、叫醒服务、大巴或轿车租赁服务、儿童看护、邮政服务、信用卡结算等服务。

(2)客房设施和服务:国内外长途电话、备用床具、液晶电视机、中央空调、浴室化妆放大镜、24小时热水、多种规格电源插座、浴衣浴缸、吹风机、拖鞋、雨伞、独立写字台、保险箱、电热水壶、免费瓶装水、迷你酒吧、小冰箱等。

资料来源:千岛湖温馨岛度假酒店提供,整理有删改。

第 2 章　休闲度假村的发展与现状

学习目标

知识目标	技能目标
（1）了解国外休闲度假村产生与发展历程 （2）了解国内休闲度假村发展历程与现状	（1）理解国外休闲度假村产生的原因、发展的特点及规律 （2）理解国内休闲度假村发展的原因及特点，并能对目前度假村存在的问题进行分析

知识结构

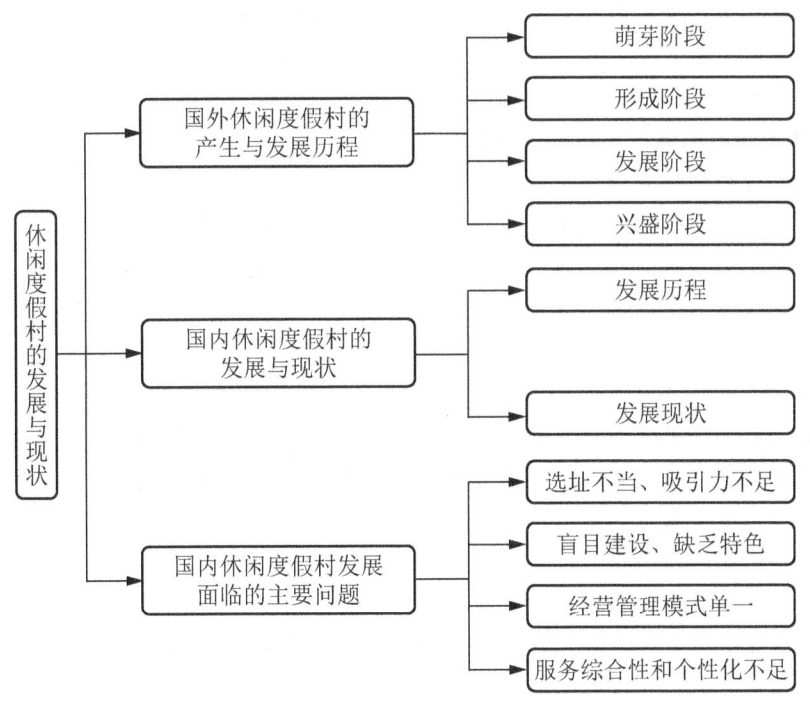

导入案例

福建省休闲度假村发展意义及现状

1. 福建省度假村发展的意义

旅游业作为新兴的大产业受到了福建省委、省政府的高度重视。福建省旅游业在经历了20多年以观光为目的的初级发展阶段后，休闲度假式旅游已逐渐成为旅游消费的主流，是旅游发展的重要方向，快餐式观光游转向休闲度假游将是一个不可阻挡的趋势。据统计，在世界旅游市场构成中，休闲旅游占62%，发达国家已经进入休闲旅游时代，而福建省休闲产业虽然起步较晚，但发展很快。随着生活节奏的日益加快和生活方式的日益多样化，观光式的旅游模式将无法满足现代消费者的旅游需求，到了周末或假期，带着家人到周边一些度假村去休闲，已经逐渐成为城市居民走出钢筋水泥、融入自然的时尚之选。而那些崇尚休闲度假的旅游者更是每年多次外出旅游，频率较高。

地处沿海的福建省由于经济较为发达，无论在人们的需求、时间还是财力上都为该省的度假村发展打下了坚实基础。目前，福建省尚缺乏一个高品位、综合性、多功能的休闲度假村，已有的度假村在资源、设计等方面都缺乏特色，大多功能单一，因此，这样一个高品位、综合性、多功能，具有腹地作用的休闲度假村具有开发价值。

2. 福建省休闲度假村发展的现状及问题

国际度假村的发展至今已有数百年的历史，然而，度假村产业的大规模发展是20世纪后半期的事情。近年来，福建省的度假村产业发展较快，供给急剧增加。如位于长乐被喻为"东方夏威夷"的下沙度假村、位于石狮市永宁镇海滨的金海岸度假村、位于鼓浪屿东南部的福建观海园度假村、位于漳州的东山岛大型海景度假村、位于宁德霞浦县的高罗海滨度假村、位于三明的大金湖旅游度假村、位于龙岩的云顶茶园度假村、位于厦门的盆山度假村等。度假村有不同的形式，它们不论在设计风格上还是在设计原则上都有所不同，其中滨海别墅、星级酒店等是较早发展起来的，主要是针对海外游人或商人等高消费群体的。目前，福建省的度假村大都地处海滨，单单以观光旅游度假为主，并且缺乏自身的特点，对可持续发展认识不足。

第一，福建省的度假旅游产品功能单一，缺乏一个高品位、综合性、多功能的休闲度假村，造成资源的不充分利用。

第二，福建省的度假旅游产品开发很多只是照搬外国的模式，没有突出自身的特色，并且存在延续性认识不够及规划不合理等问题。

第三，福建省的度假村在市场竞争中缺乏竞争力，没有自己的特色。在很多旅游度假胜地主要还是单纯地依靠自然、人文等资源，提供一般意义上的自然生态环境、乡村农家文化，缺乏娱乐、服务等配套设施，吸引力不足。

第四，福建省的度假村盲目开发，不注重资源环境的可持续开发与保护，以致于一些度假村如下沙度假村环境破坏严重，已经失去曾经的繁华。

讨论题：休闲度假村在我国是否具有良好的发展前景？我国休闲度假村发展中存在着什么问题？

资料来源：福建省乡村休闲发展网 http://www.qzxcxxw.com/2009/1104/249.html，有删改。

第2章　休闲度假村的发展与现状

国际休闲度假村的发展至今已有数百年的历史，然而，度假村业的大规模发展出现在20世纪后半期。而在中国，真正的旅游业发展是改革开放以后近30年的事情，而度假村的兴起和发展是旅游业发展到一定阶段的必然产物。我国度假村虽然起步晚，但发展迅速，到目前为止，已有大大小小2 000多家休闲度假村。但我国度假村在发展中也面临着各种问题，需要我们去正视和解决。

2.1　国外休闲度假村的产生与发展历程

休闲度假村的历史是与消遣旅行，也就是度假或度假旅行联系在一起的。度假村最早起源于欧洲，欧洲人很早就有外出度假的传统和历史，迄今已有2 500年的历史。回顾国外度假村的发展历程，大致可分为以下4个阶段。

2.1.1　休闲萌芽阶段（公元前—19世纪）

度假旅游开始于公元前，开始是作为少数统治者消磨闲暇时间的一种需要。公元前500年，第一个度假地在希腊的温泉和矿泉地出现。而根据现有的历史和考古资料，度假村的渊源可一直追溯到罗马时代的公共浴场，后来发展成为供罗马士兵和领事享乐的场所。随后，度假村贯穿整个帝国，从北非海岸到希腊和土耳其，从德国南部到瑞士和英格兰。

在公元前1326年，在比利时有个名叫斯巴（Spa）的小镇，这个小镇的人们发现饮用镇上的矿泉水或在矿泉水中洗浴对一些疾有明显的治疗作用，于是周围的人们便聚集到这个小镇取水治病，后来这个小镇的名字就成了矿泉疗养和矿泉浴的代名词。

度假村作为产业在欧洲发展可以追溯到16世纪。16、17世纪，欧洲有许多含铁矿泉被人们发现，并同样闻名于世。最早的度假村的吸引力似乎主要来自于泉水浴有神奇疗效的故事，它们继续受到公众青睐则通常被归功于度假村管理层提供的社交活动和娱乐项目，比较流行的活动有赌博、跳舞以及其他形式的娱乐，包括音乐会、大型游行等有组织的社会活动。人们劳累一天之余可以享受到轻松和社会交往的乐趣，加上浴场内有食物和饮料出售，使度假村显得颇具魅力。温泉旅游度假的发展也带来了舒适化和多功能兼具的高级酒店。这种高级酒店最早出现在瑞士，创办人是查尔斯·里茨，他于1893年创办了"罗马大酒店"，在1898年开办了巴黎"里茨"豪华酒店，又于1899年在伦敦开办了"卡尔顿"酒店。目前，温泉旅游度假只在东欧和亚洲的一些国家盛行，在开发较早的西欧和北美，由于温泉疗效受到质疑，温泉型度假村走向衰落，逐渐被海滨型度假村替代。

最初的度假活动由于度假群体的狭窄，一直没有形成规模。直到16世纪，度假村才作为产业在欧洲出现。但是直到19世纪前，由于社会财富的分配问题，休闲度假是少数统治阶级和富裕阶层消磨闲暇的一种活动，而并非大众生活中的组成部分（Tower，1996）。

课外阅读 2-1

关于 SPA

1. SPA 的起源及概念

在比利时，有一罗马帝国时代即闻名遐迩的小镇"Spa"，镇中有一温泉，因泉水中含有丰富的矿物质和芳香精油成分，经常在水中泡浴，人就会变得特别舒畅，能消除很多疾病，且使皮肤变得又白又嫩。一时间，小镇成了"天使的故乡"，许多人不远千里慕名而至，连彼得大帝也带皇后及王妃们来此洗浴，以治疗疾病和获得美丽。久而久之，人们便称这种水疗环境和方法为"SPA"，发展至今，SPA 的概念越来越丰富，它成了一种集香熏、精油、泡浴、按摩、日常皮肤护理及花茶与音乐为一体的具有养生与美容效果的养颜方式。但它依然和"水"脱离不了干系。水疗是 SPA 最普遍的形式，SPA 必不可少的是水资源及水设备，如桶浴、湿蒸、干蒸、淋浴及水力按摩浴等。

2. SPA 的发展及现状

除了以休闲为名的 SPA 之外，目前世界上仍有几个直接以 SPA 或以 Bath 为名的城镇。

就拿起源地比利时列日（Liege，Belgium）的 SPA 而言，它除了以水疗闻名之外，现在更已成为世界著名的 SPA-Francorchamps 赛车比赛城镇。而英格兰中南部瓦威克郡（Warwickshire）有一个人口数量 44 989 人，叫做雷明顿斯巴（Leamington or Royal Leamington SPA）的小镇，还有英格兰西南部爱文郡（Avon）的一个人口数量 84 400 人的叫巴斯（Bath）的市镇，公元前 1 世纪，罗马人在这里的天然温泉建造了精致的浴堂，到了 18 世纪，此处更成为英国最时髦的温泉疗养地。

从 20 世纪以来，SPA 的风行已经全球化地普及了，从东欧、北欧、西欧、南欧、中东、北美、中南美、东北亚、东南亚、大洋洲、非洲南部到中国台湾，事实上，SPA 文化无不与各地的人文、传统、景观特色相结合，进而创造出各自独特的全新精致品位，展现出有个性、有风格、全方位的多元 SPA 文化。

在德国，人们称这种温泉保养馆为 Kurhaus，它在海滨或山林里风景秀丽、气候宜人的地区，结合旅馆、温泉、诊所甚至公园于一体，作为身心疗养用地，闻名国际。

此外，在美国，有许多罹患风湿的人们会到西弗吉尼亚的柏克莱温泉（Berkeley）泡澡沐浴，这是一个被认为拥有复原之水的 SPA，温泉旅馆更进而继相在此现出了足迹。至于阿肯色州，则领先在热温泉上建造浴屋（Bathhouse），不啻为 SPA 文化之创举，当时几乎每个 SPA 都有自己的医生，或医生都拥有自己的 SPA，甚至有些美国医生沿用欧洲著名水疗师的方法，设立了水治疗机构，服务愈发多元，此类机构越来越多。在宾夕法尼亚州、新泽西州、阿帕拉契山脉等地，都有许多新的温泉 SPA 设立，于是 SPA 便更进一步成为美国人民休闲、社交、旅游活动的重要文化了。

除了 SPA 在各国的发展之外，就 SPA 天然温泉水治疗的方式而言，目前有了更加多元且先进的发展，其中包括国内常见的淋浴、维琪喷射按摩、水下灌洗、漩水浴、灰泥浴、气泡浴、悬浮浴、海水浴及全身漫浴等，配合各种精致的周边服务，如各式各样的按摩、指甲修剪、脸部保养、身体保养、美发、芳香治疗、减肥瘦身、营养调理、断食及运动疗法、音乐疗法、光疗法、花香疗法、瑜伽、禅定、太极等，琳琅满目。此外，在 SPA 里，为医疗、养生之目的而推广的饮水文化，也受到相当直接的推荐及鼓励。

资料来源：天涯社区网 http://bbs.city.tianya.cn/new/tianyacity/Content.asp? idItem=284&idArticle=690。

2.1.2 形成阶段(19世纪—20世纪中叶)

18世纪，度假只是一种社会阶级属性，并非大众生活的组成部分，现代意义的大中型度假直到19世纪中期才在欧洲发生。随着中产阶级规模的扩大，可自由支配的财富的增多，便捷交通的出现(刘家明，1999)，尤其是工业化和城市化的快速发展，城市环境问题日益严峻，大众休闲度假在欧美等国家日益活跃，具有医疗性质和保健性质的环境质量优越的地域成了人们在闲暇时间竞相追逐的地区，出现了海滨度假、湖滨度假、山地度假和温泉度假等不同资源类型的度假地。早期的海滨旅游度假区主要集中在欧洲以及北美洲地区大城市郊区的多阳光沿海地带，依托"3S"(大海、沙滩和阳光)资源、多种多样的康体休闲设施(如滨海大道、舞厅、戏院、娱乐场所等)以及良好的区位条件——大城市的有钱有闲者，迅速发展起来(刘家明，2003)。

卡茨基尔山是美国早期的度假中心。卡茨基尔饭店于1823年开业。美国的社会名流在它的第一个旅游节就前往光顾。到1843年，人们在这里已可以品尝各式葡萄美酒、各式法国佳肴，并观赏法国舞蹈。19世纪80年代及90年代，经过改建的农舍使避暑游客能够享受到想象中的田园生活，而不必经受庄稼人的艰辛。这些农舍通常可供10~25位游客食宿；卡茨基尔山的度假村、农舍及寄宿处已达多家，可接待来此旅游的度假客人2.5万人左右。到了20世纪20年代，这个地区已有500多家度假村和饭店，其中，20多家可接待游客500多人，还有约2 000间的平房群，可接待45万度假客人。

在新英格兰(美国最东北部地区)，度假旅游开创的形式是多样化的：农庄主接待避暑游客，古老的旅店逐渐加入度假旅游业，狩猎、捕钓活动也渐渐地带上了度假胜地的特色。农户人家纷纷经营起度假旅游业，既然是大家庭，就意味着有大量廉价的助手，有宽敞的房屋可供城里人在夏天住宿，还有充裕、新鲜的鸡、蛋、蔬菜可供游客食用。随着业务的发展，农户人家在房舍的前后左右添一些边房，终于发展成一个中型的避暑胜地饭店。

第二次世界大战以后，科学技术不断发展，劳动生产率得到了极大的提高，人们的收入水平和闲暇时间也得到了空前的增长，特别是有法律保障的带薪假期的不断增加，为人们大规模的外出度假创造了极好的条件。在欧洲，度假旅游已成为一种实实在在、势不可挡的世纪"潮流"。在这种背景下，国际度假村得到了空前的发展。与此同时，度假村在北美、中美洲以及澳洲等国家和地区也得到了迅速发展，如美国的夏威夷、佛罗里达、拉斯维加斯，中美洲的加勒比海地区，南欧、北非的地中海海滨，澳大利亚的黄金海岸等都是世界著名的度假胜地，那里的度假村产业已十分发达。

此时的度假旅游多是季节性的，如北美典型的度假村，只在夏季对外开放。加利福尼亚的暖冬度假村则吸引着躲避严寒的人们。

2.1.3 发展阶段(20世纪60年代—20世纪末)

20世纪后半期，随着亚太地区经济的快速发展，休闲度假旅游也成为该区域的新时尚。1994年，亚洲除韩国外，其他国家和地区的旅游者中休闲旅游的比例至少占外出旅游的2/3。到泰国旅游的外国人中80%以上是为了度假观光，而新加坡的入境旅游者中以度假旅游为主要目的的人数占旅游总人数的60%左右。(刘家明，1999)

进入20世纪60年代，伴随着度假的大发展，在加勒比沿岸、地中海沿岸、东南亚国家的海滨地区、夏威夷、澳大利亚的海滨地区形成了以夏季休闲度假为主要目的的海滨度假区，在欧洲的阿尔卑斯、韩国汉城附近的山地，出现了以冬季山地运动、健身为主要目的的山地度假区。20世纪70年代后期，大多数欧共体国家有一半或一半以上的人口每年离家休假至少1次。

在东欧、日本和西欧的部分地区，度假旅游带动了度假村的发展。不同国家和地区对社会旅游均不同形式地提供全部或部分赞助。在东欧，政府和社团资助度假旅游；在日本，公司度假是由公司为白领阶层提供赞助；在西欧，这种赞助则以假日基金的形式出现，政府提供资金供度假旅游之需。

之前度假村都是季节性营业，而且多在夏季。然而到了1860年，因为溜冰已是大多数欧洲人所喜爱的一种消遣，于是，冬季度假村的概念应运而生了。单季度假旅游的风险性是寻求四季旅游构想的起源。1959年，滑雪运动被引入，而科罗拉多州的度假村则引入高尔夫球和网球运动并举办夏季音乐会。其他的度假村通过建造会议中心开设了会议活动。20世纪60年代，四季度假旅游在北美兴起。四季度假村是一种现代的形式，是由于通货膨胀的压力、不稳定的季节性市场、不断变化的游客构成、闲暇时间的增多、度假方式的改变和交通条件改善等方面因素的影响而发展形成的。

2.1.4 兴盛阶段(20世纪末至今)

到20世纪末，欧美一些国家的度假旅游甚至成为各类旅游产品中居主导地位的产品。1994年，以度假旅游为主要目的的旅游者，英国占59%，德国占75%，法国占57%，西班牙占55%(骆文滔，1997)。

目前，物质生活的不断完善，使人们产生了更高层次的精神需求，人的工作已经从单纯的谋生升华为自我实现和追求的一种方式。信息时代的社会环境使人们为求得在竞争中生存，时刻保持着对新知识，对新奇经历的热情，注意自我完善。同时，生产自动化程度的提高使人们带薪假日得以增多，例如，北欧的瑞典，职工享有的带薪假日为每年6周，而美国一般为2~4周，西欧各国每年4周。这两种倾向使人们有动机、有时间、有精力、有财力去追求区别于日常生活的旅游活动。

而且城市的喧嚣、空气的浑浊、水质的降低使人们的健康受到越来越大的威胁，人们回归自然的需求变得越来越强烈。越来越多的人选择在周末脱离城市的工作和生活环境，进入另一种全新的自然和人文环境，休闲度假已成为城市居民一种调节身心健康的基本手段。单一的旅游建筑形式难以满足人们多样化的需求，客观上需要有多功能、灵活的建筑形式与之相适应。度假村建筑群也随之在这种形势下产生发展。

从世界主要度假村的发展情况看，一般以中高档居多，主要接待国际国内游客，如法国的蓝色海岸、墨西哥的坎昆等宾馆大多是四星级以上。当然，也有一些度假村以接待低消费水平的度假者为主，如西班牙北部海湾城市希洪西面的帐篷区，作为游客好奇体验的场所，它仅提供简单、必需的设施、设备，每年接待国际国内旅游者1.3万人，收入约170万美元。

度假村发展的历史也是旅行和交通发展的历史。船舶、铁路、汽车、飞机等对度假村的演变都产生了影响。如美国最早的度假村沿袭了与客栈相同的发展格局，于18世纪至19世纪初在大西洋沿岸港口发展起来。20世纪，随着喷气飞机旅行时代的到来，世界上最偏僻的角落也开发了豪华的度假村。

总的来说，从出现时间的先后来看，温泉型度假村最早出现，随后依次出现海滨、滑雪以及其他类型的度假村。从经营季节上看，度假村是由夏季型发展到冬季型，再发展到四季型。从空间上看，欧洲最早开发度假村，然后依次向北美洲、南美洲、非洲、大洋洲和亚洲"传播"。现在，度假村开始吸引更多的商务客人。在那些具备会议设施的大型度假村中，商务客人几乎占住宿客人的一半。在小型度假村中，客人虽然以休闲度假散客为主，但是团体客人和会议客人仍然是重要的目标市场。由于商务客人的增加，许多度假村都增加了对商务客人来说非常重要的服务和设施，如传真机、计算机中心、文秘服务及驻店旅行社。

课外阅读 2-2

法国蓝色海岸

法国蓝色海岸（图2.1）的鼎鼎大名无人不知，这里早已成为了世界上最具魅力的沿海风景地带。

(a) 法国蓝色海岸之旅线路示意图

(b) 蓝色海岸

图 2.1 法国蓝色海岸

蓝色海岸地区（Côte d'Azur），又称作里维埃拉地区（Riviera），是滨海阿尔卑斯省（les Alpes-Maritimes）和摩纳哥（Monaco）王国的总称，位于法国东南部的边境地带，毗邻意大利。得天独厚的地理位置使这个地区呈现出了两种截然不同的地貌特征，海洋与山脉共存，景致独特。

线路上的重要城市尼斯(Nice)是法国第五大城市和第二大旅游胜地,每年都会有许多盛大的节日,尼斯狂欢节(Carnaval)是其中最具吸引力的一个;每年的二三月份,尼斯会举行近3周的狂欢活动,包括花车游行、放烟火、化装舞会等系列活动,届时会比夏日的海滨更热闹。依偎在青山脚下和地中海之滨的小城戛纳(Cannes),白色的楼房与蓝色的大海及排排高大翠绿的棕榈树构成一派绚丽的南国风光。每年这里举行的戛纳电影节是全世界电影界的一大盛事。南方重镇马赛(Marseille)气候宜人,景色秀丽。城市内有很多教堂和博物馆。老港外地中海上的伊夫岛(Chateau d'If)是法国著名作家大仲马在小说《基督山伯爵》中着力描写的地方。"香水之都"格拉斯(Grasse)是一年四季盛开着蔷薇、合欢草等香料花草的城镇,许多顶级香水大师都是在这里诞生的。另外,在尼斯与戛纳之间坐落着众多像滨海卡涅、圣保罗·德旺斯、比奥特、瓦洛里斯这样的小村镇。那里的美景及特有的风光吸引了众多的艺术家,像毕加索、雷诺阿、马蒂斯都曾经在这个蔚蓝海岸地区生活过,优美的自然景观触发了他们的灵感,在此创作了许多不朽的名作。

蓝色海岸的气候宜人,一年之中阳光普照的日子超过了300天,是没有淡旺季之分的旅游胜地。白雪覆盖的阿尔卑斯山峰与婀娜多姿、蜿蜒曲折的地中海海岸线遥相呼应,形成了蓝天、雪山、碧海的独特美妙景观,法国地中海式的文化元素更是这里吸引游人的另一大亮点。

资料来源:百度百科 http://baike.baidu.com/view/1510328.htm.

2.2 国内休闲度假村的发展与现状

2.2.1 国内休闲度假村发展历程

我国的度假历史也很早,早期的度假较典型的为皇家园林与私家园林,如河北承德的避暑山庄,北京的颐和园等皇家园林,以及苏州、无锡等地的私家园林,它们可以看做是我国度假产品的雏形。但当时度假的主体为极少部分帝王将相、皇亲国戚和社会名流。晚清民国,西方文化传播至中国,海滨度假区开始出现。公元1893年,一个英国的铁路工程师发现北戴河海滩沙软潮平,气候温和宜人,是洗海水浴和避暑的好地方,随即吸引了许多外国人和中国富裕阶层的人到北戴河海滨建别墅。公元1898年,清政府将北戴河开辟为各国人士的避暑胜地。1921—1934年,在这里避暑的外国人来自64个不同的国家。

山地避暑型旅游度假区、各类疗养度假区兴起于近现代。前者如著名的避暑胜地河北秦皇岛、江西庐山等;后者主要为解放后建立起来的各类疗养院,如云南为锡矿工人建造的温泉疗养院等。1949年新中国成立后,中央有关部委及地方政府有关部门、企业先后在国内一些风景、温泉胜地(如北戴河、杭州等风景胜地,陕西临潼、广东从化等温泉胜地,安徽黄山、江西庐山等名山大川)修建了一批具有度假性质的疗养院。1949—1980年中期以前,在中国北方,大部分度假区为官办。旅游度假区从功能上来说,以疗养、治疗和保健为主,设备简单,基本上属于福利性质。单个旅游度假区开发规模都比较小,多数客房在1 000间以下,类型只有滨海、山地等少数几种,空间分布极其有限。

20世纪80年代起,我国开始在珠江三角洲地区兴办旅游度假区,那时主要称作旅游度假村。与过去疗养型度假村不同，当时的度假村强调的是康体、休闲和娱乐。为了满足客人休闲、娱乐的需要，这类度假村增添了现代娱乐设施和项目，如高尔夫球、保龄球、网球、游泳池、健身房以及可为客人安排各种演出活动的娱乐中心等。中国度假旅游真正开始发展是在1992年。当年，邓小平同志南巡讲话的发表在中国掀起了改革开放和经济建设的新一轮高潮，借此大潮，已具备相当产业规模并逐渐与国际旅游业接轨的中国旅游业开始酝酿其发展中一次重要的转变。当时，经过34年发展的中国旅游业已基本解决了供给短缺的矛盾，但旅游产品基本上还属于文化观光、景点游览的单一型初级产品，难以满足客源市场多方面的需求。开发度假旅游产品由提供单一的观光型旅游产品转向提供观光与度假型相结合的旅游产品，已成为中国旅游业加速产品结构调整、实现产品升级换代，以顺应国际旅游市场发展趋势、增强产品竞争力的必然选择。

1992年10月，中国国务院正式批准在大连金石滩、青岛石老人、无锡太湖、苏州太湖、上海横沙岛(后改为上海佘山)、杭州之江、福建武夷山、福建湄洲岛、广州南湖、昆明滇池、三亚亚龙湾、北海银滩等12个地区试办国家级旅游度假区，这是中国旅游产品结构开始转型的标志。与此同时，国务院赋予上述国家旅游度假区在税收、土地出让金、合资政策等方面的8项优惠政策。其发展目标是，建立符合国际度假旅游要求、以接待海外旅游者为主的综合性旅游区并形成旅游业新的创汇基地。这是我国由提供单一的观光型旅游产品转向提供观光型与度假型相结合的旅游产品的结构转型的标志，大众休闲度假旅游开始启动。1996年，国家旅游局将年度国家旅游主题定为"度假休闲游"，希望以12个国家旅游度假区为主体，推出中国度假旅游产品，促进中国度假旅游的发展。1997年"中国旅游年"中，国家旅游局推出"海韵、湖光度假"专项产品，主要以国家和省级旅游度假区为依托。但是由于当时度假产品和度假消费市场都不够成熟，实际运行并不理想。到1997年，批准在建的国家和省级旅游度假区(旅游开发区)已超过130个，加上全园建成并投入运营的1 000多个省级以下的旅游度假区，总面积已超过2 000km²。

在国家旅游度假区蓬勃发展的同时，各地政府也开始大力支持和兴建地方级旅游度假区和度假村。一方面根据各自资源条件情况积极创办省级旅游度假区及各种类型的旅游度假村和度假地；另一方面协调各方面的关系，努力为度假区建设创造更为宽松的政策环境。经过20年的发展，我国逐渐形成了省市级旅游度假区和城郊旅游度假带三级度假体系。据统计，截至2011年，全国省级以上旅游度假区总数已达到158个，初步满足了人们休闲度假需求。然而，随着我国进入大众旅游时代，人们对休闲度假产品需求不断增加，旅游度假区无论在数量还是质量上，都与人们的需求有很大差距。旅游度假区在定位和管理体制以及政策配套等方面也无法适应形势的要求。

2.2.2 国内休闲度假村发展现状

到目前为止，中国休闲度假村的建设已初具规模，很多度假区和度假村根据客源市场的变化和度假村开发建设的实际情况及时调整市场定位和产品定位，建成了一批以国内市场为基础，特别是以度假区所依托的大中城市客源为主要目标的休闲娱乐设施，这些都已取得了良好的经济效益和社会效益。但总体而言，国内休闲度假村仍处于萌芽状态，处于初期发展阶段，随着中国社会、经济的快速发展，度假村仍然具有巨大的发展潜力。

从度假村地域类型来看，目前，环城游憩带和海滨度假旅游带共同主导着我国长、短线度假旅游产品。海滨休闲度假村依靠阳光、沙滩、大海的3S资源优势，具有很强的度假吸引力，受到休闲度假者的偏爱，成为休闲度假村的领导者。上海、广州、北京等大城市周围的度假村散布在城市周围，形成环城游憩带，是短线休闲度假旅游产品的主流，其中的高尔夫球场专项度假产品相对比较成熟。滑雪客源市场和滑雪度假产品近年来发展异常迅猛，人造冰雪机和室内滑雪场的扩张使滑雪有望成为我国度假旅游产品的第三大品牌。山地型避暑度假产品虽然衰落的不少，新开发的还在继续，总体上仍处于发展时期，未来的度假功能需要扩展，不能只局限于避暑，要广泛提供户外特色康体休闲健身活动和室内娱乐活动。国内温泉度假村数量不断增多，发展也非常迅速，但由于温泉度假受地热资源的制约，总体上的后劲不如滑雪。另外，依托森林、草原、湖泊、古迹等旅游资源的休闲度假产品将呈现百花齐放的局面，但难以形成大规模的单体。目前，中国的度假村正努力改善休闲环境，激发国内休闲者的休闲动机，试图摆脱度假的季节限制，朝四季型度假发展。

从全国范围来看，在中国南海之滨，素有"天下第一湾"之称的亚龙湾是长线休闲度假产品的主流，也是集中国度假村大成者。辽东半岛海滨、渤海湾海滨、山东半岛海滨、浙东南海滨、闽东海滨、珠江三角洲海滨、广西北海海滨这七大海滨中，旅游度假区得到了较具规模的开发，初步形成七大海滨度假旅游带，是长线休闲度假旅游产品的核心。1996年，地处亚龙湾的三亚凯莱度假酒店开业迎宾，中国第一家五星级度假酒店由此诞生。随后，三亚亚龙湾相继诞生了十几家具有前沿态势的中国度假村，同时，度假村由海南迅速向青岛、桂林、杭州、昆明、上海、深圳、重庆等地扩展，国际知名品牌也纷纷登陆中国。目前，我国度假村的区域性特征已经比较明显，长三角、珠三角、环渤海、西部、东北等区域的度假村经营都各显特色。北京、上海、广州、苏州、杭州、重庆等经济发达地区度假村数量明显比其他地区高很多。这说明我国度假村细分市场的区域格局状况已经初步形成，区域内部竞争加剧。

从度假村运营模式来看，分时/假期所有权度假村和"家外之家"的开发，即度假村开发与房地产结合，各地有了不少成功经验，它已经成为目前休闲度假村开发经营的主要模式。

课外阅读 2-3

我国温泉度假村的发展

温泉由于具有在全国分布广泛、离客源地距离近、游客消费成本比海滨度假地低、养生健康效果明显、适宜于多次消费、消费人数众多等特点，在度假旅游地中占据着越来越重要的角色。我国的温泉度假村（图2.2）经过20多年的发展已初具规模，但该产业的发展仍然处于初级阶段。

1. 旅游功能

温泉度假村面临着从单纯的温泉治疗、养生到温泉治疗、养生与休闲娱乐、会议等多功能并重，再到多种旅游功能综合发展的演变。一方面，游客到温泉度假村是为了健康、养生、放松的需要，因此，养生、健康产品的多样化必不可少；另一方面，游客来休闲度假，真正泡温泉的时间也只有1～2个小时，所以，娱乐产品的多样化也是很重要的；此外，餐饮也是一个很重要的吸引要素。这些产品必须根据实际情况进行策划规划，要做出自己的特色。青岛鸿源御都温泉度假村就特别注重特色的建设。

图 2.2　温泉度假村示意图

2. 环境营造

我国温泉度假村从忽视环境的营造到追求高质量的环境，从室内封闭的沐浴环境转向露天温泉、半室内温泉和温泉洗浴的私密性空间发展。温泉度假村的选址，环境是很重要的一个因素。环境主要是指山水环境、空气质量、气候条件等，此外还包括就餐环境和洗浴环境等。比如洗浴环境，北方常常有个错误的观念，认为冬天天气寒冷，于是在产品设计上采用大棚式的室内温泉为主。这给人的感受是封闭，人与自然不能和谐相处。目前，青岛度假村的游客对露天温泉洗浴很感兴趣，只不过要做好通廊的保暖。另外，私密性的温泉洗浴小空间也备受商务客人和散客的欢迎。如果温泉的选址没有良好的天然环境，那就需要人为打造。

3. 市场对设施的要求

很多温泉度假村对环境设施做了新的调整。比如，对房间的结构进行了改进，游客需要大的露台、大的玻璃窗、大的房间，游客已经不喜欢住标间，标间的设计对观光的团队游客有用，对度假游客就没有吸引力；还有针对家庭的散客，房间的功能和设置也会有所不同。

4. 确定主题文化

文化是温泉度假村的生命力之所在。主题文化是实现产品差异化的根本。其实我们需要挖掘的主题文化是那么的丰富，以至于每个地方都能找出属于自己的特色，只不过目前在这方面还没有做出努力而已。在主题文化确定以后，才能确定度假地的建筑风格和景观园林风格。投资者切忌先入为主地定位好以皇家园林、欧式建筑、美式建筑、日本园林等为主，这在温泉产品竞争不激烈的时代尚可取，现在则是风险大增，实不能如此为之。

因此可以预测，营造高质量的度假环境，提供多样化、高档次的康体旅游产品，具备舒适周到的旅游服务，以及塑造鲜明的文化特色将成为温泉度假村发展的新趋向。要达到这样的目标，开发前做好统一的策划规划定能收到事半功倍的效果。

资料来源：http://www.tyspring.com/productshow.asp? id＝88&mnid＝9845& classname＝案例分析。

2.3 国内休闲度假村发展面临的主要问题

长期以来，我国旅游发展中存在着"一流资源、二流开发、三流服务"的粗放型开发模式，影响了产品的档次和品位，制约了产品的发展和提升。我国度假村发展时间较短，在经营与管理方面较多地参照了传统观光与商务酒店的模式。但度假村针对的是度假者，其需求特点与观光商务顾客有很大不同，这也就决定了度假村的经营与管理有其自身特点。但是现阶段，相当一部分度假村的投资者、经营者没有认清这些区别，仍按照酒店的模式去建设与经营管理度假村，这是无法取得预期经营效果的主要原因之一。具体来说，目前我国度假村发展面临的主要问题有以下几方面。

2.3.1 选址不当，吸引力不足

度假村需要依托特定的客源市场和资源条件，在选址时必须对此有所考虑。如许多大中城市城郊大规模建设的山庄、花园、庄园、别墅群（村）等，都冠以度假村之名，虽然它依托了一个大、中型城市，但度假村寻求的是一个比较独立的活动区间，环境容量要大，环境质量要好。而城郊在工业化和城市发展中很容易与城市融为一体，基本上没有资源依托，它们既无活动空间和绿化配置，更无游览内容，不具备基本的休闲度假功能，严重降低了度假旅游的内涵和质量，一定程度上败坏了度假产品的形象，也很难吸引到周边大、中城市的度假者。

另外，某些度假村将其客源定位在国际市场和国内某些特大城市，但由于客人对度假地的选择有距离和进入时间的要求，这就削弱了开发之初度假村对远距离的国内外游客的吸引力。况且国际度假旅游客人对度假地的选择已形成一定的习惯性和稳定性，对度假村来说，只要客人觉得进出方便，一般以坐汽车、火车或乘飞机在两个小时以内的时间能顺利到达为限，如果在那里能享受到一份温馨和高水平的服务，他们是很愿意"故地重游"的。也就是说度假村一旦对度假者产生吸引力，度假者在一生中可能多次去此地，成为该地的回头客。但目前我国度假产品类型单一，过分集中于海滨、湖泊，未能充分发挥我国度假资源优势；同时又与世界各著名度假村类型重复，未能形成中国特色，很难吸引国际度假旅游客人。

2.3.2 盲目建设，缺乏特色

度假村在地理位置、建筑设计与装潢、服务设施等方面与酒店存在明显的区别。我国的度假村是在商务酒店的基础上演变而来的，所以各家度假村在建筑风格、装饰装潢、布局格调等方面相互模仿，把度假村装饰得富丽堂皇、棱角分明，在设施上不以康体、健身、休闲、娱乐等度假设施为主，基本上还是类似于城市商务型酒店或观光型酒店，致使度假村的建筑风格难以与周边的环境融为一体，其商业性十足的设计使度假的客人产生压抑感，无法享受放松休闲的乐趣，使客人望而却步。而且，度假村的客房收入占总收入的比重过大，而来自文娱、体育、餐饮等方面的收入比重过低。

同时，国内一些所谓的度假村其实就是宾馆（饭店）的进一步豪华化、规模化，作为饭

店，其功能虽进一步齐全，食、宿、购物、娱乐也更配套完善，但很多度假村还是单纯依靠自然、人文资源，片面强调区位优势，缺乏休闲娱乐功能，使度假村这一本应该具有个性化特色的"新生儿"烙上了传统酒店统一标准的印记，造成许多度假村在本质上并没有太大差别，缺少文化品位，缺少度假功能。从全国范围看，目前我国还缺乏大型国际性的、综合性的度假村，难以与夏威夷等传统度假胜地的度假村相比，竞争力不足。

2.3.3 经营管理模式单一，忽略差异竞争

由于我国的度假村产业起步晚，许多度假村经营者的管理思想没有逃脱酒店经营的束缚，再加上国人的消费意识、经济能力都不能达到度假村经营的初衷，导致度假村的康体、娱乐、休闲、放松目的被隐藏，纯休闲的度假旅游者以及散客较少，而出于公务之余放松一下的消费动机的会议型商务客人成为我国度假村销售的主要目标客源市场。

当代西方市场竞争主要表现在产品差异竞争上，注重产品的特色化、个性化。国外度假村经营注重用外部扩张（联号经营、合同管理及联合体形式）来取得规模效益，采用品牌延伸方法来迎合顾客需求差异化的倾向，同时努力追求体验经济的境界，因此，其产品与服务对游客和企业双方的附加值比较高。如印度尼西亚民丹岛度假村，以优美的环境和完善的设施、设备为道具和舞台，以员工的热情接待、服务与丰富的娱乐活动及表演为节目，使度假者融入其中，给客人带来愉悦的体验。而中国度假村对自己行业经营特点的认识还不够，近年的市场竞争重点放在价格竞争及改造升级上，通过饭店重新装修升级，大量改造成为高星级饭店，借以提高档次进行竞争，而对产品与服务的特性、个性方面不够注重，没有突出游客美好体验的管理。也就是说我国度假村注重的是档次而非差异，与国外的竞争策略差异巨大。

从管理层面上看，由于度假村的服务宗旨、营业收入结构、经营淡旺季不同于酒店，因此度假村在制定各项管理制度、培训计划、营销方式、经营策略时，要立足于自身的特点。

课外阅读 2-4

印尼民丹岛度假村

民丹岛（Bintan Island，图2.3）是印尼境内群岛中的最大岛屿，早在15世纪，郑和下西洋的记载中就已提及民丹岛。由于它离新加坡很近，乘搭渡轮只需45分钟，不仅新加坡人把它当做后花园，同时它也吸引了很多到新加坡的游客。

民丹岛面积有3个新加坡大，但人口却只有新加坡的1/10。踏上民丹岛，浓绿斑斓的热带植物、银色的绵长沙滩、碧蓝的南中国海、各种国际级度假酒店以及一系列休闲的热带假日活动令度假者心旷神怡。

在民丹岛上，游客可以到高尔夫球场的绿茵场上挥杆；参加海上运动尽情作乐；加入民丹岛生态探险之旅；向村民学习原始钓鱼术，或坐船在热带雨林夹岸的海与河交界水域穿梭游览。如果想了解当地民俗，可参观原住民的黄梨种植地，看看他们怎样从橡胶树割取胶液，再看看当地妇女用斑兰叶编织手袋和其他手工艺品。除了享受之外，这里还可以探险，

乘着快艇顺着由红树林围起的河道可以走上好几个小时，观赏各种植物之外，还经常可以近距离地观看毒蛇、蜥蜴、翠鸟等动物，它们很可能就爬在游客头顶的树枝上——在这里，游客没有机会说无聊。

图 2.3　民丹岛

尽兴游玩后，别忘了到海边的水疗中心做个 SPA，让全部身心放松再放松，去深切体验民丹岛静谧安详的另一面。民丹岛上的时间是以椰子树树影来计算的，尽情扔掉手表，忘掉时间，沉醉在这日丽风清的仙境之中吧。

民丹岛有洋溢着热带风情的马娜马娜度假村（Mana Mana Beach Club）、精巧玲珑的媚阳沙丽度假村（Mayang Sari Beach Resort）、设施完善的民丹岛悦椿度假村（Angsana Resort & SPA Bintan）、民丹湖度假村（Bintan Lagoon Resort）（包括民丹海湖度假别墅、Angsoka 别墅、Buganvil 别墅及 Cempaka 别墅）、地中海俱乐部（Club Med Ria Bintan）、娜湾酒店（Nirwana Resort Hotel）、豪华的山间别墅民丹岛悦榕庄（Banyan Tree Bintan）及银雅别墅（Indra Maya Villas）。另外，对于举家旅行的游客，这里还有家庭式的碧茹别墅（Banyu Biru Villas）可供选择。

娜湾花园度假村酒店极具南洋情调，大大小小的亭阁、长长短短的走廊采用褐色木结构，亭、廊为南洋花卉簇拥，清新的空气中洋溢着淡淡的清香。走出客房、亭廊，首先映入眼帘的就是设在主楼东南一侧的椭圆形游泳池、漩水池，水池面积很大，池边分布着遮阳伞和配有小桌的沙滩椅。不少优哉的休闲客汇聚在游泳池，或陪着幼儿在碧波中戏水，或躺在椅上眺望正前方的洋面起伏，或坐在池沿浏览当地画报。在民丹岛休闲，最惬意的便是在游泳池边观赏"椰风蕉雨"。

民丹湖度假村面积有 300 多公顷，境内拥有长长的海岸线。与娜湾花园度假村一样，民丹湖度假村建有 50 多幢独立的海滩度假屋和小别墅。小别墅一般都是二层小楼，一打开房间门就看到美丽的白色沙滩。这里环境优雅僻静，小院里设有小游泳池、室外淋浴天井，门口配有游览全村的电动车。海滩 SPA 亭建在海边草坪上，离海水只有 100 多米，远看就像当地土著居住的尖顶小草屋，不过建造得非常精致、牢固。亭中柚木地板腾空，四周挂有竹帘、布帘，加上眼前碧海接天，海天一色，附近椰林婆娑、奇花吐香，对休闲客的吸引力着实不小。当地马来按摩师的技术也相当棒，他们先用浸有药草的温水去除客人体表角质，再用热带精油涂抹颈部、背部、腰部和肩膀、手臂。手法以指压为主，由上而下，指尖压力逐步加重，继以啄、摩、擦、揉、劈、拍。按摩之后，浑身舒畅、神清气爽、畅快不已。

民丹岛度假胜地的住客绝对能在安全舒适的环境中享受度假村的各种设施与服务。印尼人的友善好客闻名于世，这点在度假村内处处可见。经过一天精彩的旅游活动，民丹岛度假胜地会让游客有"回家"的感觉。度假村舒适且现代化的住宿设施，让游客安享一夜的睡眠，迎接明天的精彩体验。

资料来源：博雅旅游网 http://as.bytravel.cn/art/354/mddmyjhswl.html.

2.3.4 服务的综合性和个性化不足

随着国内经济快速发展，高端消费群迅速兴起，度假者对度假产品和服务的需求更趋于多样化、个性化，他们迫切需要的是"一站式"服务产品，希望度假村能够提供一些延伸的服务，比如希望度假村将所在地其他景点、娱乐、休闲产品进行整合、打包经营。此外，度假村服务项目的局限性也会使客人很难感受到温情、差异和家庭化。

度假村提供的产品是休闲度假，是为了满足度假者的健康、放松、娱乐的需求，因此它对员工的业务技能要求就有别于酒店，对员工的素质要求也更高。除了常规的餐饮客房服务外，度假村员工还要掌握度假村内所设置的多项康体健身设施和娱乐活动的操作技能，更应体现个性化服务，这也是使度假客人享受放松假期的重要组成部分。各跨国饭店集团都有其先进的服务理念(如假日集团的"热情式"服务、喜来登"关怀体贴式"服务、香格里拉的"亚洲式"亲情服务)，我国的各度假村也应强化自身的个性化和特色化服务理念。

度假村还面临一个服务过程性信息如何有效传递的问题。目前一些度假村对于服务前广告性信息关注较多(如吸引游客去那里)，但服务过程中信息(如游客怎么去)提供不足，服务后关系性信息(如游客是否再去)更是几乎没有。这在很大程度上制约了度假村产品和服务的完整性、便利性，影响客人满意度和回头率。

目前，国内度假村还面临着增长速度和发展模式与游客日益增长的多元化需求出现不协调的问题，这种不协调在高端客源方面表现得尤其明显。比如：一般度假村的游泳池、餐厅、咖啡厅等都属公共场所，无法满足高端游客对神秘性或安全性的需求；客房统一规范的服务标准和服务程序使高端游客很难体会到尊贵与个性化自由。如何满足高端度假客人的这些特殊需求，也是我国度假村发展面临的一个重要问题。

本章小结

随着经济的发展、闲暇时间的增加及人们消费需求的变化，目前休闲度假村在国内外得到快速的发展。本章在参阅各方面文献资料的基础上，对国内外休闲度假发展的原因及历程作了回顾，并总结了国外度假村发展的规律及国内度假村发展的现状。同时，对目前国内度假村发展中存在的一些问题进行了分析。读者可以结合度假村发展的特点、规律和目前经营管理的实际情况，进一步深入理解和分析，以便更好地促进我国休闲度假村的发展。

复习思考题

一、名词解释

斯巴（SPA）　　　　四季型度假村　　　　度假体验
"一站式"服务产品　　个性化服务

二、单项选择题

1. 产品销售门槛较高的度假村类型是（　　）。
   A. 资源型　　　B. 客源型　　　C. 豪华型　　　D. 经济型
2. 个人和家庭拥有度假村度假单元，委托度假村进行统一管理的度假村运营模式称为（　　）。
   A. 自行开发　　B. 委托经营　　C. 分时度假　　D. 家外之家

三、多项选择题

1. 度假具有以下特征（　　）。
   A. 时间长　　　　　B. 异地性　　　　　C. 重复率高
   D. 空间活动集中　　E. 个性化突出
2. 休闲度假村按功能可分为（　　）。
   A. 康体型　　　　　B. 娱乐型　　　　　C. 乡村型
   D. 城市型　　　　　E. 会议型

四、简答题

1. 如何理解休闲的含义？
2. 度假村与度假地、度假区有什么区别？

五、论述题

1. 休闲度假村与传统的商务酒店在服务管理方面有哪些不同？
2. 休闲度假村的经营管理有何特点？

课后阅读

宁波开元九龙湖度假村点滴

1. 概况

宁波开元九龙湖度假村位于被誉为"浙东的香格里拉"的宁波镇海九龙湖度假旅游区的九龙湖畔，由美国 WATG 公司和香港贝尔高林景观设计公司联合打造，时尚元素与自然山水融为一体，山水环绕，四季青翠，是一座以度假、旅游、休闲、会议为主要功能的按照白金五星级酒店标准建造的度假酒店（图 2.4）。

宁波开元九龙湖度假村总建筑面积 6 万平方米，拥有客房 353 套，餐位 1 500 位，千人宴会厅、中小型会议室、健身房、游泳池、英、美式台球、乒乓球、美容美发、棋牌、足浴、SPA、儿童乐园、模拟高尔夫、壁球等设施。

图 2.4　宁波开元九龙湖度假村内景

2. 游客点评

（1）环境一流，酒店的服务也一流。唯一的遗憾是我入住的那个房间，电视机坏了两次。第一次，工作人员说是湖边房间太潮，电视机受潮了；第二次，说是房间电压太低。不过也无所谓了，去度假不是去看电视的。总体满意。

（2）酒店环境相当不错，设施也新，女儿在儿童游乐区乐不思蜀，对于度假的人来说应该是个不错的选择，周末入住的人很多。就是地点有点偏，进了这个酒店，就得做好吃住都在这里的思想准备。还有要说的是，当天我们到达酒店应是下午1点半多了，前台已经办理了入住手续，说是在抢房整理，但是到了房间1个多小时催促再三以后才有人来收拾房间，这种服务太不符合五星级酒店标准了。

（3）对酒店都还是挺满意的，但是唯一一点让我很失望的是酒店是五星的，但是却没有无线网络，我带去的苹果完全不能用，因为当天晚上需要上网处理事务，所以也没能过夜，只能当夜返回，让我很遗憾，也觉得很浪费！希望酒店能考虑现今情况，尽快增加无线网络！

（4）沿着葱郁的小路一路开上山，就看到规模宏大的开元度假村，房间设施很新，订了一间大床房，视野绝佳，空间宽裕，还带一个楼台，正好碰上月全食，在楼台一边赏月看星，一边听着音乐，品品红酒，惬意极了。凉了回到房间泡了个澡，在床边的浴池正对着一湾湖水，很有情调哦！隔天放晴，在度假村沿湖散散步，舒舒服服地度了个假。酒店中餐厅的饭菜量足味好，价格就是一般酒店的正常价，性价比不错。酒店服务员不收小费，但是可以买10块钱的筹码当做他们的 tips，很有意思，服务不错，我再次对开元系列增强了信心。

（5）第二次入住了，一如既往得好。晚上居然还有夜宵送，没想到啊！特别喜欢露天自助早餐，感觉空气新鲜，环境一级棒。

（6）酒店整体不错，但是中餐厅问题蛮大的，速度慢不说，还强词夺理，态度不好。

资料来源：同程网 http://www.17u.cn/HotelComments-10349-1-3.html.

第3章　休闲度假村产业及经营管理发展趋势

学习目标

知识目标	技能目标
（1）了解休闲度假产业发展的相关背景 （2）了解目前国内外休闲度假市场发展的现状 （3）了解休闲度假村经营与管理的特点	（1）初步理解和掌握休闲度假村产业发展的趋势 （2）引导熟悉国内外休闲度假村经营管理发展的趋势 （3）为将来从事休闲度假村经营管理工作提供思路

知识结构

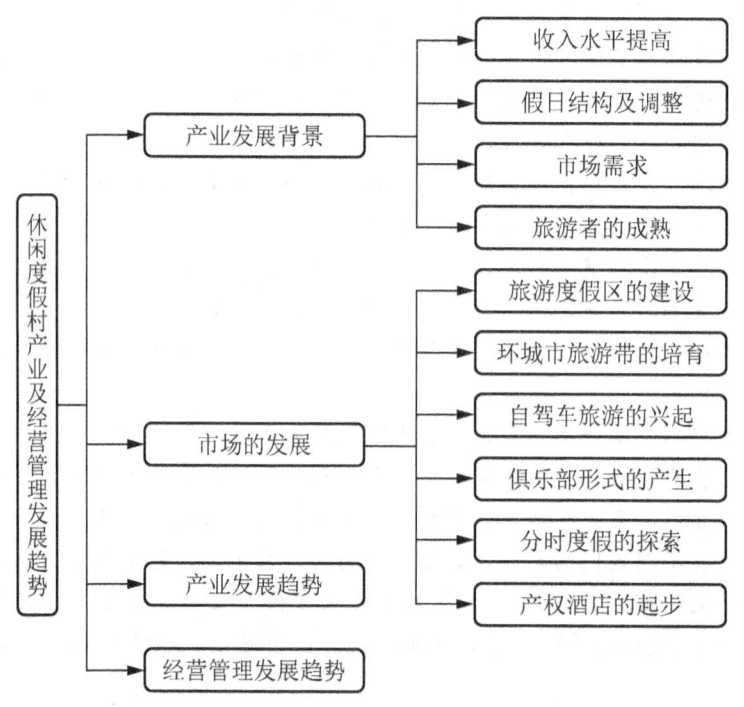

第3章 休闲度假村产业及经营管理发展趋势

导入案例

杭州千岛湖开元度假村

杭州千岛湖开元度假村位于国家4A级风景名胜区杭州千岛湖,是由"中国饭店业集团20强"之一的开元旅业集团开发管理的一家五星级豪华度假村。开元旅业集团在杭州、宁波、台州、上海、北京、徐州、开封、长春等地拥有下属企业40余家;目前11家五星级酒店在营业,6家五星级酒店正在筹建。集团计划以每年开业5家,签约5家高星级酒店的发展速度在全国一、二线城市扩张,全面致力于酒店产业的连锁化建设、房地产产业的持续成长和相关新兴产业的突破。成为出类拔萃、永续经营的现代大公司,是13 000名开元人的远景与努力的方向。

杭州千岛湖开元度假村占地300余亩,珍藏天然半岛的层峦叠翠,独享三面环绕的盈盈碧水。酒店拥有227间豪华舒适的景观客房,每一间客房都拥有独立阳台;拥有完备的餐饮设施和高档的休闲娱乐设施兼有800m²室外临湖游泳池、临湖SPA、价值千万的豪华游艇等个性化尊容配套。度假村2004年4月30日开业以来,深受中外商务、休闲客人的称赞,因其绝美的风景和浓郁夏威夷度假风情而赢得了"东方夏威夷"之美称,2005年9月杭州千岛湖开元度假村荣膺五星级旅游饭店称号。2007年,度假村荣获有"酒店业奥斯卡"之称的中国酒店金枕头奖。

无论是商务、旅行、还是会务,每一位入住开元度假村的贵宾都能体验到始终如一的开元品质、尽享殷切贴心的开元关怀。度假村始终提倡和鼓励员工能带着真诚的笑容面对每一位贵宾,关怀大使是酒店集团一种崇高的荣誉。酒店每个季度将会精挑细选4位为客人提供优质服务的员工,作为褒奖,授予他们关怀大使的称号。

讨论题:杭州千岛湖开元度假村为何能获得成功?休闲度假村经营管理的发展趋势是什么?

资料来源:开元度假村提供,整理有删改。

美国未来学家甘赫曼将人类社会发展的第四次浪潮预言为"休闲时代",据一些国外权威研究机构的预测,旅游、环保、IT产业和文化产业将是21世纪全球发展最快的产业部门;据WTO预测,到2020年国际旅游将达到16亿人次,2万亿美元的产业规模。休闲产业将取代传统的主导产业和现代的信息产业等,跃居世界第一大产业的位置,而我国到2020年将成为世界第一大旅游目的地,第四大客源国。

休闲度假村在中国还是个新事物,也是一种新的社会生活方式,现在很受关注。目前已经到了中国休闲度假村产业发展的一个关节点,所以应该积极研究,把握其产业及经营管理发展的趋势。

3.1 休闲度假村产业发展背景

21世纪,中国的休闲度假村产业将得到迅猛发展。因为中国有十分丰富的自然和文化资源,有漫长的海岸线和高质量的海滩,有众多适合开发为旅游度假地的山川和温泉。而随着中国改革开放的不断深入,中国经济将进一步焕发活力,人均收入水平和闲暇时间将不断增加,与此同时,人们的思想认识也将发生大的变化,外出休闲度假的理念将日益深入人心。

3.1.1 收入水平提高

2003年,中国国内生产总值达到11万亿元,人均收入超过1 000美元,这是一个历史性的突破。按照国际经验,人均收入超过1 000美元,正是一个国家旅游需求急剧膨胀的时期,但主要是观光性的需求。休闲需求急剧增长的门槛是人均收入达到2 000美元,那时候就将形成对休闲的多样化需求和多样化的选择;人均收入达到3 000美元的时候,度假需求就会普遍产生。

2011年,我国城镇居民人均可支配收入21 810元,已经超过3 000美元,所以从全国城镇居民收入的角度来看,我们现已处在度假需求的临界点。而且地区间差异很大,2010年上海人均已经超过3万元,北京和浙江分别以29 073元和27 359元名列第二、三名。沿海发达地区已经越过度假的门槛,所以对于东部发达地区,度假需求已经产生,这就意味着产生了一类新的市场需求,必须提供一套新的产品。

3.1.2 假日结构及调整

我国1995年开始实行双休制;1999年国务院重新调整了假日结构,增加了两天的假期,迅速形成3个黄金周。2007年12月16日,国务院正式公布了《全国年节及纪念日放假办法》和《职工带薪年休假条例》两项政府法规,宣告了持续8年的三大黄金周长假制度的结束。调整之后,"五一黄金周"法定假日从过去的3天变为1天,另外在清明、端午、中秋3个传统节日各放一天假,形成两长五小的新模式,全年假日增加一天。

根据目前休假制度规定,全年52周有104个双休日,加上春节、"五一"、国庆节、元旦、清明节、端午节和中秋节共11天假,全年的假日达115天(不含带薪年休假日)。通过周末上下移动,每年将出现元旦、春节、清明、"五一"、端午、中秋、国庆7个集中休假高峰,形成法定节假日与周末连休3天的小长假、两个黄金周和个人带薪年休假并存的新局面。现在我国的假期在全世界范围内基本算是中上水平,当然欧洲一些国家,尤其是西欧、北欧的一些国家,法定假日更多一些,但我国的港澳台地区,在以前还是五天半工作制。

《职工带薪年休假条例》规定,机关、团体、企业、事业单位、民办非企业单位、有雇工的个体工商户等单位的职工连续工作1年以上的职工可享受带薪年休假,累计工作满1年不满10年的,年休假5天;满10年不满20年的年休假10天;满20年的年休假15天。休假期间的工资收入与正常工作期间相同,因工作原因不能休年休假的,单位应按工资收入的3倍支付工资报酬。《全国年节及纪念日放假办法》和《职工带薪休假条例》从2008年1月1日起施行。

这种假日结构的调整对于培育休闲度假市场有巨大的作用,元旦、清明、五一、端午、中秋5个长周末的出现将逐渐改变当前国内观光为主的旅游方式,推动远郊度假市场的井喷式发展。目前,很多有车一族都爱上了自驾和自助旅游,短期假日和带薪休假的出现恰恰为他们创造了更多的机会,人们休闲度假的主动权大大增加了。

3.1.3 市场需求

现在国内已经形成了庞大的休闲度假市场需求,尤其是在沿海发达地区,在近几年之内不仅可以预期,而且已经在休闲度假村的实际经营中深刻地体验到它的持续性。一是已经产生了现实需求,二是总会有新的消费人群不断产生,一方面是年轻人不断成长,他们逐步具备了休闲度假的条件;另一方面是西部和中部地区的需求也在不断产生;第三个方面,农村的休闲度假需求会逐步产生。现在休闲度假实际上主要还是针对三四亿城市人口,农村市场还只是潜在的,或者说农民现在介入休闲度假只是从生产者的角度来介入,如果说到一定时候,九亿农村人不但是生产者,同时也是消费者,这个市场就不可限量。有这样一个不断产生、不断更新、不断培育的消费人群,休闲度假的市场需求是无限的。

3.1.4 旅游者的成熟

在旅游发展的过程中,旅游者的不断成熟已经成为旅游市场的一个重要现象。中国旅游发展几十年,国内旅游从20世纪80年代中期开始,迄今近30年。随着收入水平的不断提高和闲暇时间的不断增加,旅游者在这个过程中不断成熟起来。早期的旅游者是"穷旅游",追求的只是多看,其他不讲究。那时候一个典型的现象就是到了某个地方,导游小旗一挥,大家排着队照相;拍完照,小旗子又一挥,上了车。除了照片,旅游者不知道自己到过些什么地方,每个地方风景如何,因为无暇欣赏,形成急匆匆、半军事化、拉练式的观光旅游。现在这种模式已经在逐步淘汰,旅游者经验越来越多,要求比较深入的体验,他们的追求也越来越个性化,所以就从初期简单的观光旅游转向休闲度假,这是一个必然趋势。这两年休闲度假的市场现象已经非常普遍,从春节开始兴起,暑期产生热潮,国庆节达到兴旺。这样的市场现象表明,沿海发达地区休闲度假需求已经普遍产生,这也是由于旅游者的成熟而逐步使消费需求升级。

以上几个因素构成了休闲度假村产业发展的总体背景,它实际上预示着休闲度假发展的前景,这个前景是无限的,这个市场是无穷的。中国这样的人口大国,每一个很小的百分点里都包含着一个巨大的绝对量,这个绝对量,就是休闲度假村的市场。

3.2 休闲度假村市场的发展

国家旅游局从1990年就开始研究如何从单一的观光旅游模式转向多元化、综合性的发展模式,选取的重点就是休闲度假,从而开始了我国休闲度假村市场的发展。

3.2.1 旅游度假区的建设

1992年国务院下发了8号文件——《关于建设国家旅游度假区若干问题的通知》,出台了8条政策来支持国家旅游度假区的发展。文件下发以后,国务院又批复了12个国家级旅游度假区。一是做得比较好的,一南一北,即大连的金石滩国家旅游度假区和海南的三亚国家旅游度假区。二是功能转换,如山东青岛的石老人旅游度假区,现在和崂山风景名胜区、青岛科技开发区几区合一,实际上已经脱离了度假的概念;广州南湖、福建武夷山、杭州之江等基本上变成了城市中心的房地产区。三是形成观光区，如无锡的马山。四是调整，如广西北海银滩国家旅游度假区一开始就是房地产开发的模式，结果不但项目本身失败，而且破坏了资源，所以现在又开始广西银滩的二期开发，现在的模式才是旅游度假区的模式。

当时的要求是，以外资建设为主，以外国人度假为主，以创汇为主，所以要高水平规划、高起点建设、高效能管理、高质量服务。而且明确了度假区的3个要素，第一个要素是高尔夫球场，第二个要素是中心酒店，第三个要素是相应的配套设施。应该说当时策划得比较完整，但为什么没有成功呢？一个基本原因是，当时的市场没有发展到这一步。实际上当时总体的想法是在中国培育出一套休闲度假的产品，主要对应外国人需求。那时候也在一些国家做了比较密集的关于休闲度假的调研，看到了我们与国外的差距，所以想"依葫芦画瓢"，自己培育建设一批。但由于市场基础不足，条件不够成熟，迄今为止，中国的休闲度假产品在国际上基本还没有品牌。12个国家旅游度假区批复之后，在全国掀起一片热潮，各个地方纷纷按照这个模式建立省级旅游度假区、市级旅游度假区，甚至有的县也开始搞县级旅游度假区。省级旅游度假区最多时达到120多个，市县两级数量会更大。但现在看来，成熟的不多，真正做到位的也不多。

但这几年市场形势发生了大的变化，在市场经济大潮的拉动下，国内的休闲度假需求产生，有一些好的大的项目也应运而生。比如天津的宝砥县，投资50亿建了一个温泉城，其中有一个温泉休闲度假村，这个休闲度假村投资量大体是2亿，可以说达到了国际水平。但由于一边设计，一边施工，方案里尚有不合理之处，可是像这样的规模和气派，确实体现了市场经济的发展态势。再比如港中旅建设的珠海温泉休闲度假村，投资20亿，已基本达到国际水平。现在已经成形的博鳌亚洲论坛是一个国际化的品牌，其实质是一个度假区，博鳌水城请澳大利亚专家规划，现在已经初成气候、初成体系。从这个过程里可以看出，当市场有了需求，做出来的项目才能够达到真正的高水平和相应的大规模。所以，12个国家旅游度假区未必能在市场上真正形成气候，可是各种休闲度假项目一定会在市场上冒出来，而且会在全国形成领袖性的项目，形成集团化的巨型企业。

3.2.2 环城市休闲度假带的培育

环城市休闲度假带大体上是在20世纪90年代后期，通过市场需求的拉动逐步培育起来的。现在比较有规模的主要集中在特大城市，如北京、上海、杭州、广州等已经形成复合型、全方位的环城市休闲度假带。中西部的一些大城市和特大型城市，如成都、重庆，形成了以"农家乐"为主体的环城市休闲度假带，总体规模已经形成。成都周边6 000个"农家乐"，最便宜的每天20元，贵一些的每天100元，适应城市的发展水平，形成了一个下岗工人都可以去"农家乐"的消费层次。游客可以坐着公共汽车过去，中午吃饭，喝点茶，打麻将。换一个地方，从家里换到了"农家乐"，自然环境好，麻将打得更有趣味。

近几年，在环城市休闲度假带的培育上，各地出现了各种不同模式和不同情况，其品质得到了进一步提升。

3.2.3 自驾车旅游的兴起

这十几年来，随着我国私家车的普及，自驾车旅游方兴未艾。现在的旅游市场上，自驾车旅游不但变成一种新兴形式，而且变成了一种很重要的方式。自驾车旅游的一个最大特点是人们的活动范围扩大了，从而使市场的辐射力和延伸性的影响进一步扩大。比如杭州千岛湖接纳的自驾车客人主要是上海人，几百公里的距离对于自驾车来说不算太远。黄山有一个牯牛降，是一个非常好的自然保护区，浙江省旅游局和浙江省旅游协会在那儿挂了个牌子——自驾车旅游定点单位。

自驾车旅游还反映出一个情况——市场在分流。自驾车旅游没有兴起的时候，环城市休闲度假带有稳定的客源，现在市场的辐射力增强，市场范围在扩大。在一定意义上，环城休闲度假带要围绕着自驾车旅游形成一整套的服务体系。因为自驾车旅游是一个新兴事物，而且将来会形成自驾车的产业链、服务链，这对环城市休闲度假带的各个方面都提出了很高的挑战。

总体而言，自驾车旅游让整个市场形成了互动。比如，杭州人自驾车的范围扩大了，而其他地方的自驾车范围可能扩大到杭州。由于自驾车旅游的兴起，加之发达的高速公路服务体系，上海人，甚至江苏、南京及浙江省各地的客人，开着汽车到杭州郊区旅游，都是很自然的事情，如此就形成了全国互动的局面。这就意味着环城市休闲度假带的经营眼光要扩大，经营范围、市场范围也要扩大。

3.2.4 俱乐部形式的产生

俱乐部形式也是这几年新兴的度假方式，基本上是圈子化的经营。现在有些俱乐部是企业形式，还有些为非营利机构，而且俱乐部形式为度假者提供了一种多样化的选择。有的俱乐部已经做得很大，有上万的会员，天天都有活动；有的比较小，上百个会员。但是俱乐部的形式意味着它是在同一个平台，是由有共同爱好的人所构成，这就要求经营者更深入、更专业，在一定程度上知识更丰富。比如有人专门做一个长城旅游俱乐部，就是把全国有条件旅游的长城爱好者集中到一起，一共设计了700多条中国长城旅游路线，目标是让这些人在10年之内把中国的长城从头到尾走一遍，但不是传统的走法，而是全面、深入地体验长城。

类似这样的俱乐部形式，在一定意义上已经超越了现在的经营眼光，这也是一种新的休闲度假的组织形式和经营形式。现在很多经营者还看不到这一点，也看不到这个市场，实际上这对经营管理有很大的启发。比如现在做一个休闲度假项目，就可以力求形成主题化。形成主题化就意味着有可能借鉴俱乐部模式，有了这个模式就意味着永远有一批忠实稳定的客源。同时通过他们的口口相传，该项目就会在市场上辐射，不断扩大客源范围。我们不必在重复市场上推出重复的产品，竞争重复的客户。俱乐部形式应该说已经超前了一步，在这方面进行探索，度假村的经营管理者能够得到一定的启发。

3.2.5 分时度假的探索

分时度假现在社会影响很大，但是严格地说，它的规模并不大，全国大概十几个公司,而且到目前为止,做得特别成功的公司还没有。原因很简单,这种经营模式在国内超前。国际上分时度假有一个最重要的基础,就是社会信用体系的发达。这个基础在市场经济发达国家是通过国家机器培育了300年才具备的,它是一种既有国家信用,又有各级政府信用,还有企业信用,包括个人信用的一个完整的信用体系。

中国现在还处于信用建设的起点,分时度假也只能是一种探索,应该说它的经营都非常艰难。其中的一个问题就是分时度假名不符实,只是分时,而没有度假。分时度假公司推出来的产品,休闲度假村很少,很多城市的商务酒店也纳入了分时度假的产品范围。这叫分时酒店,不叫分时度假。它只是在分时上费工夫,没有提供出全套的、丰富的、非常完整的休闲度假产品,没有使分时度假和其他酒店类产品的差异明确表现出来,这样很难站住脚。

因为分时度假是个新事物,在经营方式、经营内容上都需要探索,更重要的是信用体系的建立问题。分时度假公司卖给旅游者30年的使用权,经营者自己的公司能存在几年?消费者凭什么相信经营者?有些分时度假公司联系了担保公司,但这个担保公司又能存活几年?度假者花几万块钱买一张卡,到时候可能"烧香找不着庙",类似这样的问题都很严峻。但是分时度假在国外已经是一个比较成熟的经营模式,在中国也将大有其前景,只是在探索阶段、起步阶段,困难极大,需要进一步研究。

3.2.6 产权酒店的起步

发展到今天,中国产权酒店的数量已经超过了1 000家,经营状态良好。与国外分时度假为主流的情形恰恰相反,中国人更愿意选择有国家颁发的《产权证书》作为保障的产权酒店投资。实际上产权酒店是房地产市场和旅游市场相结合而产生的一种新的形式,但也有一些隐忧,发展存在一些问题。刚开始发展时,全国有过四五家产权酒店,主要集中在海南和广东,但都失败了。失败的主要原因也是市场不够成熟。因为那个时候房地产市场还没有兴起,大家还指望着公家分房子,没有自己买房子的概念,在这种市场基础之上,产权酒店肯定是发展不起来的。这几年产权酒店的发展形势良好,但是不能只看到眼前短暂的成功,还要研究一些长远发展的问题。

产权酒店的核心是"产权",是一个权利束,包括所有权、占有权、支配权、使用权、剩余索取权等,这样才是一个完整的产权概念。实际上现在产权酒店的经营是把这个权利束分隔开,只体现了所有权和分配权。产权概念里涉及的一系列权利在法律上怎么界定,发生冲突、纠纷怎么处理,这些深层次的问题实际上已经产生。其中还包括纳税问题,酒店当局作为一个总体要纳税,如果说对业主的分配也要纳税,那就等于双重纳税。依据税法,作为一个经营主体,企业所得税、营业税必须要缴纳,产权酒店的业主个人收入所得税也必须缴纳。可是现在产权酒店的一个主要方式是承诺对业主的回报,最高的承诺回报已达到9%,达不到就产生纠纷。这一系列的深层次问题首先需要研究市场,其次需要研究法律上的界定问题。现在有些产权酒店的法律官司已经产生,打得很热闹。所以产权酒店发展过程中不能只被表面的繁荣挡住视线,要把这些问题考虑得比较周全。

上述6个方面都意味着休闲度假市场正处于逐步发育的过程,总体来说还是一个初级的发育和发展阶段,并不成熟。这就意味着,一方面休闲度假村的发展有一个广大的市场前景，有经营者施展身手的天地；但是另一方面，一系列新的问题会不断产生，在休闲度假村产业及经营管理发展过程中需要未雨绸缪，把握其发展的趋势。

3.3 休闲度假产业发展趋势

经过 100 多年的发展，在步入以经济全球化和知识经济为主要特征的今天，休闲度假呈现出了一些新的发展趋势。

3.3.1 全球化趋势

随着知识经济的发展，人们文化水平的提高，人们的思想观念和社会形态发生了很大变化。全球旅游也已经开始由 20 世纪传统走马观花式的观光旅游主导向在一地的停留时间相对较长，更加强调休息、放松，以增进身心健康为目的的休闲度假主导转变。如今，在欧美等发达国家，休闲度假已经成为一种势不可挡的世纪潮流。据统计，法国享受休闲度假者已占全国人口的 58%，英国这一比例高达 70%多，而美国的休闲度假者占出国旅游者的 60%左右。同时，休闲度假的浪潮席卷了广大第三世界国家，其大众化的趋势也越来越明显。我国近年来旅游度假区的兴建及休闲度假的兴起即是较为典型的反映。

3.3.2 产业化趋势

20 世纪欧美等发达国家推行带薪休假，有力地推动了休闲度假的蓬勃发展。21 世纪第三世界国家经济的崛起进一步刺激了休闲度假的产业化发展，使休闲度假不再是少数人奢侈的生活方式，而成为一种大众化的活动。从世界性的度假目的地和客源发生的空间组合看，旅游度假区已逐步由以往集中在环加勒比海、环地中海地区，扩大到南太平洋澳洲黄金海岸、东南亚等地区。随着世界重心向亚太地区的转移，亚太地区将涌现出更多新兴的旅游度假地。而且，世界各国为满足本国旅游者的度假需求，还先后修建了不同规格档次、不同类型的旅游度假区。这些度假区是休闲度假的重要依托，其规模化的建设是休闲度假产业化发展的重要标志。据世界旅游组织的相关统计，休闲度假产品已占有旅游市场 20%的常年份额，它对于旅游产业结构调整起着积极的作用，是旅游业向纵深发展的标志。

3.3.3 生态化趋势

度假者前往旅游度假区主要是为了摆脱城市生活带来的负效应、环境污染及错综复杂的社会关系，以达到回归自然、放松心情的目的。西班牙旅游部的抽样调查分析结果表明，愿意到恬静的环境中的休闲度假者占调查人数的 52%。对我国上海市民周末休闲度假意向调查结果显示，选择"回归大自然、野趣浓、环境幽静"为目的地者占 51.2%。由此可见，优美的生态环境对于休闲度假具有重要意义。近年来，在休闲度假的开发中已经开始日益重视休闲度假目的地生态环境(空气、地表水、噪声状况)、污染控制和管理、环保设施建设等方面的质量等级水平。而且，在生态旅游这一态势下，休闲度假在游憩活动开展的同时，还十分注重生态平衡的保持，努力使旅游者的活动及当地居民的生产和生活活动与旅游环境融为一体，以实现保护→利用→增值→保护的良性循环。

课外阅读 3-1

绿色标志

绿色标志又称环境标志,是指在商品上印制特定的图形,以表明该商品的生产、使用及处理全过程符合环保要求,不危害环境或危害程度极小,有利于资源的再回收利用。目前,已有 20 多个国家建立了绿色标志制度。部分国家的绿色标志图片如图 3.1 所示。

中国节能产品标志　　　中国节水标志　　　荷兰　　　捷克

图 3.1　部分国家的绿色标志

3.3.4　战略化趋势

休闲度假促使旅游产品升级换代,对于旅游产业结构调整起着重要作用。以我国海南省三亚为例,这几年三亚市税收的 71% 来自以休闲度假为龙头的第三产业,旅游业的收入递增为 28.8%,占 GDP 的 37%,旅游从业人员占劳动力的 41%。这种产业发展的趋势以及休闲度假带来的巨大经济与社会效益,使休闲度假在国民经济中的地位越来越显著,其战略化发展的趋势已受到政府及理论界的密切注视。总体说来,休闲度假的开发方向应当以特色为战略灵魂、以质量为战略根本、以效益为战略目标、以产业为战略水准,在宏观层面上重视政府主导战略、产品开发战略、形象建设战略、产业融资战略、市场开拓战略,科技支撑战略的综合运用。

3.3.5　创新化趋势

休闲度假是旅游业发展的一种高级形式和创新发展结果,在此基础上,休闲度假还必须不断持续创新以适应不断变化的、多样化的旅游市场需求。当今,休闲度假已经成为人们必不可少的生活方式,度假客源也以团队为主转向以散客为主,不带孩子的伴侣在度假者中占据越来越大的比重,无主题的休闲度假开始向有主题的休闲度假转化,这一系列休闲度假的发展新特点都表明,休闲度假的开发经营必须在规划模式、管理理念、产品开发、营销管理体制、品牌体制等层面进行创新,才能持续健康发展。

3.3.6　产品化趋势

休闲度假发展的一个显著特征是其产品化趋势越来越明显。休闲度假发展初期是疗养康复阶段,这一阶段的主要产品是海水浴、温泉浴、矿泉浴、阳光浴、医疗保健以及少量的娱乐活动。休闲度假发展到第二阶段是疗养游乐相结合阶段,这一阶段在传统的温泉浴、医疗浴保健产品基础上增加了许多参与性体育运动与娱乐项目，主要以水上或陆地体育活动和室内游乐为主，如划船、捕鱼、网球、保龄球等。当休闲度假发展到现在，便成为游乐度假阶段，这一阶段的旅游产品出现了多样化、高科技化等诸多特点，出现了众多大型的休闲度假村、度假俱乐部以及大型的度假娱乐设施，如高尔夫球馆、大型游乐场等。因此，休闲度假发展到近现代，已经由概念上升到寻求产品与项目的支撑。

课外阅读 3-2

总投资 19.9 亿元温泉生态度假综合体在辽中崛起

近年来，辽中县依托珍珠湖的生态优势，积极打造"沈阳最近的海"、铸就"沈阳第一迎宾厅"、建设"生态水城"。而由辽宁华屹置业有限公司开发，计划投资 19.9 亿元，总占地面积约 110 余万 m^2 的温泉生态度假综合体——世外桃源温泉度假村就在珍珠水城门户位置拔地而起。世外桃源温泉度假村项目正在以飞快的速度发展，成为辽中县正在打造的"十大庄园"之首。该项目拟打造五星级温泉度假村和地中海风情小镇居住区，围绕度假村还将建设温泉主题公园、国际温泉酒店、养生观光农业基地、百果园和天然湖区等，综合塑造集生态观光农业、温泉旅游、养生居住、休闲商务、度假娱乐为一体的超多功能复合型度假综合体。

在五星级温泉度假村内拥有"近海第一泉"美誉的露天温泉，日出水量 $2\,000\,m^3$，出水温度 48℃，是偏硅酸锶型中温温泉。依托良好的温泉资源优势，温泉度假村内将建设温泉度假酒店，并围绕温泉度假酒店和"近海第一泉"泉眼，规划打造 7.3 万平方米温泉文化主题公园，配有高尔夫推杆练习场、假日焰火主题广场、溪流水景、门球和网球健身主题广场等设施。此外，华屹置业有限公司规划将沈阳盛京医院或者沈阳陆军总院的康复学、营养学等专业科室引进度假村，为游客提供只有在世界级"度假圣地"才能提供的科学配餐、精油经络芬芳疗程、运动劳动课程、音乐舒缓疗程等服务，实现跨年龄、跨地域、跨职业、跨学科的亚健康康复疗养。

温泉度假村内还拥有 65 万平方米养生观光农业基地。"无公害果蔬种植基地一号片区"将引入沈阳农业大学权威检测机构监管，四季提供安全、无公害新鲜绿色水果、蔬菜；现代农业大棚区种植有机瓜果蔬菜、活体蔬菜、新奇蔬果，供游客观赏采摘；百果园里更是视觉、嗅觉和味觉的全方位体验。同时，基地还向地中海风情小镇居住区的每户业主赠送至少 $100\,m^2$（接近 2 分地）农耕自种地，物业提供一系列配套服务，包括代种服务、代照管服务、农耕工具租赁等，并定期为业主提供蔬菜种植培训讲座、营养学搭配讲座、无公害食品膳食讲座。如业主平时忙碌无暇打理田地，也可委托物业代理耕种，极大地满足游客与业主"躬耕田园"的乐趣。

此外，温泉度假村的特色还体现在 21 万平方米天然资源——芳汐湖上。芳汐湖规划建设环湖观景亭台、水上娱乐项目、湖滨烧烤场地、特色古装饭店等。在芳汐湖，春季可观赏高天流云和水面飞鸟；夏季可泛舟湖面，亦可悠然垂钓，还可在沈阳规模最大、配套设施最齐全的烧烤乐园体验自给自足的快乐；秋季可采荷、观落日；冬季可在湖面上尽情嬉戏冰雪，是纯天然的四季度假、特色休闲场所。

面对未来,将世外桃源温泉度假村打造成为辐射整个沈阳经济区、乃至全东北的温泉度假养生休闲中心是全体"华屹置业人"的不懈追求。在谈到下一步的计划时,辽宁华屹置业有限公司赵总表示,辽宁华屹置业有限公司要将世外桃源温泉度假村打造成星级景区,并积极与有关部门协商依托温泉、采摘、滨湖烧烤等优势项目开展世外桃源温泉度假村一日游、二日游产品。

资料来源:第一旅游网 http://www.toptour.cn.

3.3.7 享乐化趋势

休闲度假强调休闲和娱乐,为了满足度假者这种享受的需要,经营者们不断开发与增加度假产品的享乐性功能。从休闲度假设施和项目的建设可以明显看出这一发展趋势。大型的旅游度假区虽然在生态环境方面追求回归自然,但在服务娱乐设施上一般都设有高尔夫球场、网球场、游泳池、健身房、饭店、餐厅以及可以为客人安排各种演出活动的娱乐中心等,使游客感受大自然之美的同时,尽享家庭之舒适与温馨,尽享康复、餐饮、休闲、娱乐之便利。为使不同年龄和不同生理特点的旅游者都享受到休闲度假的乐趣,经营者倡导无障碍型度假硬件设施与服务,不仅为残疾人提供特殊服务,也为老人、妇女、儿童提供各种便利。此外,为使旅游者在生理方面获得享受的同时获得更多心理上的享受,旅游经营开发商越来越注意将文化竞争引入休闲度假产品设计,使休闲度假者尽享民俗、文化和艺术的乐趣。

课外阅读 3-3

德里第一座休闲娱乐度假胜地欣赏

PremNath 完成了在德里的 NCR 地区的第一座主题式的休闲娱乐宾馆度假胜地的概念设计。这座七星级规格的地产坐落在 40 英亩的土地上,将被设计成为一座超出感官预期的地标建筑。印度已经有五星级的酒店和产业,但是还未修建过主题式或概念酒店。建筑师 PremNath 在 100 万平方英尺的酒店—度假—花园项目土地上创造出了概念性设计以填补场地空白,该项目命名为皇家度假酒店及皇家花园(图 3.2)。

图 3.2 皇家度假酒店

皇家度假酒店内将设有200套豪华宾馆房间/套房，有49m² 大小的房间单元、两家餐厅、咖啡厅、酒吧、泳池酒吧、会议室、商务中心、露台、泳池岸边休闲区及音乐喷泉。休闲度假塔式酒店内设有300套40m² 大小的房间单元，两家餐厅、咖啡厅、酒吧、休闲会所、屋顶餐厅、会议室、商务中心等。服务酒店公寓内设有50个单床房间单元和25个双床单元。酒店别墅将设计为G+1级，包括25个内部均设有1/2个卧室的小别墅(50个单元)，车可直接进入的公园、精致的泳池岸休闲区、游憩区和泳池咖啡厅等。

皇家花园的综合楼群内的其他设施包括一座可容纳超过1万人的圆形剧场，装有桑拿、极可意按摩浴缸等的健康SPA、沙龙、主题公园、多层泳池、儿童空间、芳香园、有多种风味菜肴的餐厅、奢侈品及日常生活的商店、主题商铺、手工艺村落、时尚步行街、3 000余个车位的停车区域及更多设施。度假中心还设置了专门的场地以举办特定的事件，例如聚会、各种推广活动等。整个度假酒店群围绕着奢华的主题进行规划设计。

这一项目将建造在有自然斜度的场地上，以便使游客欣赏到首府的全景。在保护和提升现有生态环境的条件下，度假酒店所在场地将提供令人惊叹的景观。度假宾馆将描绘出一座完美的、适宜所有年龄人群的印度豪华城市所应有的微缩版本景观。

资料来源：旅游景观网 http://www.lvyou99.com/2011/0423/3954.html.

3.3.8 多样化趋势

休闲度假的蓬勃发展对休闲度假产品类型的多样化也提出了越来越高的要求。休闲度假产品在早期传统的温泉、矿泉疗养出现后，继而出现了追求"3S"享受(阳光、沙滩、海水)的滨海旅游。而后，高山滑雪也成为深受人们欢迎的休闲度假项目，并且迅速发展成为一大产业。近年来，一些拥有丰富休闲度假资源、基础设施又较为完善的城市又逐渐开发出了都市休闲度假形式。这样，滨海、滨湖、高山滑雪、温泉疗养、都市等多种类型休闲度假区的配合使得休闲度假产品不断丰富与完善。

3.3.9 系统化趋势

休闲度假已经发展成为重要的旅游产业，各国及地区政府开始以战略化高度和系统化的思考来指导和开发休闲度假业。我国的休闲度假业起步虽晚，但1992年，国家旅游局在设立12个国家旅游度假区的同时，便制定了"以国际旅游市场为导向，以国内旅游市场为基础，坚持可持续发展原则，建立多层次全方位的度假产品体系"的产品政策。1996年国家旅游局又确定当年为"度假休闲游"主题年，配合该主题推出了一系列旅游线路产品。在2001年的全国旅游发展会议上，国务院提出开发新世纪旅游热点，我国启动生态旅游区、旅游扶贫开发区、旅游度假区三区建设工程的决议，又一次为休闲度假的发展指明了方向。我国政府这一系列政策都充分表明了政府对休闲度假的系统规划，只有在这样的大背景下才能推进休闲度假的健康发展。休闲度假是当前政府、理论界、旅游企业以及投资商关注的一个热点，人们纷纷从不同的角度诠释着对休闲度假的思考。总体说来，休闲度假当前发展的四大焦点问题是多元化与个性化、度假休闲与康体娱乐、长远利益与近期目标、生态化与都市化的对立统一关系。

3.4 休闲度假村经营管理发展趋势

休闲度假村经营管理要以"知识经济"、"以人为本"和"可持续发展"为理论基础，以"放松"、"健康"为宗旨，根据度假市场发展的需求，借鉴国外度假村发展的先进经验，构建新型的国际旅游度假村经营管理模式。

3.4.1 休闲度假村将注重选址和环境的营造

美国著名旅馆家埃尔斯·密尔斯·斯塔特勒说过："对任何旅馆来说，取得成功的3个最重要的因素是区位、区位、区位。"虽然时间过去了将近一个世纪，但这个经营哲学对今天的度假酒店仍然具有指导意义。一些度假区选择在风景区内或风景区附近，正是出于这样的目的。如印尼巴厘的杜阿岛、多米尼加波多普拉度假区、土耳其南安塔利亚度假区和西班牙加那利蓝岛度假区以及我国的武夷山度假区、无锡马山度假区、苏州太湖度假区和昆明滇池度假区等，无不设置在风景优美的地方。武夷山度假区距武夷山风景区只一河之隔，滇池度假区则直接融入于滇池风景区之中。

因此，度假村应选址于级别较高的风景区内，或是旅游中心城市（或大居民点）。因为受度假者空间行为的影响，度假者到达目的地后，往往会选择度假区的中心城市或级别高的风景区或附近暂住。在度假区内，度假村应选址在度假者容易到达的地方和度假者聚集地，或度假区内餐馆、娱乐区附近，以形成资源互补。在田园风光、自然山水湖泊、飞泉瀑布等资源附近建设度假村，可以利用自然资源增加度假项目，有利于吸引度假者。

对度假村而言，其吸引度假者眼球的主要包括舒适康益的度假环境、丰富多彩的休闲和保健康疗服务，以及优美风景的观光游览。随着人们生活质量的提高，度假者对生态环境越来越追求阳光、海水、沙滩、绿色植被、清新的空气和纯净的大自然。针对这种需求变化，度假村应注重环境的营造，改善自然条件，增加绿色装饰。如在度假村的大堂应装配有自然采光的透明屋顶，设置由绿树环抱的花园咖啡厅，提供散步的绿茵草坪等。通过度假村环境的营造，给住店客人提供赏心悦目的环境，让度假者真正获得身心的放松。

3.4.2 休闲度假村经营将实现集团化、国际化和特色化

随着21世纪世界经济国际化的发展，各国在不断减少和消除各种有形的和无形的经济壁垒。就旅游业而言，越来越多的国家为了促进旅游业的发展，将允许和鼓励国际休闲度假村集团和公司在本国以合资、独资等多种形式开办休闲度假村，从事休闲度假村的经营活动，因此，旅游的经营将走向集团化、国际化，休闲度假村业的竞争将进一步加剧。为了对付日益激烈的竞争，休闲度假村企业将通过联合、合并或吞并等多种形式走集团化、国际化道路，以便增强实力、降低成本、促进销售。

分时度假又称为时权经营，是指以一定的价格将度假村的服务设施（如一定面积的房间、别墅等）在一定时间里的所有权出售给度假者的一种经营方式。这种经营方式对于度假村来说，既可以较快地收回投资，又可解决度假村设施的季节性闲置问题。自20世纪70年代在旅游业引入时权经营理念以来，时权经营这种新颖的经营方式已在休闲度假村

等旅游目的地迅速发展起来了。从20世纪80年代到90年代初期，全球引入时权经营的旅游目的地增长了6倍，其销售量增长了3倍，销售额达40亿美元。毫无疑问，时权经营这种既受业主欢迎，又受度假者青睐的灵活新颖的经营方式将得到进一步的推广和发展。

人们休闲度假追求的是放松尊贵享受，"包价度假"及会员制等经营方式要求度假者每年交纳会员费，并在外出度假之前一次性付清度假期间包括住宿、餐饮、娱乐、健身等所有费用(极少数项目例外)，免去为每一项服务付费之烦恼，从而可以使度假者在度假期间达到彻底放松的目的。

例如，法国国际著名休闲度假村 Club Med 在1950年创立于地中海之滨，后来逐渐发展成旅游业的世界名牌，目前在世界30多个国家建立了125个休闲度假村。与其他的休闲度假村不同，它的特点是高品质的休闲浪漫游，并集往来路程、住宿、用餐、运动和娱乐于一体，实行一价全包，员工来自世界100多个国家，通晓多种语言。在国外，参加这一俱乐部的旅行，必须是其会员，每年要缴纳一定的会员费。像这种会员制的经营在国外特别是旅游行业是屡见不鲜的，然而更值得借鉴的地方则是他们的连锁经营之道，在世界各地连锁经营，创建自己的休闲度假村品牌。国内宾馆、酒店业已出现中外合资、连锁经营、会员制等形式，但在休闲度假村这一领域里尚较少应用，休闲度假村需要连锁经营这一"航空母舰"对其选址、经营思路、方式、客源招揽等进行统一运作。

课外阅读 3-4

地中海俱乐部

地中海俱乐部(Club Med)是世界上最著名的旅游度假机构之一，为国际连锁经营。它的创始人格拉德·伯利兹(Gerard Blitz)曾经是比利时奥林匹克运动队的成员，他和他的朋友们于1950年在法国成立了一个运动协会，即地中海俱乐部(图3.3)。

图3.3 地中海俱乐部

Club Med(图 3.4)是在法国注册的国际度假饭店集团，力求以不同类别和等级的度假住宿设施来满足全球范围内更多的细分市场。该公司旗下的度假饭店分布在全球数十个国家和地区，在现实的经营过程中，则努力以不同的主题活动串联起独特的村落生活方式，特别针对儿童设计的俱乐部活动以及友好的"文雅的组织者"(gentle organizer)共同构成了度假者度假期间的美好经历。

图 3.4　地中海俱乐部景观

值得关注的是，Club Med 在不同程度上直接参与或影响了饭店所在区域的度假地规划与建设。风格各异的餐厅、酒吧、商店、剧场、工艺品制作间、计算机房、各种体育活动、健身场与保健医疗场所和设施，可以满足每一位度假者的消遣、娱乐与休憩的需求。实际上，Club Med 不仅是一个旅游住宿设施的经营者，还是关注生活品质的"人居环境"的构建者。正是在更大范围内的度假地的规划参与过程中，它创造性地营建了一个自然环境友好，原住民和谐共存，从而更加适宜度假旅游者休闲的场所。

1. Club Med 中国首站——亚布力地中海俱乐部

早在 1950 年，法国人划时代地在瑞士 Leysin 建起了第一座 Club Med 滑雪度假村，此后，Club Med 在欧洲最美的滑雪区设了 21 座高山滑雪度假村，遍布整个阿尔卑斯山脉，分别位于意大利、法国以及瑞士 3 个国家。另外就是在亚洲有两座度假村，一个是日本的北海道，另一个就是中国的亚布力。

2010 年，Club Med 来到了亚布力，推出了中国首座顶级国际冰雪度假村。从此，Club Med 为中国以及世界各地的客人带来了全新的冰雪体验。Club Med 先锋性地首创"一价全包的奢华假期"，即为客人提供一价全包的假日服务，包括为 4 岁以上的滑雪者提供滑雪学校、教练、高级滑雪设备、儿童俱乐部设施，以及五花八门的美食和令人身心放松的环境(图 3.5)。来自世界 100 多个国家的拥有独特专长的 G.O(相当于服务员)可以让客人们虽然身处异地度假，但可以感觉到母语的亲切，带游客步入无忧的假期。

多项数据表明，中国旅游业正在经历快速增长并潜藏着巨大商机。随着全球经济进入调整期，中国经济增长方式的转变正引起全球的关注。以中国国内消费升级为重要动力的经济增长将为世界带来新一轮的商机。分析人士表示，2009 年，中国国内出游人数已达 19 亿人次，中国国内旅游收入超过 1 万亿元，并预计在未来继续保持两位数高增长。不仅如此，中国居民因私出境人数已突破 4 000 万人次，这其中的度假休闲需求将为 Club Med 遍布世界的网点带来机会。

图 3.5　优美的环境

在此乐观市场前景下，Club Med 愿意成为中国高品质、一站式度假村服务的领先提供者，并在 5 年内使中国成为 Club Med 第二大市场。

2. 发展趋势

从开始起，Club Med 就试图预测社会的发展形式和旅游活动的发展趋势，并努力提供相应的产品。俱乐部经过苦心经营树立起来的形象是单身者的天堂，专门为有婴儿的成员提供了单独的宝贝俱乐部，为有大一些孩子的成员提供了迷你俱乐部。在注意到周末度假和短假期度假的趋势出现以后，俱乐部在 1988 年改变了以前只能以一周为单位提供包价产品的政策。到 20 世纪 90 年代初，Club Med 已经增加了为比较年轻的客人准备的青少年俱乐部（Club Jr.）为比较年长的客人准备的复兴俱乐部（Club Renaissance）和一系列为到附近旅游景点进行参观的人而设计的高档酒店——"别墅"。

目前 Club Med 在全球 100 多个国家的著名旅游景点设有连锁店。

资料来源：百度百科 http://baike.baidu.com/view/1283842.htm.

3.4.3　休闲度假村将提升到无形的资本、品牌和综合产业经营

从国际经济发展的一般规律来看，产业经营是企业发展的初级阶段，而不是终结。随着企业的不断发展壮大，企业的品牌等无形资产的价值将远远超过其有形资产，企业无形资产的运作将成为企业经营的主要形式和企业迅速发展壮大的主要途径。与此同时，企业的产业经营也将从单一的项目经营发展到统一品牌下的综合产业经营。例如，有"建不完的迪斯尼"之说的迪斯尼，已从一个游乐园变成了集休闲旅游、休闲度假村、新闻媒体、玩具、糖果和服装为一体的托拉斯。毫无疑问，这也将成为未来休闲度假村经营和发展的模式。

从严格意义上说，休闲与度假还是有一定区别的。所谓休闲，是指对闲暇时间的消磨，而闲暇时间消磨的方式可以是多种多样的，人们可以逛街，可以观光游览，可以在家，也可以出门旅游度假，还可以出席各种其他活动。将休闲性充实为度假村的一大特征，是由于消磨闲暇时间已成为度假旅游的一项主要内容，而度假村所具有的良好的环境、丰富的旅游内容为度假者休闲提供了一项特殊的经历与体验。随着休闲时代的到来，度假村将成为人们消磨闲暇时间的重要场所。因此，针对度假旅游时间较长和较高的重游率特点增加度假村的休闲设施和内容，有利于丰富度假村内容，提升度假村档次。

3.4.4 休闲度假村营销网络化

电子信息技术的应用最终会引起旅游业的一场革命，它将对休闲度假村的经营模式产生重大影响。随着电子信息技术的发展，休闲度假村的经营从顾客的预定到日常服务和经营管理朝网络化发展，包括互联网在内的电子信息技术在休闲度假村的经营活动中将起到越来越重要的作用。全世界互联网的上网人数正在以几何级数增长。根据"Raffour Interactif"（法国旅游业专业研究机构）的一项调查报告，2007年有3 060万15岁以上的法国人进行短途或长途旅行，其中71%是网民。他们之中有将近一半的人利用网络安排旅行，四分之一的人进行网上消费。调查还显示，约有460万法国人在网上写日志，上传照片，回顾旅游经历。此外，准备旅游的人们还会去谷歌地图核实旅馆相关的详细信息：比如去海滩的直达路线、城市中心区等。中国互联网络信息中心（CNNIC）在京发布的《第24次中国互联网络发展状况统计报告》（以下简称《报告》）显示，截至2009年6月30日，我国网民规模达3.38亿，宽带网民达3.2亿，占总网民数的94.3%，手机上网用户达1.55亿。对于与移动应用紧密结合的旅游业，移动互联网的发展也为这个行业带来了巨大的发展机会。据统计，截至2011年9月15日，苹果的App Store上旅游相关移动应用数量已达到23 320款。

上网者的文化程度一般都比较高，这些人思想开放，观念新潮，很多属于"白领"阶层，收入水平也比较高，工作压力比较大，工作之余追求享受和放松，这正是休闲度假村客源市场之所在，是各休闲度假村企业争夺的对象。作为国际休闲度假村，谁先占领了这一高地，谁就在休闲度假市场（尤其是国际休闲度假市场）上拥有主动权。因此，休闲度假村的营销已经不是要不要上网的问题，而是上网速度和方便程度的问题。休闲度假村企业要使消费者非常方便、快捷地接触到休闲度假村，了解相关的产品和服务，进而实现即时预订，各休闲度假村除了在"互联网"上拥有自己的网址以外，还将在本市、本地区乃至全国、全世界的知名站点（尤其是有关旅游和酒店及休闲度假村的）上建立自己的网页，或与之实现链接，借此来宣传自己，并为旅游者提供直接预订服务。

3.4.5 休闲度假村的组织机构将由金字塔形结构向扁平化、虚拟化方向发展

为了降低经营成本和管理费用，提高沟通和管理的效率，休闲度假村将尽量减少中间层次，因此，休闲度假村的组织机构将呈扁平化趋势，而且计算机等高科技手段的运用也为组织机构的扁平化提供了可能。此外，为了降低经营成本，提高管理效率，休闲度假村的某些职能将被推向社会，以便充分利用社会分工所带来的各种利益。为此，休闲度假村的组织机构将出现虚拟化趋势。

由于全球信息网络化的推动，企业组织结构进入第二次变革时期，休闲度假村必须从全球竞争态势出发，并以计算机等最新技术为后盾去寻求一种低成本、高效率、重人性、讲团队、精干灵活机动，而又能体现个性服务的新体制。休闲度假村的组织结构将从以平等为基础，以命令控制为特征的"金字塔结构"逐步转向减少中间管理层次，以信息网络沟通为广泛手段，即平等民主的、扁平的"网络型组织结构"，以及转向休闲度假村某些职能被社会化、专长化所取代的虚似组织结构。

休闲度假村服务和管理的目标是使每一位度假者满意，使每一位度假者都能获得美好的度假经历，这是休闲度假村创造利润的前提。研究表明，一个不满意的客人会将他的经历告诉8～10个客人（如果通过Internet，则决不止这个数字，而是成千上万个潜在客人）；25%的客人将转向竞争对象那里去消费，购买竞争对象的产品和服务。因此，休闲度假村将对员工进行充分授权，以确保每一位度假者满意。组织机构的"网络化"、"扁平化"，使得基层员工有更多更大的权力去处理日常工作中遇到的问题，这就要求提高员工的素质。否则，充分授权就会落入"把糖交给蚂蚁保管"的窘境。

3.4.6 休闲度假村将不断追踪研究，策划和推出更多、更新的特色产品

客人有求新、求奇、求异的需求心理，而且，随着社会的发展，客人的需求也是在不断发展变化的。为了满足客人的需求，适应不断变化着的市场竞争态势，休闲度假村将不断研究市场需求状况及其变化趋势，生产出能够满足度假客人现实需求及其潜在需求的后续产品。

休闲度假村应根据度假客人的特殊兴趣、爱好、职业、身体状况设计主题度假产品，如"健康度假村"、"修学度假村"、"亲子度假村"、"民俗度假村"、"休闲度假村"、"浪漫度假村"等。所谓主题，即是度假村发展的主要理念或核心内容。其主要目的是形成或强化度假村特色，增强度假村的竞争优势，满足度假村核心客源市场的休闲度假需求。度假村的主题是与其形象联系在一起的。随着度假需求的日益多样化，度假的类型也日益增多，除了综合性的度假继续发展外，具有特定主题和专门内容的度假得到了较快发展。如"海南博鳌"会议型度假，作为以官方为鲜明特色的高层次论坛的会议型度假，其"自由"、"合作"与"互信"的主题与政治形象非常鲜明。土耳其南安塔利亚海滨度假区则以其"生态"、"健康"和"人文"主题著称于世。墨西哥坎昆旅游度假区则以"古老文明"与"现代休闲"有机结合的主题特色吸引了大批的国内外旅游者。作为具有鲜明地方特色的高档次商务会议型度假地，苏州太湖国家旅游度假区的规划突出了"生态、文化、科技"3个主题。通过文化与生态的契入，以及现代科技的应用，形成度假区特色和舒适宜人的度假环境，提升度假区在长江三角洲地区的区际比较优势，并产生多元化的度假产品。

文化是度假村的灵魂，是度假村能够存在与发展的源泉，是度假村形成特色的主要组成部分，因为文化既体现在度假村的特色之中，又成为度假村吸引物的主要内容。

如印尼巴厘岛的度假村，其特色文化主要是巴厘传统习俗和社会习俗。国外游客到巴厘岛休闲度假，其主要目的之一便是去领略其浓郁的地方特色文化。度假村的文化一般由地域特色文化和现代休闲度假文化两部分组成，以形成既具有地方文化特色又满足特殊客源市场的需求为目的。韩国庆州波门湖度假区则以地方古老文化和国际文化的兼容为特色，墨西哥坎昆大型海滨度假区以玛雅文化为中心，苏州太湖国家旅游度假区的文化则形成并集中展示了传统地域文化（吴地的地域文化）和现代休闲文化的有机结合。

同时，作为文化的传承，后续教育将成为度假村经营中的一项重要内容。知识经济的快速发展需要知识的不断更新和创造，人们需要回到学校继续学习，否则将难以继续工作，教育将成为人们的终身需求。现在的进修学院、继续教育学院的快速发展正是一个好

的证明。在新的世纪，教育的内容、方式、方法、手段都将发生巨大变化。人们将面临丰富多彩的选择，他们可以通过看电视、看电影，或者上互联网来接触世界、接触知识，学校对学习的垄断力正逐渐减弱。因此，未来的度假村应满足度假客人后续教育的需求，强调在娱乐中健身，在度假中进行休闲式教育。

3.4.7 休闲度假村服务模式将走向个性化、人性化

尽管目前休闲度假村的客源中，团体和会议客人占很大比例，但随着人们收入水平的提高和闲暇时间的增多，散客度假将取代团体度假而成为人们主要的度假方式。由于散客休闲度假具有灵活、自由的特点，游客希望充分表现人的个性，在度假活动中享受充分的自由，自由地选择度假的时间、方式，并根据自己的兴趣、爱好选择度假项目和活动内容等。因此要使服务质量上一个台阶，必须满足客人的个性化需求，为客人提供个性化服务（Personalized Service or Individualized Service）。特别是在休闲度假村的经营中，更应注重对客人服务的个性化，这是休闲度假村有别于酒店的一个重要方面。

在为客人提供个性化服务的同时，休闲度假村还要充分理解和尊重客人作为人的各种基本需求，在服务中突出人性化。同时，还要充分理解度假客人的愿望，创造条件，为客人提供回归自然的度假项目和充满人性味的度假服务，强调针对性、灵活性，不排除为个别客人提供超常服务、特殊服务和心理需求服务。

现代社会将逐步进入老龄化社会。据新加坡《联合早报》报道，由于人均寿命的延长和人口出生率的下降，21世纪老年人人数将大为增加。到2030年，新加坡65岁以上的老年人将增加到79.59万，每5个新加坡人中，就有一个老年人。根据2010年人口普查数字显示，老年人超过美国总人口的八分之一，创新纪录。随着第一批"婴儿潮"一代开始进入65岁，这种趋势在今后还会加速。而中国2010年全国60岁及以上老年人口已达1.7765亿，占总人口的比重达13.26%，与2000年第五次全国人口普查相比，上升了2.93个百分点。按照联合国的划分标准，我国也已经变成老年型人口的国家，进入老龄化社会。

因此，休闲度假村的建设、经营、管理和服务必须考虑老年人的需求，除了为残疾人提供无障碍服务以外，还应为老年人和儿童、妇女提供无障碍服务。向他们提供能够满足其特殊需要的专门的服务设施和服务项目，并使他们能有机会参与休闲度假村组织的多项活动。

3.4.8 可持续发展将成为休闲度假村所追求的永恒主题

社会、经济、文化、自然的可持续发展及生态环境的保护已成为一种发展趋势，并形成一股不可阻挡的潮流，休闲度假村在其规划建设和经营管理活动中将努力贯彻可持续发展的思想。对生态环境建设的重视，一方面源自目前生态环境的退化，另一方面则是度假者对良好生态环境的追求。20世纪80年代中后期开始，一些有识之士认识到保持优良的生态环境和人文环境是旅游业赖以生存和发展的重要根基。可持续发展观念要求休闲度假村在选择一个优越地理位置的同时，还要求它对周围环境的保持和改善负有不可推卸的责任。旅游业的生命在于对资源和环境的保护，休闲度假村作为旅游产业链上的重要环节，

只有通过创建绿色休闲度假村，才能支持旅游业的持续发展，从而使企业本身获得持续发展。创建绿色休闲度假村既树立起企业关注环境的良好形象，又有效地利用资源降低成本，这是一条有利于客户、有利于企业、有利于社会，可持续发展的必由之路。

目前世界上被公认为取得很大成功的旅游度假区有印度尼西亚巴厘省的杜阿岛、韩国庆州波门湖、墨西哥坎昆、多米尼加波多普拉塔、土耳其南安塔尼亚、西班牙加那利蓝岛。这些度假区之所以成功，据世界旅游组织委托的有关专家的考察，是因为这些度假区都采取了一种"充分考虑本地区的环境、经济和社会文化的平衡发展，严谨规划、认真实施"的综合开发模式。

对度假村的生态环境保护主要体现在提高度假村的绿化率，对生态环境脆弱地区进行生态保育，注意建筑风格与周围环境的协调一致，尽量减少旅游活动的负面影响，并重视环保规划以及生态产品的生产。度假村的生态包括自然生态与文化生态，度假村生态保护是要尽可能保护度假村内外的原生环境，保护动植物的多样化和文化的多样性。度假村要积极做好自然生态的改善，文化生态的营造，生态旅游资源开发与保护，生态旅游项目设计和支撑生态旅游项目的技术体系策划。

3.4.9 休闲度假村经营将更加注重度假者的人身安全和健康问题

随着社会和经济的发展，度假者将更加注重自身的安全与健康。与此同时，当今社会度假者正日益面临着涉及自己人身安全与健康方面的威胁，从世界范围来看，休闲度假村经营者面临的任务是能否保证度假者不受恐怖主义者、艾滋病及各种新、旧类型传染病的袭击，能否为度假者提供一个"安全与健康"的环境。

本章小结

休闲度假村产业在国外已经比较成熟，而在国内，随着社会经济的发展及观念的改变，休闲度假村产业也具备了良好的发展前景。本章在参阅各方面文献资料的基础上，对我国休闲度假村发展的背景及市场发展现状进行了分析，并在此基础上，结合国外休闲度假村发展的经验，剖析了该产业经营管理发展的趋势。大家可以在学习的基础上，进一步地深入地思考。我国的休闲度假村将来会如何发展，如何在经营管理中进行提升和完善，需要不断地在实践中进行总结和研究。

复习思考题

一、名词解释

环城休闲度假带	俱乐部	产权酒店
包价度假	虚拟化组织结构	可持续发展

二、单项选择题

1. 我国目前的法定假期(不包括带薪休假)共有（   ）。
   A. 104 天　　　　B. 112 天　　　　C. 115 天　　　　D. 125 天

2. 以下不属于休闲度假村组织结构发展趋势的是（　　）。
   A. 金字塔结构　　B. 网络化　　C. 虚拟化　　D. 扁平化

三、多项选择题

1. 休闲度假村产业发展的主要趋势有（　　）。
   A. 全球化　　B. 产业化　　C. 生态化
   D. 单一化　　E. 享乐化
2. 休闲度假村经营将（　　）。
   A. 国际化　　B. 特色化　　C. 集团化
   D. 网络化　　E. 城市化

四、简答题

1. 简述休闲度假村产业发展的相关背景。
2. 休闲度假产业发展的市场现状如何？
3. 目前我国分时度假和产权酒店发展的主要问题是什么？

五、论述题

1. 休闲度假村产业发展趋势如何？
2. 休闲度假村应如何进行经营管理？
3. 休闲度假村如何实现产品的特色化和服务的人性化？

课后阅读

别墅式度假村之特点

作为世界度假酒店的一个特殊类别，别墅式度假村（图 3.6）与众不同，它们以豪华、休闲、私密和昂贵而闻名，并有着特定的客人群体。就地理位置而言，别墅式度假村多建在加勒比海、印度洋、太平洋、地中海和东南亚等热带地区，客人住在这样的度假村与传统的酒店有着完全不同的体验——没有乏味的客房走廊，不需乘电梯，更无因人多而产生的喧杂，它的豪华与魅力在度假酒店中是顶级的顶级。在当今体验式经济的浪潮中，别墅式度假村留给客人的是终生难忘的体验。

图 3.6　别墅式度假村

1. 选址特点

作为度假酒店的精品，别墅式度假村在选择建设地点方面是普通度假酒店所不能及的。在大多数人的理解中，度假村通常选在海边、滑雪场、旅游胜地等，但别墅式度假村的位置则远远超出了这个传统范围：它可以建在海上、山里、林间，甚至周边数公里没有任何其他设施但只要交通可及的地方。

选择热带海边或海上建别墅度假村也许是别墅式度假村的最早理念，因为到海边度假，享受阳光和沙滩一直是主流度假客人的期待。海边的别墅度假村占地面积通常很大，土地自然成了最大的投资。

在选址时，道路交通是业主应该考虑的主要因素，这也与城市酒店和其他大型酒店不同。为了让客人尽可能地享受一个安静的大环境，别墅式度假村通常会选在较偏僻的地方，如印尼巴厘岛的 Alila 度假村和马来西亚兰卡威的 The Datai 度假村都是如此。Alila 位于巴厘岛的乌布山谷，周围大部分被森林环绕，还有小片的农田，客人无论是在自己的别墅或无边际游泳池或餐厅，看到的都是近处茂密的植被和整齐耕作的稻田还有远处的村庄，听到的只有山谷的流水声以及鸟鸣和偶尔的青蛙叫声。The Datai 虽然在海边，但客人的感受却非常类似。就交通而言，它们虽然都地处偏僻但距离主干道并不远：2~3km，这样既保证了让客人花最少的时间到达度假村，也使业主在投资修路上尽可能得到节省，因为从主路到度假村的道路业主通常不得不自掏腰包修建，至少是做部分投资。

2. 设计特点

别墅式度假村的设计（图 3.7）别具一格，无论是在规划、建筑、室内、园林等方面都有自己的规律。

图 3.7 别墅式度假村独特的设计

同样是别墅式度假村，在法属波利尼西亚、马来西亚的邦可岛和马尔代夫等地，许多是直接建在海上的。客人经过从沙滩架起的栈桥可以走到架在海面上的 Bungalow，它们多为轻型钢结构和木结构，有些 Bungalow 建成草屋的样子。这些别墅设计独到，大都设有观景阳台、观景卫生间、观景客房，有些建在珊瑚海面或鱼类丰富的海面上的别墅还可以通过玻璃观海地板欣赏珊瑚和热带鱼。另外，专门为观日出或日落而设计的卧室也很常见，通透的设计让客人躺在床上或泡在浴缸里就可观赏日出或日落的美景。马尔代夫的希尔顿度假村可谓这样顶级别墅度假村的代表，客人无论在房间、浴室、阳台，还是在海底餐厅用餐，甚至在享受 SPA 时都处在大海和阳光的拥抱之中。

在法属波利尼西亚，Bora Bora 是个度假村最集中的海岛，那里有索菲特、乐美等多个世界级品牌度假村,而邦克岛和马尔代夫则是以"一岛一酒店"的模式而闻名于世,但它们的共同之处在于"海上别墅"(Over-water Bungalows)成了度假村的最大卖点。

3. 服务特点

管家式服务是顶级城市商务酒店近几年刚刚采用的一种服务方式,它早已被别墅度假村普遍采用。别墅式度假村的运营成本通常高于所有酒店及其他普通度假村,其中最大的运营费用就是人力资源,一般服务人员与客房(别墅)的比例为(3~4):1。管家式服务是保证这类高档度假村高质量服务的基础,这样的服务从客人走进度假村行李员接过行李的那一刻便已经开始。

服务的细节无处不在,巴厘岛的 Tugu 度假村只有 25 间别墅,它给客人提供的一项"特殊服务"就是客人不仅可以在任何一个餐厅、酒吧或自己的别墅内用餐,而且如果客人喜欢,服务生可以在度假村内的任何地方为客人临时摆放餐桌,如大堂、室外草坪、游泳池边、水疗馆内等,让客人倍感家的随意。度假村还专门为特殊客人设计了一个"忆苦思甜"餐厅,这是一间只有 8 个座位的室外餐厅,餐厅的木梁、木柱、餐桌、餐椅、炉灶都未经过任何漆饰,十分简陋,好比是巴厘岛的一家贫困农舍,客人可以自己下厨房烧可口的饭菜。可这个餐厅不乏名人光顾,他们中还有好莱坞的大牌导演斯皮尔博格。这样的服务对绝大多数度假村并不适合,但在 Tugu 这家以历史、文化为主题的超豪华别墅度假村却给这一特殊客人群体提供了一个另类的体验机会,并可能会让度假村更成功,更具卖点。事实证明,这也是设计师的一个极好创意。

4. 国内别墅式度假村

度假不同于观光,由于受气候条件的限制,我国适合常年度假的地区主要集中在海南省和少部分南方地区,而北方的度假胜地,如北戴河、大连、青岛、烟台等地也都集中在夏季的两三个月,纯度假设施在北方的其他 3 个季节可能都处于完全停滞或歇业状态。

当然,国内的一些地方也出现了一些别墅式度假村,但基本上都是我国特色的别墅,即一个独立的二三层小楼,一个楼里设五六间,有的可能还要多几间客房,通常按房间销售,也有单位或几个朋友把整个别墅"包下来"一个周末或数日,另外有公共餐厅,娱乐等配套设施。这样的别墅通常年出租率很低,卖价也很难提高,这可能是由于目前的国情所限。但随着国内度假群体的形成和国外度假群体开始向中国转移,我国的高档国际标准的别墅度假村将会走向市场。

现在,海南省已有一两家正在建设中的国际品牌度假村,它们将把国际别墅式度假村概念引入国内,它们将以豪华度假村内融入部分高档别墅的形式投入市场。度假村的整体规划、建筑设计和室内设计都由国际著名酒店专业设计机构完成。

我国已经成为旅游大国,入境旅游人数年年攀升,现在世界排名第四。由于大部分还是观光客,他们在中国的 10 天左右的行程中可能会访问 4、5 个城市,真正来度假的客人数量很少,这与我国度假酒店数量不足、质量不高、档次不够有直接关系。迄今,我国可能尚没有一个国际标准的别墅式度假村,希望将来会有更多的度假村和别墅式度假村出现并取得良好的发展。

资料来源:上海别墅网 http://www.shvilla.cn/xw/Article_Show2.asp?ArticleID=702.

第4章 休闲度假村资源分析与规划设计

学习目标

知识目标	技能目标
(1) 了解国内外休闲度假村选址概况	(1) 能够梳理休闲度假村的发展历程
(2) 了解休闲度假村选址的条件	(2) 能够分析不同度假村选址的条件
(3) 了解休闲度假村的资源条件	(3) 正确分析休闲度假村的资源特点
(4) 了解休闲度假村的环保措施	(4) 正确提出休闲度假村的环境保护对策
(5) 了解休闲度假村的开发用地	(5) 区分休闲度假村的土地类型
(6) 了解休闲度假村的容量	(6) 能够控制休闲度假村的开发容量
(7) 了解休闲度假村的建筑风格	(7) 能够控制休闲度假村建筑的布局和风格

知识结构

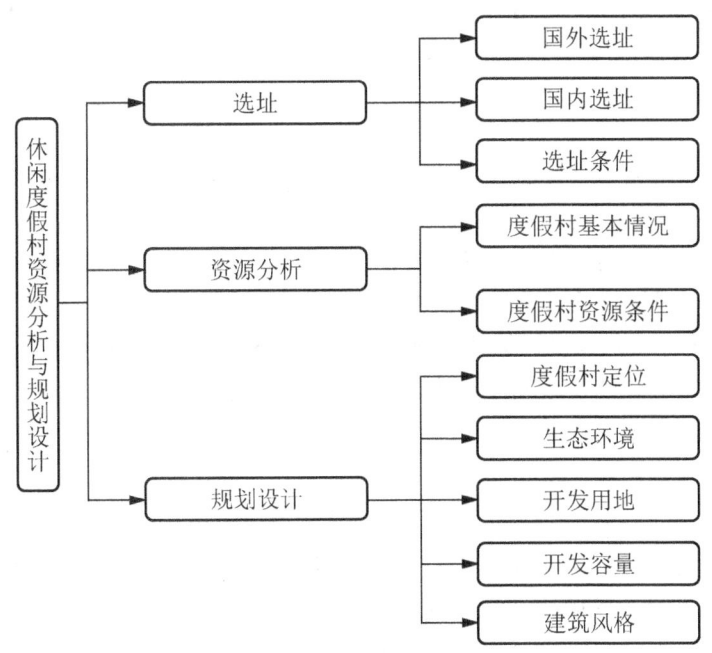

导入案例

结婚去哪里度蜜月

每一对幸福恋人的结合，都是用婚姻来肯定对方。要结婚了，需要考虑的事很多，需要办的事也很多，除了请客吃饭，还有一件小事就是结婚之后应该去哪里度蜜月？

我和她都是即墨本土人，都没出过远门。从内心来说结婚好想出去玩玩，有种想走遍全世界的想法。可是回到现实，即将要结婚的我们刚买房，银行的按揭还没还完。生计也是勉强维持。我们已经用父母的钱买房、装修、结婚了，真不想再花父母的钱出去旅行。可是作为一个即将结婚的男人，有许多事情，需要考虑的东西太多。我也想带着她出去转转，毕竟结婚一生只有一次。她是那种比较有度量的人，也没说非要到哪里去。可是我想尽我的最大努力给她面面俱到的幸福。朋友们都说最好去云南，或者海南。我感觉既然我俩连泰山都没去过，还是去泰山得了。后来被众人"唾弃"，所以现在又需要重新计划一下！其实我最想去的地方有这么几个：考虑到我们是明年清明后结婚，那个时候最好的地方应该是杭州、苏州、扬州一带。江南水乡最能衬托出春天的感觉。那时江南应该天气也不冷了。3 天能把杭州、苏州、上海、南京一带玩个遍，舒心！费用两个人在 6 000 元左右。远一点去桂林那边，上小学就学过桂林山水甲天下，去祖国大地最美的山水之地，感受那种纯自然的风景！好美！这个估计费用要 10 000 元了。还有就是去新疆，作为刚结婚的人去感受西北那种另类风情，去感受北风瑟瑟、一望无际的大漠豪情！这个估计也要 10 000 元了！

最经济的就是青岛一日游。作为青岛的本土人，应该拿出一天时间来把青岛海底世界、八大关之类的浏览个遍，重新认识青岛也算一种意义！

或者坐着火车去一趟泰山，登高明志，以表明我们俩结婚了，开始了新的生活。泰山上还可以拜拜佛。作为五岳之巅，它毕竟有着独特的魅力！

再就是去一趟北京，首都嘛，也算领着媳妇出去长长见识。爬爬长城，看看故宫！不知道你们如果结婚有什么度假的好地方。花钱不要紧，重点是这个钱不能乱花或者白花，要根据自己的实际情况而来。有些幸福是不需要花钱的，有些幸福是花了钱也不一定得到的！钱和幸福有关系，但不是绝对的！

资料来源：http://tieba.baidu.com/f?kz=983653939.

随着休闲时代的到来，居民生活水平不断提高，中国已经加快了向度假旅游时代迈进的步伐。1992 年 7 月国务院为了鼓励度假旅游的发展，做出了试办国家旅游度假区的决定，同年批准兴办 12 个国家旅游度假区，极大地推动了休闲度假旅游的发展。度假旅游比观光旅游更注重旅游者的休息放松，度假旅游目的地相对稳定，度假旅游一般以近距离为主，对于已经疲惫于走马观花式观光的旅游者来说，度假旅游无疑是更优的选择。

4.1 休闲度假村的选址

我国休闲度假村的建设最初是以现代西方成熟的休闲度假村标准来衡量，致使众多度假村的建设没有准确的市场定位和考察，造成了度假村建设过热过滥、投资导向错误、选址失败以及多度假村规划等一系列问题。

4.1.1 区位理论

区位是指人类行为活动的空间。具体而言，区位除了解释为地球上某一事物的空间几何位置，还强调自然界的各种地理要素和人类经济社会活动之间的相互联系和相互作用在空间位置上的反映。区位就是自然地理区位、经济地理区位和交通地理区位在空间地域上有机结合的具体表现。

1. 农业区位理论

农业区位理论的创始人是德国经济学家冯·杜能，他于1826年完成了农业区位论专著——《孤立国对农业和国民经济之关系》（简称《孤立国》），这是世界上第一部关于区位理论的古典名著。

杜能"孤立国"理论的前提条件：①在"孤立国"中只有一个城市，且位于中心，其他都是农村和农业土地。农村只与该城市发生联系，即城市是"孤立国"中商品农产品的唯一销售市场，而农村则靠该城市供给工业品。②"孤立国"内没有可通航的河流和运河，马车是城市与农村间联系的唯一交通工具。③"孤立国"是一天然均质的大平原，并位于中纬，各地农业发展的自然条件等都完全相同，宜于植物、作物生长。平原上农业区之外为不能耕作的荒地，只供狩猎之用，荒地圈的存在使"孤立国"与外部世界隔绝。④农产品的运费和重量与产地到消费市场的距离成正比关系。⑤农业经营者以获取最大经济收益为目的，并根据市场供求关系调整他们的经营品种。

根据区位经济分析和区位地租理论，杜能在其《孤立国》一书中提出6种耕作制度，每种耕作制度构成一个区域，而每个区域都以城市为中心，围绕城市呈同心圆状分布，这就是著名的"杜能圈"：第一圈为自由农作区，是距市场最近的一圈，主要生产易腐难运的农产品。第二圈为林业区，本圈主要生产木材，以解决城市居民所需薪材以及提供建筑和家具所需的木材。第三圈是谷物轮作区，本圈主要生产粮食。第四圈是草田轮作区，本圈提供的商品农产品主要为谷物与畜产品。第五圈为三圃农作制区，即本圈内1/3土地用来种黑麦，1/3种燕麦，其余1/3休闲。第六圈为放牧区，或叫畜牧业区。

2. 工业区位理论

工业区位理论的奠基人是德国经济学家阿尔申尔德·韦伯。其理论的核心就是通过对运输、劳力及集聚因素相互作用的分析和计算，找出工业产品的生产成本最低点，作为配置工业企业的理想区位。

韦伯工业区位理论的假设条件。为了理论演绎的需要，与杜能一样，韦伯首先做了下列若干基本假设：①研究的对象是一个均质的国家或特定的地区，在此范围内只探讨影响工业区位的经济因素而不涉及其他因素。②工业原料、燃料产地分布在特定地点，并假设该地点为已知。③工业产品的消费地点和范围为已知，且需求量不变。④劳动力供给亦为已知，劳动力不能流动，且在工资率固定情况下，劳动力的供给是充裕的。⑤运费是重量和距离的函数。⑥仅就同一产品讨论其生产与销售问题。

以运输成本定向的工业区位分析是假定在没有其他因素影响下，仅就运输与工业区位之间的关系而言进行的。韦伯认为，工厂企业自然应选择在原料和成品二者的总运费为最小的地方，因此，运费的大小主要取决于运输距离和货物重量，即运费是运输物的重量和距离的函数，亦即运费与运输重量及距离成正比关系。韦伯从运输成本的关系论述了工业区位模式之后，对影响工业区位的第二项因素——劳工成本进行了分析。他认为劳工成本是导致以运输成本确定的工业区位模式产生第一次变形的因素。所谓劳工成本，就是指每单位产品中所包含的工人工资额，或称劳动力费用。集聚因素如同劳工成本可以克服运输成本最小区位的引力一样，由其形成的聚集经济效益也可使运费和工资定向地相对工业区位产生偏离，而形成工业区位的第二次变形。①集聚因素：集聚因素是指促使工业向一定地区集中的因素，又可分为一般集聚因素和特殊集聚因素。②分散因素：与"集聚因素"相反，"分散因素"指不利于工业集中到一定区位的因素。因此，一些工厂宁愿离开工业集聚区，搬到或新建在工厂较少的地点。但前提条件要看集聚给企业带来的利益大还是房地产价格上涨造成的损失大，即取决于集中与分散的比较利益大小。

3. 中心地理论

中心地理论是由德国著名的地理学家克里斯塔勒提出的。中心地理论有关基本概念如下。①中心地：指相对于一个区域而言的中心点，不是一般泛指的城镇或居民点。更确切地说，它是指区域内向其周围地域的居民点居民提供各种货物和服务的中心城市或中心居民点。②中心地职能：由中心地提供的商品和服务就称为中心地职能。中心地职能主要以商业、服务业方面的活动为主，同时还包括社会、文化等方面的活动，但不包括中心地制造业方面的活动。③中心性：中心性或者中心度可理解为一个中心地对周围地区的影响程度，或者说中心地职能的空间作用大小，中心性可以用"高"、"低"、"强"、"弱"、"一般"、"特殊"等概念来形容和比较。④需求门槛：需求门槛是指某中心地能维持供应某种商品和劳务所需的最低购买力和服务水平。在实际中，需求门槛多用能维持一家商服企业的最低收入所需的最低人口数来表示。这里的最低人口数就称为门槛人口。⑤商品销售范围：如果其他条件不变，消费者购买某种商品的数量取决于他们准备为之付出的实际价格。此价格就是商品的销售价格加上为购买这种商品来往的交通费用。显然，实际价格是随消费者选择商品提供点的距离远近而变化的。距离越短，交通花费越少，商品的实际价格越低，结果该商品的需求量也就越大。否则相反。由此可得出，商品销售范围就是指消费者为获取商品和服务所希望通达的最远路程，或者是指中心地提供商品和劳务的最大销售距离和服务半径。

克氏理论的假设条件如下：①研究的区域是一块均质的平原，其上人口均匀分布，居民的收入水平和消费方式完全一致。②有一个统一的交通系统，对同一等级规模的城市的便捷性相同，交通费用和距离成正比。③厂商和消费者都是经济人。④平原上货物可以完全自由地向各方向流动，不受任何关税或非关税壁垒的限制。

就不同商业、服务行业而言。有些行业经营品类多，有些则少；有的以高级为主，有的以低级为主。商品的种类、级别不同，其需求门槛和服务范围也不一样，由此形成的等级序列可归并为低级和高级两类。低级商品和服务，其售价低，顾客购买频率高，需要量大，需求门槛则低，销售距离则短或服务半径较小。而高级商品和服务因质量好、耐用、更新慢，故售价高，需要量相对少，购买频率则低，运费占售价的比重小，致使其门槛高，销售距离长或服务半径大。按地域归并可以找出规律，即高级商服中心提供高级到低级的全部商品和服务；中级商服中心提供从中级到低级的全部商服活动；而低级商服中心只有低级的商品和服务。需求门槛和服务范围也依次由高到低、由大变小。

4.1.2 国外休闲度假村选址

第二次世界大战以前，度假村的类型以温泉浴疗为主；第二次世界大战后，随着地中海度假村的兴起，主推阳光、沙滩和海洋的"3S"型度假村开始盛行；20世纪80年代以后，由于地中海一带环境的破坏，同时人们的自我参与意识增强，度假村的类型开始转向运动式。度假旅游的市场特征要求旅游度假村依托良好的旅游资源环境，集中满足旅游者食、住、行、游、购、娱等多方面的需求，是一种投入产出大的旅游开发形式，因此，西方学术界对旅游度假区的研究越来越关注。一个旅游度假村的规划设计，首先涉及的就是选址。度假村的选址主要考虑资源条件、交通状况、基础设施状况、客源市场的经济特征、区域经济状况及企业关系等方面。

国外对于休闲度假村选址的研究集中在选址的影响因素分析方面。英国学者Inskeep(1994)认为，休闲度假村的选址需要考虑10个方面，包括临近旅游吸引物、度假气候、环境吸引力、畅通的交通、基础设施的开发可行性、充足的土地、社区态度等多个因素。另一位英国学者Smith(1993)则恰恰相反，他特别重视区位因子的探讨。他认为投资商的营销策略、市场区的社会特征、市场区的经济特征、市场区的交通特征以及所选择区位的自然条件等5个方面是影响旅游度假区选址的相关因素。而美国都市土地协会(1992)给出了较为全面的阐述，他们认为选址关键是具备市场潜力，在用地选择上要考虑环境、可达性和价位等因素；在环境评估上要考察美学及气候特质、文化吸引力、游憩机会、设施的便利性等方面。因而此观点比较全面地阐述了度假村选址上既要强调资源环境的作用，又不能忽视市场条件的作用。综上可以归纳如下。

1. 自然资源条件和环境因素

在过去的10年里，自然资源条件和环境因素在度假村的建设发展中已经越来越重要了。随着人们环境意识观念的增强，在度假村的发展中一些消极的环境作用逐渐被人们认识到。为使消极的影响和批判减少到最低水平，这些土质、地形、气候、植被和野生动植物的生态环境也应给予谨慎考虑。

风景资源是一大因素。旅游度假村所在地区必须空气清新、环境僻静、风光秀丽。度假旅游者将假日的闲暇时间消融在山光水色之中。从当今世界看，旅游度假区多选址于海滨、湖滨、山区和森林地带。其中，山区和森林地带是自然景观最为丰富、生态系统保存最完好的地方；海滨和湖滨地带则以大面积水体构成粗犷、开朗的游憩空间。在旅游度假村选址时，需要具体评价自然风景的数量与容量（通常采用旅游度假村景区游览面积、容人量和容时量3个指标体系度量）。

土质影响建筑物的稳固性，地形的形态和侵蚀的程度等。不同类型的岩土有不同的承载力，渗透性和侵蚀性地形也是一个因素，因为海拔高度影响自然环境的特征和土地利用类型。坡度是地形的一个重要特征，为避免高建筑费用和环境破坏，有必要选择坡度适当的区位。植被的重要性不仅在于它提供给人们观赏所需的自然资源，还在于它们在生态环境中发挥了重要的调节作用。例如，植被为野生动物提供了庇护所，且影响着土壤侵蚀度和流失量。度假村气候条件也很关键。在旅游度假区选址时，要充分考虑并详细分析气候条件，包括度假季节的长短，不适宜的天气（诸如严寒、酷暑、台风、沙暴、阴霾、阴雨等）出现的概率与日数。气候条件直接影响客源，进而影响度假旅游淡旺季的分配与长短，最终影响旅游度假村的经济效益，因而气候是旅游度假村选址首要考虑的因素之一。欧洲北部居民到地中海沿岸度假，我国北方居民冬季到海南度假，在很大程度上都与相对适宜的度假气候有关。度假村周围的土地利用类型也是很重要，因为可能会与公园发展产生矛盾。如林业和采矿业就会对度假区发展活力造成消极影响。

2. 文化旅游资源

现代旅游在相当程度上反映了旅游者寻求文化消费，摆脱社会弊端的一种自我完善的心愿，它是人们高于生活水准的一种特殊的消费心态。文化是发展旅游业的灵魂。旅游业的主要特色应充分显示历史和灿烂的文化，淀积深厚的文化遗产是一笔无价的财富和资源。深度发掘旅游文化资源，开发有丰厚文化内涵的旅游产品，能为旅游度假村建设增添活力。像印尼的巴厘岛，整个岛屿变成了一个旅游度假胜地，旅游业已成为巴厘文化的一部分。在度假村增加文化旅游，鼓励艺术家和文艺表演者将他们的工艺品和技能带入度假胜地，有助于发掘传统仪式、舞蹈和音乐，实质上对文化遗产也起到了保护作用。

3. 交通状况和基础设施

交通是连接客源地与目的地的通道，其发展程度决定了旅游度假村的通达度与可进入性。度假村所在城市除了客源市场条件好以外，还必须有良好的城市对外公共交通，也即可进入性（accessibility）好。可进入性涉及游客到达目的地的相对容易或困难程度。可进入性是一个相当重要的因素，过长的时间和距离及过高的交通费用会抑制游客的消费欲望。基础设施主要指旅游度假村拟建地区的道路网络、水电、医疗、教育、娱乐等配套设施。

4. 市场区的社会、经济特征

旅游业的成败决定于是否有消费者消费旅游产品和服务，因此度假村所处区位及客源地的社会人口特征对这个区位的旅游业发展起着重要作用。

这就要求规划者对人口进行分析，分析其数量、收入、婚姻状况、家庭规模、闲暇时间、教育水平、职业、宗教、对旅游的态度、对各种旅游产品与服务的偏好等。社区对旅游注重的态度也影响旅游业的成败，社区支持或敌视旅游业往往影响着旅游的就业、土地产权、游客经历、基础设施建设。市场区的经济特征包括收入、消费习性、区域经济状况及企业关系。区域经济状况往往影响土地、劳力、资金的可获得性及成本。企业关系涉及同行业的竞争及与其他行业的竞争，前者主要争夺客源，后者争夺资源。

4.1.3 国内休闲度假村选址

国内学者刘家明对以上学者的观点进行了总结，指出休闲度假村的选址要从资源条件与区位条件两个方面同时入手。休闲度假村应选择设立在具有较高质量的文化旅游资源和开展度假休闲的自然旅游资源的地区，同时要位于对外开放程度高、商贸活跃的经济发达地区，也要有稳定的海内外客源市场基础，开展度假休闲旅游可以拓展市场与产品的发展空间。另外航空、航运、铁路和公路的四通八达仍不可忽视。

4.1.4 休闲度假村选址的基本条件

1. 休闲度假村的资源条件

（1）适宜的度假气候。在休闲度假村选址时，要充分考虑并详细分析气候条件，包括度假季节的长短与不适宜的天气（诸如严寒、酷暑、台风、沙暴、阴霾、阴雨等）出现的概率与日数。气候条件直接影响客源，进而影响度假旅游淡旺季的分配与长短，最终影响旅游度假村的经济效益，因而气候是休闲度假村选址首要考虑的因素。

（2）优美的自然风光。休闲度假村所在地区必须空气清新、环境僻静、风光秀丽。度假旅游者将假日的闲暇时间消融在山光水色之中。从当今世界看，休闲度假村多选址于海滨、湖滨、山区和森林地带。山区和森林地带是自然景观最丰富、生态系统保存最完好的地方，海滨和湖滨地带则以大面积水体构成粗犷、开敞的游憩空间。

（3）有丰富的可供开展特色室外活动的游憩运动资源。世界各地的休闲度假村都力图集休憩、娱乐、医疗保健、体育运动为一体，将休闲度假村办成新型的多功能旅游综合体，借此巩固传统的中老年度假旅游市场，大力开拓青年市场。这也促进休闲度假村不断向海滨、湖滨、山区、温泉地与森林地带等有利的区位集中，以便展开日光浴、海水浴、"森林浴"，以及泥疗、沙疗、海疗与温泉疗养等健身活动，也有利于组织滑雪、登山、骑马、垂钓、狩猎与水上运动。

（4）位于旅游吸引物（如海滩、湖泊、滑雪场、考古与历史遗址等）附近。如果度假村周边有著名的旅游风景区或者文化旅游资源，会极大地丰富游客的度假活动，延长游客的停留时间，增加对客源市场的吸引力。

2. 度假村的交通状况

交通是连接客源地与目的地之间的通道，其发展程度决定休闲度假村的通达条件与可进入性。在人迹罕至的地方建立休闲度假村，必然会导致大量的资金投入到交通设施的建造上，而这是开发商难以负荷的，因此要尽量将其建立在已经有一定的交通设施的地区。

3. 度假村的基础设施状况

基础设施状况主要评价休闲度假村拟建地区的水、电、气、暖、道路、邮电等旅游基础设施的现状与水平，供水、供电、排水排污、通信等基础设施是否具有开发可行性。在交通设施解决之后，供水是最重要的。

4. 客源市场的经济特征

客源是旅游的主体，也是旅游业赖以生存、得以发展的基础。休闲度假村的经济效益在很大程度上取决于度假旅游客源充裕的程度。通常从客源市场、客源类型、客源数量、客源消费水平4个方面评价旅游度假村的客源分布。客源地的社会人口特征对这个区位的旅游业发展起着重要作用。这就要求规划者对人口进行分析，分析其数量、收入、婚姻状况、家庭规模、闲暇时间、教育水平、职业、宗教、对旅游的态度、对各种旅游产品与服务的偏好等。对于国内度假旅游市场，可以从区域人口密度、城市人口密度和城市职工家庭人均生活费3个指标具体评判。

5. 要考虑区域经济状况及企业关系

区域经济状况往往影响土地、劳力、资金的可获得性及成本。企业关系涉及同行业的竞争以及与其他行业的竞争，涉及到资源的争夺。

应用实例 4-1

沈阳市休闲度假村选址

沈阳市一座充满活力的城市，2006年沈阳市通过了《关于"沈西工业走廊"、"大浑南开发"、"北部大开发"、"东部旅游度假区"等四大空间规划情况及沈阳发展空间产业规划》的汇报，为沈阳量身打造了四大发展空间，即生态工业走廊沈阳西部、国家创新型城市的"火车头"——大浑南地区、"生态新区"沈北地区、风景旅游度假胜地棋盘山风景区。根据各区环境功能定位和发展方向的不同，经初步粗略筛选，选出备选地点1：棋盘山风景区和备选地点2：沈北新区。

备选地点1位于沈阳市区东北部20km，交通便利。它临近沈阳三环路，通过沈棋路、毛望路、蒲望路与沈阳二环路、三环路、沈铁高速公路、沈抚高速公路相连。它依托沈阳，周边有鞍山、抚顺、本溪等城市，辐射人口2000多万。开发区内有较高的自然生态价值，区域内有众多的景区，如世界文化遗产清福陵、国家4A级旅游区棋盘山风景区、沈阳植物园、国家森林公园，森林野生动物园。

备选地点2位于沈阳市区北郊，是连接吉林、黑龙江和内蒙古三省区的黄金通道和"东北城市走廊"的枢纽重地。交通条件优越，有长大铁路、哈大专客，沈哈、沈环高速公路，101、102、203国道穿境而过，新区距沈阳桃仙国际机场仅半小时车程，总人口28万人。新区有着丰富的自然资源，森林茂密，动植物资源丰富，建成后绿化率要达到50%以上，沿河修建7个生态景观湖和两个湿地，建设休闲广场和滨水公园。

资料来源：吕冬阳.旅游度假区选址的决策研究[D].沈阳：沈阳师范大学硕士学位论文，2008.

4.2 休闲度假村资源分析

4.2.1 生态休闲度假村资源分析

1. 生态环境条件

山林的生态环境是度假村的重要资源，其环境质量的优劣直接影响度假村的质量等级标准。去生态度假村休闲、旅游观光、呼吸新鲜空气将成为人们旅游的新潮流。下面将以湘潭市史家坳度假村为例，分析其度假资源。

(1) 空气。度假村森林覆盖率达95%以上，空气中的负离子浓度高，空气清新、洁净，特别是山上林间，即使是炎炎夏日，游客也感觉非常凉爽、舒适。为了了解度假村空气负离子浓度状况，工作人员2005年7月对园内不同环境代表点进行空气负离子浓度测定，结果显示度假村内空气负离子浓度为896～2482个/cm^3，空气质量评价指数均大于1.00，空气质量为最清洁，等级达到A级。

(2) 环境噪声。度假村内没有工厂，区域环境清雅，鸟语花香，没有噪声，是休闲度假的好去处。

(3) 土壤环境质量。度假村内土壤主要是四纪红壤、砂岩红壤，土壤结构良好，有机质较为丰富，肥力中上，有利于植被的生长和发育。

(4) 生态环境质量综合评价。度假村内的生态环境主要是各类型的人工混交林和苗圃，以及几口山塘，山地中树木、苗木生长较好，度假村内没有污染源。度假村内空气、环境噪声、水质、土壤等环境质量良好，适宜开展生态度假活动。

2. 森林资源概况

度假村内植物种类丰富，植被多数为天然次生阔叶林、针阔混交林、国债项目试验竹林、山地苗圃苗木等，主要的植被类型有香樟、马尾松、鹅掌楸群落；枫香、马尾松群落；竹类、美国商陆群落等。苗木主要种类有广玉兰、香樟、桂花、红檵木。度假村内植物种类较多，据调查，常见乔灌木种类有80余科，400多种，以松科、木兰科、樟科、蔷薇科、豆科、木犀科等的植物为主。度假村内动物种类也比较多，常见的有野兔、山鸡、昆虫、蛇类，以及多种鸟类等。

3. 交通与社会经济情况

度假村位于湘潭市近郊七里铺史家坳，外部交通十分方便，潭韶公路从度假村穿过，距320国道约2km、距潭邵高速韶山出口5 km。周边城市长沙市(约74km)、株洲市、湘潭市(约23km)、娄底市、宁乡县、韶山市(约60km)、湘乡市(约27km)等到该度假村的车行时间、都在40～90min。度假村距长沙黄花国际机场约80km，由高速公路至机场只需40分钟。度假村内部交通也较方便，区内办公区的道路已全部硬化，山上林区公路可通达各主要山头地块。

湘潭市位于湖南省中部偏东地区，湘江中下游，居长、株、潭"金三角"的一角，现辖湘乡市、韶山市、湘潭县和雨湖、岳塘两个城区，全市总面积5 015km^2，人口280万。其中市区面积281km^2，人口65万。湘潭市是全国的湘莲之乡和全国闻名的粮猪生产基地，也是湖南经济比较发达的地区之一。2004年湘潭市实现国内生产总值2 671亿元，人均国内生产总值居全省第2位，财政收16.85亿元，社会消费品零售总额90.3亿元，城镇居民人均可支配收入7 670元。

4. 旅游资源条件

(1) 山体景观资源。度假村属丘陵地区。区内的人形山主峰海拔152.3 m，是这一地区较高的山峰，从东北向西南贯穿度假村，坡度较平缓，航拍照片显示山脊呈"人"字形，故称之为"人形山"，虽没有雄伟之姿，却有灵秀之气，鸟语花香，幽静怡人。度假村内还有如天鹅湖、蓑衣塘、樟木塘等自然景区景点，自然环境清净幽雅，为度假村增色不少。同时，公园内保存着较好的森林资源。

（2）水体景观资源。度假村内水源不够，只有入口处樟木塘水面面积较大，招待所后面、北部平地树林中各有一个小山塘，水质较好，水面无污染，水体清澈洁净。其水源来自韶山灌渠，因此可做到"旱涝保水"。

（3）植物景观资源。①竹林景观：国债项目试验竹林主要分布在樟木塘至北部山塘一带，人形山林区公路以下的部分，面积较大，品种丰富，有雷竹、甜竹、橄榄竹、黄皮竹等，高低错落。②枫香林景观：枫香林主要分布在人形山竹林以上的部分，中间混有少量杉木和阔叶树种。季相变化明显，秋天红叶摇曳，是登山游玩的好去处。③香樟-马尾松景观：香樟-马尾松为天鹅湖主要森林景观，作为湖南地区最具代表性的植物群落，整个天鹅湖山林郁郁葱葱，清香阵阵，是远离闹市喧哗和繁荣，返朴归真的生态绿色宝地。④鹅掌楸群落景观：鹅掌楸群落主要分布在人形山道路旁以及天鹅湖东北部，鹅掌楸树干高大通直，树姿潇洒，树叶形似马褂，秋天变黄，镶嵌在阔叶为主的树林中，秋景绚烂。⑤苗圃景观：苗圃主要分布在度假村北部和中部，有大面积的广玉兰、香樟、红檵木、竹柏等，给整个区域增色不少。

（4）动物景观资源。据调查，度假村内主要的野生动物有野兔、山鸡、昆虫、蛇类以及多种鸟类等。

5. 人文景观资源

度假村内人文景观资源不多，现无文物古迹遗址，但度假村内景观布置时可结合"人形山"、"天鹅湖"、"蓑衣塘"、"金鸡岭"、"快活岭"、"天鹅抱蛋"等富有神话色彩的地名，融入民俗风情和文化韵味。

4.2.2 乡村休闲度假村资源分析

1. 乡村环境

乡村的环境也是刺激度假者的主要因素。乡村能给人提供平静、田园诗般自由自在的生活，在这种生活中，人与自然能达到和谐，因此乡村度假已经被英国多数城镇居民认为是"在令人愉悦的环境中呼吸着新鲜的空气，体验着自然的韵律，并与本地居民和谐生活"的一种"美好的生活"。乡村度假者认为在乡村进行度假是从商业化的度假地中逃离的一种方式，他们不再寻求酒店标准的住宿，而是寻求在"开放的自然空间"里的度假生活。

2. 农业资源丰富

从供给方来看，Arie Reichel 认为在国外很多地方乡村度假旅游产业的兴盛与农业的衰败有着密切的联系，乡村度假旅游是作为支持逐渐衰败的农业而存在的一种增加农民收入、兴盛农业的辅助形式而发展起来的。另一些学者则认为乡村度假旅游的兴旺也来自于需求方的刺激。根据世界经济合作和发展组织提供的报告，居民经济收入的增加、休闲时间的增多以及旅游需求的多样化使越来越多的旅游者选择乡村度假旅游。

4.2.3 温泉休闲度假村资源分析

以湖南省为例,其温泉休闲度假村(图4.1)资源分析如下。

第一,从整体上看,湖南省的温泉旅游资源总量丰富。湖南省共有温泉旅游资源85处(30℃以上的温泉),是全国温泉资源最为丰富的省份之一。全省14个地级市(州)中,除湘潭市、娄底市和益阳市目前还没有发现温泉外,其他各市均有温泉分布,主要分布在湘东南的郴州市和湘西北的张家界市。温泉旅游资源总量丰富。

第二,从地域上看,温泉资源基本上呈现湘东南、湘西北多,湘西南、湘东北少的态势。从大的区域上来划分,湖南省可分为湘东北、湘东南、湘西北、湘西南4个区域。按温泉总数为85处计算,湘东南地区有温泉49处,占总数的57.65%,其中该区域内的郴州温泉数量达45处;湘西北区温泉有21处,占全省温泉总数的24.71%;湘西南、湘东北仅占全省的17.64%;温泉分布基本呈现湘东南、湘西北多,湘西南、湘东北少的格局。

第三,从分布疏密来看,大尺度空间分布不均、局部相对集中。温泉旅游资源空间分布不均匀、局部相对集中,主要集中在郴州和张家界,这两个地区的温泉数量占全省的约67%。郴州地区温泉旅游资源分布很集中,11个县(市、区)中有10个均有温泉分布;温泉数量位居第二的是张家界市,温泉资源分布较为集中,该市共有温泉12处,主要分布于永定区、慈利县和桑植县。除郴州市和张家界市外,其他地市的温泉数量均较少,且呈零星状分布。邵阳市(6处)、湘西自治州(5处)、衡阳市(4处)、长沙和常德市(各3处)、株洲和岳阳及永州市(各2处)等地温泉旅游资源分布较稀疏。

第四,从分布带来看,地热异常分带特征明显。主要可划分为湘东南郴州—宜章—汝城地热异常带、湘东娄底—株洲—衡阳地热异常带、湘中隆回—武岗—洞口地热异常带、湘西北慈利—桑植—吉首四个地热异常带。湘东南郴州—宜章—汝城地热异常区,区内热水虽以中低温居多,但温泉出露密集,矿化度低,汝城热水圩温泉群,水温达98℃,含砷、氟、硼、锶、镓等微量元素;湘西北慈利—桑植—吉首地热异常区,水量大而水温较低,区内大多数温泉含硫较高,多数温泉含砷、碘、溴、氟、锶等;而湘中隆回—武岗—洞口地热异常区,水温一般36~48.5℃,水化学类型为重碳酸钙型或钙钠型;湘东娄底—株洲—衡阳地热异常区内花岗岩构造破碎带中热水,以中高温热泉为特征,多属低温热水,个别与花岗岩体有关的热泉温度可达90℃以上,如宁乡灰汤温泉。

图4.1 温泉度假资源

图 4.2 滨海度假资源

图 4.3 湖泊度假资源

图 4.4 滑雪度假资源

应用实例 4-2

三亚亚龙湾度假区

亚龙湾国家旅游度假区位于海南三亚市东南约 20km 处，陆地规划面积 18.6km²。1992 年三亚市政府为了解决亚龙湾前期开发的资金问题，招股成立了国有亚龙湾股份公司，由三亚市政府授权该公司对亚龙湾度假区进行统一开发、统一规划、统一征地、统一招商、统一建设，亚龙湾度假区从此走上了企业化开发的道路。1995 年由于公司决策层投资失误不得不增资扩股，中国粮油进出口集团在香港注册的下属公司鹏利国际注资控股，亚龙湾公司遂成为外商投资股份有限公司。近年来，国际一流的酒店管理集团纷纷抢滩登陆亚龙湾，喜来登、丽兹卡尔顿、万豪、希尔顿等一批国际顶尖的度假酒店陆续建成开业，亚龙湾已成为国内消费档次最高、设施环境最好、高星级酒店数量最密集、国际著名酒店品牌最多的综合型海滨度假区。

资料来源：http://baike.baidu.com/view/28452.htm?fr=aladdin，略有删改。

应用实例 4-3

北海银滩度假区

银滩度假区位于广西北海半岛东南部，分为西区、中区和东区。其中，中区规划面积为 7.7 km²，与旅游相关的项目建设和更新改造都集中在此，是银滩旅游发展的缩影和代表性区域。银滩度假区至始自终由北海市政府主导开发管理，开发历程颇具戏剧性。20 世纪 90 年代初，在北海地产热的推动下，银滩呈现出欣欣向荣的开发景象。然而北海地产神话的迅速破灭使得银滩开发骤然降温，留下大片已转让但未开发的土地和一栋栋破败的烂尾楼。银滩也由于不合理的过度开发而陷入了深重的生态灾难，旅游发展长期处于停滞状态。为了彻底拯救和振兴银滩，广西壮族自治区政府和北海市政府从 2002 年始全面实施银滩中区改造工程，大规模拆除当年不合理规划开发的建筑。仅 10 年时间，银滩就经历了从大规模开发建设到拆除的过程，教训极为惨痛深刻。

资料来源：百度百科，略有删改。

4.3 休闲度假村规划设计

4.3.1 湖泊型休闲度假村规划设计

下面主要以千岛湖旅游度假村为例，介绍湖泊型休闲度假村的规划设计。

1. 以市场为导向

尽管千岛湖旅游度假村规划建设刚刚启动，但是千岛湖旅游从观光向休闲度假转型已经有 5 年时间了，一批休闲度假项目在其他区域已建成使用，例如，国内内陆湖泊最大的豪华游轮——"伯爵号"，华东地区规模最大、档次最高的五星级酒店开元度假村，游艇俱乐部，水上运动基地，千岛湖水上不夜城、凤凰度假村、天清岛度假村等，可以满足一部分人群的休闲度假需求。

随着千岛湖旅游的转型，客源市场的特点也在发生改变，表现为：①散客比例快速增长，尤其节假日，散客比例已超过 70%，散客中 90% 为自驾车游客；②旅游方式转变，由观光游览向休闲度假方式转变；③人们青睐休闲度假活动，前来休闲度假的人群喜欢游泳、垂钓、品尝美食、喝茶聊天、运动健身等休闲度假项目或活动；④在休闲度假人群中，高收入人群占绝大多数，这其中包括企业高管、个体老板、高级白领等，他们成为目前千岛湖休闲度假消费的主体。因此，在已满足中低端客源市场需求的同时，度假村应充分考虑代表千岛湖度假旅游发展趋势和方向的高端市场的需求。

2. 以资源为导向

千岛湖拥有一流的湖泊资源，除了旅游观光外，良好的生态环境适合开展多样的度假旅游，如商务旅游、高端旅游、疗养旅游、候鸟式休养等类型。千岛湖旅游度假村应积极拓展这些旅游功能，这样不仅可以增强千岛湖旅游功能的综合性，而且可促进度假旅游产品的多元化，同时还能有效地弥补目前千岛湖淡季客源不足的问题。

3. 项目定位

浙江省淳安千岛湖旅游度假村是浙江省省政府批准的省级旅游度假村，它凭借千岛湖旅游品牌和自然山水景观资源优势，在处理好环境保护与开发的前提下，形成以商务会议、休闲度假、养生居住为特色，打造面向商务和高端市场的度假旅游综合体，成为千岛湖休闲度假的核心区域。

4. 加强度假村的生态环境保护

良好的生态环境是任何湖泊旅游度假村可持续发展的前提。千岛湖水质Ⅰ类，其一流的生态环境和自然山水特质是千岛湖旅游的核心竞争力。千岛湖旅游度假村规划坚持生态优先的原则，加强度假村生态环境保护，提升度假村的生命力。

规划对湖区水质、半岛和岛屿、高程坡度、第一照面山、环湖岸线、污水处理、生态修复等方面提出了具体的保护措施。这些措施不仅仅是定性的规定，其中一些措施通过量化以及图形叠加来确定度假区的最终土地适宜性和土地利用规划，这样才能有效地保护千岛湖自然山水的生态环境。

（1）湖区水质：与湖区连通的水体严禁进行水产养殖、禽畜饲养和开发；充分利用现有滩涂地，营造自然生态湿地；对于水上观光、休闲垂钓等项目，严格划分使用区域。

（2）半岛和岛屿：指状岛屿端部、独立岛屿严禁开发建设。

（3）高程坡度：除了登山游览等生态游览项目外，高程170m以上及坡度30°～45°的山地不宜开发，坡度45°以上和高程300m以上的山地严禁开发建设，封山育林，保护山林生态环境。

（4）第一照面山：沿主湖区第一照面山严禁开发，保护千岛湖整体环湖景观风貌。

（5）环湖岸线：除道路（含机动车道、滨水步道、自行车道）、游船码头、亲水项目外，距湖岸线20m范围内进行绿化，严禁开发。

（6）污水处理：千岛湖旅游度假村山地起伏，地形较为复杂，而且休闲度假项目布局较为分散，因此，千岛湖旅游度假村采用分散式污水处理的模式，中水回收利用，深度处理，达到零排放，不对千岛湖水质产生污染。

（7）生态修复：度假村的开发建设不可避免会对该区域的生态环境造成一定的破坏，生态修复是度假村从开始建设到建成后一段时期生态建设的基础性工作，针对不同的生态破坏，如阻断的水体、阻断的廊道、破坏的山体等，采取相应的生态修复措施，恢复生态环境，营造绿色环保型旅游度假村。

在保护措施的基础上，管理方将整个千岛湖旅游度假村生态保护分为3级：①生态保护区：包括与湖区连通的水域、独立岛屿、部分指状半岛、千岛湖主湖区第一照面山、坡度 45°和高程 300m 以上山地等，这些区域严格保护，严禁开发。②过渡缓冲区：度假村道路两侧、沿湖的生态防护林以及各建设用地间的生态绿色廊道。其中，道路两侧的过渡缓冲区可适度开发。③开发建设区：区块内除了生态保护区、过渡缓冲区以外的可用于开发建设的用地。

5. 确定度假村的开发用地

千岛湖旅游度假村地形复杂，平地少，指状岛屿和山地多，且坡度较大，适宜开发建设用地较少。因此，合理确定度假村开发用地不仅至关重要，而且还有利于控制度假村的合理承载力。

根据现状土地利用、地形地貌、坡度、坡向等评价因子所规定的开发适宜条件，通过GIS 技术进行叠加，得出现状土地适宜性评价。在此基础上，结合生态保护的具体要求和已出让土地的具体情况，再次叠加，得出土地适宜性参考模型。

叠加后的土地适宜性参考模型与现状土地适宜性相比，需要保护的用地得以有效地保护。但可开发用地相对比较分散，对于山地来说，不利于项目布局和生态环境保护，因此，本着集中开发、集中保护的原则，对土地适宜性参考模型进行修正。

6. 严格控制度假村的开发容量

影响千岛湖旅游度假村开发容量的主要有 3 方面因素：①度假村紧邻千岛湖风景区，尽管在景区外围保护地带内，但位于核心景区边缘，开发容量不宜过大；②度假村一部分沿主湖区的山体属于湖区第一照面山，划入景区范围严格保护，不能用于开发；③度假村范围内以山地、指状岛屿为主，坡度较大且腹地较少，也不适宜高密度、高容积率开发。因此，为了保护度假村良好的生态环境和景观风貌，促进千岛湖旅游度假村的可持续发展，规划严格控制度假村的开发容量，确定合理承载力。度假区开发容量不能按平地或城市的开发标准，否则对自然生态环境破坏较大。

7. 控制建筑布局、体量与风格

除了严格控制度假村的开发容量外，规划还对度假村内建筑布局、体量和风格提出了控制要求。

（1）建筑布局。建筑布局应因地制宜，将建筑隐逸在自然山水环境之中，尽可能减少外界的可视范围，保持千岛湖的景观环境特质。道路对山体和环境破坏最大，因此，道路宜置于建筑之后，隐于建筑与自然山林之间，以保证良好的沿湖立面景观。

（2）建筑体量。由于千岛湖旅游度假村所处的特殊位置，区内建筑不应作为环境的主体，其体量应与自然山水环境相协调，尤其要与近处的背景山体相结合，使游客从千岛湖大桥和面湖看过来都能有良好的视觉景观。对于位置特殊、景观敏感性高的地块，如桥头堡两侧，不仅只考虑正立面投影建筑高度的控制，更重要的是从不同有代表性视距的透视角度来进行研究，从而达到建筑与自然环境完美结合的效果。

（3）建筑风格。千岛湖旅游度假村基本上都在山地上进行开发，建筑应体现山地建筑在视觉景观上独特的风格与魅力。建筑以现代风格为主要基调，融入当地民居建筑的元素与符号，注重建筑整体形式和色调，并强化细部处理，营建出具有时代特性、与自然山水有机融合的千岛湖建筑风格。

4.3.2 滨海型休闲度假村规划设计

1. 基础设施建设

亚龙湾度假区的基础设施投入主要来自中粮集团控股的亚龙湾公司。中粮集团是跻身世界五百强的国家大型企业，具有雄厚的资金和专业技术优势。度假区开发十多年来，亚龙湾公司对度假区基础设施投入累计达到12亿元，建成了亚龙湾邮电分局、卫视中心、燃气站、东西污水处理厂、变电站及15.6 km的道路及各种市政管线，高标准实现了度假区内用地"七通一平"。此外，亚龙湾公司还投资兴建了凯莱酒店、仙人掌酒店、中心广场、贝壳馆、蝴蝶谷等高档次度假接待设施和观光娱乐项目，为亚龙湾度假区高水平开发奠定了坚实的基础。

反观银滩内的基础设施建设则要逊色得多。在银滩开发初期的1991年，北海市的财政收入仅为1.95亿元，有限的财政收入根本无法保证大规模高档次的度假区基础设施投入。至银滩中区改造前，除了三横三纵的度假区道路系统外，银滩内已建的旅游基础设施仅有一个污水泵站和一个加油站，其余水、电等能源均只能靠当地的村镇设施提供，尚未建立起独立完善的度假区基础设施系统。

2. 接待设施开发

进入新世纪，一座座个性张扬的五星级海滨度假酒店陆续在亚龙湾内建成开业，度假酒店的投资商大多是来自国内发达地区的明星企业。这些民营且资金实力雄厚的优秀企业抢滩登陆亚龙湾，不仅极大地推动了新时期亚龙湾度假区的高水平开发，而且充分说明亚龙湾巨大的商业价值和投资者对亚龙湾市场前景的高度认同。

与亚龙湾内接待设施投资高度市场化不同，银滩内的旅游接待设施投资绝大多数来源于各级各类政府部门或国有企业。这些项目带有浓厚的行政经济色彩，多属于各级政府部门利用体制内的公共资源所兴建的，主要为部门内部服务的楼堂馆所项目。此类投资项目尽管能够依靠政府的高强度介入在短期内推动度假区快速发展，但随着市场经济改革的逐步深入，它们终究无法摆脱制度性衰退的困境。即使是在泡沫经济破裂，城市经济持续低迷，商务酒店数量已经明显供过于求的背景下，近年来具有国有资本背景的新的商务酒店仍不断获准在北海开工兴建。非市场化的投资源源不断地进入酒店行业，使得北海市酒店市场供求矛盾日益突出，恶性竞争日益加剧，经营效益每况愈下，绝大多数酒店全年平均开房率不到40%。

亚龙湾和银滩内已建成营业的度假项目规模和档次也不可同日而语。亚龙湾内一线海滨度假酒店占地面积都在10hm² 以上，而银滩内规模最大的海滩大酒店占地仅1.1hm²；亚龙湾内五星级度假酒店的客房数一般在500间左右，且基本上由国际著名酒店管理集团运营管理，而银滩内的海滩大酒店仅有181间客房，更无法达到国际化管理水平；度假接待设施的档次更是相差悬殊，亚龙湾内已建成运营的五星级度假酒店已有11家（包括待评五星），而银滩尚无五星级酒店。此外，亚龙湾内及周边已建成两座国际标准的高尔夫球场，银滩尚无高尔夫球场。

4.3.3 人工"斑块"的景观生态设计

1. 建筑与环境的契合

现代旅游度假区建筑环境设计要求建筑与环境共生,建筑除了满足自身的主要功能外,其本身也应成为一景,为人所欣赏,为环境增色,与环境相契合。因此,要把建筑作为一种风景要素来考虑,使之与周围的地形地貌相适应,与山海、岩石、草木、古迹和远景等融合为一体,构成优美的景色,同时满足各种功能的要求。在这里,风景是主体,建筑的风格、尺度、轮廓、层次、色彩等都要加以精心推敲,使之与自然环境结合得贴切、完美。如与水比邻的近海楼台,建筑群以海面为背景,空间向海面延伸,创造波影相连,亲切自然的环境气氛。北戴河的建筑就具有层次错落,疏密开阖,层次丰富的特点,殿廊台榭贯穿水间,形成多种水体的交流复合,色彩明朗轻快,白壁丹楹影于碧波之上,同四周明丽的风光相辉映,如同海市蜃楼,达到了一种怡悦心灵的境界。

2. 人工建筑物高度和面积密度的控制

旅游度假区景观同城市景观明显的不同之处在于旅游度假区内的绿地(含户外康体休闲活动所占的地方)所占的比例要大一些,房屋之间的建筑密度以及总建筑面积占整个区域面积的比例要比城市小得多。一般在规划旅游度假区时都强调将建筑面积控制在一定的比例之下,以便保持良好的环境。为了同自然景观相协调,有时对建筑物的高度也作出明确的规定。印度尼西亚巴厘杜阿岛旅游度假区在开发建设时,规定全巴厘的楼房高度不得超过15m,选用这个高度限制,是为了使楼房顶层低于树木顶端,有助于楼层同自然环境的融合,除此之外,度假区还以每片饭店场地最高客房数制定了最高密度标准(度假区的整个密集度为大约20间/hm²),建筑物最高覆盖率为25%,所有公用设备线都必须置于底下,距离海岸线最少50m的规定一般适用于主要楼房。建筑设计准则的主要精神是采用传统的巴厘建筑主题和使用一些有独特风格的巴厘砖式的当地建筑材料,建筑外部的广告标志受到严格控制,只允许有方向标志。韩国庆州波门湖旅游度假区在开发建设时,规定主要饭店限高45m(12~15层),建筑物占土地面积不得超过20%,饭店建地离湖边最少收进各10m(实际上,目前饭店离湖边是12~14m),户外广告牌被禁止,只允许挂标示牌及法律和建筑方面的标牌。户外灯光也受到限制。建筑设计必须考虑到气候特点,考虑到传统的建筑风格,如韩式庭院布局;选择建筑点也必须考虑到每个点的特殊性,并为游客欣赏户外景致设计观光走廊,建筑物的外部颜色以淡暖色调为主,环境美化的条款十分具体。

3. 建筑物的设计形式

建筑物的设计形式应有一定程度的统一和规范,这样才能显得井井有条,但也应允许和鼓励一定程度的变异,这些变异应足以吸引人们的注意和兴趣,而又不会造成人们视觉景观的混乱。主导的建筑形式不仅要形成规模,而且要具有优雅的、一致的风格,以一种主导的特色驾驭全局,完全消除芜杂之感。这种主导特色可能是全部使用相同的铺面材料,相同的屋顶形状,建筑群中各个部分的相对比例或开口与墙面成一定的比例,总之,要给人一种平衡的感觉。这些要素可以对一个特定的地方和环境赋予独特的景观特色，因此往往具有象征价值，并且这些特色与周围环境保持和谐。

4. 建筑物的规划与内部设计

在作旅游度假区的规划时，首先要作出建筑规划和内部设计的初步构思，因为建筑及其内部的设计不仅具有实用功能，而且还是整个旅游度假区产品中的一部分，它们将给度假旅游者留下深刻印象。与众不同的建筑风格，轮廓清晰和优雅的内部装修有助于产生高级的情感体验。旅游度假区的各个组成部分必须协调一致，相互补充和强化。户外标志必须与户外用具和建筑特点相一致，建筑物内部的色彩、气质和布置必须烘托建筑设计风格。而饭店前厅、客房、餐厅以及内部的活动和服务都必须补充和强化度假旅游者所希望得到的体验。

美国加州大学社会生态学教授哈纳·阿亚拉对旅游度假区的景观规划提出了很有见地的"景观产品"概念，指出度假区的宾馆饭店应该与周围的环境文脉协调一致，共同组成完整的景观产品。他在《"景观产品"的一体化组合：度假村建设和经营的新概念》一文中写道："国际连锁酒店的数量在不断增加，酒店业的连锁文化反映出一种国际化的组织原则，这种组织原则保证了国际酒店集团通过统一的、便于识别的商标形象，利用中央销售的预定系统，一致的服务质量和公众对之高度的认同感来实现较强的竞争力。然而，这种针对突出统一形象的设计主旨却给酒店带来了一个潜在的不利因素，忽视了在最大限度上突出酒店所在目的地的个性。而度假区酒店在个性化方面尤为敏感，因为环境条件一般为国际酒店业进入新目的地的决定因素。"很明显，哈纳·阿亚拉对国际酒店连锁实行统一标志系统而不顾周围环境情况的现状给予了批评，并进一步强调宾馆饭店与周边景观（生态和文化财富）结合可以增强宾馆饭店目标市场中部分不稳定客源的吸引力。为了挖掘度假区对度假旅游者的潜在魅力，旅游度假区中的住宿设施通过建筑技术和内部设计而促进当地文化艺术和传统的复兴与进步。成功的度假酒店已从色彩、形式和结构上反映了当地的文化背景。注意当地文脉的旅游度假区景观规划设计强调的是在景观规划中反映当地值得保护和加强的自然或历史特点，这一点无论在生态、景观还是旅游度假区的营销方面都具有重要意义。笔者在做青岛市田横岛旅游发展规划时，主张田横岛内的住宿酒店或别墅的墙壁以海洋文化为主题来进行装修，以加深旅游者在岛上的体验。

4.3.4 自然"斑块"的景观生态设计

著名的旅游度假区对自然"斑块"也都是非常注意的，将其看做场地园林系统，以便进行园林的设计和养护，设计的目标是建立并保持媲美于旅游度假区产品其他方面高质量的生活感受。

除了城市环境包围下的旅游度假区外，旅游度假区的园林绿地一般都占据了很大面积的地。从园林美化和养护出发，旅游度假区的场地园林一般可以分为下列几种类型。①房屋建筑物的近邻地：包括度假宾馆、职工住所、餐馆、商店、康体休闲建筑物以及其他建筑物周围的园林景物美化区。②户外康体休闲社区：包括高尔夫球场、滑雪场道、网球场、游艇码头、海滨及游泳池、野餐及野营地以及其他户外康体休闲区。③自然风景区：

包括湖泊、小河、林木区、沼泽地、草地以及其他天然康体休闲区和自然保护区。

对自然"斑块"的设计要求做到使场地园林具有极大的吸引力：保持树木、灌木、鲜花、草坪的合理布局，保护具有装饰性的特色水域，如池塘、河流等以及户外活动的其他区域。对旅游度假区中景观不美的地方，要制定林木、花草种植及灌溉计划，使得整个旅游度假区的各种绿地有如一个大的园林。

4.3.5 廊道的景观生态设计

廊道影响着旅游线路的合理安排及生物资源的有效保护，该系统包括旅游度假区外部的地点通向旅游度假区的通道和旅游度假区内部的通道系统。从通过方式来说，廊道又可分为车行道和步行道：主要包括步行小道、自行车小道、骑马小道、远足及度假旅游者流动的其他各种通道。

廊道系统除了其实用功能——简单高效的通行外，还具有其他方面的重要意义：首先，通向旅游度假区的道路给旅游者留下第一印象，第一印象往往具有光环效应，起着影响后面度假体验的效果；第二，旅游度假区内部的小道或车行道往往是旅游者活动较多的地方，一方面是连接住宿区与康体休闲活动区的通道，另一方面，它们有时也是度假旅游者直接康体散步或者观景的地方。廊道系统在景观设计时，应注意道路景观的美化及舒适性。如果人行道与道路网主干线不平行，就可以设计出更曲折的游径，以便将引人入胜的自然景色或不同的远景景色包括在游客视域范围之内。游径通到某些地点时可以适当加宽，以便在游径旁建成康体休憩区，使人们可以在那里欣赏田园景色并得到放松。人行步道一般顺着地形的自然线向进行敷设，两旁适当进行绿化并设置一些具有特色的活动场地。

这里以滨海游览道设计为例，加深读者对旅游度假区内廊道生态景观的设计的理解。海滨游览道（Promenade）具有双重功能：一是纽带作用，为人们接近海岸提供交通上的便利，二是景观作用，提供良好的观景路线，游客漫步海滨路可以欣赏到独特的海岸风光。滨海游览步道多与海滨绿地、小游园、景点等贯穿组成。如北戴河海滨，用西海滩路、中海滩路将众多大小海水浴场及海滨游园连接起来，不仅交通便利，而且方便游人散步，赏海观景。游览步道设计主要应考虑如下几点。①游览步道尽可能不要靠近海岸，应留出一定的绿化带，并留有游乐、休憩、野营等用地，但也不宜过远，以距潮水线 150m 左右为宜。②滨海游览道的道路宽度在 5～7m 为宜，内部允许步行、自行车、小汽车、公共汽车等通行，禁止大型客车和过境车进入。③游览步道设置应顺应地形变化，尽可能避免对地形的大规模改造，以免造成对自然景观的破坏。④游览道两旁应有很好的景观空间，空间或收或放，有步移景异之效。⑤有些游览道两边需建立一定绿化隔离带，避免晚上灯光四射，影响野生动物的栖息。

本章小结

随着知识经济的发展，人们文化水平和生活水平不断提高，思想观念和社会形态发生了很大变化，在这一时代大背景下，集观光、娱乐、运动、会议、商务、康体为一体的度假旅游活动必将得以迅猛发展。本章选取那些研究得比较深入、有较大发展前景的度假区选址、资源、规划设计进行简介。如果读者想更深入地了解和学习，可以查阅相关的书籍。只要不断地在理论和实践上勇于创新，旅游度假市场才能获得更好的发展。

复习思考题

一、名词解释

选址　　　　　　　度假村选址　　　　　　度假资源
主题定位　　　　　区位　　　　　　　　　农业区位论
工业区位论　　　　中心地理论

二、单项选择题

1. 滨海度假村的客源以（　　）为主。
   A. 老年人　　　B. 中年人　　　C. 青年人　　　D. 少年儿童
2. 休闲度假村选址首要考虑的因素是（　　）。
   A. 自然风光　　B. 气候　　　　C. 运动资源　　D. 吸引物
3. 农业区位论的创立者是（　　）。
   A. 冯·杜能　　B. 韦伯　　　　C. 克里斯塔勒　　D. 马克思
4. 中心地理论创立者是（　　）。
   A. 冯·杜能　　B. 韦伯　　　　C. 克里斯塔勒　　D. 马克思

三、多项选择题

1. 区位论主要有（　　）。
   A. 农业区位论　　　B. 工业区位论　　　C. 中心地理论
   D. 商业区位论　　　E. 服务业区位论
2. 休闲度假村选址的条件主要有（　　）。
   A. 适宜的度假气候　B. 优美的自然风光　C. 游憩运动资源
   D. 旅游吸引物　　　E. 友好的人群
3. 休闲度假村规划社会需要考虑的因素有（　　）。
   A. 生态环境　　　　B. 开发用地　　　　C. 开发容量
   D. 建筑风格　　　　E. 开发主题

四、简答题

1. 农业区位论的假设条件有哪些？
2. 生态度假选址应该考虑哪些因素？
3. 东西部的度假村有哪些资源上的差异？

五、论述题

1. 如何利用区位论知识进行休闲度假村选址？
3. 如何利用好度假村的资源条件进行更好地规划设计？
2. 如果某房地产开发公司想在度假村建设一个四星级酒店，请你提出相关建议。

墨西哥坎昆旅游度假村的选址标准

墨西哥坎昆旅游度假村(图4.5)的选址标准是：①迷人的热带气候和海滩；②加勒比海地区的客源市场构成了墨西哥坎昆旅游度假村的重要背景；③促进旅游资源丰富的边远地区和无其他就业出路的地区的旅游业开发；④作为综合性旅游中心地的旅游度假村能刺激地区经济的发展，不仅是旅游业，还要带动农业、工业、工艺品行业的发展；⑤考虑土地获取的难易度，水资源、交通以及其他限制性因素存在与否。选址过程大致如下：经过墨西哥中央银行调查，金塔纳罗奥州有5个地点可作为度假村选址，但其中的科苏梅尔岛和穆杰莱斯岛由于土地所有问题无法得到解决而被排除，另外两个地点由于缺乏淡水资源、交通问题、自然景观少或其他原因而被放弃，经过一番对比才在1969年底选中坎昆。

图4.5 墨西哥坎昆旅游度假村

资料来源：吴国清．旅游度假区开发[M]．上海：上海人民出版社，2008．

第5章 休闲度假村总体发展战略

学习目标

知识目标	技能目标
(1) 了解休闲度假村总体发展战略的含义 (2) 了解休闲度假村总体发展战略的目标 (3) 了解休闲度假村总体发展战略的制定方法和思路	(1) 能够为某一休闲度假村进行发展战略分析 (2) 能够制定某一休闲度假村的总体发展战略

知识结构

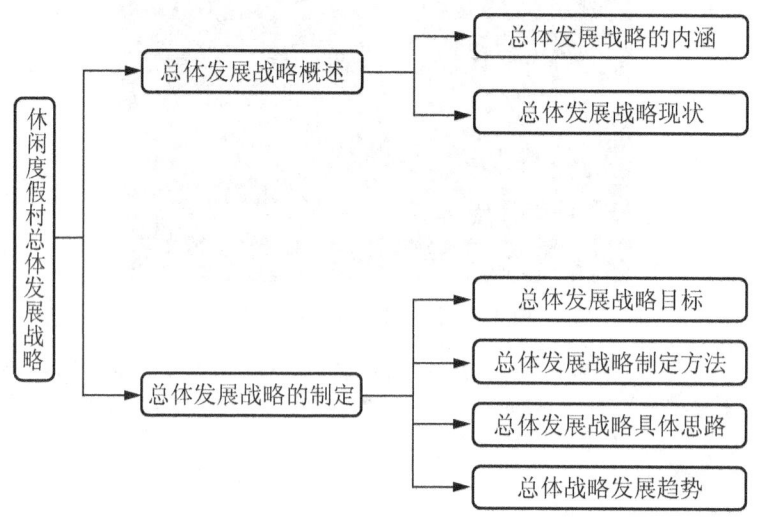

第5章 休闲度假村总体发展战略

导入案例

墨西哥滨海度假村总体发展战略

墨西哥是北美洲中南部的一个国家。墨西哥的海岸线很长,东濒墨西哥湾和加勒比海,西临太平洋和加利福尼亚湾,有很多的海滨和海洋区域,风景秀丽,气候宜人,还有很多著名的考古遗址和历史遗址。

自20世纪60年代末期起,发展多样性的旅游业就被认为是墨西哥的一种优先选择的发展方式。按照这一发展框架,墨西哥制定的旅游发展政策就是要促进现有度假村的改进,并开发新的度假村。开发新的旅游度假村要在那些未经开发的地区重新修建完整的综合旅游村。1969年年初,墨西哥银行提出了建立包括坎昆在内的5个综合旅游度假区的建议。所有这些地方都满足了场地选择标准,包括有良好的海滨状况、景色优美的周边环境、宜人的气候环境和可供发展的土地资源。同时,墨西哥总统也发表了一项政策声明,指出了为了经济利益鼓励发展旅游业的必要性,并在1969年成立了旅游基础设施建设国家基金委员会,组建该机构主要是为了实现以下目的。

① 规划和执行旅游基础设施工程,这些工程补充了联邦政府的投资。
② 开发那些能够促进私人投资的旅游基础设施工程。
③ 获取、开发、再分、销售和租赁与旅游发展工程相关的财产。
④ 加强同其他政府机构在旅游促销上的合作。

在坎昆等旅游度假村顺利开业的推动下,墨西哥政府决定把旅游部提升到国务院秘书处的内阁级别。与此同时,旅游基础设施建设国家基金委员会也同旅游业保证资金委员会进行了合并。这个新的机构被命名为FONATUR。除了负责购买土地、进行景区的基础设施建设和实施旅游规划外,FONATUR还要承担给全国的酒店建设批准贷款以及对商业设施进行直接投资的责任。

讨论题:你如何看待墨西哥政府所制定的以滨海度假村为核心的旅游发展战略?

随着旅游业的发展,休闲度假村也发展得如火如荼。但是由于我国度假旅游还处于起步时期,许多度假村或是从传统的观光型旅游饭店、事务型商务酒店演变而来,或是模仿国外酒店而来,从而造成休闲度假村市场普遍定位不明确,过分强调"外形"与硬件建设,如生态环境、观光景观、设施设备、装饰布置等,而相对忽视"内神"与软件建设,如体验主题、服务特色、服务质量、管理文化、品牌形象等,没有把握度假村不同于商务酒店、观光酒店、经济酒店的基本特征,使度假村经营标准化有余而个性化不足,事务性取向明显而体验性特征偏弱等。

5.1 休闲度假村总体发展战略概述

5.1.1 休闲度假村总体发展战略的内涵

战略一词最初源自军事领域。"战略问题是研究战争全局的规律的东西",一般而言,战略是泛指重大的、带全局性的、规律性的或决定全局的谋划。受美国经济学家安索夫

《企业战略论》一书的影响，"战略"逐渐应用于经济管理中，并由此延伸至教育、科技、文化等领域。其中最著名有设计学派建立的 SWOT 分析及战略模型，它通过对企业进行 S（优势，superiority）、W（劣势，weakness）、O（机会，opportunity）、T（威胁，threaten）的分析，制定出相应的发展战略。这一方法至今仍被广泛应用。安索夫认为"企业战略是将企业日常业务决策同长期计划决策相结合而形成的一系列经营管理决策"；钱德勒在《战略与结构》中对战略给出的定义："战略可以定义为确立企业的根本长期目标并为实现目标而采取必需的行动序列和资源配置。"

一般来讲，企业战略可以分为 3 个层次，即公司战略、业务战略和功能战略（包括市场战略、生产战略、财务战略、人力资源战略、研究与开发战略等），见表 5-1。

表 5-1 企业战略的 3 个层次

战略层次	战略定位	战略主要内容
公司战略	总体战略	关注企业最能盈利的领域，从结构和财务角度考虑如何经营和资源分配
业务战略	竞争战略	如何在市场中展开竞争以达到企业经营目标
功能战略	特定职能领域战略	人力资源战略、财务战略、市场战略等

公司战略又称总体战略，它关注企业可能的最能盈利的经营领域，从结构和财务角度来考虑如何经营，怎样进行资源分配；业务战略又称竞争战略，它关注如何在市场中展开竞争以达到企业的经营目标，如远期盈利能力、市场增长速度等；功能战略是为了贯彻和实施公司战略、业务战略而在公司特定的职能领域内制定的战略，如人力资源战略、财务战略、市场战略等。

基于以上研究，本章认为休闲度假村总体发展战略是休闲度假村在综合分析政治、经济、文化、行业发展状况等宏观环境和自身资源环境状况、竞争状况等微观环境的基础上制定的长期发展目标，以及为实现此目标所进行的资源配置方式。休闲度假村的总体发展战略应具有全局性、长远性、指导性、竞争性、复杂性等特点。

5.1.2 休闲度假村总体发展战略现状

当前，我国的休闲度假村发展很快，但在定位上还存在着两种常见的思想误区：一方面认为度假村是一种高档、豪华的消费，近几年许多新建的度假村都按照高档酒店的标准进行配置，忽略了大众化、平民的度假需要。有关资料显示，我国目前绝大多数的游客是成熟的大众旅游消费者，他们希望投宿中低档价格为主的酒店和旅馆。然而多数的度假村要么是过于豪华，使人望而止步；要么是档次太低，卫生、安全和服务无法满足游客的要求。另一方面，误以为度假村只是提供住宿的场所，由于当前我国度假村的主要服务项目是住宿，也在一定程度上导致了度假村所提供产品和服务项目的单一化。

应用实例 5-1

广东江门古兜温泉旅游度假村的健康主题战略定位

古兜温泉旅游度假村（图 5.1）位于广东江门市新会区崖南镇古兜山谷，环大珠三角城市群游憩带(休闲度假带)上。北距江门市区、西距开平市、东距珠海市与澳门市各约50余千米，南临南海。其由香港景腾集团于2001年投资，经过数年开发建设，现已成为集"山"(古兜山)、"林"(古兜山林)、"泉"(古兜氡温泉)、"湖"(古兜水库)、"海"(南海)于一体的大型、综合、主题型的国家4A级旅游度假区。

图5.1　广东江门古兜温泉旅游度假村

古兜温泉旅游度假村的健康经营管理是指在温泉度假村，利用其沐浴温泉、平衡饮食、有氧运动、休闲娱乐、心理咨询、后续教育、优美的生态环境等特有的综合功能，通过处方形式调节客人生活方式和增强免疫能力、预防疾病的措施来提高和改善客人自身健康的过程。面对大珠三角城市群庞大的健康休闲度假旅游市场，古兜温泉旅游度假村成功地将温泉度假旅游的经营与现代人最为关切的健康主题融为一体，构建了一个完整、全面、科学的"健康度假"体系，成为中国首家把"健康"作为一条主脉贯穿于整个经营管理的度假村。具体言之，古兜温泉旅游度假村具有如下特征。

一是新市场。即抓住城市(珠三角城市尤其是港澳)健康休闲度假旅游市场，针对21世纪威胁人类的第一疾病——"生活方式病"，通过健康休闲度假体验来"创建21世纪人类新型时尚、健康的生活方式"。

二是新理念。即通过对疾病发病的预防创造国民健康运动，减少不良生活习惯，延长健康寿命，提高生活幸福感。"生态温泉，奉献健康"成为古兜温泉旅游度假村的基本宗旨。

三是新主题。这是"以温泉为载体，以追求人类健康生活方式作为主要功能和服务项目并以此为主题文化的度假村"。健康主题既是其功能主题定位，又是其文化主题定位，更是其品牌形象定位。

四是新产品。在零安全隐患的基础上，健康元素被贯穿到住宿、餐饮、交通、观光、购物、保健养生、康体健身、文化娱乐、教育培训、心理咨询、人才培养、生态环境、园林建设、文化氛围等项目上。例如，在住宿上，度假村就打造了专题的"健康客房"，由健康睡眠、健康饮水、健康饮食、健康环境、健康设施和健康文化等6项内容组成。"健康客房"做得很细，如"保健睡眠系统"就由健康双循环被、健康床垫、健康枕头和被套、枕套、床单等保健配套产品构成，其中枕头不是变换枕芯的填充材料，而是从功能用途出发，推出了健康透气枕、健康复合枕、健康纤维枕、健康记忆枕、健康学生枕等适合不同人群需要的"保健枕头菜单"。又如，度假村通过充分保护利用生态环境与观光资源，设施设备分区融入主题文化(欧式、唐式、和式)，美化绿化注重园林意境，进而营造出将"山、林、泉、湖、海"融为一体的生态体验环境，人文环境与自然景观相互映衬的审美体验环境。还如,度假村强调"古兜人是为客人服务的文雅、专业的组织者",通过对员工健康知识与技艺的培训,提供个性化的健康体验服务。

五是新管理。度假村的健康管理包括生态环境管理、绿色环保管理、资源节约管理、健康客房管理、营养配餐管理、以温泉沐浴为主要内容的有氧运动管理、温泉理疗管理(如SPA、中西医理疗管理)、中医养生管理、心理保健管理和温泉文化管理,以及健康服务管理、健康快乐管理、健康人才培训等内容,充分地将健康元素渗透到物质环境管理、产品项目管理与员工服务管理中,贯穿到整个空间环境、产品项目、服务过程和管理过程中。例如,古兜度假景区施行生态化管理法,即在专家指导下,以生态学"物质循环、能量转换、互惠互利"为原理,以环保法为准绳,在古兜度假景区和所属度假村的各个管理与服务环节采取一系列以"拒绝污染、自然回归"为主题的资源节约型、环境保护型、形态自然美型、人与动植物和谐型的科学经营管理方法。

六是新体系、新品牌。度假村通过对健康理念、健康主题度假旅游产品的投资开发及其管理实施、宣传推广、促销传播,促进了健康体验主题的品牌化发展,不仅初步形成了古兜温泉旅游度假村的"健康度假"体系,包括健康产品体系、生态环境体系、主题文化体系、健康服务体系、健康管理体系。

资料来源:刘少和. 度假酒店(村)的健康体验经营管理研究:以广东江门市古兜温泉旅游度假村为例[J]. 旅游论坛,2009(3).

5.2 休闲度假村总体发展战略的制定

5.2.1 休闲度假村战略目标

休闲度假村战略目标是对休闲度假村战略经营活动预期取得的主要成果的期望值,它具有宏观性、长期性、全面性、可行性等特性,反映了休闲度假村的经营思想,指明了休闲度假村在今后较长时期内的努力与发展方向。

5.2.2 休闲度假村总体发展战略的制定

一般来说,企业战略制定的方法主要分为4个步骤。

(1) 战略分析,主要分析休闲度假村的外部环境和内部条件。外部环境主要包括宏观环境和行业情况分析等,通过外部环境的分析,辨别企业面临的威胁和机会;内部条件分析主要有企业的人力资源、财务资源和运营资源等,通过企业内部资源分析,掌握企业的优势和劣势。正确面对企业外部环境的同时结合企业的内部条件是制定战略发展方向的基础。

(2) 战略选择,主要是战略的制定到战略的评价到最后的战略选择这一过程。战略的制定是企业可以按企业内部的层级自上而下、自下而上或者上下结合的方法制定多个备选的方案;战略的评价是分析和研究在利用机会和降低威胁的同时,企业是否已经做到扬长避短。最后进行战略的选择。

(3) 战略实施，主要是使战略有效地实施。休闲度假村应制定保障战略实施的措施，以达到企业的目标。

(4) 战略评价和调整，主要是对战略实施过程中发现的问题加以评价和分析，必要时加以调整。

在上述分析中可以得出：上述企业战略制定的4个步骤是互相渗透的，企业战略制定是一个循环的动态过程，在战略的实施阶段应根据具体实施的情况加以调整和修正。战略制定的方法如图5.2所示。

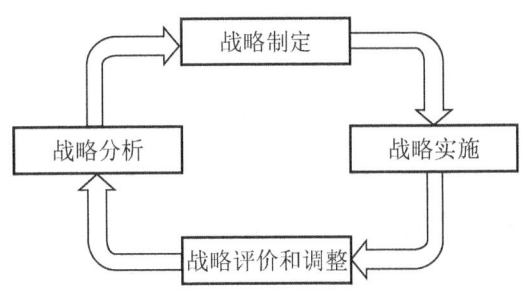

图5.2　休闲度假村总体发展战略制定基本步骤

5.2.3　休闲度假村总体发展战略具体思路

目前相当一部分休闲度假村实际上仍属于旅游酒店，缺少专门针对度假需求的产品和服务要素配置。对此，应当对国内休闲旅游市场的消费特征、国际度假饭店业态产品结构以及商业运作模式进行更为细致的系统研究，以创新的理念对休闲度假村进行改造。

1. 行业态势分析

首先，随着中国旅游住宿产业的市场转型和消费升级，旅游住宿产业正面临着历史性的创新机遇。目前的态势是：高端市场的豪华单体饭店和集团品牌饭店业态，以及低端市场上的经济型饭店业态已经渐成气候，但是大量的中间等级的饭店基本上还没有一个明确的业态创新思路。这种态势为休闲度假村的发展提供了创新发展的空间。休闲度假村集团公司要有全局战略构想，开发的思路是整体开发，分步实施。应该把握住悄然兴起的国内休闲和度假旅游市场，从产业发展的战略高度有针对性地进行相应的业态调整，培育休闲度假村品牌，形成自主创新的发展道路，构建起有核心竞争能力的业态，增强企业发展的动力。

2. 资源环境条件分析

休闲度假村一般依托于旅游资源而存在，且周边自然风景优美、气候宜人，因此所在地往往较为偏僻，和中心城市有一定的距离。这就决定了在休闲度假村的周围，通常没有太好的消费场所和服务设施，客人吃饭、娱乐和夜生活都必须依赖度假村。因此，休闲度假村在制定总体发展战略时要全面考量自身的资源优势和劣势，综合考虑度假村的地理位置、配套设施和交通等因素。

3. 合理定位

企业、行业经营理念的确立应以顾客需求、社会责任为导向，度假村亦然。休闲度假村总体发展战略的制定首要对度假村进行合理定位，即对度假村经营的核心理念、目标消费者、潜在消费者以及度假村拟提供的服务项目等进行合理规划。从顾客需求看，度假村的目标市场——度假游客大多来自城市，并以中产阶级、工薪阶层、中年一族为主，其工作、家庭、社会事务繁重，工作与生活节奏快、压力大，身心疲劳，加上城市环境的压抑，空气、食物与水的不洁净，社会人际关系的复杂冷漠，心灵的孤独等一系列的现代城市生活方式病，推动人们追求身心健康休闲。但旅游者离开工作生活的"熟人社会"，进入度假的"陌生人社会"，又可能出现因放松而放纵的过度体验、消极休闲，损害身心健康，故度假村不仅需要提供健康休闲产品，而且需要引导健康休闲消费，提供健康休闲教育。

在进行定位时还要注意市场的细分，消费者需求的异质性是市场细分的内在依据。很多度假村在竞争中处于劣势，其主要原因是没有注意市场细分，以至于定位雷同，千店一面，而消费者的需求复杂化、多样化、个性化、层次性和趋同性并存，其结果是资源浪费，利润降低，陷入盲目竞争的态势。

4. 战略模式选择

利用国际上"希尔顿式的休闲酒店模式"成功的经验，结合本土优势，更强调人文性和与自然的交融，来构建休闲度假村的发展战略。应有意识地将休闲度假村培育成人们休闲的好去处，如周末假目的地和以孩子为中心、以家庭为单位的假日度假目的地。

5. 功能设计

根据国内外成功休闲度假村的要素，要充分利用旅游风景区的资源，将度假村的设计理念融入到景区中去，突出生态旅游、避暑度假旅游、养生度假。可将休闲度假村定位于休闲、会议和度假，比如，在客房设施中提供现有休闲的元素外，还可加入更加舒适的家庭元素，特别是适宜儿童生活的设施和教育、娱乐项目，提高产品文化内涵，也可以增加浪漫要素等等。休闲娱乐设施的丰富多样也是度假村区别于商务饭店的一大特色，应根据度假地的资源类型提供多元化的休闲娱乐活动，可以寓教于乐，可以惊险刺激。增加休闲与体验的设施时，可以考虑有效借助周边环境设施，尤其是借助度假地的公共设施来增加度假者体验。

5.2.4 休闲度假村总体战略发展趋势

当前，休闲度假村的总体发展战略集中表现为 4 个方面，即集团化发展战略、品牌化发展战略、主题化发展战略、可持续发展战略，这四大发展战略的比较见表 5-2。

表 5-2 休闲度假村四大发展战略比较

发展战略	主要特点	典型案例
集团化	以网络技术，电子商务为平台，成员单位之间形成战略联盟	希尔顿度假酒店集团
品牌化	形成强大品牌，培养出一大批对品牌有强大信任感、遍布世界各地的忠实客户群体	地中海度假村

续表

发展战略	主要特点	典型案例
主题化	用主题来统领建筑和装饰风格,用主题文化来衬托度假村品牌,主题特色是该类度假村的主要卖点	悦榕酒店度假村集团(悦榕庄)
可持续	不仅满足度假顾客的需求,也要促进社会和谐、发展与进步	

1. 集团化发展战略

度假村应朝着集团化方向发展。由于度假村自身的产品特点和所适宜的销售模式,笔者认为,度假村的集团化发展选择应以网络技术,电子商务为平台,组织同行业成员单位共同构建集团化公司为特点,这有利于增强集团的科学、规范化管理,集中人力、物力、财力资源,优化团队组织结构,充分调动员工积极性,推进成员单位个体的营销能力。其次,度假饭店集团化后,成员单位互相之间形成了战略联盟,它一方面有利于构建有效的监督机制,建立一个公平、公正、透明的经营环境;另一方面,又能实施网络化经营,从而使集团公司形成规模化效应,以大幅度地提升集团公司的社会、经济效益,而且可以将旅游者吸引为整个集团的长期客户。

2. 品牌化发展战略

随着休闲度假村的发展,"品牌是休闲度假村成功发展的驱动力"这一观点已逐渐成为行业共识。成功的品牌具有强大的感染力和号召力。休闲度假村的主要产品是服务,而服务具有很强的无形性,它难以像实物产品一样为消费者提供购买前的查看和试用,因此认准品牌进行购买成为消费者选择度假村产品的重要手段。国际酒店管理集团最有价值之处在于已通过几十年甚至上百年的时间形成强大品牌,培养出一大批对品牌有强大信任感、遍布世界各地的忠实客户群体。对于中国高端消费群体而言,他们的价格敏感性低,在选择酒店时往往将品牌放在第一位,而价格是其次要考虑的因素。以 2004 年初的三亚喜来登度假村为例,当时该度假村刚开业还未进行星评,但仅在开业第二个月就已创下入住率 91.3% 的纪录。尽管当时一墙之隔的三亚凯莱度假村已被评为五星级酒店而且在喜来登未开业之前是三亚亚龙湾地区入住率和平均房价最高的度假村,但更多客人,尤其是国外客人更倾向于选择喜来登,其中最重要的原因就是品牌的力量。

课外阅读 5-1

全新的希尔顿度假酒店品牌识别突出休闲资产

Hilton Worldwide 的旗舰品牌希尔顿度假酒店(Hilton Hotels & Resorts,原希尔顿酒店)推出了全新的品牌名称和标志(图 5.3)。新名称和新颖的标志充分地体现了该品牌广泛的全球资产,其中包括世界主要休闲市场的 70 多家度假村,共有 3.26 万多间客房。

希尔顿度假酒店品牌全球主管 Dave Horton 说:"一代代的全球旅行者们对我们的品

图 5.3 希尔顿度假酒店的新品牌名称和标志

牌识别抱有深厚的感情。我们的名称和核心标志都具有相当的知名度,而且具有非凡的吸引力。此次的演变反映了今时今日我们的品牌所具备的现代风格和世界级度假村。"

标志的改变延续了该品牌的强化休闲营销策略。目前在全球的 25 个国家共有 70 多家使用希尔顿品牌的度假村。此外,希尔顿度假酒店目前的开发项目还包括 11 处度假设施,分布范围从阿根廷、阿联酋的 Ras Al Khaimah 直到中国杭州。

品牌下属的这些一流的传奇度假村包括 Pina Colada 鸡尾酒的诞生地 Caribe Hilton、世界旅游奖韩国最佳度假村及高尔夫度假村 Hilton Namhae Golf & Spa Resort、2010 Trip Advisor 旅行者之选全球最浪漫酒店 Hilton Moorea Lagoon Resort & Spa,以及近期被《Parents》杂志评为美国和加勒比的十佳家庭海滩度假村之一的 Hilton Hawaiian Village Beach Resort。

2010 年早些时候希尔顿推出了一项名为"Stay Hilton. Go Everywhere"的全球广告活动,旨在推广该品牌旗下遍布六大洲 76 个国家的 530 多家酒店和度假村。这一活动引起了人们对希尔顿的标志性度假村资产的特别关注,同时与娱乐业的结合也让希尔顿度假村登上了热门的电视综艺节目。

标志更新计划中的一项全球消费者研究调查显示,标志性的"希尔顿漩涡纹"的辨识度很高,而且该标志代表着良好的品牌特质。当前的设计是 1998 年以来对这一标志性品牌标志所做的首次改动。新标志的设计特点包括:增加了"度假酒店",以便更加明显地区分 HiltonWorldwide 公司和"希尔顿度假酒店"品牌;采用了优雅的蓝色标志色;采用了具有当代气息的"希尔顿"字体,这种字体是为该品牌量身定制的;缩小了漩涡纹尺寸,以增强现代感,并将重心放在"希尔顿"的名称上。

希尔顿品牌标志的演变反映了设计的潮流,也是该品牌 90 多年的历程中值得书写的重大手笔之一。比如说,该品牌在 1977 年的标志有一个彩虹图标;在 20 世纪 50 年代,当该品牌启用第一处国际设施 Caribe Hilton 后,标志顶端出现了一个环球图标。更新的希尔顿度假酒店标志将首先用于各种品牌活动和通讯稿中,然后在酒店设施层面推广。

资料来源:http://www.shentop.com/news/read.php/id/4342.

3. 主题化发展战略

主题度假酒店在国外早已是风风火火,经营模式相当成熟,发展势头良好。然而在我国,主题度假酒店目前也仅仅局限在度假酒店比较发达的上海、深圳、北京等地,发展步伐既滞后又缓慢,但是从另一个角度上看,它有非常大的发展空间和市场潜力。有数据显示,目前国内星级度假酒店已超过 8000 家,这么庞大的度假酒店业中,有很多度假酒店的经营现状可以用"度日如年"来形容。大家已经形成共识:度假酒店过度建设,设备、产品同质化,服务方式单一以及消费模式化严重制约了度假酒店业的发展。在同质化竞争中,一些中等规模、中等档次的度假酒店尤其受伤严重。业内人士认为,度假酒店走个性化道路才能突出重围,这样导致的结果是主题度假酒店这种别具一格的度假酒店成为度假酒店业中不可忽视的新生力量。因此，休闲度假村应朝着主题休闲度假村的方向突围，并由此而实现企业的差异化发展。

休闲度假村的主题化发展战略主要包括3个方面的内容。

(1) 需求选择主题。

主题度假村和一般度假村之所以不同，在于它有一个明确的主题。用主题来统领建筑和装饰风格，用主题文化来衬托度假村品牌，主题特色是该类度假村的主要卖点。既然是主要卖点，主题就一定要能够吸引目标市场，能够满足目标市场的需求。这里需求由两部分构成，一部分是欲求，是人们由某种物品引发的兴趣和欲望，主题度假村所提供的那种特有的氛围和服务就是刺激人们欲求的东西；另一部分是购买力，光是刺激人们的欲望，却超过目标消费群的购买力，也不能形成需求，所以，主题的选择必须建立在目标市场的需求上，度假村选择的主题不仅要能提供市场需要的特色体验，还要提供市场接受的合适价格。由于度假村产品的不可移动性，其目标市场与城市区位和定位密切相关，并受到城市过客规模和结构的限制。所以相应地主题的选择也会受到限制，度假村选择主题时必须考虑到由城市区位和定位决定的目标市场的规模。

(2) 环境选择主题。

度假村作为城市的一类特殊的建筑，是一处城市文化景观，度假村形象本身就是城市形象的一部分，所以度假村在进行主题选择时，必须考虑到与城市景观相协调，与城市文化相协调，与城市形象相互促进。与环境相协调并不意味着主题只是局限在当地文化中，不能够采用异地文化或者一些差异性文化，而是要求主题的选择能够与环境形成整合，对城市形象起到优化和提升作用。在一些形象突出，历史文化底蕴丰厚的城市，过于异类的主题会对城市形象造成冲击，在形象推广中会产生互相抵消的效果。例如，杭州是休闲之都，是江南水乡，而梦幻城堡主题度假村却是神秘的西方城堡，雄伟且豪华，二者定位甚至有些矛盾。这种情况下，主题选择显得过于另类，既不利于城市形象推广，也不利于度假村形象推广。然而在那些文化单薄，经济发达的城市，或者文化比较多元化的城市，主题的选择有着很大空间，而且对于创造城市文化和树立城市形象发挥着重要的作用。考虑环境协调性，使主题度假村形象与城市形象不是互相替代，而是互相补充，这将会对主题度假村的成功起到事半功倍的作用。

(3) 打好文化招牌。

真正的主题度假村和传统度假村的区别在于文化。所以，主题度假村的建设改造少不了专家、学者的参与，也少不了文化的创造性运用和文化人的妙想、奇思。文化品牌极大地延伸了度假村经营的内容和内涵，为把"无形资产转化为物质财富"提供了最为形象和最具说服力的事实证明。文化所形成的品牌积累及其无形、无方向限制的复制再生效能则为主题度假村的飞跃注入了无限的动力和活力，是主题度假村建设成功的标志和一个巅峰式的发展平台。

业内专家认为，今后休闲度假村1/3的市场份额将由主题度假村瓜分，并必将引发业界"雪崩式"洗牌。在洗牌中是被洗掉还是洗掉别人，恐怕必须在洗牌前认清形势：一方面是供大于求的传统度假村，一方面是求大于供的主题度假村，前者有模式可循，后者更需创新。

应用实例 5-2

主题度假酒店的魅力

　　七个小矮人的蘑菇房子、怪物史瑞克的沼泽别墅、未来水世界的流动水堡以及《黑客帝国》里的虚拟城市锡安……这些看似童话、超现实的完美房子不仅活在艺术作品里,有些早已在建筑设计师的"图纸咒语"里美梦成真——这就是主题度假酒店。

　　风靡国外的主题酒店也称为"特色酒店",是以某一文化为主题或者说是某一主题文化为主题。前者较为宽泛,后者则具有鲜明的地域文化特征。主题酒店的一般类型包括自然风光主题酒店、历史文化主题酒店、城市特色主题酒店、名人文化主题酒店以及艺术主题酒店等。相比于传统酒店那种单一的服务形式,只能依靠客房、餐饮来增加收入的传统经营模式,千篇一律的设施设备和模式化的服务,主题酒店具有不可比拟的优势。

　　主题酒店在国外已有较长的历史。1958年,美国加州玛利亚客栈率先推出12间主题房间,后来发展到109间,成为美国最早、最具有代表性的主题酒店。例如,史前山顶洞人房以天然岩石做地板、墙壁和天花板,房内有瀑布,卫生间的浴缸和淋浴喷洒均用岩石雕成。此后出现的一批酒店,像艾司普拉内达酒店、画廊酒店、巴塞罗那艺术酒店等艺术主题酒店都已成为国际知名的大酒店。美国大赌城拉斯维加斯是酒店之都,主题酒店在赌城找到了它的舞台。那里的主题酒店或者模拟城市氛围,或者模拟神话、传说,或者模拟历史遗迹、自然风光,极尽对浪漫、野性、原始、前卫、经典渲染之能事。其中较著名的有模仿意大利北部同名小镇的景观建成的柏列吉欧酒店,有3 000个房间,店前有一个3万多 m^2 的人工湖,喷泉高达72m,水池舞台纵深8m,经常表演水中舞蹈和特技魔术;以埃及金字塔为主题的金字塔酒店,外形是人面狮身像,有4 407个客房,是世界第三大度假酒店,第四大金字塔;米高梅酒店是完全以影城好莱坞为主题的酒店,有5 005个客房,是世界第二大酒店。

　　我国第一家真正意义上的主题酒店是2001年在深圳开业的威尼斯皇冠假日酒店,该酒店是中国首座以威尼斯文化为主题的五星级商务度假酒店。酒店不仅被业内人士赞誉为"中西合璧的典范",更是从开业伊始就受到了市场的追捧。数据显示,自开业以来,威尼斯皇冠假日酒店的客房入住率逐月上升,平均房价始终保持全市最高,开业9个月就开始连续赢利。由于酒店坚持以商务客人和会议客人为主,以休闲度假散客作为补充的客源市场定位,利用地处华侨城旅游景区的优势,酒店在经营中出现旅游淡季商务旺、商务淡季旅游旺的良好势头。

　　威尼斯皇冠假日酒店融合了文艺复兴和欧洲后现代主义的建筑风格,以威尼斯文化为主题进行装饰。酒店建筑及艺术设计聘请了美国、澳大利亚、中国香港等地著名大师联手精雕细琢而成。自然的水景布局成为深圳深南路旁的一大景观。蜿蜒潺潺的溪水将威尼斯酒店紧紧拥抱,匠心独具的玲珑小桥勾勒出威尼斯水城的神韵。酒店从里到外,到处可以感受到水的存在。"生态岛"、波浪状水池、高低各异的喷泉和叠瀑、缓缓流淌的水渠,展示了威尼斯的个性,增强了对住客的亲和力和归属感。异域的威尼斯文化氛围的营造赋予了这个酒店独特的魅力,原型取自威尼斯的酒店主体建筑的柱廊、飞狮形象、威尼斯守护神石雕、四尖功放顶、穹顶等赋予酒店外观上的威尼斯特征。酒店建筑的主色调、建材、反映威尼斯贵族沙龙生活的油画等，都弥漫着独特的文化韵味。威尼斯酒店的商务度假设施堪称一流。酒店按照国际品牌 Crowne Plaza 标准进行建造，不惜巨资聘请假日酒店行家进行管理，输入国际品牌管理与服务。酒店给予宾客的不仅是服务态度、礼仪的到位，最重要的是让人有无微不至的感觉，比如每次政府接待活动，无论是宴会厅的摆设、舞台的布置还是餐饮的菜式，每个环节酒店都从细微处着眼。就连一些重要客人的口味、点菜的习惯，服务人员都及时记下并输入电脑。高档的装饰和设备，细微的服务，得天独厚的环境优势，独特的文化韵味，这家酒店想不迅速蹿红都难。

北京、上海、广州等地也出现了各具特色的主题酒店。北京温榆河上游的拉斐特城堡酒店，集法国酒文化、法式建筑、雕塑、绘画、园林艺术于一体，向人们展示浓郁的欧陆风情、渗透别样的生活方式。2005 年，位于天津街商业区的大连清泉浴酒店正式开业，该酒店总体设计风格充分吸收了日式风格建筑之精髓，是按四星级标准投资兴建的一座综合性绿色主题酒店。同样在去年，位于"万里长江第一港"水富港旁的云南首家航海文化主题酒店——港务大酒店也高调开业。该酒店引入全新经营理念，首创航海主题酒店模式，倾情打造水富大型商务休闲特区。酒店以丰富的航海文化作为主题，从整体风格到微小细节都力求表现海洋的神秘宽广。

资料来源：杨俊峰. 主题酒店的魅力[J]. 西部大开发，2006(8).

课外阅读 5-2

各具风韵的中国主题酒店

1. 中国首家茶文化主题酒店

它位于成都西南 126km 的雅安市，冬无严寒，夏无酷暑，堪称天然氧吧，秀水之都，茶源之城；也是大熊猫的发现地，茶马古道驿站。西康大酒店凭借着这里特有的茶文化历史，于 2004 年世界茶博会召开之际，将茶与酒店文化融于一体，从而打造出了中国首家茶文化主题酒店，成为业界文化主题酒店的特色样板。

2. 中国首家现代艺术主题酒店

2006 年 4 月 1 日，由台商曹日章、曹光燊父子重资建设的愚自乐园现代艺术酒店在广西桂林落成开门迎客。酒店将艺术与自然元素融入服务，集艺术、自然、住宿、餐饮、休闲、娱乐为一体，是目前中国大陆首家艺术主题酒店。

3. 中国首家赏石文化主题酒店

四大名石以及栖霞石、雨花石、大化石、彩陶石、孔雀石等 2 000 多块，遍布酒店每个楼层和角落。走进"山水"，仿佛进入了一座"地质博物馆"。据酒店称，打奇石牌，弘扬石文化，突出经营特色，不仅提升了酒店的档次，彰显了酒店的文化内涵，还受到了入住宾客的好评，获得了经营效益和社会效益双丰收。

4. 中国首家清文化主题酒店

被授予"沈阳清文化指定接待酒店"牌匾的沈阳市房地产大厦酒店，在大堂、走廊、客房等场所集中展示了以"珍藏沈阳清文化"为内容的 2 000 多幅照片和 50 多件实物，其中包括清代十二帝与十一位皇后的画像、清代历朝服饰、八旗勇士兵器及辽宁省内著名画家专门绘制的"大清启运图"等。酒店所有服务人员身着清代服饰,形成主题酒店的鲜明特色。各地来沈入住此处的游客还将有机会在酒店内欣赏到精彩的皇家宫廷表演。中国首家清文化主题酒店的推出抓住了沈阳清文化品牌特点,为促进沈阳旅游经济发展开了个好头。

课外阅读 5-3

世界上最搞怪的蜜月度假酒店

1. 透明型浪漫

地点:德国柏林

旅馆:Propeller Island City Lodge

特色:一套以"透明"之名打造的玻璃房间(图5.4)。如果你能在这样的房间睡得着的话,醒来的时候可千万不要被周围这么多面镜子吓坏了。当然,或许正是这么多面明亮之镜见证了你们两人的爱情。

图5.4 透明玻璃房间

2. 上下颠倒型浪漫

特色:爱情本来就是无逻辑可言,正如这家上下颠倒型设计的房间一样。为了改变入住者对方位的感知,设计者将房子内部的部分物件都做了上下颠倒的处理(图5.5),所以在一觉醒来时,可千万不要认为自己是睡在了天花板上。

图5.5 上下颠倒的房间

3. 魔幻奇缘型浪漫

地点：智利 Panguipulli

旅馆：魔术山旅馆

特色：每个人都向往着魔幻般的旅程，并且希望自己能够有着如灰姑娘般的爱情。那么，请来这家如同仙境的魔术山旅馆（图 5.6）吧。住在如同仙境一般、大山的瀑布之下，将会是多么美妙之事。同时，旅馆悬空的绳索桥还能让你在树端惬意信步，妙哉！

图 5.6　魔术山旅馆

4. 冰天雪地型浪漫

地点：奥地利提洛尔阿尔卑斯山

旅馆：Schneedorf

特色：建造于阿尔卑斯山海拔 2 700m 处的小冰屋（图 5.7），除了有奇特的冰雕之外，住宿者还可以在空气床垫与羊皮被中寻找到想要的温暖。

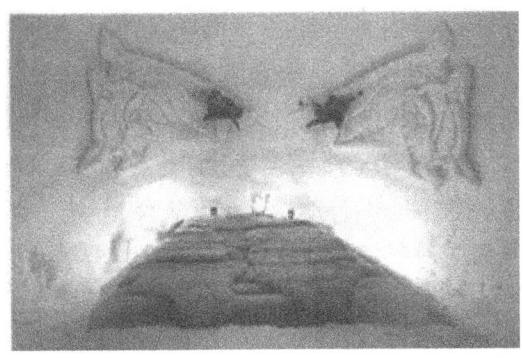

图 5.7　小冰屋

资料来源：http://www.olocvn.com/p-728329292.html。

4. 可持续发展战略

从社会责任看，休闲度假村不仅在于满足度假顾客的需求，也要促进社会和谐、发展与进步，除向社区、社会提供经济利益外，还要具有环境、社会、文化效益，向社会提供健康休闲产品、生态休闲环境、审美体验氛围、健康教育服务等。休闲度假村的可持续发展战略将在后面（第 12 章）进行详细阐述。

本章小结

本章简要概述了休闲度假村总体发展战略的内涵和现状,重点分析了休闲度假村总体发展战略目标、制定总体发展战略的方法和具体思路,以及休闲度假村总体发展战略的发展趋势。休闲度假村总体发展战略具有全局性、长远性、指导性、竞争性、复杂性等特点。因此休闲度假村总体发展战略的制定对其发展具有举足轻重的意义。

复习思考题

一、名词解释

企业战略　　　　　　　　休闲度假村总体发展战略
休闲度假村战略目标　　　休闲度假村品牌化发展战略

二、简答题

1. 休闲度假村总体发展战略制定的方法包括哪些方面?
2. 休闲度假村总体发展战略的具体思路有哪些?
3. 休闲度假村主题化战略选择的要点包括哪些?

三、论述题

1. 试论述我国当前休闲度假村总体战略的发展趋势。
2. 以海南省国际旅游岛建设为契机,试分析其未来度假酒店的战略定位。

课后阅读

海南度假酒店发展的经验

海南度假酒店业经过近20年的发展,已经形成了一定的产业规模,目前全省共有1 500多家酒店,243家已评星级,其中一半是度假型酒店,主要依托海岸线和温泉资源。有五星级标准的度假酒店共43家(其中20家已评定星级),四星级标准酒店54家(均已评定星级),共有13个国际知名品牌管理公司进驻海南,管理着15个酒店。海南度假酒店的发展经验可以总结为如下几点。

(1) 政府主导,规划先行。海南发展旅游业时,充分发挥了政府的主导作用。在国家的扶持下海南旅游产业发展争取到了航权开放、落地签证或团体免签证的特殊优惠政策,推动海南旅游产业逐步走上旅游投资国际化、客源市场国际化、旅游产品国际化、旅游企业管理国际化的发展轨道。在政府主导下,做到了规划先行。海南省2001年委托世界旅游组织完成的《海南省旅游发展总体规划》明确提出"要把海南建成亚洲著名、世界一流的热带海岛度假旅游目的地",高水平的创意、高起点的策划、高标准的规划、高水准地发展旅游产业,在市场形象、开发目标、客源市场上定位准确,使海南度假旅游业走在了全国前列。

(2) 合理布局,集群开发。海南度假酒店的开发在区域布局上有以下经验可供借鉴:一是整体开发或大地段集群开发,避免小地块切割开发;二是将高中低档市场在地段上分开发展;三是确保低层、低密度、高绿化率;四是加强环境整治,协调风格和色彩。以三亚市为例,目前形成了4个度假酒店区域板块的集群开发,每个区域都形成了度假酒店集群,实现信息、资源、人才等共享的集群效益。4个板块中高中低档市场划分明确:亚龙湾针对高端市场,全部为五星级和超五星标准建设的度假酒店;大东海针对中端市场,除有3家五星级酒店外,其他均为四星级酒店;三亚湾主要针对国内中端游客,以产权式度假酒店为主;市区针对经济型游客,主要是早期修建的经济型酒店,基本为四星以下。三亚的酒店开发指导思想是大家携起手来迎接四方游客,各个区域板块根据自己具体的情况来分享不同层次的目标市场,针对自己的目标市场制定相应的营销方案和价格。

(3) 创新体制机制。为实现海南旅游的成功转型升级,2008年《海南国际旅游岛总规大纲》(初稿)提出将在3个层面改革旅游体制,并从5个方面创新运行机制,目前已部分实施。3个层面的旅游体制改革是,取消旅游局,设立海南省旅游发展委员会,统管和协调全省旅游产业发展;健全旅游协会等行业组织,赋予其对日常化、程序化旅游事项的公共服务职能,强化旅游行会的行业协调、自律和促进等功能;成立多种形式和不同体制的专业机构,从事旅游研究、整体宣传和公共咨询服务等方面的专项工作。5个方面创新运行机制包括:一是创新旅游规划编制机制,旅游规划实行科学程序,提倡社会参与,采取多方评议、评审办法,赋予地方法规属性;二是创新旅游行业管理机制,职能下放,管理手段科学化、公开化、程序化,推进旅游管理国际化;三是推行国际化旅游营销机制,设立专业化旅游营销组织,建立国际化旅游营销网络;四是推行国际化的旅游培训机制,引进国际、国内旅游教育培训机构,多渠道、多层次加快培养国际化旅游管理人才和从业队伍;五是改革旅游要素的管理机制,统筹各部门协调管理,促使旅游要素合理配置,提高旅游产品综合水平和吸引力。

(4) 国外品牌带动效应。近年来,海南通过大力引进国内外的知名度假酒店的集团,使度假酒店的服务水准及品牌效应都得到了不断的提升。已经进驻海南的国际酒店知名品牌包括凯莱3家,假日、皇冠4家,喜来登2家,索菲特2家,香格里拉2家,凯悦1家,凯宾斯基1家,嘉宾1家,龙都1家,埃德瑞1家。由于国外品牌的带动效应,引发了国内知名品牌酒店跟风进军海南岛,如上海锦江2家、浙江世贸2家、广东珠江2家;同时还带动了海南本岛酒店品牌的迅速发展,包括海航酒店集团7家、金银岛酒店集团3家、金海岸2家、寰岛2家。国际知名品牌的国际化程度高,带动了海南岛度假酒店业管理、服务标准、管理人才、国际航线、度假客源等方面的国际化,并为本土高星级度假酒店培养了大批中、高级管理人才。现在海南各大高星级度假酒店的中、高级管理人才大部分都是从国际品牌酒店中跳槽而来,促进了本土自主品牌的培育和建设,共同推动海南度假旅游业迈向国际化。

(5) 整合多种营销方式。在加强品牌推广与营销手段创新方面注重多种营销方式的整合。在电视广播、旅游杂志、宣传册、海报、户外广告等传统营销媒介上开展宣传;运用以互联网为核心的高科技营销手段;在各种国内外旅游交易会上建展台;策划主题宣传活动进行特色宣传。多种营销方式的整合大大提高了营销效果。从2000年开始,海南连续举办了4年"新丝路模特大赛",连续举办了3届"世界小姐总决赛";"亚洲论坛"永久落户琼海博鳌;文昌新航天基地项目启动;洋浦保税港区获准设立;奥运圣火在境内首传；在2008年博鳌亚洲论坛期间，胡锦涛主席在三亚举行重大国事接待活动，让三亚令世人瞩目。目前，海南已提出借鉴俄罗斯滨海城市索契经验，把三亚建成中国"休闲外交"基地。这一系列重大赛事和活动的举办，都极大地提升了海南的知名度，利用眼球经济，让世界更多地了解海南，凸显海南品牌效应。

资料来源：张洁，杨桂红．借鉴海南经验发展云南度假酒店[J]．经济论坛，2009(12)．

第6章 休闲度假村产品开发战略

学习目标

知识目标	技能目标
(1) 了解休闲度假村产品的概念 (2) 了解休闲度假村产品的分类 (3) 了解休闲度假产品开发现状 (4) 了解休闲度假村产品开发的内涵 (5) 了解休闲度假村产品开发战略的内涵 (6) 了解森林、温泉、乡村、海滨等各种类型的休闲度假村产品开发策略	(1) 区分休闲度假产品与休闲度假村产品的异同点 (2) 理解休闲度假村产品开发战略的内涵 (3) 掌握森林型休闲度假村产品开发原则 (4) 基本掌握休闲度假产品的理论研究和开发现状 (5) 能根据不同类型的休闲度假村的特点和目标市场的特征制定相应的产品开发战略

知识结构

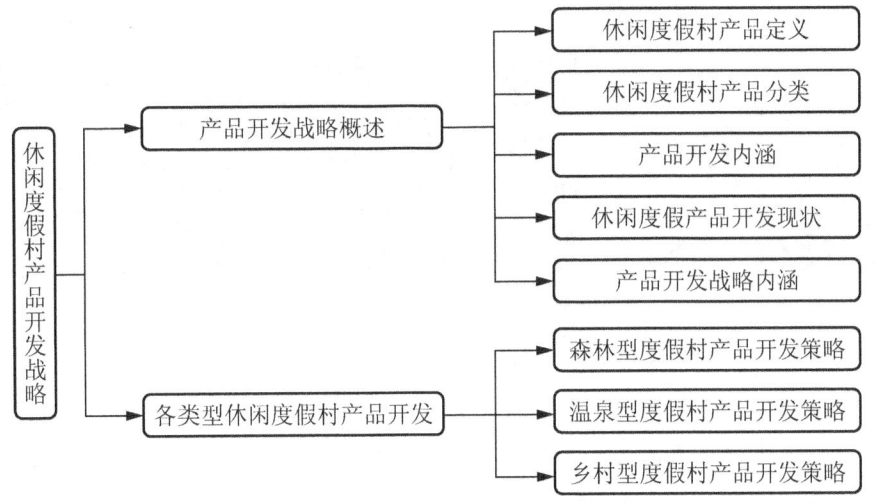

导入案例

人气 No.1 的小木屋——临安米亚罗休闲度假村

米亚罗休闲度假村(图 6.1)位于杭州昌化云浪村口(临柳溪江果园),悬空而建的木屋是米亚罗休闲度假村的最大特色。通过近几年的发展,这里已经成为了江浙沪地区年轻人追捧的旅游休闲度假圣地。

度假村所有木屋都为全木建造,其中主楼大木屋是公共区,一共两层,每层空间面积平均为 100m²,包含厨房、电影阁、吧台桌球室、榻榻米驿站等休闲娱乐设施,是供度假村里所有来宿朋友们相聚相识的地方。另外四栋则是独立客房木屋,尖塔的木屋内有复式的小阁楼、可以观星的天窗和复古的白瓷浴缸;而外形像是谷仓的圆形木屋则拥有最大的活动空间,很适合游客围坐在一起玩桌游或纯粹聊聊天。主要功能分区包括:清雅风的情侣木屋——适合情侣入住;飞碟木屋——适合朋友居住,可居住7~12人,同时包含烧烤、篝火、早餐等活动;家庭木屋——楼上楼下两层,适合家人入住,可居住2~4人;异域风情情侣木屋——特色主题情侣房间。同时,提供各种自助服务设施:天堂电影阁——自助看电影;公共木屋——自助打牌、喝水、桌球、看书;24小时网络;自助使用厨房。度假村提供新鲜时蔬、野味吊锅(野猪或野兔或野鱼,看当日村中收获)等或者自助烧烤,20多种荤素新鲜食材,生蚝、牛羊肉、从前面地里新鲜采摘的蔬菜等。

图 6.1 米亚罗休闲度假村

在度假村还可以举行丰富的野外活动,如真人野外模拟战斗 CS、探究米亚罗玉米迷宫等。在这里的百亩果园,一年四季都有不间断的当季水果可采摘;更特别的是可以在农场认领一块专属你的菜地,玉米、西瓜、黄瓜、毛豆等30多个蔬果品种任意挑选,农场免费代种代管,等下次再来的时候就能吃到自己的蔬果。一时之间,米亚罗休闲度假村名声大噪,成为预定异常火爆的年轻人假日休闲的好去处。

讨论题:米亚罗休闲度假村的产品有何特色?为何会得到众多年轻游客的青睐?

资料来源:河北新闻网,http://news.hebnews.cn/travel/175985.html. 有删改。

进入21世纪,休闲度假正被越来越多的人所接受,休闲度假产业的发展将在促进国民经济增长中起到举足轻重的作用。合理开发休闲度假村产品是发展休闲度假产业的关键,也是休闲度假村持续快速发展的立足点。然而,目前多数休闲度假村产品千篇一律,同质的多,特色化的少,令休闲度假村失去新意和吸引力。如何利用资源优势和自身特色设计并开发创新型产品成为各类休闲度假村决胜的关键。本章将就休闲度假村产品开发战略做详细介绍,并结合实例提出不同类型休闲度假村产品开发策略。

6.1 休闲度假村产品开发战略概述

作为休闲度假村发展战略的重要组成内容，休闲度假村产品涉及内容广、开发难度大、顾客要求高，如何合理有效地制定度假村产品开发战略已成为度假村经营管理者们不容忽视的难题。

6.1.1 休闲度假村产品定义

到目前为止，有关休闲度假村产品的定义较少见于各类期刊。在给出度假村产品的定义前，笔者认为有必要理清度假村产品与度假产品之间的区别。

度假产品又叫度假旅游产品，是伴随着度假旅游的发展而出现的产物。迟景才（1996年）认为，度假旅游是指利用假期进行休养和消遣的旅游方式，而度假产品则相对于度假地而言。张凌云（1996年）区分了纯粹度假和度假产品之间的差异，他认为纯粹度假只是一种令精神和身体放松的休闲方式，而度假产品则是以度假休闲为主要目的的旅游形式（往往还伴有其他目的），或是旅游商为此提供的一种产品类型。汤雅芬（2006年）在其论文中给出了更为明确的定义：度假产品是以一定的旅游地为依托，为满足旅游者放松身心、康体疗养和休闲娱乐的需要而开发的各种有形物质产品和无形服务产品的综合。谭伟明（2011年）认为度假旅游产品属于旅游产品的范畴，具有很大的综合性特征。从一定意义上说，休闲度假目的地的一个景观、一类设施或者提供的一种服务都属于度假旅游产品的范畴。度假旅游产品区别于传统的观光旅游产品，它除了能满足旅游者观光的需求，更强调旅游者在某一地区获得身心的放松、康体和休闲娱乐方面的满足。

从以上专家学者的研究中可以总结出度假产品的两类定义：宏观层面上讲，度假产品以一定的地域为依托，以放松身心、休闲娱乐为主要目的的全部度假活动安排，强调活动组织的综合性，所以一个度假地也就是一个整体度假产品；从微观层面上讲，度假产品是指某个度假目的地内，满足消费者放松身心、康体疗养和休闲娱乐需求的各种有形产品或无形服务产品。

休闲度假村有明确的地域范围和经营管理机构，属于度假目的地的范畴，可见休闲度假村产品从属于度假产品，是微观度假产品的有机组成部分。

综上所述，本书定义休闲度假村产品为：在某一度假村内，为满足度假者放松身心、休闲娱乐、康体疗养等需求而专门设置的，依托特定设施设备或组织安排的各类有形产品和无形服务。如度假村内的住宿产品、餐饮产品、休闲度假项目等。

6.1.2 休闲度假村产品分类

休闲度假村是一个满足度假者放松身心、休闲养生、康体疗养、体育健身、娱乐消遣等需求的多功能综合性服务企业，它提供的产品类型丰富、富有创意。

朱卓仁认为，一个度假地应当提供以下各类消遣活动和设施：夜总会、舞厅、住宿设施、残疾人设施、高尔夫球、网球、船艇运动和游泳等。黄郁成等人认为，体育度假项目主要有与水有关的运动（如船艇运动、水中运动和水上乐园等）、球类运动（如高尔夫球、网球等)、射击运动(如射击场、射箭、飞镖和狩猎等)、冬季运动(滑雪和滑冰等)、自行车运动、沙滩运动以及器械、攀岩、风筝等其他项目。温泉度假项目主要有两个方面,一是以温泉洗浴为主体的水中活动,二是陆上与保健活动有关的其他休闲项目。而休闲农业度假项目的吸引力主要在于农业生产、农村聚落、农民生活和农业生态。刘家明指出,大众时尚康体活动与特色休闲活动是度假区的灵魂,旅游度假区一般要提供非常广泛的康体休闲活动,除提供流行的康体休闲活动之外,尽量要有自己独特的、别处难以模仿的康体游乐活动,这是从国内外旅游度假区演化规律中总结的一条重要经验。

课外阅读 6-1

南岳衡山生态休闲度假旅游产品

南岳衡山的生态休闲度假旅游产品见表 6-1。

表 6-1 南岳衡山生态休闲度假旅游产品一览表

生态旅游产品	活动项目	产品说明	主要旅游群体	支撑景区(点)
生态消费游	生态茶吧 生态酒吧 生态餐厅 生态健身	是绿色的或生态化的消费模式,既符合物质生产的发展水平,又符合生态生产的发展水平,能满足人的消费需求,又不对生态环境造成危害的消费行为	大众旅客 商务人员 城市白领	南岳古镇 福寿街 南岳美食一条街
生态宿栖游	森林木屋 休闲娱乐 汽车露营地	以群山环绕及风光绮丽的水帘洞等为载体,建设高档休闲疗养中心、露营地、木屋等,以消除疲惫和压力,愉悦身心	家庭市场 中老年 商务人员	水帘洞 朱陵宫 农业生态园
生态保健游	山地自行车 森林浴场 森林氧吧	以森林覆盖率高、空气清新、环境幽静、负离子浓度高为特色,结合佛道儒养生之道,达到康体健身效果	城市白领 商务人员 中老年	水帘洞 藏经殿 梵音谷等
生态寻幽探奇游	穿越林海 定向越野 竹林探险 登高健身	以南岳衡山特色文化和自然生态景观为依托,开展一系列活动,通过亲身体验增强兴趣,是在不同寻常的、奇异的、荒野的环境中进行的户外休闲活动	背包族 自驾车族 中青年 专业团体	龙凤溪 五岳溪 穿岩诗林 麻姑仙境

资料来源:《南岳览胜》、《南岳志》,转引自:谭伟明.南岳衡山度假旅游产品开发与SWOT分析[J].南阳师范学院学报,2010,3(9):43—46.

尽管以上学者仅就度假地或度假区的产品进行了分类,但也给了我们很多启示,此处,笔者结合休闲度假村特点将产品按照"功能"进行分类。"功能"是指休闲度假村产品满足度假者的需求类型。度假产品按功能可以分为住宿产品、餐饮产品、休闲度假产品三大类型,见表 6-2。休闲度假村的住宿产品和餐饮产品可以满足度假者睡眠、用餐等基本的生理性需求,是休闲度假村的基础产品;休闲度假产品令度假者舒展经络、康体健身,达到彻底的身心放松,是休闲度假村的核心产品,也是区别于其他度假村和度假目的地的关键。

表6-2 休闲度假村产品按功能分类

产品地位	主 类	基本类型
基础产品	住宿产品	标间、大床房、套房
	餐饮产品	中餐产品、西餐产品、酒吧产品、休闲吧产品、大堂吧产品等
重点产品	休闲度假产品	会展度假产品、娱乐度假产品、体育度假产品、康疗度假产品、节事度假产品、时尚度假产品、游憩度假产品、体验度假产品等

值得一提的是,休闲度假村类型多样,因而不同类别度假村产品的基本类型也千差万别,如海滨型度假村的餐饮产品以生猛海鲜为主,休闲度假产品以潜水、游泳、水上运动等各种亲水项目为主;山岳型度假村的餐饮产品则以山珍野味为主,休闲度假产品以攀岩、爬山、滑雪、滑草、探险等山地运动产品为主。尽管基本类型不同,但住宿、餐饮、休闲度假这三大主类产品缺一不可,否则就不能称之为休闲度假村。

6.1.3 休闲度假村产品开发内涵

休闲度假村产品类型的多少和创新程度直接影响到度假村的吸引力,而产品档次的高低与度假村的市场定位又直接挂钩,因此进行产品开发成为休闲度假村经营与管理的重要内容。

休闲度假村产品的开发是以市场需求为导向的,且是一个不断延续的过程,从度假村的规划设计到开发建设直至经营管理都需要思考如何进行产品的持续开发以不断赢得市场的青睐,实现收益最大化。休闲度假村产品的开发要紧跟时代潮流和市场需求,根据度假村自身资源和环境特点,有计划地引入新的设施设备及活动要素,达到度假村产品齐全、分类合理、配比适当、新颖新奇、卫生安全。本书将休闲度假村产品开发定义为为发挥、提升休闲度假村对游客的吸引力,利用自身资源与环境特色,结合时代潮流,有组织、有目的地引入或设计旅游产品,以满足顾客需求和实现度假村利益最大化的经济技术行为。具体包括度假产品的分类、不同类型的度假产品配比、产品服务流程设计、设施设备的配置、影响因素分析、产品开发要点、产品开发保障等内容。可见,休闲度假村产品开发内容较广,既有宏观的、起到方向性、指引性作用的战略内容,又有微观的战术问题。

6.1.4 休闲度假产品开发现状

专门针对休闲度假村产品开发的文献和实践案例较少,此处归纳休闲度假地和度假区的产品开发现状,为休闲度假村产品开发战略的制定提供借鉴。

1. 理论研究

目前有关休闲度假产品开发的理论研究主要集中在案例研究上。魏小安认为,京都旅游度假区的度假项目应该包括休闲、健身、医疗保健设施、娱乐设施(中心广场和夜总会)

和服务设施(中心酒店、会议设施、餐饮设施和环境设施等)。王新军研究了海南度假旅游产品的开发,认为海南度假产品主要有海滨度假、温泉度假、山地度假和临湖度假4种,度假项目主要包括度假酒店、度假村、度假别墅和度假公寓,娱乐设施主要有人工游乐景观,康体休闲活动如高尔夫球、网球、温泉浴、水上运动和游艇俱乐部等。李坚诚阐述了潮州市发展度假旅游的重点区域和度假旅游产品:以历史文化为主题的古城度假区,综合性的"潮州旅游度假区",以康体休闲为主题的东山湖温泉矿泉度假区,以观光农业为主题的梅林湖度假区,以山地森林与舍族风情为主题的凤凰山度假区和以海水、沙滩健身活动为主题的拓林湾滨海旅游度假区。黄旭东等人研究了西双版纳橄榄坝农场度假区的开发,认为胶园休闲度假区由民俗风情区、娱乐健身区、度假别墅区、胶园观光区和田园风光区等5个功能区域组成,其项目设置主要包括室内娱乐中心、高尔夫练习场、游憩赛车场、密林追踪、清水浴场、牌艺俱乐部、会议中心、渔家风味馆、田园茶艺馆、水上游乐、夜餐露营和百鸟苑等。吴承照、薛海昊认为,对于崂山旅游度假区,产品开发上要形成多样化产品体系,多条环状观光游览线,多样化的休闲娱乐活动(野餐、攀岩、蹦极、探险、水上娱乐、摘果、认养果树、农家乐、足球、网球等),多样化的特色餐饮,多样化的住宿设施,多样化的商务会议设施。张建忠、杨新军以安宁市温泉旅游度假区为例,探讨了旅游度假区康体休闲与康复养生项目的开发,提出了康体休闲、大众、戏水激情、歌舞温情、商务柔情、豪华享受、生命安全港和康复养生等策划。陈东田、吴人韦确定了浙江朱家尖旅游度假地的开发主题:以海岛度假旅游为主题,采用小集中、大分散的组团式布局,辅以水、陆有机结合的海上运动、陆地娱乐设施、遇马场、度假村、服务设施等几个部分,构成一个由多种娱乐设施、旅游服务设施、度假村等组成的综合型海岛旅游度假地。同时策划了多个旅游度假项目。严国泰,李立认为,南汇滨海度假区的产品开发应该设置"国际乡情园"、"绿色康疗中心"、"美食港"3个产品元素,分别表达"感情(精神)康健"、"康复康健"和"食疗康健",以此体验人类身心健康的文化内涵和主题。

在以上有关度假产品开发的案例研究中,专家学者着重就产品开发主题、项目组合、类型配比、产品设置展开讨论。

2. 实践经验

(1) 宏观休闲度假产品开发实践经验[①]。

中国度假旅游真正开始发展是在1992年。1992年,国务院下发了关于国家旅游度假区的46号文件。1992年至1993年,国务院陆续批准了12个国家旅游度假区,在中国第一次打出国家旅游度假区的品牌。这是我国旅游产品结构由单一的观光产品向观光与度假相结合转变的转折点。度假旅游在中国开始发展。

1996年,国家旅游局将年度国家旅游主题定为"度假休闲游",希望以12个国家旅游度假区为主体,推出中国度假旅游产品,促进中国度假旅游的发展。1997年"中国旅游年"中,国家旅游局推出"海韵、湖光度假"专项产品,主要以国家和省级旅游度假区为依托。但是由于当时度假产品和度假消费市场都不够成熟,实际运行并不理想。

国家级旅游度假区的建设大大鼓舞了地区发展度假旅游的热情,全国许多省、市甚至

---

① 汤雅芬. 上海市青浦区度假旅游产品开发研究[D]. 华东师范大学硕士学位论文, 2006, 4.

县也进行了旅游度假区的划定，旅游度假区的建设在中国开始蓬勃发展。到1997年，批准在建的国家和省级旅游度假区（旅游开发区）已超过130个，加上全国建成并投入运营的1000多个省级以下的旅游度假区，总面积已超过2 000m²。度假旅游产品的类型也逐渐丰富起来，从最早的山地避暑和滨海度假，发展到目前温泉、山地、森林、草原、水滨、滑雪、环城等多种类型并存的局面。而以高尔夫球和足球等专业性体育运动为主题的度假区以及城市近郊旅游房地产的开发，是度假旅游产品的新秀。

上海、广州和北京等大城市周围的度假区和主题园犹如众星捧月散布在城市周围，形成环城游憩带，是短线度假旅游产品的主流，其中的高尔夫球场专项度假旅游产品相对比较成熟。辽东半岛海滨、渤海湾海滨、山东半岛海滨、浙东南海滨、闽东海滨、珠江三角洲海滨、广西北海海滨这七大海滨形成七大海滨度假旅游带，是长线度假旅游产品的核心。山地型避暑度假旅游产品虽然有所衰落，但新开发的还在继续，总体上仍处于发展时期。滑雪旅游客源市场和滑雪度假旅游产品近年来发展异常迅猛。温泉度假旅游由于受地热资源的制约，虽在快速发展，总体上后劲不如滑雪。而依托森林、草原、湖泊等旅游资源的度假旅游产品呈现百花齐放的局面，但难以形成大规模的单体。

经过8年的发展，中国度假旅游产品现已形成"三三"式结构：一是以满足海内外度假需求为导向的国家旅游度假区和部分省级旅游度假区；二是以满足暑期度假休闲需求为主的海滨度假地；三是以满足双休日需求为主的环城市旅游度假设施。但从目前看，旅游度假区的开发力度还远远不够，对我国绝大多数区域来说，旅游发展主要还是集中在观光旅游市场，观光旅游的发展压倒了度假旅游发展，度假旅游尤其缺乏大型国际性的综合性旅游地式的度假区。

（2）微观休闲度假产品开发实践经验。

此处，本书归纳列举国内知名度假区的产品开发实践经验，借此管中窥豹，时见一斑。

① 苏州太湖国家旅游度假区。

苏州太湖国家旅游度假区（图6.2）是1992年国务院首批批准建立的12个国家旅游度假区之一，具有得天独厚的太湖山水风光和博大精深的吴文化资源，是长江三角洲区位条件最优越、自然山水最优美、人文景观最丰富的地区之一。经过10多年的保护和开发建设，度假区以优美的太湖山水和深厚的吴文化底蕴为依托，精心打造"文化太湖、绿色太湖、健康太湖"品牌，全力发展旅游服务业，陆续建成了太湖明珠水上乐园、太湖水星游艇俱乐部、明珠酒店、太湖大桥、太湖之星、景观大道等旅游观光设施，形成了太湖山水、古吴文化、桥岛风光、田园野趣、度假休闲等特色景观，初步形成了集国际会展、休闲度假、绿色生态、观光旅游于一体的环太湖旅游经济产业带。

【主题定位】以太湖山水、古吴文化、桥岛风光、田园野趣、美食度假、游乐世界为特色，能满足国际、国内不同对象和文化层次游客不同需求的多功能、高起点、高标准、高创汇的国家级度假、游乐、观光中心和富有现代气息的"东方游乐天堂"。

【主要产品】苏州海洋馆、苏州太湖公园、蒯祥纪念园、苏州太湖水星游艇俱乐部、太湖国际高尔夫俱乐部、凤凰台、渔洋山生态休闲景区、夏威夷水上游乐场、太湖新天地。

图 6.2　苏州太湖国家旅游度假区

【不足】太湖水环境质量隐忧重重；自然山体遭到破坏；岸线开发建设不当；历史文化遗存与传统风物有待保护。

② 无锡太湖国家旅游度假区。

无锡马山太湖国家旅游度假区是国务院于 1992 年批准建立的全国 12 个国家级旅游度假区之一。它位于太湖风景区马山半岛，距无锡城区 18km，面积 51.4km^2。"一级空气，二级水质"，绿化覆盖率 80%，历史古迹众多，湖光山色秀美。度假区坚持走自然山水、历史文化和现代文明相结合的特色开发之路，取得了令人瞩目的建设成效。高速路网四通八达，距沪、宁、杭各大城市 1.5 小时车程。

【主题定位】休闲度假胜地和世界佛文化圣地。

【主要产品】无锡灵山景区、太湖龙头渚自然风景区、宜民山庄、踏青农庄、太湖国际高尔夫俱乐部龙头湾、古竹风情街、慕湾果园。

【不足】水质问题、体验类项目较少。

③ 广州南湖国家旅游度假区。

它坐落在广州市北郊同和镇，依山傍水，绿树成荫，气候宜人，景色秀丽。早在 20 世纪 70 年代，这里就被广东省政府选为中央领导人南下羊城开会休息的地方。国家领导人在此会见外国官员；叶剑英元帅和邓小平同志曾在此运筹帷幄，商谈国事。现为大型的现代化游乐场所，共有大小娱乐项目 40 多个，设备由欧美、日本等国家地区引进。超群的现代建筑，优美的自然环境，布局合理的园林特色，使度假区构成和谐统一的艺术画面。

【主题定位】主题定位模糊。

【主要产品】南湖游乐园、飞越彩虹巨型摆船、众香园。

【不足】主题定位模糊、管理机构不清、后期经营不理想、部分周边地区污染严重、无官网。

④ 昆明滇池国家旅游度假区。

它是 1992 年 10 月经国务院批准建立的国家级旅游度假区之一（图 6.3），总体规划面积为 18.06km^2。度假区位于昆明市西南部的滇池之滨，距市区仅 5km，由一条宽阔的滇池路（复线）与市区相连，交通十分便捷。区内先后建成了云南民族村、云南民族博物馆、龙华别墅、澄临蒲花园、中国民航培训中心（滇池大酒店）、昆明滇池花园酒店、卡丁车赛车场等大型项目。云南民族村自1992年开放以来,接待国内外旅游者700多万人次,成为云南对外文化交流的重要窗口。

图6.3 昆明滇池国家旅游度假区

【主题定位】不清。

【主要产品】云南民族村、云南民族博物馆、澄临蒲花园、卡丁车赛车场。

【不足】定位不清,观光特色不明显。

⑤ 湘湖旅游度假区。

浙江湘湖旅游度假区位于杭州市萧山区城西,距杭州市中心20km,总规划面积51.7km²。度假区总体定位为以历史文化湘湖、自然生态湘湖、休闲度假湘湖为基础,以杭州国际风景旅游城市为依托的长三角较具竞争力和活力的大型休闲旅游度假区。

度假区内的核心——湘湖,以风景秀丽而被誉为杭州西湖的"姊妹湖"。它是浙江文明的发祥地,出土了世界上最早的独木舟,这里发掘的跨湖桥文化遗址是国家级文物保护单位;湘湖城山之巅的越王城遗址为迄今为止保存最好的古城墙遗址,见证了"卧薪尝胆"的历史风云;湘湖是唐代大诗人贺知章的故里,李白、陆游、文天祥、刘基等历代名人在此留有不朽诗文。

目前,湘湖景区已新恢复的1.2km²湖面及其湖畔、堤岸为主体空间,五大景区30余个景点串联其间,形成"一桥跨湖两岸美景,二堤交辉绿岛掬星,三寺朝晖古村窑烟,四园齐欢五店宴饮"的盛景。

【主题定位】集观光、休闲、度假、生态、文化、科普、健身购物、演艺、会展国际化旅游综合体。

【主要产品】跨湖桥景区、城山景区、湖上景区、湘浦景区、越楼景区、杭州极地海洋公园、跨湖桥博物馆、下孙文华村。

⑥ 东钱湖旅游度假区。

东钱湖又名"万金湖",无论"钱湖"还是"金湖",都与财富故事与官儒传说渊源相连,其厚重悠远的历史文化蕴含形成了商儒结合、官佛相容的独特文化传承。2001年8月宁波市委市政府作出加快东钱湖地区开发建设的重大决策,把包括鄞州区东钱湖镇、天童寺、阿育王寺、天童森林公园等地在内的约230km²确定为东钱湖旅游度假区规划范围。度假区依托宁波现代化国际港口城市的背景,按照"城市之湖、生态之湖、文化之湖、休闲之湖"的要求,对区域内湖泊山岳、山林田地、民俗风情、建筑古迹、历史文化等各种旅游资源进行全面整合和综合开发。

【主题定位】国家重点生态型旅游度假区、华东重要的国际会议中心。

【主要产品】东钱湖镇、天童寺、阿育王寺、天童森林公园。

【不足】商业模式有待改进、水城的具体项目未落实。

⑦ 千岛湖旅游度假区。

千岛湖旅游度假区成立于 2007 年 5 月，位于进贤湾区块，由 7 个地块组成，总面积 10.193km²。区内岛陆交错，尤其以桥头堡两侧最为突出，岛屿呈狭长指状分布，水面曲折，港湾幽深。安龙半岛以及区块北部地形相对比较完整，沿岸多岛屿和水湾，岸线曲折多变，景色变化丰富，景观敏感性高。

【主题定位】以度假小镇为主题，以商务度假为主要功能。

【主要产品】大型会议中心、休闲社（街）区、企业会所俱乐部。

【不足】整个千岛湖同类资源较多，游客淡旺季明显，易形成恶性竞争。

(3) 总结与展望。

我国休闲度假产品经过多年的开发设计，产品门类齐全、类型多样、基本能满足高、中、低端度假人群的需求，产品开发不断向深度、体验度、新奇度、满意度方向发展。然而，产品定位模糊、缺乏特色、文化特质不突出、国际化产品较少、软件设施相对落后等现状也制约着休闲度假产品的进一步发展。作为休闲度假目的地的重要组成——休闲度假村要在激烈的度假市场上取得竞争优势、赢得一席之地，度假产品的开发设计是关键。因此，如何准确定位市场，开拓创新，吸收国外先进经验，添加文化内涵，重视服务管理，将成为下一个时期休闲度假村产品开发的突破点。

6.1.5　休闲度假村产品开发战略内涵

在中国，战略一词历史久远，"战"指战争，略指"谋略"。春秋时期孙武的《孙子兵法》被认为是中国最早对战略进行全局筹划的著作。在现代"战略"一词被引申至政治和经济领域，其含义演变为泛指统领性的、全局性的、左右胜败的谋略、方案和对策。战略的基本特征主要表现在全局性、方向性、预见性、谋略性 4 个方面。

休闲度假村产品开发战略是在综合考虑度假村的地理环境、度假资源、顾客需求、现实条件的基础上，对产品开发前期的市场定位、类型配比、产品开发模式以及后期的服务管理、维护保养等工作进行整体思考，并给出计划方案，以指导产品的具体开发工作，如图 6.4 所示。

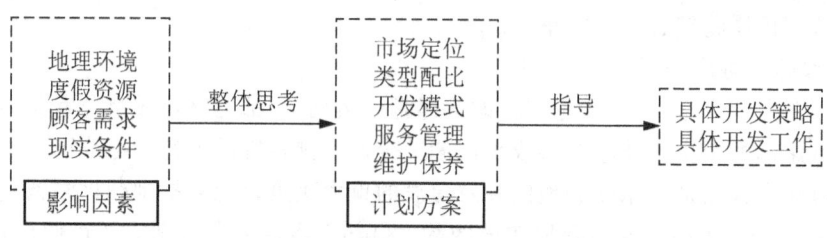

图 6.4　休闲度假村产品开发战略

1. 影响因素

休闲度假村产品的开发不是平地而起、天马行空，而是综合考虑各方面因素而得出的。

地理环境包括地质地貌、气候环境、植被作物等。一个产品是否可以上马，地理环境因素的考虑非常重要，否则将是一件劳民伤财的事。如山地型度假村在开发山景房的同时要考虑到山里雾气较重这一自然要素，在房间设置除湿设备，这样会令度假者更觉舒适。

借以形成度假产品的自然或文化吸引物才可作为"资源"，如形成滑雪度假产品的滑雪地资源、形成海滨浴场度假产品的滨水资源等。海滨型度假村的度假资源主要是3S，因此可以据此开发海景房、海景餐厅、各类海上海底活动项目，而山地型度假村的度假资源则为绵延不绝的山体，可以开发山景房、小木屋、野味餐厅以及滑雪、滑草、攀岩、山地越野、山地探险等活动项目。又如坐落于杭州钱塘江边的杭州开元之江度假村，毗邻钱塘江，面朝西湖，地理位置得天独厚。酒店利用优势资源，经营"三江一湖"水产，提炼出"钱塘江极品水产"和"西湖本塘鲜"，辅以酒店最具特色的烹饪方法，受到了游客的青睐。

"酒香不怕巷子深"的时代早已远去，消费者需求特征是制定度假村产品开发战略的首要参考因素。度假村的市场定位、相应市场的需求偏好、身份特征、度假目的等均是考虑的范畴。

最后，度假村内部的资金、设备、技术、人员等现实条件同样会制约产品开发的可行性。

2. 计划方案

计划方案应包括产品市场定位、类型配比、开发模式、服务管理、维护保养等几个方面。

首先，市场定位至关重要。目前，度假市场规模庞大，消费者众多，对产品的需求特征也是千变万化，仅凭一个产品就吸引各类人群是天方夜谭。休闲度假村应结合度假村的定位，聚焦细分市场，通过问卷调查、访谈等方式摸清目标市场的产品需求特征，从而设计并开发相应的度假产品。如白领女性市场对度假村产品的需求特征为休闲、养生、美容、健身，因此可以设计SPA、户外瑜伽、户外普拉提等活动项目以及瘦身餐、美容餐等饮食产品。

在了解产品的市场定位和顾客的需求特征的基础上，设置哪些度假产品以及各类型产品所占比例成为经营者们思考的重点，具体包括住宿产品、餐饮产品、休闲度假产品该如何设计，三者之间的比例以及三者内部各类型产品的比例该如何设置才能最大限度地满足市场需求。

开发模式是计划方案的另一组成要素。产品开发模式需要思考的问题有各类产品由谁来设计开发，开发建设完成后由谁经营管理，产品收益该如何分配等问题。

服务管理和维护保养是产品开发后期需要解决的问题。当度假村产品建设完成后，经营管理者们需要对硬件设施设备配套相应软件，如针对该项目的服务人员、服务流程、服务质量标准、应急预案、维护保养制度、产品推出机制等。

一份度假村产品开发战略方案只有包含以上各项内容，才能指导具体开发工作的展开。

6.2 各类型度假村的产品开发策略

在前一节介绍了休闲度假村产品的定义和分类、度假村产品开发的内涵和现状以及度假村产品开发战略等基本概念,本节将在此基础上,选取森林型度假村、温泉型度假村和乡村型度假村,结合实例提出具体的产品开发策略。

6.2.1 森林型度假村的产品开发策略

森林是现代人身体与心灵的庇护所。根据荣格集中无意识及原型理论,远古时期千百年的丛林生活,让森林意向以原型的方式深入了人类的基因,成为了人类的集体无意识。因此如今,当负氧离子、森林浴这些时髦的概念不断出现时,都市人的自然渴望便不自觉地从灵魂深处被激发出来。因此,森林型度假村的产品开发更多地应该从远古人类的生活状态这一人类学的视野展开。

1. 森林型度假村产品特征[①]

1)强烈的亲近自然感和较高的审美价值

森林型度假村产品依托森林、融于自然。度假者在平静、悠然的心理状态下消费森林型度假村产品时,就是将自身完全融于天与地、自然与绿色之中,森林中的色彩美和听觉美,给度假者以生命和活力之感;芬芳、洁净的空气带来的嗅觉美,给度假者以清新之感;寂谷密林之幽深、岗丘远眺之旷达给度假者以宁静、舒畅、自由自在之感;纯真的自然体现远离尘嚣的野感。森林型度假村这些自然景象通过游人感觉、知觉、思维,产生"超脱与空灵"的境界,具有感召力量,能在游客心灵深处留下永恒的情感,形成森林型度假村产品的和谐自然的审美感受。

2)康体保健的功能

森林型度假村产品的康体保健功能来自两个方面。一是森林环境本身具备健身的功效。主要表现在森林能够降低噪声,减少烟尘和细菌含量,降温增湿;森林空气中氧气含量高;空气中含有较多的负氧离子,能改善人体神经功能,促进新陈代谢,使血压和心率下降,使人感到心旷神怡、精神振奋,增强人体的免疫功能。二是轻松、愉快的度假环境可以使度假者在精神上感到放松、愉悦,从而有利于身心健康。

3)对资源高度的依赖性

并非所有森林都适宜开发森林型度假产品,森林型度假村产品对森林资源的质量要求较高,它是一种资源依赖型产品。拥有符合要求、质量较好的森林资源是开发森林型度假村产品的前提条件,森林资源的质量决定着产品开发的市场定位与规模,对森林资源的依赖性导致了森林型度假村产品的垄断性。谁拥有了高质量的森林资源,谁就可以获得垄断利润。

4)产品环境具有明显的脆弱性与敏感性

森林型度假村产品所依赖的森林生态环境具有明显的脆弱性和敏感性,大量度假设施的

---

① 李春颖. 森林公园度假旅游产品开发研究[D]. 华侨大学硕士学位论文,2006,4.

建设会改变原有的地貌地类和生态系统结构，度假者的行走和踩踏会改变土壤的物理性质、影响各类植物的正常生长，度假干扰还会对野生动物的生活和生存环境构成威胁，并造成森林中的空气、水源和噪声污染。而森林生态环境的好坏又直接影响到森林型度假村产品的质量、价值和吸引力，因此，森林型度假村产品的开发是有限度的开发，要将开发对森林生态环境所造成的干扰控制在森林自然生态系统能够通过自我调控而恢复的限度以内。从另一角度讲，这也保证了度假者的度假质量，并使森林型度假村产品具有持久吸引力。

5）季节性较强

森林型度假村产品具有较强的季节性，表现为两个方面：①森林资源随季节变化而变化，展现出不同的景色，如温带森林的景色四季分明——春季山花烂漫、夏季绿树蔽日、秋季层林尽染、冬季皑皑白雪，使得不同季节的森林型度假村产品具有不同的特色；②某些森林型度假村产品在特定的季节里不适宜消费，如森林浴在寒冷的冬季就不适宜了。森林型度假村产品较强的季节性是制约其发展的重要因素。目前我国度假者普遍喜欢选择在夏季或初秋到森林型度假村，因此，森林型度假村产品的淡季相对较长，不利于其发展。这也说明森林型度假村产品在我国的开发尚处于初级阶段，还不够深入。如果开发得当、条件具备的话，春季和冬季也适合开展度假活动。当然，国内度假者观念的转变也还需要一定的时间。

6）重复使用价值大

在一些发达国家，度假已成为人们生活的必需，并且多数度假者都有自己偏爱的、经常光顾的度假地。从旅游心理上来讲，旅游者在观光旅游中有一种炫耀心理，他们追求的是新奇，满足于"到过那里"，拍过照片，以便在回到原来的居住地后向周围人炫耀；而在度假旅游中，度假者看中的是自己的内在感受，追求的是自我享受，一旦某一森林型度假村让度假者感到舒适、惬意，既愉悦身心，又获得良好的审美感受的话，度假者就会反复前往自己中意的森林型度假村。因此，森林型度假村产品的重复使用率高，价值也更大。

2. 森林型度假村产品体系与开发要点

1）基础产品

休闲度假村的基础产品包括住宿产品和餐饮产品两部分，其基本功能是为度假者提供住宿和餐饮以满足其生理要求。森林型度假村住宿和餐饮产品与一般产品不同之处在于，前者以森林生态系统为依托，在具备先进的住宿和餐饮设施的基础上力求与森林这个大环境相融合，令度假者在住宿和用餐时如同置身于繁茂的森林之中，回归自然，彻底放松身心。

（1）支撑项目。

度假村客房、度假村中西餐饮、酒吧、休闲吧、度假村休闲度假项目中的餐饮设施。

（2）开发要点。

① 森林型度假村内的住宿和餐饮设施规模要根据环境承载力合理设计，体量不宜过大，可分别设客房、餐厅、娱乐室等单体建筑，以缩减建筑规模，避免由于建筑体量的增长对自然环境静态干扰增强，并造成与环境的协调性的减退。

② 住宿与餐饮建筑形式灵活多样，现代建筑与森林木屋亦可相得益彰。但无论采用哪种建筑类型，都必须保持酒店建筑风格与森林公园自然环境的协调、统一，应把外在环境作为设计的主体，而建筑本身退居其次，先考虑环境，再设计客房、餐厅等建筑设施。

建筑设计要结合原有的地形地貌,对所处的生态环境给予最大的保护。无论是建筑风格、室内装修还是色彩的运用都要充分体现当地的地理气候特点、地域风情和植物特征,使度假村与周边环境相互渗透、交融。建筑色彩的选择也要考虑到周围环境的影响,应使建筑"消失"在周围环境之中。

③ 营造绿色、休闲、浪漫的度假氛围。到森林型休闲度假村的人群主要是为了寻找城市中所没有的自然环境体验。为此,建筑布局要尽可能地与周围环境保持较大的接触面,多使用露天平台和落地玻璃窗,使入住游客都有机会在住宿和用餐的同时欣赏到森林的优美。设计师还可通过造景手法,将周边环境引入度假村的客房和餐厅内,以给客人留下较深的印象。

④ 餐饮产品尽可能以绿色、生态、山珍野趣、药膳为主题,做出特色,做出品牌。

(3) 重点产品。

休闲度假村的重点产品主要指各类休闲度假产品,包括会展度假产品、娱乐度假产品、体育度假产品、康疗度假产品、节事度假产品、时尚度假产品、游憩度假产品、体验度假产品等多种类型。

【支撑项目】

森林浴、园艺疗养、SPA、健康保健室、品茗、对弈、演奏或聆听音乐、森林写生、森林摄影、手工作坊、科普教育产品、采摘野菜山果、露营、烧烤、篝火、各类体育健身活动、民俗歌舞表演、穿越森林、溪流溯源、探险等。

【开发要点】

① 提供可供开展上述活动的场所,如品茗室、听琴轩、对弈亭、作坊屋等,使这些精致的建筑点缀在森林风景之中,并且这些建筑周围宜多种植一些香花植物,供人们在此环境中修身养性。

② 度假者可自行在度假村内写生、摄影、演奏音乐等,度假村则可定期举办各种艺术展,一方面为有此类爱好的度假者提供一个展示个人才华的机会,另一方面也是对森林型休闲度假村的展示与宣传。

③ 手工作坊可开展的活动十分广泛,既可是体现当地特色的,如剪纸、竹编、刺绣等,也可是反映原始森林生活的,如削木器、制弓箭等,还可以是当前流行的陶艺、泥塑等,以满足人们怀古、休闲、体验当地文化等多种需求。

④ 无论活动区、采摘区还是接待区都要"归真",要有乡间生活的味道。

⑤ 劳动项目要精心设计,让旅游者干得乐在其中而劳动量又不大。

⑥ 露营地的建设要考虑营区设置的位置、环境,如周围有森林环绕,使露营者有身处野外的感觉,土壤排水能力良好,与临近游憩点相串连,避免受到强风、落石的威胁等;露营地的照明设施和基本服务设施齐全;加强露营地环境的保护与安全管理等。

⑦ 明确划分出野炊、烧烤区,并进行规范管理,设置消防设施,避免造成环境破坏或引发火灾;将野炊、烧烤区设置在自然遮荫、通风良好、杂灌较少的区域;保持区域环境的清洁;合理规划,在维持对环境最小干扰的前提下,尽可能配备充足的设施。

⑧ 篝火晚会常选择在露营区或小木屋区,丰富多彩的活动可以让度假者欢度夜晚时光。

⑨ 避免临近自然资源脆弱、环境敏感度高的地区；减少由于运动设施的进入所造成地形地貌的破坏；避免对当地动物生活过度干扰以及对度假环境的干扰；减少过度人工设施，设施要与周围环境协调。

⑩ 一般野外环境中的徒步旅游随意性较大，可挑选较少人涉足的路线，但出于安全考虑，森林公园内的徒步旅游产品开发要事先勘探、设计好一定的路线，分别命名，并向度假者加以介绍。对于较长的徒步旅游路线，应在途中设置木屋、帐篷等野外休憩点，并安排专人守护。

⑪ 探险型产品在给游客带来刺激性的同时也伴随着危险，必须确保度假者获得的是有惊无险的刺激。因此，在开发此类项目时要挑选合适的线路或洞穴，通过实地考察而对可能存在的风险有所了解，并通过人为手段排除安全隐患。还可根据需要适当添加一些有刺激但无风险的设备装置，以加强项目的吸引力。

⑫ 上述各种运动项目都有各自的开发与设计要求，应根据森林公园自然条件安排设置运动项目，并聘请运动专业人士对开发予以指导。

课外阅读 6-2

人间天堂·鸟巢度假村产品

亚龙湾人间天堂·鸟巢度假村(Yalong Bay Earthly Paradise，图 6.5)，拥有独栋别墅及客房共 142 幢(套)，建筑风格独具热带风情，质朴建筑内含奢侈豪华，由专业山地度假公司管理。

这座让冯小刚一见钟情，3 天内两次前去考察的度假村用舒淇的一句台词说，是一个不真实的地方。度假村建在亚龙湾的一个山上，是三亚第一家悬崖酒店，它依山面海，以得天独厚的地理位置和巧妙的建筑风格成为亚龙湾众多酒店中的一枝独秀，建造手法国内罕见，极尽野趣奢华。在酒店里可以俯瞰亚龙湾全景，还可以远眺海棠湾等三亚其他区域。整座山除了度假村外，还有一个"热带天堂森林公园"。

图 6.5 亚龙湾人间天堂·鸟巢度假村

1. 住宿产品

整个酒店根据位置分为老鹰、喜鹊、孔雀、大雁、白鹭、丹顶鹤和集结地 7 个大区，集结地为半开放式豪华型帐篷建筑，里面除了没有电视之外，其他设备都和普通客房类似，且酒店在周围做了一些保护措施。另外 6 个区域均为封闭式木质结构的客房。

比较特别的是老鹰区的每一个房间都带有 20m² 的外阳台和一个泡池，景观上主看亚龙湾。大雁区则带有后花园和泡池，景观上主看海棠湾。孔雀区的每一个房间都配备非常浪漫的圆床。而"爱巢"则是根据电影需要进行过改装的，度假村将其永久保留，现在正作为一个特殊的房型对外售卖。冯大导演给这间房取了个非常艺术的名字叫"26号房"，酒店的工作人员却趣称为"非诚勿扰房"。

度假村产品开发建设向世界顶级森林度假项目看齐，管理引进当今最先进的跨国山地度假专业管理集团，打造超五星级的山地森林度假村。管理设施和服务设施基本规划以原生态的天然建材为元素，以热带风情为风格建筑。

2. 餐饮产品

① 海阔天空泰餐厅：供应精美泰式菜肴及东南亚饮食，在泰国节假日期间举办不同活动，开放式门窗可以使游客呼吸来自大海，森林的天然氧气，远眺海水连天，观日出日落。

② 飞龙岭西餐厅：经营自助餐及精致西餐。开放式餐厅可以使游客在享受美食的同时欣赏开阔的美景。

③ 集结地篝火吧：提供多种红酒、烈酒、白酒、香槟、汽酒、新鲜果汁、奶昔、格式点心，配合集结地越野俱乐部活动。

④ 烟波亭索道清吧：供应简餐。这里风景独特，是休闲纳凉的清静之处，凉亭外古树参天，168m索道直通鸟巢西区。

⑤ 鸟巢西区接待吧：提供精美西点、茶水。它与烟波亭遥相对应，通过168m长的索道相连，四周绿树成荫，蝴蝶飞舞。

3. 休闲度假产品

① 游泳池：共4个大型泳池，其中最具特色的鸟巢西区"峭壁天池"是在峭壁上修筑的泳池，与海天融合，与山林一体。

② 会议室：云顶之上的办公会议，客人在办公之余可畅游山海林天。

③ SPA：包括中医理疗（推拿、头部、背部、腿部、手部按摩）、足疗、水疗。

④ 其他产品：台球等各类健身运动。

6.2.2 温泉型度假村的产品开发策略——以张家界江垭温泉度假村为例[①]

随着假日经济的兴起，温泉旅游作为一种体验性旅游，受到越来越多度假旅游者的青睐。温泉具有独特的保健作用，其异类资源替代性弱、重游率高、经济效益可观的特点，也使得越来越多温泉旅游开发商和温泉企业不惜花巨资来开发温泉，我国目前已有大小温泉旅游企业上万家，温泉旅游开发更是遍地开花。随之而来的是竞相效仿，产品缺乏特色问题日渐凸现，然而，我国现有的研究成果关于温泉旅游产品开发的较少，理论严重滞后于实践。在市场竞争日益激烈，而理论又滞后于实践的情况下，江垭温泉度假村采取何种温泉旅游产品开发策略，值得分析和探讨。

1. 江垭温泉度假村及产品开发简介

张家界江垭温泉度假村位于湖南省慈利县江垭镇，由水利部湖南省澧水流域水利水电

---

① 陈燕娥．江垭温泉度假村旅游产品再开发策略分析[J]．长沙大学学报，2006，20(4)：15—16.

综合开发公司投资建造、香港御温泉国际度假酒店管理(集团)有限公司经营管理,于 2003 年 4 月 21 日开业,占地面积约 327 亩,泉水水温 52~54℃,拥有泉眼两处,深 350m,温泉日出水量 1 500t,为碳酸氢盐泉。度假村毗邻张家界世界自然遗产核心景区武陵源,是风光秀丽的张家界东线旅游的新亮点,标志着张家界旅游产品正逐步从单一观光型向观光休闲度假型转变。

张家界江垭温泉度假村是张家界第一家温泉度假村,也是目前湘西唯一一家仿古式半露天温泉。度假村内建有 20 余种各具特色、各富功效的高标准露天温泉池和室内温泉池。露天温泉主要有名泉、太白泉、贵妃池、同心池、童乐泉池、温泉泳池等静态泉池,以及动态温泉旅游项目——瀑布温泉;室内温泉较为多样,既有加入药材供游客静泡的温泉池,如六福汤,也有动态温泉池,如冲浪池、气泡按摩池、冲击按摩池等。此外,还有地热温泉、湿蒸房、干蒸房、擦背房、香薰屋、休息室、保健按摩室、美容美发厅、健身房、乒乓球室等。度假村采用自然园林式布局,鹅卵石青石板小路,假山瀑布,小桥流水,温泉池宛若明珠镶嵌其中,一派恬淡宁静的山野仙境,极具乡土格调。

江垭温泉度假村的旅游旺季在每年的 5 月、9 月、10 月、11 月、12 月,其中 10 月为一年中游客最多的一个月,高峰期日接待游客 700 多人次;夏季因为气温高,来泡温泉的游客相对较少,但日接待量也超过百人。

江垭温泉以其丰厚的温泉沐浴文化,加上热情、周到、温馨、细腻的服务,尽显温泉神奇魅力,吸引了众多追求健康、钟情美丽的高尚人士,构成了悠闲舒适、安全健康的休闲、度假、旅游新天地。

2005 年 12 月陈燕娥等人对江垭温泉度假村进行了游客问卷调查,共发放问卷 650 份,有效问卷 633 份,有效率约为 97%。问卷调查涉及游客的性别、年龄、职业、家庭结构、受教育程度、个人可支配月收入、感兴趣的温泉旅游产品类型,到江垭温泉度假村旅游的次数、逗留时间长短,对江垭温泉度假村现有旅游产品的了解程度、满意度、产品再开发建议等。从调查结果来看,江垭温泉度假村现有旅游产品与游客需求契合性不高,许多游客认为温泉旅游项目缺乏特色,休闲娱乐项目过少,产品缺乏个性,消费偏高,73% 的游客在江垭温泉度假村逗留时间为 1~2 天。

2. 江垭温泉度假村产品开发策略

(1) 重新定位。

温泉旅游产品的定位既为游客认识温泉旅游地提供了一个平台,也为温泉旅游经营管理者指明方向。目前,江垭温泉度假村旅游产品的定位是集休闲、度假、疗养、娱乐、会议、商务等于一体的综合型旅游产品。然而,现在度假村内休闲设施和娱乐项目很少,温泉旅游项目种类也不多,且不是所有项目都一直对游客开放,如米酒温泉、红酒温泉、咖啡温泉、牛奶温泉等已暂时停止向游客开放,使得本有的 20 多种温泉项目仅余 10 多项。此外,度假村的会议、商务市场接待设施和接待能力也较为有限。温泉旅游产品的定位与产品开发设计的出入,导致部分游客满意度不高。

江垭镇是一个小山镇,江垭温泉度假村三面环山,自然环境优美,气候舒适,适宜度假;天然的温泉水,配以专业的保健、按摩,医师的指导,适宜设计疗养旅游产品,这也是温泉主体功能的体现;占慈利县人口大多数的土家族,其悠久的历史、独特的民俗文化，可以与江垭温泉旅游产品的开发相结合；土家泡菜、腊味、酢菜、血豆腐、血饼、苞谷酒等也可以开发为旅游商品；此外，丰富的棋牌、球类、歌舞、品茗等娱乐休闲项目也可延长游客在江垭温泉度假村逗留的时间。因此，江垭温泉度假村旅游产品可重新定位为集度假、休闲、养生、土家民俗和风味美食于一体的综合型旅游产品。

(2) 设计宣传口号。

鲜明的宣传口号能给人留下深刻的印象，也有利于提高江垭温泉度假村的知名度，因此，在对江垭温泉度假村旅游产品进行再开发时，有必要设计突出产品特色的宣传口号，如"湘西土家情，江垭温泉行"、"张家界江垭温泉，令人心动的选择"、"湘汤之韵，尽在江垭温泉度假村"、"关关雎鸠，在河之洲；江垭温泉，人人好求"等。

(3) 引入土家民俗文化。

随着温泉旅游的迅速发展，我国温泉旅游产品效仿现象日益严重，许多温泉地的设计大同小异，缺乏特色和创新成了目前温泉旅游产品开发面临的主要问题。然而，现在旅游者越来越成熟，缺乏新意的旅游产品已经难以吸引旅游者。如果不对旅游产品特色化引起足够的重视，将可能影响温泉旅游产品市场的发展，甚至可能缩短温泉旅游产品的生命周期。

江垭温泉度假村旅游产品要在众多产品中脱颖而出，要增强温泉旅游产品的吸引力和竞争力，就必须注重产品的特色化，即温泉旅游产品的设计与开发要具有区别于其他温泉产品的独特性。根据国内温泉旅游产品开发现状，结合江垭温泉旅游产品开发现状，以及市场需求、当地旅游资源概况等，需要合理改造现有温泉旅游产品，引入土家民俗文化，进行突破和创新，设计特色性强的温泉旅游产品，进而提升产品的文化内涵。

将土家民俗文化与温泉旅游产品开发相结合，不仅有利于建设特色鲜明、个性突出的温泉旅游区，还大大丰富了温泉旅游的文化内涵。同时，将温泉旅游产品开发与民俗文化结合，民俗风情能使游客获得美的愉悦和享受，从而使游客从实践活动中切身感受到民俗所蕴藏的深厚的文化内涵，获得知识的扩充、感情的交融和心灵的沟通。此外，将温泉旅游产品开发与民俗文化结合还有利于挖掘和保护民俗旅游资源。

将土家民俗文化与江垭温泉度假村旅游产品开发相结合，建议从以下几方面着手：①保护现有土家族民俗资源，挖掘和恢复已经湮没的土家民俗文化资源。江垭温泉度假村旅游经营商可与慈利县文化局协作，对现有土家民俗文化资源进行搜集、整理；查阅资料、走访土家族老人，详细了解已经湮没的民俗文化，进行系统归纳和整理。②对温泉旅游市场和民俗旅游市场进行广泛的调查、分析，并研究游客的民俗心态和温泉旅游产品偏好，根据调查结果及江垭温泉度假村旅游产品开发现状、江垭民俗旅游资源状况，进行可行性分析，请专家设计2～3套操作性强的开发方案，然后通过科学的方法进行全面论证，从中选取一套执行方案。③将土家民俗文化中富有特色、适宜进行旅游开发的文化娱乐活动进行合理编排，如三棒鼓、下三棋、九节鞭、莲花闹、打渔鼓、花鼓灯、舞龙灯、抬故事、唱山歌、土地戏、阳戏、玩狮子、玩板凳灯等。将一部分民俗文化娱乐活动在江垭温泉度假村内举行，一部分在江垭镇举行，但是要保持其原汁原味，可将当地农民请来进行表演，动员游客、服务员、当地居民共同参与。④通过网络、电视、广播、报刊、杂志等传播媒体和传播途径，大力宣传促销；还可借助于节庆活动进行推介。

(4) 借名牌发展。

张家界"三千奇峰，八百秀水"在国内外的知名度日益提高，给张家界东线旅游景点——江垭温泉度假村也带来了难得的发展机遇。为提高江垭温泉度假村旅游产品在旅游市场上的知名度，加强其旅游核心竞争力，温泉旅游开发应依托"张家界"这一名牌，充分利用"张家界"的名牌效应，将温泉旅游产品与周边旅游资源进行优势整合，设计成整体旅游产品，推出几条内容丰富的旅游线路，开发多层次多类型旅游产品，并做好基础设施和旅游六要素的配套建设，提高整体服务水平和服务质量，打造精品。具体旅游线路设计如下。

① 张家界国家森林公园—索溪峪—杜心武故居及武术园—龙王洞—江垭温泉度假村—九溪古卫城—岩泊渡鱼食一条街—道教胜地五雷山—桃花源。

② 桃花源—百岛龙潭—五雷山—九溪古卫城—江垭温泉度假村—溇水漂流—黄龙洞—张家界国家森林公园。

③ 五雷山—岩泊渡鱼食一条街—江垭温泉度假村—壶瓶山—张家界国家森林公园—猛洞河。

以上各旅游线路均应突出"张家界"这一名牌，可对其进行包装，改善这些线路上的基础设施和配套设施，提高线路的整体服务质量和服务水平，通过广播、电视、报刊、杂志、旅游宣传册、互联网等各种媒体和其他有效途径，大力宣传、推介这些旅游线路。

6.2.3 乡村型度假村的产品开发策略

从国内外专家的研究来看，乡村度假旅游不仅能够缓解乡村地区的衰落问题，而且也能为城市居民提供不一样的体验以及伴随而来的社会、经济、文化生活的交流与提升。在这种意义上，乡村度假旅游被公众和政府赋予了特殊的含义——振兴乡村经济、促进乡村发展，它们也因此被认为是乡村发展的"万能剂"。所以，在许多国家，乡村度假旅游经常受到政府直接或间接的政策与财政支持。

1. 乡村型度假村产品开发趋势[①]

(1) 度假主题化。

最有特色的度假产品就是在特定的主题或内容下开发出来的度假产品，未来特色主题将越来越成为乡村度假旅游产品的灵魂。特色主题主要表现为三类。一是特色文化。以当地乡村建筑、乡村风俗、乡村生活、乡村特产、乡村文化为灵魂，以休闲度假为目的开发出来的乡村度假旅游产品，如成都市郫县鹿苑会所的"博物馆＋住宿"，宁夏玉泉葡萄庄园开发的乡村葡萄酒度假庄园。二是自然生态。将乡村度假与生态旅游结合起来，以自然环境为特色，强调人与自然的亲密接触，这类产品是目前乡村度假产品中的主要选择，除了让旅游者享受生态以外，还自觉地维护生态，保护生态。三是运动主题。以某项运动为内容的乡村度假更容易吸引细分市场的客源，目前出现的许多高尔夫俱乐部，如西湖高尔夫俱乐部、上海高尔夫球乡村俱乐部等就是基于运动主题发展而来的。确定某类主题的乡村度假产品开发将是未来乡村型休闲度假村产品开发的正确选择。

---

① 徐清. 乡村度假旅游产品开发探讨[J]. 乡镇经济，2008(4)：64-67.

（2）产品体系化。

目前乡村度假旅游产品大多还停留在较低的层面上，面向的主要是大众市场，细分市场发展不太突出，产品的档次也都属于中低水平，没有明显的差异。随着乡村型休闲度假村的发展，未来产品将逐步分化，告别产品大而全、特色缺乏的时代，产品类型更加鲜明，产品档次差别明显，形成一个比较完整的产品体系，满足各类人群的度假需求。高级产品表现形式可能会有乡村会所、乡村俱乐部、乡村第二居所等。

（3）服务规范化。

未来乡村型休闲度假村产品将更加注重对服务的规范管理，提升产品的附加值。加强服务管理可以采取的形式有：委托专门公司管理运营或者成立专门的培训与监督机构指导与监督农户或服务人员的服务提供。

2. 乡村型度假村产品开发策略[①]

乡村型度假村产品的开发应根据目标市场的特点，进行专门的产品设计。

（1）专门针对工薪族的休闲度假产品。为了满足市场的各种需求，可以细分更多的乡村型休闲度假村产品。例如在原来知青集中的乡村建立"知青俱乐部"，开展"知青回'家'游"；利用水库、湖泊、鱼塘、河段建立"垂钓俱乐部"；选择适宜的地方建设"乡村高尔夫球俱乐部"或"乡村高尔夫球练习场俱乐部"等形式多样的活动；还可以安排篮球、网球、羽毛球、游泳池等一般运动设施的乡村活动。例如，北京华彬庄园踞长城、临燕山，规划占地总面积约 $400 km^2$，是京城的风水宝地，也是现今中国最具规模的会员制俱乐部，是作为国际大都市的北京首屈一指的集体育、旅游、休闲、度假为一体的大型庄园式项目。庄园内设有 18 洞球场及配套设施的亚洲最大的会所、五星级豪华酒店、马术俱乐部、生态基地、世界产业领袖会邸、生命科学健康中心等。又如蓬莱南王山谷酒庄，不仅每年生产 1 000t 的高端庄园葡萄酒，还拥有地下酒窖、高级会所等国际葡萄庄园的建设标准，因而成为蓬莱新型的旅游项目。中国台湾的长寿之乡——新竹县关西镇，是统一集团走入乡村俱乐部型态的第一步。内部的设计规划配合当地的山形水势，包括山训场、健康森林浴步道、全家游乐区、人工滑雪场、天文台、立体太空动感电影院等，是一个典型的高档乡村型休闲度假村。

（2）针对空巢家庭提供的中长期疗养度假旅游产品。空巢家庭是指无子女共处，只剩下老年人独自生活的家庭。在现代社会中，人们工作变动日益频繁，人口流动和迁移加速，促使大家庭结构向小家庭转变。近 10 年来，我国空巢家庭数量一直呈上升趋势。1993 年，我国空巢家庭在有老人的家庭中所占的比例只有 16.7%，而 2004 年上升到 25.8%。在一些大城市，空巢家庭问题更为突出。2004 年，北京市空巢家庭的比例为 34%，上海市为 34.8%。同时，城市中的老年人有很多是来自农村，他们对农村有着特殊的感情，与农村、农民有着直接或者间接的关系，对农村的发展也比较关心。因此，有针对地开发这类乡村休闲度假产品，既能吸引更多的长期游客，又体现了乡村旅游对空巢老人的关爱。空巢家庭市场一般喜欢观光、休闲、文化等内容，他们富于怀旧情结，关注曾

[①] 易金. 乡村旅游资源评价与产品开发研究[D]. 山东大学硕士学位论文，2007，3.

经洒下汗水的"第二家乡"的发展。这一市场群体在亲近清新的空气、绿色田野的同时,更希望了解当地农业发展的状况,参观现代农业庄园的旅游项目和寻找当年的乡村建筑,感受古朴的民风民俗,唤起他们美好的回忆。

(3) 针对青少年的暑期寄宿农庄。对于城市青少年学生而言,乡村是一个接触自然、认识自然、认识人类进步、认识城乡关系历史的大课堂和一部百科全书,能够帮助学生树立正确的价值观和人生观。青少年热衷于农业知识,希望能够体验农家生活和参与农业生产劳动,接受乡土情感教育等。所以休闲度假村可以有针对性地开发修学需求地旅游项目,做到寓教育于审美,寓教育于娱乐,这就是寄宿农庄旅游产品。目前,不少城市居民在节假日把子女送到农庄寄宿,让孩子参加农场作业和农村社区活动,培养孩子坚韧、朴实、吃苦耐劳的性格。

(4) 针对丁克家庭的中长期休闲度假产品。丁克家庭选择乡村旅游不是贪图收费低廉(费用可能比其他旅游更高),而是在寻找早已失落的心灵净土和悠久的乡村文化氛围。他们参加农业劳动,追求的不是物质享受,而是精神享受,更多的是追求自然与本色的东西。这一类市场大部分是中产阶级,消费水平较高,因此可以开发专门的高端产品、设计高质量的接待设施和优秀的导游讲解服务。例如游船旅游、垂钓旅游、自然景点观光、徒步旅行、自驾车旅游、大自然中漫步、高尔夫项目、休闲放松等产品。

市场需求导向的乡村型休闲度假村产品开发具体见表6-3。

表6-3 市场需求导向的乡村型休闲度假村产品开发

动机(市场对产品需求)	产品开发形式(或措施)
欣赏优美质朴的乡村风光(或田园风光)、回归自然、体验良好的生态环境	美化乡村环境,尽量保持乡村的自然性与原始性,村庄建设要规划,规模要限制,风格上要符合当地特色,体量与颜色要与大环境相协调;依季节变化种植不同农作物(水果蔬菜),营造独特的田园风光,体现人与自然的和谐
欣赏独特的民俗风情	让游客能直接参与体验真实的民俗活动,或在民俗馆(表演)集中展示
求知与教育孩子	介绍农业知识,让游客能参观或参与农事活动,体验农家日常生活
从事野趣活动	提供有关工具,开展垂钓、捕鱼、捉蟹、捉鸟等活动项目
参观高科技农业园	运用现代高科技,开发集观光、采摘、制作、餐饮等为一体的多功能农业园
欣赏独特的自然或人文景观	将独特的自然或人文景观直接转化为旅游产品(必要时挖掘与丰富文化内涵),让游客游览观光,并给游客介绍有关景观的文化内涵
品尝(购买)地方土特产	开发当地特有的粮食、蔬菜、水果、家禽动物、茶叶等土特产品,采用独特的烹饪技术,为游客提供地方特有的饮食
参与娱乐活动	开发漂流、攀岩以及一些富有地方特色的竞技活动

资料来源:万绪才. 基于客源市场的乡村旅游产品开发研究——兼论南京市江心洲乡村旅游产品开发的问题与对策[J]. 东南大学学报(哲学社会科学版),2007,9(5):56-59.

课外阅读 6-3

海滨型度假村——Amanyara 度假村[①]

Amanyara（图 6.6）是"偏离常规的奢华传播者"AMAN 酒店集团 2006 年的作品。该度假村选中了加勒比海中最晚开发的海岛之一 Providenciales，名流们从美国迈阿密搭乘 45 分钟的航班涌向这里，日日爆满。

"Amanyara"一词来自梵语，意思是"宁静的地方"，设计师 Jean Michel Gathy 在 Amanyara 的设计中使用了大量的白色柱子和斜屋顶，构架了一处随意而典雅的亭台楼阁，颇具东南亚风范。酒店四周依然沿用 AMAN 的独门秘诀，也就是不打破任何原始的自然资源，度假村被铁灰色的珊瑚岩所隐蔽，围绕着一片私属的白色沙滩，旁边即是西北角海洋国家公园，著名的宽吻海豚便是在这里出没，这里更是潜水欣赏蝴蝶鱼、天使鱼以及数种濒危绝种的海洋生物的绝佳场所。

图 6.6　Amanyara 度假村

在客房的设计上，Amanyara 使用了三面采光的高大玻璃幕墙、沙色抛光的水磨石地板，嵌以纯柚木装饰，部分别墅还配有独立的露天淋浴和黑色火山岩私人泳池。除了得天独厚的自然景色，酒店餐厅还供应亚洲和地中海的美食，喜欢阅读的客人可以整日在图书馆里逗留，每日清晨，客人可以预约免费的瑜伽课程。

Amanyara 的 40 个独立别墅散落在加勒比海岸延长线的白色细沙上，如同被海浪吹上岸的贝壳一般。

作为 AMAN 的一员，Amanyara 出售的依然是"健康"和"平静"，比如酒店会在酷暑的天气里，用冷水喷洒沙滩，以确保客人走在上面能感到凉爽而舒适。酒店中的每一位服务人员都能够清楚地记住每一位客人的姓名和房号，同时能够在客人不被打扰的前提下完成所有必要的服务。

每座别墅，就算是三面落地窗式的，都自成一体，与其他别墅完全隔离，以保证客人的隐私。室内装饰主打自然格调，进口纯木质天花板以及让人爱不释手的家具装饰让人倍感安逸。走出别墅，院子里花丛绿树环绕，恍若世外桃源。

---

① http://business.sohu.com/20111129/n327262999.shtml.

本章小结

产品开发是休闲度假村开发的核心。本章在界定休闲度假村产品、产品开发、产品开发战略内涵的基础上,给出休闲度假村产品的分类,并结合实例提出休闲度假村产品开发的具体策略。当然,不同类型的度假村,其产品开发战略各不相同,经营管理者们需要在遵循产品开发原则的基础上,结合各度假村自身的环境和资源特点以及目标市场的需求特征,给出相应的产品开发战略。

复习思考题

一、名词解释

休闲度假村产品　　休闲度假村产品开发　　休闲度假村产品开发战略

二、多项选择题

1. 以下属于休闲度假村基础产品的有(　　)。
A. 客房产品　　　　B. 餐饮产品　　　　C. 会议产品
D. 娱乐产品　　　　E. 体育健身产品
2. 制定休闲度假村产品开发战略的影响因素有(　　)。
A. 地理环境　　　　B. 度假资源　　　　C. 顾客需求
D. 度假村的资金与技术　E. 度假村的设备和人员

三、简答题

1. 简述森林型度假村产品特点。
2. 简述度假产品与度假村产品的关系。

四、论述题

1. 简述我国休闲度假村产品开发现状。
2. 试谈谈城市型休闲度假村与乡村行休闲度假村在具体的产品开发策略上的异同点。
3. 试述休闲度假村产品开发战略的内涵。

课后阅读①

中国建筑19亿美元巴哈马大型海岛度假村项目开工

位于巴哈马首都拿骚的凯布尔海滩是世界上著名的最美丽的海滩,凯布尔海滩纯净质朴的白色沙滩沿着印度洋热带绿松石水域边缘延绵22km。每天,能够达到9m的潮汐把海滩冲刷得一尘不染。凯布尔海滩是游泳、休闲最安全的理想场所。有人说,在凯布尔海滩看夕阳,是世界上能看到的最壮观的情景之一。

---

① 搜狐证券 http://stock.sohu.com/20110303/n279638762.shtml。

中国建筑承建的迄今为止西半球规模最大的度假村开发项目巴哈马大型海岛度假村就位于这座美丽的岛屿上。度假村共占地264英亩，建成后将拥有7家国际品牌酒店、1个世界级高尔夫球场、1个赌场、1个购物中心和其他休闲娱乐设施（图6.7）。项目由中国进出口银行提供24.5亿美元商业贷款，中国建筑股份有限公司参股1.5亿美元并作为项目总承包商，甲方Barha Mar公司以土地、建筑物、现金等总价8亿美元入股。2009年3月9日，通过中建美国公司努力推动，中建股份公司和Baha Mar公司在北京正式签订巴哈马大型海岛度假村项目工程总承包协议，合同额19.19亿美元。2009年9月4日，在吴邦国委员长与巴哈马总理的见证下，中建股份公司与Baha Mar公司签订项目投资框架协议，双方又一道与中国进出口银行签订了项目贷款框架协议。2011年1月31日，项目融资结束。根据计划，项目将于2014年末建成，投入运营。

图6.7 巴哈马大型海岛度假村项目概况

思考题：请根据资料谈谈巴哈马度假村的产品开发战略。

第7章 休闲度假村营销战略

学习目标

知识目标	技能目标
（1）了解市场营销的基本观念及旅游市场营销的新观念 （2）了解度假村市场定位的含义及原则 （3）了解度假村市场发展战略的特征 （4）了解度假村市场营销组合的主要观念 （5）了解度假村市场营销组合的特点和策略	（1）基本理解和掌握各种市场营销观念在度假中的应用 （2）能对休闲度假村进行具体的定位、发展、竞争和组合战略的制定

知识结构

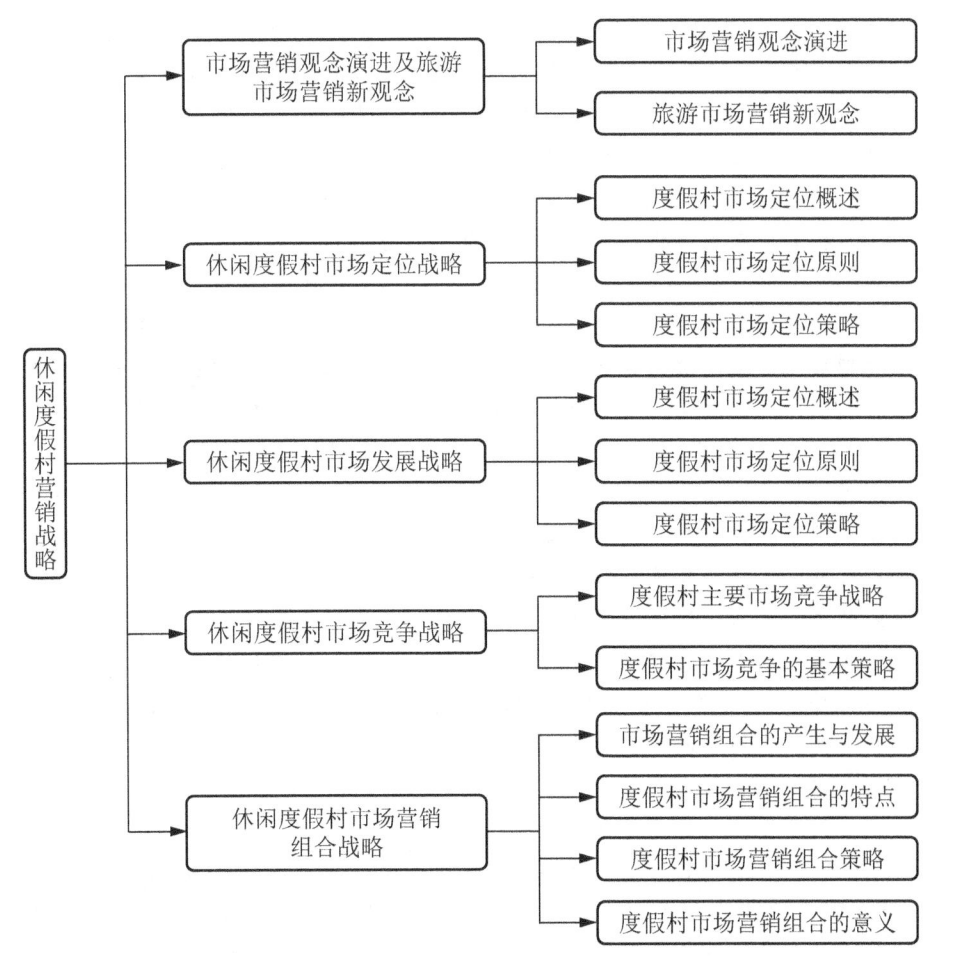

导入案例

千岛湖开元度假村的影视娱乐营销经验

从青春偶像剧《老鼠爱大米》到电视节目《男生女生》，从经典重拍《又见一帘幽梦》到香港和内地合作贺岁大片《家有喜事2009》……千岛湖开元度假村以其独有的秀丽风光，特别是幻象似的夏威夷风情，吸引着无数影视作品制作单位前来考察踩点，度假村在开业几年以来，取景拍摄电视剧、电影、广告宣传片无数。

细数那些取景度假村的大小影视作品以及那些入住度假村的各路明星，千岛湖开元度假村开拓出了一条新型品牌营销之路——植入式营销。

现今，传统广告面临着前所未有的挑战，除了诸如受众对广告本能的抗拒、数字化的冲击以及网络对注意力的分流影响之外，还有一个原因是大众的娱乐化追求。娱乐已经不仅是生活的调剂，它已成为人生的一种需求，产品和品牌的商业信息成了娱乐内容的一部分，植入式营销这一新型方式显然可以回避很多来自传统营销传播的干扰，用一种受众更易接受的方式推出产品。因此作为娱乐时代的营销选择，植入式营销具有现实意义。

1. 摸索改进，巧用营销

植入式营销的精髓就在于如何巧妙地将产品或品牌及其代表性的视觉符号甚至品牌理念策略性地融入媒介之中。利用影视作品拍摄宣传自我，对度假村来说是一种全新的营销方式，因此千岛湖开元度假村4年来"摸着石头过河"，完成一部总结一次，度假村元素的植入逐渐从硬性转化为柔性，相应的规章也逐渐规范，拍摄条例也在一次次修改中逐渐完善，度假村对影视作品的植入式营销方法主要有署名介绍和剧情植入两种。

署名介绍指的是在影视作品播放之前对度假村进行介绍，或者在作品片尾出现千岛湖开元度假村名称、图片及LOGO，在全剧及DVD每集片尾署名。

业内人士在谈到署名介绍这种方法时，往往会觉得没有创意，但实际上从反馈效果看，署名介绍反而是最简便、效果较好的一种方式。因为用这种方法做宣传时，度假村的信息清晰、明确，在短时间内对观众迅速形成影响力。以度假村取景拍摄的第一部电视剧《老鼠爱大米》为例，拍摄剧组将度假村最美的地方展现给了观众，正当观众在猜测何地拍摄时，署名在片尾的图片、LOGO清晰地告诉观众那是千岛湖开元度假村，成功地迈出了度假村影视营销的第一步。接着，度假村又与《又见一帘幽梦》、《伤城之恋》、《错爱2》等影视剧组都有了不错的合作，如《伤城之恋》的女主角秦岚在接受电视台采访时，更是代言千岛湖开元度假村，为度假村做了一回宣传。

剧情植入是最基本、最常用也是效果较好的方法之一，它是指将度假村的产品或包含企业信息的物料（如广告牌、宣传册）作为剧中道具或剧情背景使用，通过影视作品的镜头语言、道具场景、人物台词等手段展示给观众，在无声无息中传播企业信息。

2. 因势利导，打造品牌

植入式营销间接性地为千岛湖开元度假村打造了"浪漫"的品牌形象。在所有的影视作品中，《老鼠爱大米》第一次将千岛湖开元度假村的秀美风光与优雅环境带给了观众；《又见一帘幽梦》、《伤城之恋》在度假村拍摄了两个极为梦幻的婚礼场景，随着这两部电视剧的陆续播出，度假村成了远近闻名的婚纱摄影基地；而《男生女生》作为浙江电视台唯一一档大型户外交友栏目,历来标榜为青年男女创造青春、活力、时尚、浪漫的爱情氛围,显示了度假村浪漫外的活泼面;贺岁片《家有喜事2009》更是将度假村作为片中男女主角爱情生根发芽的肥沃土地。观众可以通过观看影视作品,在关注剧情跌宕发展的同时,体味度假村在片中散发的浪漫气息。

国外的一本叫《旅游的乐趣》的书中指出:"游客对目的地的选择是基于对娱乐、实现梦想以及参与的愿望,而愿望却可能是由电影、电视、文学作品和杂志等非旅游因素构成的。"事实说明影视作品是一种有效的促销手段,这种营销方式能以独特的效应把人们吸引到银幕上见过的地方去体验,而且,影视作品引导人们进行体验的因素并不是单一的,而是多种吸引因素综合的结果。一般来说,影视作品对体验活动的影响不只限于自然景观的吸引力,其象征意义、故事情节、人物关系、出演的明星、惊险场面和激动人心的结局也一样引起人们游玩的兴趣。

千岛湖旅游局品牌宣传策划主任余涛表示,千岛湖的迷人风光是它受广大旅游爱好者青睐的基础,但影视作品中的植入式营销对于千岛湖的宣传也有着魔术般的效应,而文中提及的剧情植入、署名介绍等方法仍有巨大的深化空间,日后如何深入地善用影视作品进行植入式营销,仍将是千岛湖开元度假村研究的课题之一。

讨论题:市场营销对休闲度假村的经营和发展能起到什么作用?如何实施休闲度假村的营销战略?

资料来源:新东方网 http://emba.xdf.cn/201201/1012204.html.

西方的市场营销理念从菲利普·科特勒的时代发展至今也已经有几十年的历史,而在中国,其理论与实践的大力发展还是最近20～30年的事情。当今企业如何才能把整个市场营销理论框架贯穿到整个企业运营管理中来,实现企业内部外部各个营销环节的顺利运转,已经不是一个理论概念,而是一个个成功的市场参与者正在执行的必然规则。

7.1 市场营销观念演进及旅游市场营销新理念

在早期,市场供求双方的交换极为简单。随着经济的发展和社会商品的丰富,市场上居主动地位的角色发生了变换,由最初的卖方市场发展到买方市场,市场导向也由生产导向转变为消费导向。

7.1.1 市场营销观念演进

市场营销观念的演进过程见表7-1。

表7-1 市场营销观念演进

观　　念	形成原因	特　　点
生产观念阶段	资本主义初期,生产力水平较低、社会商品难以满足广大消费者的需求	企业经济活动着重于降低产品价格,开发新产品
产品观念阶段	市场供求基本均衡,生产处于饱和状态,生产者的注意力由产品的数量渐渐转移到产品的质量上	不断提高产品的质量成为企业经营行为的指导思想

续表

观　　念	形成原因	特　　点
推销观念阶段	对销售的研究日益成为企业经营的重点，越来越引起经营者的重视	企业以推销作为其经营指导，企业一切经营活动的中心始终围绕着产品
营销观念阶段	生产者与消费者之间不断重复的双向信息交流，使得生产者很容易找到自己的市场定位，从而具有明确的市场目标	企业更易适应消费者的需求，采取比竞争对手更有效的措施，使消费者得到更大的满足

营销观念与推销观念最大的区别在于：推销观念是在确定生产机制的前提下寻找目标市场，甚至让市场来适应已有的生产机制；而营销观念则是在确定目标市场的前提下，研究如何建立一套生产机制以适应或进入这一目标市场。

推销观念强调的是生产者的需要，而营销观念则考虑通过产品以及产品的生产、供应和消费等相关的一系列行为来满足消费者的需要。

7.1.2　旅游市场营销新理念

市场营销方式到了20世纪90年代以后，出现了许多新变化，旅游市场营销的概念也日益发展。如随着计算机的普及和互联网的出现，产生了"旅游网络营销"的理念；随着对绿色产品的喜好和对环境保护的关注，出现了"旅游绿色营销"等。

（1）旅游绿色营销。绿色营销是在绿色消费的驱动下产生的。绿色消费，是指消费者意识到环境恶化已经影响到他们的生活质量、方式，要求企业生产、销售对环境影响最小的绿色产品，以减少危害环境的消费。所谓绿色营销，是指企业以环境保护观念作为经营哲学思想，以绿色文化为价值观念，以绿色消费为中心和出发点，力求满足绿色消费需求的营销观念。

在关注的焦点上，绿色营销考虑企业活动同自然、社会环境的关系，谋求社会可持续发展。而传统营销只关注由企业、顾客、竞争者构成的"魔术三角"，通过协调三者关系获取利润。从1993年起，国际标准化组织制定了一系列环境管理国际标准——ISO 14000，ISO 14000的推广将极大地推动绿色营销的发展。绿色旅游营销既符合旅游者回归大自然、爱护旅游生态环境的潮流，又有利于可持续发展，极富生命力。

（2）旅游网络营销。随着计算机网络的发展，旅游企业已广泛地在计算机网络上开展旅游预订和营销。航空公司的计算机预订系统、饭店集团的中央预订系统、GDS组织的全球分销系统及某一国家或地区的旅游目的地信息系统等先后成为旅游业网络预订和营销的重要工具。

航空公司的计算机预订系统最早用于旅游预订和销售。1959年，美利坚航空公司与IBM公司联合开发了世界上第一个计算机订位系统SABRE。SABRE最后逐步演变为一个复杂的计算机预订系统(Computer Reservation System，CRS)。1978年美国通过航空管制取消法案，航空公司与旅行社开展合作，使航空公司的计算机预订系统延伸到旅行社代理商。计算机预订系统的业务范围逐步扩大，包括订购机票、预订客房、租车等。我国航空公司的计算机订票网络现已十分发达，如南方航空公司在全国各地的电脑预订服务已实现网络化。

大型饭店集团的中央预订系统(Center Reservation System，CRS)已有近50年历史。最早的中央预订系统是由假日饭店集团于1965年7月建立的假日电讯网(Holidex-Ⅰ)。目前，假日电讯网已升级为Holidex-Ⅱ，并拥有自己的专用卫星，客人可以预订假日饭店集团在全球各地的200多家酒店和度假村不同等级的客房，并在几秒钟内得到确认。Holidex-Ⅱ每天可以处理7万间客房的预订服务。美国喜来登集团的Reservation中央预订系统于1970年开通，1976年完成它的1 000万次预订，1983年在中东设立它的第一家电脑预订中心办事处。目前，喜来登的CRS办事处已遍布全球。此外，美国希尔顿集团的HILTON电脑预订系统每月要办理15万名客人的预订服务，英国福特酒店集团的Forte-Ⅱ中央预订系统可以方便地办理福特集团在全球60多个国家937家饭店不同档次客房的预订服务，法国雅高的PROLOGIN、华美达的ROOMFINER、顺领的Steoling Hotel & Resorts、环球的World Hotel& Resorts等也都是控制饭店集团客源市场的有力工具。中国香港地区的香格里拉饭店集团已引入Merlin作为自己的中央预订系统。由于建立中央预订系统耗资大并需专业人员管理，因此内地饭店集团的中央预订系统尚不健全。

全球分销系统(Global Distribution System，GDS)是20世纪90年代以来获得迅速发展的新型旅游营销网络。GDS是由国际性航空公司分别联合组建，连接饭店、度假村、汽车租赁公司、铁路公司、旅游公司等其他旅游相关行业，提供航班订位及订房等预订和市场营销综合服务的销售系统。该系统通过国际航空电信协会(SITA)的通信专网，将加入GDS的"卖方"（即航空公司、饭店、汽车租赁公司等产品、服务提供者）和"代理方"（即遍布全球的旅行代理人）连成一个旅游专业网络系统，并通过"代理方"实现对"最终用户"（各国旅行者）的销售。目前较为知名的GDS有Galileo/Apollo、Amadus/System One、Sabre、Worldspan、Axess、Sahara等。加入全球分销系统组织的各个饭店集团或独立酒店都可以使用GDS开展预订服务。GDS的兴起使中小型独立酒店也可以通过GDS开展网络预订和销售。GDS的热潮还波及了旅行社。目前，美国几乎所有的旅行社都在使用GDS，在法国已有85%的旅行社拥有GDS，在整个欧洲大约40%左右的旅行社拥有GDS。在国内，加入GDS的基本上是三星级以上的饭店。

(3) 旅游服务营销。经过多年的探索和经验积累，多数旅游企业自觉地实现了其营销模式由产品导向向服务导向的战略转移，并且部分成功的旅游企业进一步完善和归纳了服务营销过程管理的核心四大策略。

① 服务模式策略：服务差异化。"站在顾客的立场上提供服务产品"无疑是旅游业服务营销的核心，随着经济技术的发展和时代演进，服务产品在质和量两个方面都在不断升级换代，因此，旅游服务仅仅靠严格管理、规范操作并不能获得顾客的普遍满意，唯有针对性的服务才能打动顾客心。然而这种针对性的定制服务要花费较大的服务成本，因此需要在顾客满意与企业效益之间寻求一个最佳结合的服务模式：规范与非规范结合的服务差异化，即以规范服务为主，满足多数顾客的共性需求，确保基本的稳定服务质量，而以非规范服务为辅，满足顾客的个性化需求，从而显示企业具有吸引力的服务特色。例如，在地区宏观的服务差异上，1990年国际假日酒店集团在全球不同地区分别推出了旅馆型、快捷型、艺苑皇冠型、度假地型、庭院型不同档次风格的酒店系列，满足了不同地区消费

群体的差异化需求。而在微观的个人服务差异化方面，如酒店客房部特地为某位过胖客人用两个标准床拼装一个大床的超常服务使客人大为感动。所有这些服务差异化的事例都体现了发自内心的灵活针对不同对象的服务艺术的创造性。

② 服务传播策略：服务的实体化显示。服务产品所具有的不可感知性特征虽然在一定程度上妨碍了旅游企业有效地推广服务产品，但顾客仍可通过对服务环境中有形实物的感知建立对旅游服务企业的印象及服务产品质量的认知评价。例如初次光临某餐厅的顾客在进入之前，通过餐厅外观、招牌标志等先获得一个初步印象，若感觉尚好则进入，而餐厅内部的装潢、餐具洁净程度及服务员的礼仪态度则直接影响其消费信心。因此旅游服务企业若善于借助服务过程中可直接传达服务特色及内涵的有形展示手段，将大大有利于服务产品的营业推广。

③ 服务协调策略：内外部营销一致化。旅游企业的传统营销实质是针对企业外部顾客的外部营销，内容包括营销调研、产品设计与开发、产品定价、广告促销与人员推销等。其重要功能之一就是通过促销方式向顾客承诺，使其消除对服务产品的风险感并激发其消费期望，然而更深入的研究表明：顾客对服务的最终评价不仅取决于实际的服务水平，关键还在于对许诺的服务与实际提供的服务进行对照，只有当两者一致或后者超过前者水平时，才会使顾客获得服务的满意感。若对外营销人员仅从眼前推销业绩出发，以超越企业实际服务能力的过高承诺迎合顾客，将会误导顾客过高的服务期望水平，引发顾客的抱怨与不满，最终损害企业声誉。

因此，全面意义上的旅游企业服务营销应涵盖外部顾客与内部员工两大方面。员工是服务的核心，在服务接触的过程中员工与顾客的互动直接影响着顾客对服务的评价，针对企业内部员工而进行的内部营销正是基于"员工是企业的第一顾客、赢得员工才能真正赢得顾客"的营销理念，通过内部工作的设计去真正满足员工的需求，再通过员工发自内心的真诚服务表现去感染顾客。由此可见，协调的内部营销是外部营销成功的前提。旅游业的内部营销主体是以营销人员为辅助的企业管理层，客体是员工，内容包括：员工的招募、培训、服务设计（员工参与的）、员工激励及内外部营销沟通与协调制度。

④ 服务延伸策略：顾客管理制度。美国哈佛商业研究报告表明：多次光临的顾客比初次登门者可为企业带来70%～80%的利润，固定的顾客每增加1%，企业的利润则相应增加25%左右。对于强烈依赖顾客消费的旅游业而言，稳定而忠诚的顾客群无疑是企业的宝贵财富，忠诚的顾客给予企业的利益表现在：重复购买次数多，为企业积累了可观的利润；对服务价格变动的承受力强，能接受和认同企业的价格调整；对服务中的失误和事故持宽容态度。

因此，为了培育企业外围固定的消费群，建设良好经营的社会环境，一些旅游企业开始在传统的面对面服务、一次性成交的基础上，对服务的内涵加以开发和延伸，为顾客提供更完备周到的售后服务和追踪联系，将原本分散独立的顾客加以整体管理。这种顾客管理的服务营销体系近年来在酒店业中得到了广泛的应用，如对顾客期望的引导、顾客消费行为管理（以便更好地在消费中与服务人员配合）、顾客档案管理（以便针对性地提供个性化服务）、顾客意见追踪、顾客间社会关系的管理等。通过这些系统化的顾客管理措施将分散的顾客结合成与企业保持紧密联系的社会网络，并且不断强化其品牌忠诚度，这将大大有利于旅游服务产品的营销传播，最终使企业赢得市场中宝贵的顾客资源。

应用实例 7-1

浙旅千岛湖温馨岛度假酒店的服务延伸

2011年5月,浙旅千岛湖温馨岛度假酒店将入住一对情侣客人。在来酒店之前,男客人就透露明天就是他女朋友的生日,而且女客人为日本女性,直接从日本过来。男客人自己没时间准备,希望酒店能帮他把这件事办妥,能在当天给她一个惊喜。了解情况后,酒店礼宾部接受了这位先生的委托,为这位先生预订了鲜花进行住房布置,为客人准备了烛光晚餐、生日蛋糕,并为男性客人安排了一系列的活动。第二天,女客人到达后,男客人按照酒店的安排逐步进行。最后,酒店把准备好的鲜花和酒店送的贺卡送到房间交给女客人,并告诉女客人,这位先生为了准备给她的惊喜,昨天忙了一天。这位女客人当时就激动地向工作人员表示感谢,回房给了男客人一个大大的吻。离店时,男客人表示他们住得很开心,下次还会再选择该酒店入住,并在网评上给了一个给力的好评。

该酒店从礼宾部得知此事后,就积极地为客人布置好一切,并做了充分的准备。从欢迎到浪漫温馨的烛光晚餐,到布置温馨的房间、香槟美酒,到鲜花、生日蛋糕、生日歌曲、生日礼物,并且在最后送上酒店的祝福,并让女客人间接得知他的男朋友在背后为他准备时的辛劳(善意的谎言)。晨起的第一束鲜花又给了她下一个惊喜。可见,通过对客人信息的充分了解,并逐步跟进,按客人需求进行周密安排,不仅为酒店赢得了一个长久的顾客,还为酒店树立了良好的服务形象,提高了顾客忠诚度,扩大了酒店潜在客源市场。

资料来源:浙旅千岛湖温馨岛度假酒店提供,2011-07-04,有删改。

(4) 旅游文化营销。旅游企业向消费者推销的不仅仅是单一的产品,产品在满足消费者物质需求的同时还满足消费者精神上的需求,给消费者以文化上的享受,满足他们高品位的消费要求。这就要求旅游企业转变营销方式,进行文化营销。

物质资源是会枯竭的,唯有文化才能生生不息。文化是土壤,产品是种子,营销好比是在土壤里播种、耕耘,培育出品牌这棵幼苗。可口可乐只是一种特制饮料,和其他汽水饮料也没有太大的差别,但它之所以能够成为全球知名品牌,并有100多年历史,是因为它与美国的文化有紧密的联系,可口可乐的每一次营销活动无不体现着美国文化,使其品牌成为美国文化的象征,因此,喝起它常常会有一种享受美国文化的感觉。

文化营销是指把产品作为文化的载体,通过市场交换进入消费者的意识,它在一定程度上反映了消费者对物质和精神追求的各种文化要素。文化营销既包括浅层次的构思、设计、造型、装潢、包装、商标、广告、款式,又包含对营销活动的价值评判、审美评价和道德评价。它包括3层含义。

① 企业需借助于或适应于不同特色的环境文化开展营销活动。

② 文化因素需渗透到市场营销组合中,综合运用文化因素,制定出有文化特色的市场营销组合。

③ 企业应充分利用CI战略与CS战略全面构筑企业文化。

(5) 旅游关系营销。关系营销理论(Relationship Marketing)是指:以通过长期努力建立长期的情感与业务关系为目标,注重创造、保持和强化与消费者及其他有关人员的强有力的联系,并以长期的顾客满意和公司利润作为成功的衡量标准,而不是以短期的交易额作为成功的衡量标准。关系营销最典型的是波音飞机公司所采用的策略,它愿意与许多航空公司保持长期联系,虽然短期内一份订单都没有,但在将来某一天,可能会获得几千万美元、甚至几亿美元的飞机订单。现在,全世界的营销活动已经越来越从急于求成的交易营销向以建立长期业务网络为目的的关系营销转化。

对度假村来说,从交易营销发展到关系营销有 5 种与消费者的关系形态可供选择,见表 7-2。

表 7-2 度假村营销中与消费者建立的关系形态

关系形态	基本定义
基本关系形态	指基本的交易关系,即指度假村的销售人员只负责销售度假村的产品,不关心和提供销售以后的任何其他服务
反应性关系形态	指度假村的销售人员不仅负责销售产品,而且鼓励购买者在发现产品有问题时可以打电话与他们联系
负责任关系型	指在度假村产品销售以后的一段时间内,度假村销售人员主动打电话给购买者,调查产品是否能满足购买者的期望。同时,度假村销售人员也向购买者征求改进度假村产品的意见
主动联系关系形态	指一家度假村的销售人员或其他人员经常打电话给消费者,特别是老顾客,了解他们对改进现有度假村产品功能和开发度假村新产品的建议
合伙者关系形态	指一家度假村不断地与其客户一起工作来帮助他们,并不断发现能为他们提供更有价值的产品与服务的方法

如何与度假者建立强有力的关系,使度假者在满意的同时产生忠诚于你度假村产品的自我约束力?一般可以选用下列 3 种增加度假者价值感的方法。

① 增加度假者的财务利益。它是指对某些忠诚的顾客来说,支付相同的价格可以享受更多更好的产品。最通常的做法是对经常性的顾客给予优惠性奖励利益,如度假村对经常来住的度假者往往提供高一个等级的客房。虽然这类增加度假者财务利益的计划可以建立起消费者对度假村产品的偏好,但是由于这类计划很容易被竞争对手模仿,因此度假村难于通过实施这类计划拥有长期的竞争优势。这样,度假村还必须要运用增加消费者社交利益的方法来强化自己的竞争优势。

② 增加度假者的社交利益。增加度假者社交利益的方法是:通过了解度假者的独特需求,提供专门化与个性化的产品与服务,以此来建立与消费者个人间的良好关系。例如,为每一位现在的或潜在的客户都指定一位营销经理进行定期联系,详细了解与记载每一位客户的各种需求信息,熟悉客户负责人的名字与个人爱好等。实践证明个性服务和感情服务有利于形成顾客忠诚度。为了使个性化服务更有主动性和计划性,度假村必须提升个性服务,即对于一些建立在标准化基础上的、比较成熟的个性服务,可以逐步建立适应个性服务要求的规范,即个性服务的标准化。这需要两个保证:一是硬件——数据库保证。通过数据库综合分析各种顾客信息,可以帮助度假村找到目标顾客群,将各种宾客档案加以处理。二是软件——素质保证。个性服务总处在提炼、升华状态,度假村组织应成

为学习型组织，不断提高员工的服务技术、技巧和知识水平。

③ 与度假者建立稳定、便利的联系方式。与度假者建立稳定、便利联系方式的具体手段是：提供通信设备，建立联系机构，从实体上加强与度假者的关系。这特别适用于对公司、机构、旅行社等到团体市场进行营销的度假村。许多国际度假村集团设立了800免费咨询与预订电话，有的还与大公司建立固定联系，使自己度假村成为代理大公司旅行、会议业务的常设机构。另外，不少假村集团在Internet上设立自己的主页（Homepage），能进行及时的、直接与顾客对话式的、有目标的促销。同时，还可利用电子邮件接受预订与咨询。有些度假村根据自己客源结构特点，通过有效的顾客组织化战略，把顾客纳入内部系统，使度假村与顾客紧密结合。

课外阅读 7-1

传统营销与关系营销的区别

传统营销的主要内容是"4PS"，而关系营销则突破了"4PS"的框架，把企业的营销活动扩展到一个更广、更深的领域，两者的区别见表7-3。

表7-3 传统营销与关系营销的区别

	传统营销	关系营销
理论基础	4PS	4CS
核心	交易	关系
关注对象	目标市场	顾客、内部雇员、供应商等
强调	如何生产与如何获得顾客	充分利用现有资源来保持顾客
注重	不注重顾客服务与顾客关系	通过顾客服务与之建立、维系关系

7.2 休闲度假村市场定位战略

7.2.1 度假村市场定位概述

市场定位是在20世纪70年代由美国营销学家艾·里斯和杰克特劳特提出的，其含义是指企业根据竞争者现有产品在市场上所处的位置，针对顾客对该类产品某些特征或属性的重视程度，为本企业产品塑造与众不同的，印象鲜明的形象，并将这种形象生动地传递给顾客，从而使该产品在市场上确定适当的位置。

1. **市场定位的含义**

度假村市场定位指度假村针对潜在度假客人的心理进行营销设计，创立产品、品牌或度假村在目标客户心目中的某种形象或某种个性特征，保留深刻的印象和独特的位置，从而取得竞争优势。

2. 市场定位的作用

市场定位也称作"营销定位",是市场营销工作者用以在目标市场(此处目标市场指该市场上的客户和潜在客户)的心目中塑造产品、品牌或组织的形象或个性(identity)的营销技术。通过市场定位,度假村要使自己生产或销售的度假产品获得稳定的销路,从各方面为产品培养一定的特色,树立一定的市场形象,以求在度假客人心目中形成一种特殊的偏爱。

市场定位可分为对现有产品的再定位和对潜在产品的预定位。对现有产品的再定位可能导致产品名称、价格和展现形式的改变,但是这些外表变化的目的是保证产品在潜在度假者的心目中留下值得购买的形象。对潜在产品的预定位,要求营销者必须从零开始,使产品特色确实符合所选择的目标市场。度假村在进行市场定位时,一方面要了解竞争对手的产品具有何种特色,另一方面要研究度假者对该产品的各种属性的重视程度,然后根据这两方面进行分析,再选定本公司产品的特色和独特形象。

3. 市场定位的步骤

市场定位的关键是度假村企业要设法在自己的产品上找出比竞争者更具有竞争优势的特性。

竞争优势一般有两种基本类型:一是价格竞争优势,就是在同样的条件下比竞争者定出更低的价格。这就要求度假村采取一切努力来降低单位成本;二是偏好竞争优势,即能提供确定的特色来满足度假客人的特定偏好。这就要求度假村采取一切努力在产品特色上下工夫。因此,度假村市场定位的全过程可以通过以下三大步骤来完成。

(1) 分析目标市场的现状,确认潜在的竞争优势。

这一步骤的中心任务是要确定以下3个问题:一是竞争对手产品定位如何?二是目标市场上度假客人欲望满足程度如何以及还需要什么?三是针对竞争者的市场定位和潜在度假者的真正需要的利益要求,企业应该及能够做什么?要确定这3个问题,度假村市场营销人员必须通过一切调研手段,系统地设计、搜索、分析并报告有关上述问题的资料和研究结果,从中把握和确定自己的潜在竞争优势在哪里。

(2) 准确选择竞争优势,对目标市场初步定位。

竞争优势表明度假村能够胜过竞争对手的能力。这种能力既可以是现有的,也可以是潜在的。选择竞争优势实际上就是一个度假村与竞争者各方面实力相比较的过程。比较的指标应是一个完整的体系,只有这样,才能准确地选择相对竞争优势。通常的方法是分析、比较度假村与竞争者在经营管理、技术开发、采购、生产、市场营销、财务和产品等7个方面究竟哪些是强项,哪些是弱项。借此选出最适合本度假村的优势项目,以初步确定度假村在目标市场上所处的位置。

(3) 显示独特的竞争优势和重新定位。

这一步骤的主要任务是通过一系列的宣传促销活动,将度假村独特的竞争优势准确传播给潜在度假客人,并在度假客人心目中留下深刻印象。为此,度假村首先应使目标顾客了解、知道、熟悉、认同、喜欢和偏爱本度假村的市场定位,在度假客人心目中建立与该定位相一致的形象。其次,度假村需通过各种努力强化目标顾客形象,保持目标顾客的了解，稳定目标顾客的态度和加深目标顾客的感情，借此巩固与市场相一致的形象。最后，度假村应注意目标顾客对其市场定位理解出现的偏差或由于度假村市场定位宣传上的失误而造成的目标顾客模糊、混乱和误会，及时纠正与市场定位不一致的形象。即使度假村的产品在市场上定位很恰当，但在下列情况下，还应考虑重新定位。

① 竞争者推出的新产品定位于本度假村产品附近，侵占了本度假村产品的部分市场，使本度假村产品的市场占有率下降。

② 消费者的需求或偏好发生了变化，使本度假村产品销售量骤减。

重新定位是指度假村为已在某市场销售的产品重新确定某种形象，以改变度假者原有的认识，争取有利的市场地位的活动。重新定位对于度假村适应市场环境、调整市场营销战略是必不可少的，可以视为度假村的战略转移。重新定位可能导致产品的名称、价格、展示和品牌的更改，也可能导致产品功能上的变动，度假村必须考虑定位转移的成本和新定位的收益问题。

7.2.2 度假村市场定位原则

各个度假村经营的产品不同，面对的度假者也不同，所处的竞争环境也不同，因而市场定位所依据的原则也不同。总的来讲，市场定位所依据的原则有以下4点。

1. 根据具体的产品特点定位

构成产品内在特色的许多因素都可以作为市场定位所依据的原则。比如所含成分、材料、质量、价格等。"七喜"汽水的定位是"非可乐"，强调它是不含咖啡因的饮料，与可乐类饮料不同。"泰宁诺"止痛药的定位是"非阿司匹林的止痛药"，显示药物成分与以往的止痛药有本质的差异。

千岛湖开元度假村依托千岛湖良好的自然环境，开元集团强大的酒店经营及房产开发能力，定位于"华东最高档的度假别墅区"，大力发展滨湖度假酒店业、豪华游艇业、康体健身业、旅游房地产业，着力打造全国著名的休闲度假胜地。

2. 根据特定的使用场合及用途定位

为老产品找到一种新用途，是为该产品创造新的市场定位的好方法。小苏打曾一度被广泛地用作家庭的刷牙剂、除臭剂和烘焙配料，现在已有不少的新产品代替小苏打的上述一些功能。于是有企业将小苏打定位为冰箱除臭剂，另外还有公司把它当做了调味汁和肉卤的配料，更有一家公司发现它可以作为冬季流行性感冒患者的饮料。我国曾有一家生产"曲奇饼干"的厂家最初将其产品定位为家庭休闲食品，后来又发现不少顾客购买是为了馈赠，又将其定位为礼品。

浙旅千岛湖温馨岛度假村原属淳安县财政局，主要用于会议、培训、招待等。随着国内休闲度假的兴起，2002年，淳安县政府提出千岛湖旅游要从单一观光型旅游向观光、休闲、度假、商务、会展、运动的综合型旅游发展。

为适应新形式的变化，浙旅集团将其改建提升，针对到千岛湖度假的客人，定位为"五星级标准的高档休闲度假酒店"。酒店四面临湖，环境绝佳，交通便利，在酒店度假的客人能享受千岛湖绿水碧波的美景。酒店设有健身房、室内外游泳池、桑拿浴、足浴、棋牌房、台球房、KTV、水上高尔夫等休闲娱乐配套设施，让度假者体验会员式生活的私密与尊贵，更设有儿童活动中心，让客人体验家的温情。

3. 根据顾客得到的利益定位

产品提供给顾客的利益是顾客最能切实体验到的，它也可以用作定位的依据。1975年，美国米勒（Miller）公司推出了一种低热量的"Lite"牌啤酒，将其定位为喝了不会发胖的啤酒，迎合了那些经常饮用啤酒而又担心发胖的人的需要。

博鳌蓝色海岸位于博鳌亚洲论坛特别规划区内，西南接万泉河，东临博鳌金海岸大酒店。依托于博鳌亚洲论坛这一区域发展的重要引擎和名片，该度假村定位为"新兴区域商务度假中心"，以具有奖励性质的中型公务和商务拓展活动为主，在度假村（私人别墅）内举行会议，满足高端会议具有不拘形式、私密性和自给自足感觉的需要。

4. 根据使用者类型定位

企业常常试图将其产品指向某一类特定的使用者，以便根据这些顾客的看法塑造恰当的形象。美国米勒啤酒公司曾将其原来唯一的品牌"高生"啤酒定位于"啤酒中的香槟"，吸引了许多不常饮用啤酒的高收入妇女。该公司后来发现，占30%的狂饮者大约消费了啤酒销量的80%，于是，该公司在广告中展示石油工人钻井成功后狂欢的镜头，还有年轻人在沙滩上冲刺后开怀畅饮的镜头，塑造了一个"精力充沛的形象"，在广告中提出"有空就喝米勒"，从而成功占领啤酒狂饮者市场达10年之久。

浙江九龙山庄位于经济发达的长三角区域中心，是集高端物业、高档娱乐为一体的商务休闲度假中心。根据其所在地域和目标市场客户特征，该度假村定位于"长三角领袖人物的私人领地"，以高尔夫、游艇俱乐部、马球会所等高档娱乐设施为旅游资源，打造高端的旅游度假村，进而吸引高层人群。

事实上，许多企业进行市场定位依据的原则往往不止一个，而是多个原则同时使用。因为要体现企业及其产品的形象，市场定位必须是多维度的、多侧面的。

7.2.3 度假村市场定位策略

1. 避强定位

避强定位策略是指度假村力图避免与实力最强的或较强的其他度假村直接发生竞争，而将自己的产品定位于另一市场区域内，使自己的产品在某些特征或属性方面与最强或较强的对手有比较显著的区别。

避强定位的优点有：避强定位策略能使度假村较快地在市场上站稳脚跟，并能在消费者或用户中树立形象，风险小。其缺点是：避强往往意味着度假村必须放弃某个最佳的市场位置，很可能使度假村处于最差的市场位置。

2. 迎头定位

迎头定位策略是指度假村根据自身的实力，为占据较佳的市场位置，不惜与市场上占支配地位的、实力最强或较强的竞争对手发生正面竞争，而使自己的产品进入与对手相同的市场位置。

迎头定位的优点是竞争过程中往往相当引人注目，甚至产生所谓轰动效应，度假村及其产品可以较快地为消费者或用户所了解，易于达到树立市场形象的目的。缺点是具有较大的风险性。

3. 创新定位

创新定位是指寻找新的尚未被占领但有潜在市场需求的位置，填补市场上的空缺，生产市场上没有的、具备某种特色的产品。

如日本索尼公司的索尼随身听等一批新产品正是填补了市场上迷你电子产品的空缺，并进行不断的创新，使得索尼公司即使在二战时期也能迅速地发展，一跃而成为世界级的跨国公司。采用这种定位方式时，公司应明确创新定位所需的产品在技术上、经济上是否可行，有无足够的市场容量，能否为公司带来合理而持续的盈利。

4. 重新定位

度假村在选定了市场定位目标后，当定位不准确或虽然开始定位得当，但市场情况发生变化时，如遇到竞争者定位与本公司接近，侵占了本公司部分市场，或由于某种原因消费者或用户的偏好发生变化，转移到竞争者方面时，度假村就应考虑重新定位。重新定位是以退为进的策略，目的是为了实施更有效的定位。

例如万宝路香烟刚进入市场时，是以女性为目标市场，它推出了"像5月的天气一样温和"的口号。然而，尽管当时美国吸烟人数年年都在上升，万宝路的销路却始终平平。后来，广告大师李奥贝纳为其做广告策划，他将万宝路重新定位为男子汉香烟，并将它与最具男子汉气概的西部牛仔形象联系起来，树立了万宝路自由、野性与冒险的形象，使其从众多的香烟品牌中脱颖而出。自20世纪80年代中期到现在，万宝路一直居世界各品牌香烟销量首位，成为全球香烟市场的领导品牌。

市场定位是设计度假村产品和形象的行为，以使度假村明确自己在目标市场中相对于竞争对手的位置。度假村在进行市场定位时应慎之又慎，要通过反复比较和调查研究，找出最合理的突破口。避免出现定位混乱、定位过度、定位过宽或定位过窄的情况。而一旦确立了理想的定位，度假村必须通过一致的表现与沟通来维持此定位，并应经常加以监测以随时适应目标顾客和竞争者策略的改变。

7.3 休闲度假村市场发展战略

市场发展战略是由现有产品和相关市场组合而产生的战略。它是发展现有产品的新顾客群或新的地域市场从而扩大产品销售量的战略。实行这种战略有3种办法：①市场开发。即把本度假村现有产品打入其他相关市场如区域性市场、国内市场和国际市场等，从而扩大现有产品的销售。②在新市场寻找潜在的顾客。例如千岛湖过去的目标一直是市场上的观光游客，但现在正努力吸引市场上的度假客人。③增加新的销售渠道。例如我国度假村原来主要通过公司或旅行社来销售，现在为了增加度假客人数量，不少度假村自己设立销售点，直接将产品卖给消费者，同时度假村还与各大网站挂钩，直接将度假村产品卖给度假散客，极大地扩大了销售量。

7.3.1 度假村市场发展战略的特征

市场发展战略是度假村为未来一定时期内的市场营销而作出的整体发展规划。为此，市场发展战略具有以下主要特征。

1. 长远性

长远性是指发展战略问题事关未来。从时间角度进行分析，市场发展战略着眼于未来，它从现实出发，又不为现实所限，而是在科学分析、预测的基础上，对不确定的未来进行规划。市场发展战略是为度假村市场营销在未来一定时期的发展规划目标和方向。所以，发展战略并不具体考虑一时一地营销活动的得失，它所谋求的是度假村长期的根本利益。发展战略目标也并非在短时间内就可以实现，而需要较长时间的努力。

2. 全局性

全局性是指发展战略问题事关整体。从空间角度进行分析，营销发展战略着眼于度假村的整体营销活动，要解决的是事关度假村全局的重大问题。在战略研究中，对度假村营销各环节、各部门的分析是必不可少的，但战略研究不是孤立地看待某个现象或某些部门，而是通过局部的分析和研究，全面地把握整体的度假村营销活动。

3. 指导性

指导性是指发展战略问题事关重要性。从它所起的作用进行分析，营销发展战略具有指导作用。它不是仅仅规划3～5年的一系列预算，也不是对这些预算数据进行合理的解释，而是透过表象研究实质的、规律性的问题，解决度假村营销中的主要矛盾，确定度假村营销的发展方向与基本趋势，也规定度假村具体营销活动的基调。

4. 抗争性

抗争性是指发展战略问题事关度假村的市场地位。从矛盾的本质上进行分析，市场发展战略是应对市场竞争的营销计谋，有市场竞争必有发展战略，发展战略带有抗争性质。在市场经济中，市场发展战略的抗争性是普遍存在的，要求度假村营销规划必须站在战略的高度来把握市场态势，瞄准竞争对手的战略，作出及时反应。

5. 客观性

客观性是指发展战略问题事关制定的基础。从实践基础上进行分析，市场发展战略是以未来为主导的，但不是对营销最佳愿望的表述和描绘，不是仅仅靠想象创造出的未来世界，也不是靠最高决策人的信念或直觉决定的，它是在充分认识度假村的营销环境，评估度假村自身的经营资源及能力的客观基础上制定的，市场发展战略应该是一种既体现目标又切实可行的发展规划。

6. 可调性

可调性是指发展战略问题事关反应弹性。从运动的角度进行分析，市场发展战略是在市场环境与度假村营销能力的平衡下制定的。但构成发展战略的因素在不停地变化，外部环境也在不断地运动，市场发展战略必须具备一定的"弹性"，做到能够在基本方向不变的情况下，可以对营销战略的局部或非根本性方面修改和校正，以在变化的诸因素中求得度假村内部条件与环境变化的相对平衡。

以上 6 个方面构成了市场发展战略的基本特征，只有具备了这 6 个基本方面，才能称作比较完善的营销战略。如只具备其中的一个或几个方面的特性，充其量只能算作带有战略意义的相关问题。只有对以上战略特征加以理解，才能懂得战略的含义。

7.3.2 度假村市场发展战略分析

市场发展需要决策，即确定度假村营销目标，对实现度假村目标的各种战略方案进行的拟定和评价，从中选择最优方案作为度假村的发展战略。选择战略，首先要能够鉴别和评价各种可供选择的战略方案。

1. 稳定战略

稳定战略又称防御战略，是以保持原有的业务经营水平为主要目标的一种战略。这一战略的主要特征是度假村保持于自身过去和现在的目标，决定继续追求相同或类似的目标，每年度假村所期望的进展、增长比率大体相同；同时，度假村继续提供与以前相同或相似的产品和劳务。

一般说来，稳定发展战略的风险相对小，多数度假村愿意采用此策略，特别是那些处于发展行业中的度假村和目前经营业绩好、环境变化不大的度假村尤其适用。在稳定增长市场上保持度假村的市场份额，或缓慢地提高，对许多度假村是适宜的。稳定战略包括两种基本类型：积极防御战略和消极防御战略。前者是以积极的态度积蓄力量，等待机会寻找发展；后者则消极悲观、无所作为，只求维护现状。

2. 成长型战略

成长型战略是一种使度假村在现有的战略水平上向更高一级目标发展的战略。它以发展作为自己的核心向导，引导度假村不断开发新产品，开拓新市场，采用新的管理方式、生产方式，扩大度假村的产销规模，增强度假村竞争实力。在实践中，成长型战略分密集增长战略、一体化战略、多元化战略等多种类型。

（1）密集型增长战略。

密集型增长战略是指度假村以快于过去的增长速度来增加某个组织现有产品或劳务的销售额、利润额及市场占有率。当度假村现有产品和现有市场还有发展潜力时，可以采用密集型增长战略。实行这种战略通常有 3 条途径。

① 市场渗透，即度假村采取更积极的措施在现有的市场上扩大现有产品的销售。这样的销售可以从以下几方面努力：在维持现有消费者的基础上通过各种营销手段如价格策略、促销方式、渠道的变更等，使原有的主顾更多地购买本度假村的产品；用各种竞争手段把竞争度假村的顾客争取过来，转而购买本度假村的产品；设法刺激和促使未曾购买过本度假村产品的顾客购买。

② 市场开发，即度假村采取种种措施，进入新的市场来扩大现有产品的销售。这种销售可以扩大销售区域，由地区的销售扩展到全国的销售，由国内销售扩展到国际性销售，由一国销售扩展到多国（地区）的销售，增加目标市场，进入新的细分市场，也是有效的市场开发的方法。

③ 产品开发，即度假村在现有的市场提供新产品或改进产品，增加现有产品的吸引力。产品要注意在环境、服务、品质、特色等方面要满足消费者需求，这样才能达到度假村销售增长的目的。

(2) 一体化增长战略。

当度假村所处的行业很有发展前途，或者度假村实行"一体化"能较大幅度地提高效率时，往往采用"一体化增长"战略。此战略可以有3种形式。

① 后向一体化，指度假村购买、合并或兼并本度假村的供应企业，实行产供联合，变过去向供应企业购买原材料为自己生产原材料，如度假村由购买各种餐饮原料，改为自己生产原料。度假村原来需要购买各种绿化苗木并进行绿化，有些大的度假村就自己成立园林公司，负责度假村的绿化，甚至自己生产苗木，实现"后向一体化"。

② 前向一体化，指度假村通过购买、合并或兼并本度假村的经销企业，实行产销结合，延伸自己的产品。如度假村开设旅行社或会议公司，通过这些企业为自己提供客源，这种行为就属于"前向一体化"。

③ 水平一体化，也称横向一体化，是指度假村通过购买或兼并同行业中的度假村，或者在国内或国外和其他同类行业合资经营。如洲际酒店集团与顺发千岛湖开发有限公司合作开发千岛湖洲际度假酒店，就是"水平一体化"。

(3) 多元化增长战略。

多元化增长战略也称为多角化、多样化增长策略，是指度假村尽量增加经营的产品种类，实行跨行业生产经营多种产品和业务的一种战略。这种战略能使度假村自身的特长得以充分发挥，人、财、物力资源得以充分利用，且减少风险，提高整体效益。多元化经营具体做法也有所不同，主要有以下3种。

① 同心多元化，指度假村利用原有的技术、特长、专业经验等开发与本度假村产品有关系的新产品。如乡村型度假村可以销售自身土地资源生产的农副产品，由此增加产品种类。这种做法不仅增加了度假村对客人的吸引力，还增加了度假村的收入来源。

② 水平多元化，指度假村仍面向原有的市场，通过开发新产品，增加产品种类和品种。如宁波九龙湖度假村，除原有的各种住宿、餐饮、娱乐外，还筹划设计开发拓展训练场地，增加不同的产品系列。

③ 集团多样化，指大型度假村通过收购、兼并其他行业的企业，或者在其他行业投资，扩大经营领域，增加与度假村现有的产品或服务大不相同的产品或服务。如开元集团经营饭店业、旅游业、房地产业等。集团多样化的发展趋势是经营范围更加广泛，越来越多的国家和地区的度假村在使用这一方法。

3. 收缩战略

收缩战略是以短期利润为目标的一种营销战略，是指度假村为削减费用和改善资金的使用，减少在某一特定的产品或经营单位的投资，把资金投入另外的新的或发展中的领域。度假村抽资的对象往往是费用高、利润少、发展前途不乐观或者度假村产品组合中的次要部分。采用这种战略的原因在于度假村现有产品或业务组合中的某几个状况不佳，且无发展潜力，通过大幅度裁减其投资，谋求短期利益，有利于优化度假村现有产品结构。

4. 淘汰战略

淘汰战略是将现有产品或业务从现有市场退出的一种营销战略。如果某一项业务已经没有增长潜力,或者从事这项业务不能进一步增加盈利,可以考虑采用这种战略。这种战略往往在经济衰退期间或度假村财务困难期间使用,其目的在于渡过危机,减少风险。淘汰战略通常有3种方式。

(1) 临时性淘汰。当某产品销售不佳时,度假村暂时停止生产经营,待查明原因对产品进行营销策略改进后,再生产投入市场,争取赢得顾客欢迎,这是临时性淘汰战略。

(2) 转移性淘汰。市场上往往有这样一种情况,在某一目标市场滞销的产品,在另一市场却十分畅销。在这种情形下,度假村从原来市场撤退,去开发其他吸引力强的新市场,这是转移性淘汰战略。

(3) 彻底性淘汰。在市场上,当度假村某产品已经处于衰退期,或新产品刚上市但已表明"不对路"而过早夭折时,果断地退出市场,这是彻底性淘汰战略。

7.3.3 度假村市场发展战略操作

一个度假村的市场发展战略,既要以本度假村的微观经济活动为基础,又要以宏观环境为依据进行规划,制定本度假村的长期营销目标和营销战略。市场发展战略的制定过程可具体分为以下步骤。

1. 确定度假村任务和目标

(1) 度假村任务。

度假村任务实质上是度假村经营的方向问题,也就是指度假村在相当长时间内将从事何种营销活动,为哪些用户和顾客服务。任何一个度假村都有自己的特定任务。明确了度假村任务,也就明确了度假村的活动领域和发展的总方向。为了度假村的长远发展,每个度假村都应该确定自己的任务。这是度假村发展的战略性问题。

度假村任务通常是由度假村的高层管理者决定的。在确定度假村任务时,主要考虑如下因素。①度假村历史上的突出特征。例如,某度假村过去一直是经营高端度假产品的,就不宜改变为大众化的度假村。即使遇上有利可图的市场机会,也不可轻易放弃自己原有特征。②度假村周围环境的变化。环境变化可以给度假村带来市场机会,也会形成威胁。度假村要善于把握机会,避开威胁。③度假村的资源状况。资源条件决定着度假村可以从事什么业务,它可以使某些任务顺利完成,使另一些任务难以完成。④度假村的特有能力。即根据度假村所具有的明显竞争优势来选择和确定业务范围。

衡量一个度假村任务报告是否切实有效,应考虑到:①是否按照目标市场的需要来规定和阐述度假村的任务。②是否根据度假村的资源能力来规定和表述其业务领域,使业务领域宽窄相宜。③是否能使度假村全体职工从任务报告中受到鼓舞,感受到其工作的重要性和对社会的贡献。④任务报告是否具体明确,为顺利执行任务而提出的方针、措施应该是明确具体的,以尽量限制个人任意解释的范围和随意处理问题的权限,使度假村内部各个方面的活动有章可循、责权分明,确保各个环节的协调配合。

(2) 度假村目标。

在明确了任务之后，就应当将任务进一步具体化为一定的度假村目标。度假村目标是度假村未来一定时期内所要达到的一系列具体目标的总称。它可以分为短期目标和长期目标。一年或两年之内要达到的目标一般称为短期目标。三年以上，甚至十几年才能达到的目标，称之为长期目标。度假村目标是多种多样的，这些目标见表7-4。

表7-4 度假村目标类型

贡献目标	贡献目标表现为度假村向社会提供的产品品种、品质、税金等，还表现为自然资源的合理利用、降低能源消耗、环境保护等目标。这是现代社会经济发展的客观要求
发展目标	发展目标主要表现为人、财、物的数量增加，人员素质的提高，接待能力的扩大，技术与管理水平的提高，专业化协作、经济联合的发展等
利益目标	利益目标主要表现为实现销售利润和投资利润等。任何度假村作为一个经济实体，都必须考虑其自身的利益，因此，必须有自己的利益目标。其中一定的利润和投资收益是度假村最重要的核心目标
市场占有率目标	市场占有率是指一定时期内本度假村某种产品的销售量（或销售额）在行业市场总销量（额）中所占的比重，又称市场份额。市场占有率在一般情况下反映着本度假村在同行业中所处的市场地位的高低。市场占有率与度假村获利水平密切相关，同时市场占有率的高低也关系到度假村的知名度，从而影响度假村的形象。因此，努力提高市场占有率，是度假村的重要战略目标之一

2. 分析市场环境和度假村实力

(1) 市场环境分析。

分析市场环境是度假村制定营销战略的主要依据。市场环境的分析重点在于对未来有长远影响力的因素分析。也就是说，应以市场环境因素的分析为重点，分析的项目主要围绕着怎样才能充分满足消费者的需求，在营销过程中如何抗衡竞争对手，在竞争中发挥优势，如何扩大联合力量，增强度假村竞争地位。市场环境的分析必须建立在周密的调查研究和准确的情报信息的基础上。

(2) 度假村实力分析。

度假村实力分析就是对度假村本身的经营条件和经营能力进行实事求是的分析，找出度假村本身的特长和不足，优势、劣势和差别优势，度假村在人力、财力、物力方面的潜力如何，竞争能力和应变能力如何等。

总之，度假村领导人和参加制定市场发展战略的人员对本度假村所处的市场环境，对自己的相对优势和劣势，一定要分析得非常清楚。

3. 拟定预选方案

在度假村的发展战略目标制约下，根据对市场环境和度假村实力的全面分析，要拟定几个不同策略组合的发展战略方案供度假村领导决策。

每一个备选的方案要有详尽的信息、科学分析，还要有优劣比较，对所实现的目标一定要有量化分析，对不能量化的，也应清楚地加以说明。

拟定预选方案时要提倡创新精神，不要因循守旧地搞老一套，要发挥群众智慧，不要只设计一种方案；要提倡通过专家论证进行优选，不要凭个别领导印象定案，以防止片面性或出现较大的失误。

4. 综合评价选优

这是度假村制定发展战略的一个关键性的步骤。具体方法就是领导人员组织专家，对各种预选方案进行经济与技术的全面评价，分析论证其技术可行性与财务效果，从中择优选出一个既符合国家方针政策，又能满足目标市场需求，并能为度假村带来较大经济效益的"最优方案"或"满意方案"。

在对预选方案的综合评价过程中，财务可行性分析论证是非常重要的。有条件的还可进行电子计算机模拟比较，从中优选满意方案。所选的满意方案不仅在技术上是先进的，而且在经济上必须是合理的，这样才能有较强的竞争力，保证度假村以收抵支后有较大的盈利，或者达到度假村预期的利润目标，届时，这个方案就可以通过。反之，如果经过财务可行性分析，或经过电子计算机模拟计算后，度假村的收入不能达到预期的利润目标，那就需要重新选择或制定新的发展战略方案，继续从中择优。

5. 控制实施

发展战略方案选定以后，就要控制其正确执行。在执行中，发现问题要及时反馈给决策机构，以便及时采取措施，加以必要的补充或做较大的变更，使发展战略在市场营销实践中不断发展、不断完善。

7.4 休闲度假村市场竞争战略

市场竞争是市场经济的基本特征，在市场经济条件下，度假村必然会从各自的利益出发，为取得较好的产销条件、获得更多的市场资源而竞争。

7.4.1 度假村主要市场竞争战略

1. 高质量竞争战略

高质量竞争战略是指度假村以高质量为竞争手段，就是致力于树立高质量的度假村形象，并希望在竞争中以高质量超越竞争对手。

实施这一战略时需要解决的主要问题是怎样认识和塑造高质量。20世纪90年代初，市场学界提出了"全面质量营销"（Total Quality Marketing）的新概念。

（1）高质量要注重产品的性能质量，包括产品的功能、耐用性、牢固性、可靠性、经济性、安全性等。

（2）高质量要以顾客需求为依据。性能质量的"高"是相对的，要适度。

（3）高质量要反映在度假村的各项活动和创造价值的全过程中。

（4）高质量要在比较中不断进取。作为一种竞争战略，高质量的优势是明显的：它是一切竞争手段的前提和基础，也是树立良好度假村形象的基础。

2. 低成本竞争战略

低成本竞争战略是指度假村以低成本作为主要竞争手段，使自己在成本方面比其他度假村占有优势地位。

实现低成本战略的关键是发挥规模经济的作用，使生产规模扩大、产量增加，进而使单位产品固定成本下降。在扩大生产规模过程中，争取做到以下几点。

（1）以较低的价格取得生产所需的原材料和劳动力。

（2）使用先进的机器设备，增加产量，提高设备利用率、劳动效率和产品合格率。

（3）加强成本与管理费用的控制等。

实现低成本战略，可使度假村以低于竞争者的价格销售产品，提高市场占有率；也可以与竞争者同价销售产品，取得较高利润。低成本战略流行于20世纪70年代，当其他度假村都采用各种措施使成本降到最小化或接近极限时，这一战略就失去意义了。

3. 差异优势竞争战略

度假村以表现某些方面的独到之处为主要竞争手段，希望在与竞争对手的差异比较中占有优势地位，便形成差异优势战略。这里的差异包括：产品的性能、质量、形式、品牌、档次，生产产品所采用的技术、工艺、原材料以及售前售后服务、销售网点等方面的差异。

差异优势竞争战略是在各个度假村大批量生产同一无差异产品并出现销售困难时提出来的一种战略。因为在上述情况下，解决问题的出路是使度假村在品质、实力、创新能力、经营经验等方面的优势成功地转化为产品、服务、宣传、网点等方面独具特色的差异优势，减少与竞争对手的正面冲突，并在某一领域取得竞争的优势地位。

在选择度假村时，度假者对具有特色的产品可能并不计较价格或无法进行价格比较，从而可以高于竞争者的价格销售产品，而取得更多利润；同时，具有特色的产品又可以阻碍替代者和潜在加入者进入，还能提高度假村与购买者、供应商讨价还价的能力。

但实施这一战略可能要付出较高的成本代价，当较多的度假者没有能力或不愿高价购买特色产品时，提高市场占有率较困难。

4. 集中优势竞争战略

集中优势竞争战略要求度假村致力于某一个或少数几个度假者群体提供服务，力争在局部市场中取得竞争优势。

所谓集中，就是度假村并不面向整体市场的所有度假者推出产品和服务，而是专门为一部分度假者群体（局部市场）提供服务。

集中精力于局部市场，仅需少量投资，这对中型度假村特别是小型度假村来说，正是一个在激烈竞争中求得生存与发展的空间。同时这一战略既能满足某些度假者群体的特殊需要，具有与差异战略相同的优势，又能在较窄的领域里以较低的成本进行经营，兼有低成本战略相同的优势。

但它也有一定的风险：当该类型产品所面对的局部市场的供求、价格、竞争等因素发生变化时，就可能使度假村遭受重大损失。

7.4.2 度假村市场竞争的基本策略

根据度假村在市场上的竞争地位不同，可以将其分为4种类型：市场领先者、市场挑战者、市场跟随者、市场补缺者。

1. 市场领先者策略

市场领先者是指行业中在同类产品的市场上占有率最高的度假村。其主要策略如下。

（1）扩大需求量策略。扩大需求量主要有3种途径：不断发现新的购买者和使用者；开辟产品的新用途；增加产品的使用量。

（2）保护市场占有率策略。保护市场占有率的主要方式有：阵地防御；侧翼防御；先发防御；反攻防御；运动防御；收缩防御。

（3）提高市场占有率。即市场领先者设法通过提高度假村的市场占有率这一途径来增加收益、保持自身的成长和主导地位。

2. 市场挑战者策略

市场挑战者是指那些在市场上处于第二、第三等较高地位的度假村，它主要考虑向竞争者挑战，争取达到市场领先地位。其主要策略如下。

（1）确定策略目标和挑战对象——攻击市场领先者；攻击市场挑战者或追随者；攻击小型度假村。

（2）选择进攻策略。进攻策略主要有正面进攻、侧翼进攻、围堵进攻、迂回进攻和游击进攻。

3. 市场跟随者策略

市场跟随者是指那些在市场上处于比市场挑战者更低地位的度假村，其主要特征是安于次要地位，参与竞争但不扰乱市场局面，力争在共处的状态下求得尽可能多的利益。

市场跟随者主要选择的跟随策略有紧密跟随、距离跟随和选择跟随。

4. 市场补缺者策略

市场补缺者指精心服务于总体市场中的某些细分市场，避免与占主导地位的度假村竞争，只是通过发展独有的专业化经营来寻找生存与发展空间的度假村。

补缺市场应具有足够的市场潜量和购买力，有利润增长的潜力，并且对主要竞争者不具有吸引力。而作为补缺地位的度假村具有占据该补缺市场所必需的资源和能力，并且已有的信誉足以对抗竞争者。

市场补缺者策略是要善于发现和尽快占领自己的补缺市场，并不断扩大和保护自己的补缺市场。

7.5 休闲度假村市场营销组合战略

市场营销组合是度假村市场营销战略的一个重要组成部分，指的是度假村在选定的目标市场上，综合考虑环境、能力、竞争状况中度假村自身可以控制的因素，对它们加以最佳组合和运用，以完成度假村的目的与任务。市场营销的主要目的是满足消费者的需要，而消费者的需要很多，要满足消费者需要所应采取的措施也很多。因此，企业在开展市场营销活动时，就必须把握住那些基本性措施，合理组合，并充分发挥整体优势和效果。

7.5.1 市场营销组合的产生与发展

1960年，麦卡锡提出了著名的4PS组合。麦卡锡认为，企业从事市场营销活动，一方面要考虑企业的各种外部环境，另一方面要制定市场营销组合策略，通过策略的实施，适应环境，满足目标市场的需要，实现企业的目标。麦卡锡提出营销组合包括4个可控要素：产品(Product)、地点(Place)、价格(Price)、促销(Promotion)，即4PS组合。在这里，产品就是考虑为目标市场开发适当的产品，选择产品线、品牌和包装等；价格就是考虑制订适当的价格；地点就是讲要通过适当的渠道安排运输储藏等，把产品送到目标市场，促销就是考虑如何将适当的产品按适当的价格，在适当的地点通知目标市场，包括销售推广、广告、培养推销员等。同时，4PS组合的各要素又会受到各种外部环境的影响和制约，包括经济环境、社会文化环境、政治法律环境等。

以后，市场营销组合又由4PS发展为6PS，6PS是由科特勒提出的，它是在原4PS的基础上再加政治(Politics)和公共关系(Public Relations)。6PS组合主要应用于实行贸易保护主义的特定市场。随后，科特勒又进一步把6PS发展为10PS。他把已有的6PS称为战术性营销组合，新提出的4PS是：研究(Probing)、划分(Partitioning)即细分(Segmentation)、优先(Prioritizing)即目标选定(Targeting)、定位(Positioning)。他认为，战略营销计划过程必须先于战术性营销组合的制定，只有在搞好战略营销计划过程的基础上，战术性营销组合的制定才能顺利进行。菲利浦·科特勒在讲到战略营销与战术营销的区别时指出："从市场营销角度看，战略的定义是企业为实现某一产品市场上特定目标所采用的竞争方法，而战术则是实施战略所必须研究的课题和采取的行动。"（菲利普·科特勒等著《日本怎样占领美国市场》）。现在，战略营销与战术营销的界线已日趋明朗化。

到20世纪90年代，又有人认为，包括产品、价格、销售渠道、促销、政治力量和公共关系的6PS组合是战术性组合，企业要有效地开展营销活动，首先要有为人们(People)服务的正确的指导思想，又要有正确的战略性营销组合(市场调研Probing、市场细分Partitioning、市场择优Prioritizing、市场定位Positioning)的指导。这种战略的4PS营销组合与正确的指导思想(People)和战术性的6PS组合就形成了市场营销的11PS组合。

20世纪90年代初，世界进入了一个全新的电子商务时代，消费个性化和感性化更加突出，企业为了了解消费者的需求和欲望，迫切需要与消费者进行双向信息沟通。1990年美国市场学家罗伯特·劳特伯恩教授提出了4CS理论，即Customer(顾客)、Cost(成本)、Convenience(便利)和Communication(沟通)。该理论针对产品策略，提出应更关注顾客的需求与欲望；针对价格策略，提出应重点考虑顾客为得到某项商品或服务所愿意付出的代价；并强调促销过程应用是一个与顾客保持双向沟通的过程。4CS 理论的思想基础是以消费者为中心，强调企业的营销活动应围绕消费者的所求、所欲、所能来进行，这与以企业为中心的 4PS 理论有着实质上的不同。不同的市场营销组合战略理论见表 7-5。

表 7-5 市场营销组合战略

4PS	Product(产品)、Place(销售渠道)、Price(价格)、Promotio(促销)
6PS	4P、Politics(政治)、Public Relations(公共关系)
10PS	6P、Probing(市场调研)、Partitioning(市场细分)、Prioritizing(市场择优)、Positioning(市场定位)
11PS	11P、people(人们)
4CS	Customer(顾客)、Cost(成本)、Convenience(便利)、Communication(沟通)

7.5.2 市场营销组合的特点

1. 市场营销组合是一个变量组合

构成营销组合的"4PS"的各个自变量是最终影响和决定市场营销效益的决定性要素，而营销组合的最终结果就是这些变量的函数，即因变量。从这个关系看，市场营销组合是一个动态组合。只要改变其中的一个要素，就会出现一个新的组合，产生不同的营销效果。

2. 市场营销组合的层次

市场营销组合由许多层次组成，就整体而言，"4PS"是一个大组合，其中每一个 P 又包括若干层次的要素。这样，度假村在确定营销组合时，不仅更为具体和实用，而且相当灵活，不但可以选择 4 个要素之间的最佳组合，而且可以恰当安排每个要素内部的组合。

3. 市场营销组合的整体协同作用

度假村必须在准确地分析、判断特定的市场营销环境、企业资源及目标市场需求特点的基础上，才能制定出最佳的营销组合。所以，最佳的市场营销组合的作用绝不是产品、价格、渠道、促销 4 个营销要素的简单数字相加，即 4PS≠P＋P＋P＋P，而是使它们产生一种整体协同作用。就像中医开出的重要处方，4 种草药各有不同的效力，治疗效果不同，所治疗的病症也相异，而且这 4 种中药配合在一起的治疗，其作用大于原来每一种药物的作用之和。市场营销组合也是如此，只有其最佳组合才能产生一种整体协同作用。从这个意义上讲，市场营销组合是一种经营的艺术和技巧。

4. 市场营销组合必须具有充分的应变能力

市场营销组合作为度假村营销管理的可控要素，一般来说，度假村具有充分的决策权。例如，度假村可以根据市场需求来选择确定产品结构，制定具有竞争力的价格，选择最恰当的销售渠道和促销媒体。但是，度假村并不是在真空中制定市场营销组合的。随着市场竞争和顾客需求特点及外界环境的变化，度假村必须对营销组合随时纠正、调整，使其保持竞争力。总之市场营销组合对外界环境必须具有充分的适应力和灵敏的应变能力。

7.5.3 市场营销组合策略

市场营销的组合策略见表7-6。

表7-6 市场营销组合策略

产品策略	产品策略包括产品发展、产品计划、产品设计等决策内容。其影响因素包括产品的特性、质量、环境、设施、品牌、商标、展示、服务等
价格策略	价格策略包括确定定价目标、制定产品价格原则与技巧等内容。其影响因素包括付款方式、信用条件、基本价格、折扣、批发价、零售价等
促销策略	促销策略是指主要研究如何促进顾客购买产品以实现扩大销售的策略。其影响因素包括广告、人员推销、宣传、营业推广、公共关系等
分销策略	度假村分销策略主要研究使产品信息顺利到达度假者及度假者如何到达度假村的途径和方式等方面的策略。其影响因素包括分销渠道、区域分布、中间商类型、运输方式等

上述4个方面的策略组合起来总称为市场营销组合策略，其基本思想在于：从制定产品策略入手，同时制定价格、促销及分销渠道策略，组合成策略总体，以便达到以合适的产品、合适的价格、合适的促销方式，把产品信息送到度假者所在地的目的。企业经营的成败在很大程度上取决于这些组合策略的选择和它们的综合运用效果。

7.5.4 市场营销组合的意义

1. 制定营销战略的基础

营销战略本质上就是度假村经营管理的战略，而营销战略主要是由企业目标和营销因素协调组成的。由于制定市场营销战略的出发点是完成企业的任务与目标，以投资收益率、市场占有率或其他目标为比较选择的依据来进行营销组合是比较符合实际的。

作为度假村营销的战略基础，营销因素组合既可以4个因素综合运用，也可以根据产品与市场的特征，分别重点使用其中某一个或某两个因素，设计成相应的销售策略，这是一个细致复杂的工作。

2. 应付竞争的有力手段

度假村在运用营销因素组合时，必须分析自己的优势和劣势是什么，以便扬长避短。

在使用营销因素组合作为竞争手段时，要特别注意两个问题。

（1）不同市场不同产品侧重使用的营销因素应当不同。

（2）企业在重点使用某一营销因素时，要重视其他因素的配合作用，这样才能取得理想的效果。

3. 为度假村提供系统管理思路

在实践中，人们认识到，如果以市场营销组合为核心进行企业的战略计划和工作安排,可以形成一种比较系统的、从点到面、简明扼要的经营管理思路。许多度假村根据市场营销组合的各个策略方向去设置职能部门和经理岗位,明确部门之间的分工关系,划分市场调研的重点项目,确定企业内部和外部的信息流程等等。度假村的财务部门也会在完成财务报表的同时,按照4PS数据列表,为度假村分析资金运用、固定成本与变动成本支出等情况提供信息。运用营销因素组合,可以较好地协调各部门工作。

本章小结

度假村市场营销是联结社会需求与度假村反应的中间环节,是度假村用来把度假者需求和市场机会变成有利可图的企业机会的一种有效的方法,也是企业战胜竞争对手的重要方法。本章对市场营销发展历程作了回顾,并重点介绍了目前旅游市场营销的一些新观念。同时,根据市场营销战略的相关理论,结合国内外度假村发展的实际对度假村的市场定位、市场发展、市场竞争和市场营销组合战略相关内容进行了介绍和分析。学习中可以结合市场营销学的相关理论和知识,以进一步对本章知识的深入理解。

复习思考题

一、名词解释

市场营销　　　　旅游绿色营销　　　　旅游关系营销
市场定位　　　　密集型增长战略　　　差异优势竞争战略

二、单项选择题

1. 浙旅集团将原有的会议招待型酒店进行改建提升,定位为"五星级标准的高档休闲度假酒店",属于根据(　　)定位原则。
   A. 产品特点　　B. 特定用途　　C. 顾客利益　　D. 使用者类型
2. 度假村设立自己的苗木公司,属于营销发展战略中的(　　)。
   A. 前后一体化　B. 后向一体化　C. 水平一体化　D. 集团多元化

三、多项选择题

1. 避强定位战略的优点有(　　)。
   A. 较快地在市场上立足　B. 易于树立市场形象　C. 产生轰动效应
   D. 填补市场空白　　　　E. 风险小
2. 市场营销组合的4PS策略包括(　　)。
   A. 产品策略　　B. 价格策略　　C. 促销策略
   D. 分销策略　　E. 公关策略

四、简答题

1. 如何做好旅游服务营销?
2. 度假村市场发展战略有哪些?
3. 简述度假村市场营销组合战略的特点及意义。

五、论述题

1. 休闲度假村应如何准确做好市场定位？
2. 休闲度假村主要市场竞争战略有哪些，如何实施？

课后阅读

将市场营销理念贯穿到整个企业当中
——珠海御温泉旅游度假村成功的几个启示

珠海御温泉（图7.1）是一家四星级温泉休闲旅游度假村，集温泉沐汤、健康调养、膳宿会务、休闲娱乐等服务项目一体，几十种温泉池配与齐全的健康调养设施与养生项目形成御温泉温泉养生系统。

御温泉独具盛唐新风，御式服务，开创了中国温泉旅游产业，被国家旅游局誉为"中国温泉旅游的领头雁"，当选广东温泉旅游协会首任会长单位。这样一个企业在短短10年的时间里，如何从最初的2 000万人民币的投入实现今天业内专业人士近10个亿的品牌估价，以下几个成功的因素值得我们讨论和学习。

图7.1 珠海御温泉

第一，企业的市场定位要清晰，并要适时调整和不断维护。

御温泉在成立之初就定位于面对温泉旅游高端市场，尤其是利用其在珠三角的天然地理优势，立足经济特区珠海并依托港澳游客市场，这个定位使御温泉在温泉旅游刚刚兴起，主要是奢侈旅游消费品的年代，依托经济先行一步的珠三角地区和富裕的港澳客源站稳了脚跟。

随着温泉逐渐成为大众旅游消费产品，御温泉也经历了一个定位调整时期，从最初的追求日本温泉模式，到发掘温泉所在地——珠海，黄杨山及周边崖门地区的人文历史，提出了唐式温泉，纯粹中国，纯粹温泉的新内涵，企业的标志、陈设、定价等也都随着定位进行了新的调整。这使得御温泉在日益发展起来的国内旅游市场上利用准确调整定位仍然占据温泉旅游的高端市场，赢得了稳定增长的客源。

第二，从核心产品到外延衍生产品的深度价值挖掘，实现"养鸡卖蛋兼售羽毛"的双赢甚至多赢的思路。

依靠其核心产品——温泉水的养生保健价值，御温泉实现了其在服务、酒店、会展以及营销咨询、温泉策划等服务项目多重价值的联动增长效果。

2009年,在有"温泉旅游之父"之称的御温泉董事长吴卓晋先生和"中国十大杰出职业经理人"之一的朱跃东先生的带领下,集合高星级酒店管理专家和有多年经验的美术规划专家及广告公司设计、策划总监等相关产业专业人才于一体,御温泉成立了旅游管理咨询公司,主营温泉项目投资顾问,温泉项目策划及设计顾问以及温泉项目筹建顾问等业务,充分利用了御温泉在行业内的领头羊的地位,为企业实现了多种利润渠道。

第三,开创独特的"情"字服务理念,为有形产品增值。

御温泉从创立之初就致力于在服务上创品牌,并逐步发展为今天的以十个"一"为代表的"情"字服务。它将人性化服务理念贯穿到每个服务环节,细节决定成败,通过细致入微的用心观察和积累,御温泉的员工会在忠诚的老客户到来前,在客房内摆放他(她)的照片,准备好他爱喝的汤或者她喜欢的兰花,至于家人般的招待,生日、节日周到的问候更是从不会疏忽。无论是产品和服务,御温泉最难得就是提供客户需要的差异化价值,在个性化服务方面,御温泉甚至在其客房门上都会按照入住客人的姓名而命名为"赵府","王府"等。"情"字御式会务服务就包括了会务整体策划,会议室布局策,宣传品、纪念品策划和会务组织活动策划等内容,作为承办会议的单位,御温泉从客户需求出发,从细节上为其提供的会务服务增值。御温泉真正做到了以顾客为"皇帝"(而不是上帝),真正实现了顾客的满意度和忠诚度,在竞争日益激烈的旅游市场上,依靠成功地营造全方位的旅游体验,大大提高了有形的旅游产品——温泉的价值。中国正在进入休闲经济时代,顾客的一次旅游是以整体的旅游体验而不仅仅是具体的旅游产品来衡量的,如何有效地利用各个环节的优质服务为产品增值,是实现客服满意度,进而提升企业利润的关键因素。

第四,企业营销渠道的建设及多维营销手段是保障销售扩大销售的关键。

御温泉从其依托港澳及珠三角高端市场的定位出发,在创立之初就通过在香港及珠三角主要富裕城市如深圳、广州等地设立办事处的方式,在香港进行空中媒体投放和户外广告宣传,让目标客户认识品牌,培育温泉旅游文化,提高了它在目标市场的知名度;其次,与高级商场、酒店和旅行社紧密合作,从而把御温泉作为一个来观光城市珠海旅游的推荐景点捆绑在旅行社的线路中,这种做法在旅游业有着大量提升客源,稳定客源的重大意义,这一做法同后来上海杂技团把它的驻场演出"时空之旅"作为来上海旅游的推荐项目之一有着异曲同工之妙。再次,配合办事处销售人员的区域拜访,通过人性化、个性化的服务占领重要大客户资源。同时,御温泉着重节假日促销推广活动设计,先后推出了妇女节、教师节、元宵赏月、母亲节、父亲节、六一亲子游等主题活动,贴心的人文关怀赢得了客户的口碑。此外还推出现场购票,香港购票专线,全国免费的400购票热线24小时开通,在线预订、手机购买、网络商城、尊尚名人会员卡制度等结合了现代信息技术的推广活动,从而架构起一个立体多维的营销网络,赢得了市场份额,占领了主要目标市场,赢得了客户的口碑和忠诚度,这是保障销售、扩大销售的关键因素。

第五,持之以恒的企业品牌建设和企业文化培养。

御温泉挖掘中国温泉文化,发展温泉调养休闲旅游产业,持之以恒的品牌建设使其成为国内温泉行业的引领者。过去几年里,御温泉获得的荣誉无数,包括"中国温泉旅游产业的开创者"、"中国旅游知名品牌"、"中国十大最具影响力品牌"、"中国品牌建设功勋企业"等。从中可以看出御温泉在做好品牌建设方面做出的努力。

企业的品牌建设涉及企业的各个方面，也需要长期不动摇的投入。从企业定位到定价，从温泉产品及衍生产品的开发到不断更新的陈列风格，从售前的推广到售中的服务再到售后的客户忠诚度建设和维护，从人力资源的培养到企业文化的建设，御温泉在不断践行着中国温泉旅游业第一品牌——御温泉的价值所在，在温泉旅游经营管理模式建立、御温泉品牌建设及品牌输出、温泉旅游人才培养等方面多有建树，其中就包括以品牌无形资产入股管理石家庄国大御温泉发展有限公司。

创办"温泉休闲旅游"专刊，在人民大会堂举办全国温泉旅游高层论坛，两次全国温泉旅游高层论坛的发起与举办，广东省温泉旅游协会的成立及会长工作，中国首部温泉旅游地方标准的制定，全国首套温泉旅游高等教材的编写，《中国旅游报》"温泉旅游休闲专版"连续4年的主编，甚至御温泉国际董事长吴卓晋先生本人在2009年当选为中国标准化协会第六届理事会副理事长，御温泉始终站在行业发展高度，成为企业与企业间、企业与政府间的桥梁与纽带，这些不仅为御温泉赢得了良好的口碑，树立了温泉行业"领头羊"的地位，也成功实现了企业与其外部环境的和谐发展。

第六，服务企业也需要科研投入。

御温泉注重企业内涵、温泉管理人才和管理理念的培养，大力推广和发展与吉林大学珠海学院等高等院校的校企合作，在原有的企业为高校提供实习基地，高校为企业定向培养人才的模式基础上，增加了学位课程的合作，并充分利用企业的从业优势和大学的科研优势，于2005年11月在御温泉启动了中国首套温泉旅游高等教材编撰工作，并于2007年发布，填补了旅游管理学科教材体系一项空白，第二批温泉专业丛书中还包括可以填补国内也是国际空白的"温泉旅游英语"。

御温泉首创了温泉行业的"大学院"，始终把人才培养作为温泉行业发展的大事来抓，致力于打造中国温泉"黄埔军校"。大学院主要为御温泉的员工，乃至整个中国温泉行业的从业人员提供岗位技能培训和岗位资格认证培训课程，其中包括企业管理、市场营销、人力资源等商科专业知识，还包括温泉旅游、酒店、会展等专业内容。此外，大学院还组织训导师特训营、户外拓展训练、团队建设训练、学术研讨交流论坛并策划开展系列的成人高等教育、中高级岗位资格认证和各类相关专业培训项目。

企业在硬件条件上为员工提供了图书馆、阅览室和计算机房，不仅提高了本企业员工的素质、业务技能和管理能力，也通过其他温泉企业来御温泉观摩、实习、培训等项目实现了人才输出，促进了整个行业的发展。"没有行业，哪有产业"，这是御温泉董事长经常说的一句话。从这句话中，我们可以看到御温泉一直以来对行业的责任与贡献意识的来源，而这些科研的投入和所做的种种努力正是实现行业健康发展、良性竞争的保证。

御温泉在中国温泉旅游行业内实现了从营销缺位到产业整合的成功崛起，并通过不断的科研和实践将传统的"泡澡"提升到"温泉休闲养生文化"，从产品到服务，从旅游营销到文化营销，从竞争到整个温泉行业的发展，实现了一个华丽的蜕变，并逐渐走向成熟。

资料来源：赵英华，陈素娟. 将市场营销理念贯穿到整个企业当中——珠海御温泉旅游度假村成功的几个启示[J]. 商场现代化，2009(6).

第8章　休闲度假村经营模式创新

学习目标

知识目标	技能目标
(1) 了解休闲度假村经营模式创新的概念、重要意义与必然性 (2) 了解温泉型、滨海型、城郊型休闲度假村经营模式创新的路径、内容与方式	(1) 从旅游业发展的大背景出发理解休闲度假村经营模式创新的内涵 (2) 掌握各类休闲度假村经营模式创新的理念与方法，并能够进行现实的案例分析 (3) 能够对休闲度假村所采用的不同经营模式进行比较分析

知识结构

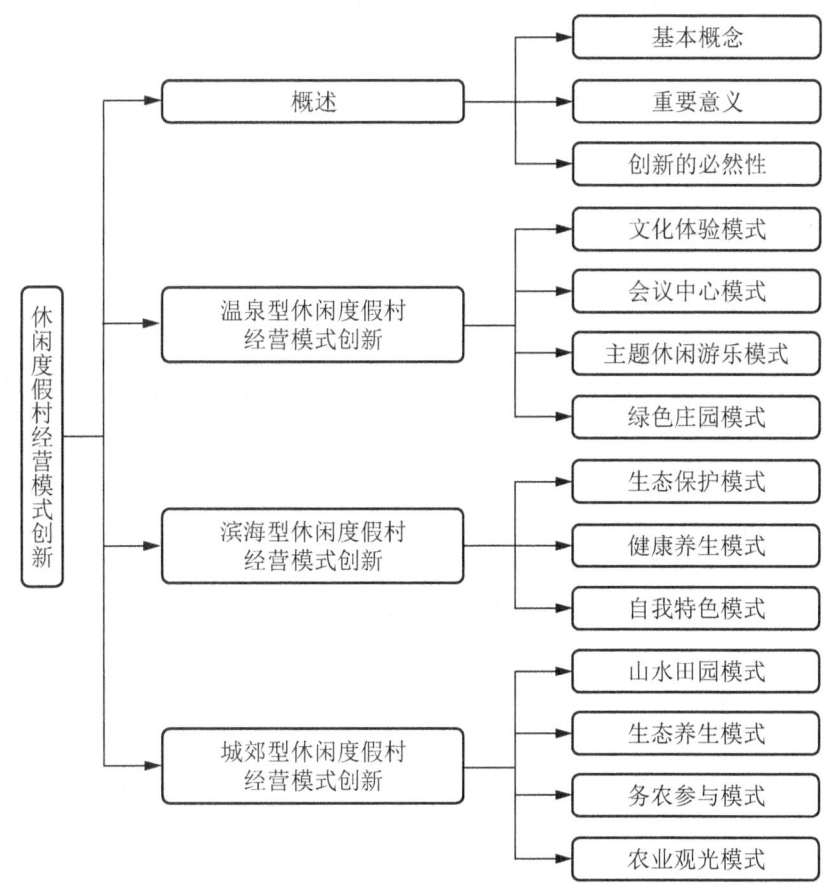

导入案例

瑞海姆国际旅游度假村经营模式的特色

"瑞海姆"国际旅游度假村(图8.1)经营模式是一种国际性的、超前的度假村经营模式,它是以21世纪"知识经济"、"以人为本"和"可持续发展"为理论基础,以"放松"、"健康"为宗旨,通过营造"绿色环保"、"周末之家"、"俱乐部"、"博物馆"和"瑞海人"等特定的文化内涵为基本手段,以"八型"(乡间别墅型、享受型、文化型、环保型、无障碍型、国际型、科技型及平等型)为特征的新型国际旅游度假村经营管理模式。

图 8.1 瑞海姆国际旅游度假村

1. RGHCM:瑞海姆度假村经营模式的精髓

R——Relax:意即放松、享受、休闲。除此而外,"R"还代表着"Romance"(浪漫)。

G——Green:意即绿色、自然风光、环保、可持续发展。

H——Health,Happiness,Home:意即健康、幸福、客人之家、员工之家、周末之家。

C——Club:意即俱乐部,强调以多种康体设施和娱乐设施等服务项目为一定层次的客人提供全面、便捷、特殊的服务。

M——Museum:博物馆。馆中陈设与地域文化、民俗文化以及历史人物相关的艺术品,包括有一定历史文物价值的旧报纸、生活生产工具等,强调一种厚重且充满个性的地域历史文化氛围。

其中,"R"是目的、是宗旨,"GHCM"是实现目的的措施。

2. "八型":瑞海姆度假村经营模式的基本特征

"瑞海姆"国际旅游度假村的经营模式及其特色可从以下几个方面得以体现。

(1)建筑风格:乡间别墅型。

(2)建筑及经营特色:环保型。

(3)设施与服务:无障碍型。

(4)室内装饰:文化型。

(5)经营手段:科技型。

(6)经营理念:享受型。

(7)服务项目与方式:国际型。

(8)员工与客人之间的关系:平等型。

3. "瑞海人"：瑞海姆度假村经营模式的灵魂

"瑞海人"是瑞海姆国际旅游度假村中各岗位娴熟的专业技术管理人员的称谓，他们必备的基本素质包括以下方面。

（1）具有娴熟的专业技术与管理技能。

（2）乐于与人交往，幽默大方、保持微笑，而且是具有人缘、具有亲和力的人。

（3）善于诱导、鼓励他人，具有强烈的感人魅力。

（4）面向世界，热爱不同的文化，喜欢与不同文化背景的人打交道。

（5）具有很强的调整角色的能力以及适应与改变环境的能力。

（6）具有非凡的领导能力和组织能力。

4. 可持续发展：瑞海姆度假村的经营准则

瑞海姆度假村在其日常经营活动中积极贯彻可持续发展的原则：①组织度假者进行度假、旅游活动时，避开那些脆弱、敏感的生态地域；②在旅游策划的各个阶段，充分听取地域生态科研人员和自然保护团体的意见；③考虑度假村的环境承载力，将度假者人数控制在适当的范围内，以减少对自然生态的影响和破坏；④对瑞海姆度假村员工，特别是"瑞海人"进行培训，培养其环保意识，强化其可持续发展思想；⑤正确引导度假村客人的消费行为，培养度假客人的环保意识。

5. 资本经营：瑞海姆度假村经营的高级阶段

瑞海姆度假村资本经营的模式有以下几种：第一，善于利用各种筹集资金的渠道；第二，善于投资；第三，抓好瑞海姆度假村产业的经营；第四，敢于并善于买卖资产。

6. 科学、有效的经营机制：实现瑞海姆度假村经营模式的可靠保证

（1）采用民间资金，尽量不用国家的钱。

（2）实行高薪制，聘用合格企业家，造就百万富翁。

（3）让无产者变为有产者，让所有的员工都富起来。

（4）依法保障业主、股民、经营管理者、技术人才以及员工的合法权益。

瑞海姆度假村经营机制的改革本身就是一次伟大的创新，只有创新才能发展，只有创新才能进步，犹如发明创造，当困难摆在面前时，不能后退，只能向前。一切貌似不可解决的死结、陈规、旧习、积弊、其中都酝酿着发明创造的契机。当创造力犹如朝晖穿透云层，势不可挡地放射出万道霞光，瑞海姆度假村在世界的东方将重领人类的风骚！

讨论题："瑞海姆"度假村的经营模式既能够适应国际化的旅游发展趋势，同时又涵盖了企业经营管理的各个方面，极具代表性。在阅读上述资料后，请思考瑞海姆度假村经营模式创新的主要特点，并分析其创新改革发生的主要背景和条件。

文章来源：孙德禄．点击中国策划：城市策略［M］．北京：中国经济出版社，2008．

休闲度假村明确自身的经营模式并不断实现创新是企业发展的重要基础；反之，企业将可能出现停滞不前甚至是倒退衰亡的现象。旅游业的大发展为休闲度假村的创新发展创造了新的战略机遇，也提出了新的要求，而激烈的市场竞争也使休闲度假村意识到必须要创立自己的旅游品牌，突出自身的旅游特色，努力实现经营模式的创新发展。由于休闲度假村的类型多种多样，所面对的资源、环境、条件、产业基础及其特点等都各不相同，因此，度假村所选择的经营模式也各不相同、类型多样。

根据国内外休闲度假村发展的成功经验，休闲度假村的经营模式创新主要体现在整合优势资源、创新旅游产品开发等方面，本章主要对温泉型、滨海型和城郊型 3 种类型休闲度假村的经营模式创新进行分析，每一种经营模式既不是简单而独立的存在，也不是简单的替代关系，更不能片面地认为某一经营模式就一定是最佳模式，休闲度假村的经营模式创新是一个不断发展、不断探索的过程。

8.1 休闲度假村经营模式创新概述

8.1.1 基本概念

从企业管理理论的角度出发，企业经营是指一个系统的投入产出的过程，即将投入（组织的资源）通过一个增值的过程转化成为产出（向顾客提供的服务）。根据孙晶晶（2008）对旅游景区经营模式创新的相关研究，休闲度假村的经营是依托度假村的资源向度假者提供使其满意的服务和产品并取得满意的企业投资回报的过程。休闲度假村经营管理的目标是要实现度假村的平稳高效运行，以产品特色吸引更多的度假者，并为度假者提供满意的服务，从而实现度假村的可持续发展。

休闲度假村的经营模式，通俗地说，就是度假村企业赚钱的方式，即如何将人力、物力、财力等资源加以有效组合，实现现金流入的一系列方法。这一经营模式的内涵主要包括 3 个方面的内容：一是确定休闲度假村要实现什么样的价值，即在旅游产业链中的位置；二是基本划定休闲度假村的经营业务范围；三是明确休闲度假村采取什么样的手段来实现企业价值。美国的著名创业家塞思·戈丁在《创业者圣经》一书中认为，企业的经营模式是企业创业成功的关键，即使产品本身很普通，只要经营模式很出色，那么企业同样能够成功。

在明确休闲度假村经营、休闲度假村经营模式基本概念的基础上，我们提出休闲度假村的经营模式创新，即休闲度假村对其在产品开发、经营管理中涉及的各种资源（内部资源和外部资源）进行组织加工、整合利用方式的创新。休闲度假村经营模式创新的具体内容见表 8-1。

表 8-1　休闲度假村经营模式创新的具体内容

资源类型	具体内容
内部资源	旅游资源、旅游设施、旅游服务等
外部资源	旅游市场、竞争合作关系等

8.1.2 经营模式创新的重要意义

明确自己的经营模式并不断实现创新是企业发展的重要基础；反之，企业将可能出现停滞不前甚至是倒退衰亡的现象。休闲度假村的核心竞争力在于创立具有明显特色的品牌和差异度较大的主题，因此，必须要实现休闲度假村经营模式的创新。

旅游业发展的现实情况说明,旅游企业在市场经济的大潮中如逆水行舟,不进则退。市场经济的法则就是优胜劣汰,休闲度假村在旅游业竞争中想要占据优势地位,必须要贯彻落实科学发展观,提升经营管理水平,实现经营模式的创新。创新是一种理念,更是休闲度假村企业生存发展的内在要求。只有通过经营模式创新才能使度假村企业的运行机制和产品开发更加规范合理,更好地实现人、财、物等资源的有效配置。

8.1.3 经营模式创新的必然性

休闲度假村在成长过程中,必须实现其经营模式的创新,这既是外部旅游市场发展的客观需要,同时也是度假村企业内部不断变化发展的推动所致,由于整个旅游行业在市场、服务、品牌等方面都正在发生着根本性转变,因此,休闲度假村的经营模式创新成为发展的必然。

休闲度假村经营模式创新的必然性来自于内外部两个方面,如图8.2所示。首先,休闲度假村所处的旅游产业发展大背景和旅游企业发展大环境是其经营模式创新的外部条件,主要包括3个方面的内容。

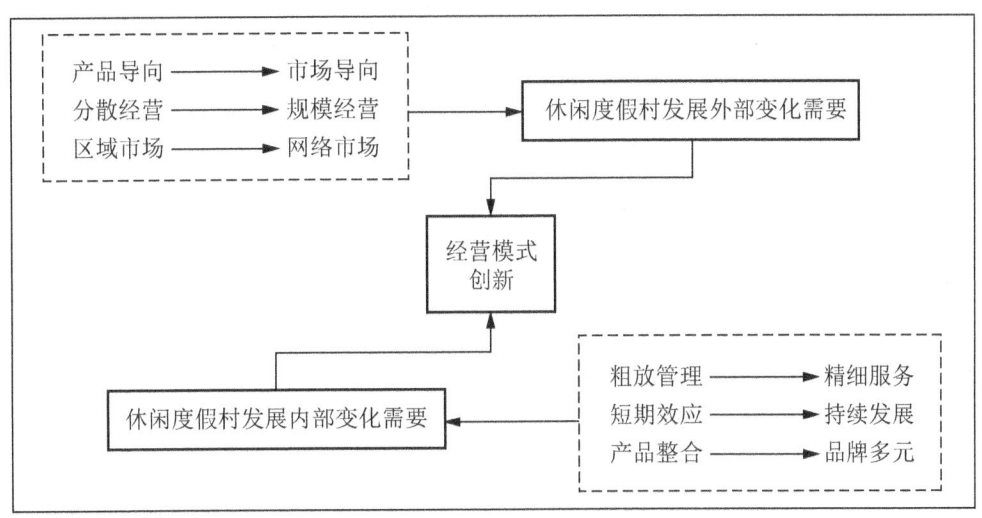

图8.2 休闲度假村经营模式创新的发生条件

(1) 以市场为导向的旅游产业发展机制要求充分发挥市场在资源配置中的基础性作用,要求旅游企业敏锐地发现和捕捉市场机会,从而建立起适应市场需要,并且能够随市场变化而变化的旅游经营模式。

(2) 旅游企业的规模化经营正在成为重要的发展趋势之一,规模企业优势明显,发展速度加快,同时也推动了中小旅游企业的优胜劣汰,如果不能在经营观念和盈利模式方面大胆变革和有所创新,企业将会面临巨大的生存危机。

(3) 旅游业的网络化经营时代正式到来,在休闲度假旅游市场上,网络化经营业态具体表现为休闲度假村或度假酒店的连锁集团,这种连锁经营从本国开始发展,创出品牌并被市场所公认,逐步扩大规模并最终形成强有力的连锁集团。

其次，休闲度假村企业内部经营管理目标的调整与发展趋势是其经营模式创新的内部条件，同样包括3个方面的内容。

(1) 休闲度假村早期的粗放式、家庭作坊式管理已经不能适应旅游市场的需要，度假村越来越重视为度假者提供精细化、定制化、个性化的服务，并将此作为企业管理的重点。

(2) 在休闲度假村激烈的市场竞争中，追求短期经济效应的企业必将逐步被淘汰，而坚持可持续发展原则的企业才能获得长久的发展。

(3) 休闲度假村为了不断提高企业的旅游吸引力，正在逐步扩大企业的经营范围，在产品整合的基础上，逐渐走向品牌多元化的发展道路，从而在实现提升经济效益的同时，更能保持企业持久而稳定的旅游竞争力。

8.2 温泉型休闲度假村经营模式创新

温泉型休闲度假村是以温泉为载体，集温泉洗浴、住宿、餐饮、会务、健身、娱乐等多种功能于一体的综合性场所。骆高远等(2008)认为，我国的温泉旅游是在早期温泉疗养院(所)的基础上发展起来的，随着旅游业的快速发展，温泉旅游作为一种以健康为主题、以养生和休闲为目的的时尚旅游，将养生、娱乐和休闲度假功能完美地结合在一起，具有广阔的市场前景和极佳的投资潜力。当前，我国温泉休闲度假村的旅游开发已经从传统的温泉旅游热点地区向全国范围高速扩张，形成了新一轮的温泉投资热潮，随之而来的是激烈的市场竞争。温泉休闲度假村赢得市场竞争的关键就在于经营模式的创新，这不仅直接决定了温泉休闲度假村的核心吸引力，更影响着企业的投资回报。

温泉项目是旅游项目中最具快速盈利潜力的项目之一。中国温泉休闲度假村的开发已经从传统的沐浴、疗养、休闲、娱乐时代进入到全新的主题化、复合性、度假型时代，旅游开发水平与经营模式创新从战略上直接决定着温泉休闲度假村的盈利效应，不仅一大批已建成的温泉休闲度假村亟待通过改造来重塑吸引力，新开发的则更需要通过创新来构建核心竞争力。

温泉休闲度假村经营模式创新的4个关键思路[①]如图8.3所示，现一一介绍如下。

(1) 充分把握温泉休闲度假村的未来发展大势，走"温泉＋X"的大温泉开发之路。

从战略上把握趋势，通过温泉与其他产业的嫁接以达成"1＋1＞2"的效果将是温泉度假村发展的大趋势。因而，在温泉旅游本身竞争异常激烈的今天，温泉休闲度假村要想突破自我，必须高瞻远瞩地把握温泉度假旅游的未来发展大势，从战略高度确定"温泉＋X"(温泉与特色休闲产业嫁接)的大温泉开发之路，才能跳出传统温泉度假村在温泉自身上浴血火拼的层面。

(2) 通过文化主题的整合及泡浴模式的创新，做足温泉泡浴特色。

温泉泡浴本身是温泉休闲度假村最核心、最重要的部分，尤其是对于新建的温泉度假村而言，只有做足温泉泡浴特色，才能够与"X"(其他特色休闲产业)共同构建强大的市场竞争力。这一特色体现主要表现在两个方面。

---

① 罗红宝，李煜，等．温泉度假村开发模式研究[J]．中国旅游报"旅游经营·投融资"专版，2009-3-27：012．

第一，文化主题的整合。温泉休闲度假村竞争的关键是文化的竞争，深入挖掘当地最具特色的文化，并与温泉、休闲等概念充分整合，形成独具特色与感召力的文化主题，继而通过温泉产品将文化主题充分演绎，是温泉度假村创造特色的关键手段。

第二，泡浴模式的创新。创新温泉泡浴模式既要充分演绎文化主题，注重与周边环境的完美结合，更要优化提升内外环境特点，注重结合辅助养生材料、养生手段及现代科技康疗手法，才能实现持续创新。

（3）以温泉带动特色休闲产业发展，实现度假村综合开发价值的最大化。

在"温泉＋X"的结构中，这个"X"是一个变量，是指特色休闲产业。温泉度假村要真正实现综合开发价值的整体突破，必须充分发挥温泉的休闲产业整合效应，在"X"上形成突破。"X"的选择应着重考虑3个因素：第一，是否有市场足以支撑合理的建设投资；第二，是否能够与温泉形成优势互补实现综合收益突破；第三，是否能够整合利用温泉度假村的场地资源。

（4）引入景区化打造理念，提升温泉度假村整体品质。

把景区化打造的理念引入温泉度假村的开发，把整个度假村按照4A甚至5A级景区的标准来完善各项建设、提高各项服务，为度假者创造更好的温泉旅游体验，必将极大地提升温泉度假村的整体品质。

（5）以高水准的策划规划设计指导开发是实现开发模式创新的关键战略。

温泉度假村的开发应注重在开发建设之前做好项目策划规划设计工作，首先，策划规划设计要符合温泉项目自身经营的特点；其次，策划规划设计要对旅游休闲产业特别是温泉与休闲产业的互动关系有深度研究，才能够超越"就温泉做温泉"的层面，通过"温泉＋X"实现质的腾飞。

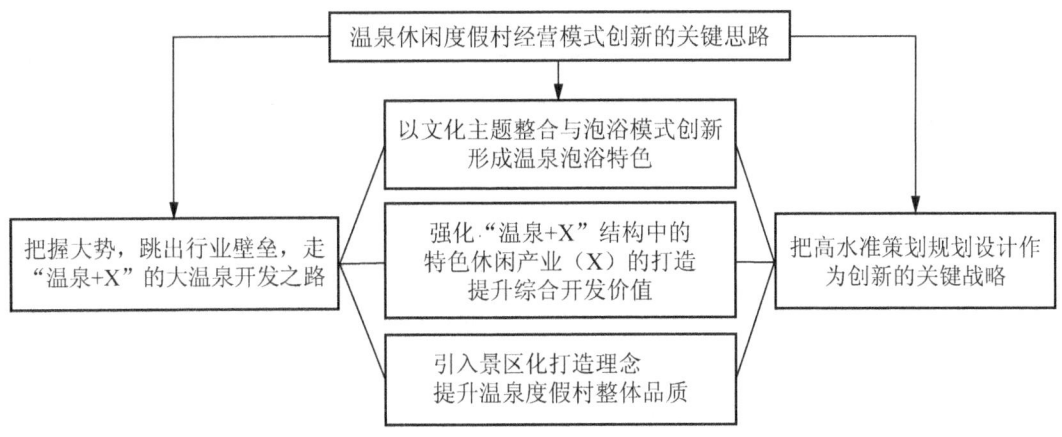

图8.3 温泉休闲度假村经营模式创新的关键思路

8.2.1 文化体验模式

温泉文化作为中华文化的一个分支，也是中国养生文化的重要组成部分，长久以来，温泉因为受到众多帝王及文人墨客的偏爱，凝聚了中华文化中儒、道、释三教文化的许多精髓。随着体验经济时代的到来，旅游产品和服务的竞争将转化为品牌和文化的竞争，因此，以温泉为核心旅游资源的温泉型休闲度假村应注重对温泉文化的挖掘、创新和注入，从而实现经营模式的创新。温泉型休闲度假村经营的文化体验模式主要内容是：通过对温泉文化的挖掘、创新和注入，以温泉为载体，将中国传统文化和现代时尚概念融入到温泉旅游之中，赋予其更多的内涵与价值，从而运用独特的文化主题、融合自然山水特色，形成体验型的特色温泉休闲度假村。

应用案例 8-1

珠海御温泉的文化体验主题

珠海的御温泉突破了温泉疗养的传统局限，凝练了"御"这一温泉文化精髓，它代表了中国古代的皇族，因此也寓意以客为尊，旨在为度假者提供多元化、高品质、宫廷级的服务。此外，御温泉还创新设计了多种温泉文化体验项目（图8.4），被誉为"中国温泉旅游的领头雁"。其文化体验经营模式的意义解析见表8-2。

图 8.4　珠海御温泉的文化体验

表 8-2　珠海御温泉文化体验经营模式意义解析

	主题或项目	意义解析
温泉文化主题	御	皇族、贵宾、尊贵等
温泉文化体验项目	华兴池	仿中华版图而建，民族文化温泉的代表
	六福汤	按时辰和节令清池换料，功效各异，变换无穷
	四小池	名酒、名花、名木按季节时令和时辰轮流变换
	三合凤吕	天、地、人相和谐，象征健康、快乐与长寿
	妙趣温泉	香薰泡泡、瀑布泉、音波喷射泉、温泉泳池等现代元素
	太医五体	五体沐汤、五体全息、五体调理、五体膳食
	御食坊	古色古香、绿叶成荫，具有浓郁的乡村味道
	千色胡同	反映老北京声色文化的胡同西餐厅
	御泉阁	四合院形式的贵宾房
	御满堂	盛唐古典装饰艺术风格的高级宴会厅
	云来客栈	四层客栈楼，并融入食肆、摊档、茶馆等元素

8.2.2 会议中心模式

这是我国目前绝大多数温泉休闲度假村最为基本的开发模式，尤其是温泉与中小规模会议市场结合的经营模式是目前我国较多温泉休闲度假村之所选。温泉型休闲度假村所选择的会议中心经营模式的主要内容是：休闲度假村以温泉为载体，通过不同档次的会议设施增强景区的旅游会议功能，同时配套以温泉休闲为核心的各项休闲娱乐项目，从而形成一个综合性的旅游度假地或度假区。

应用案例 8-2

九华山庄的会议中心经营模式

北京九华山庄（图 8.5）拥有历史悠久且丰富的温泉资源，同时，它敏锐地看到了北京地区庞大的会议市场，将温泉与会议融合的文章不断做大，最终成为京城当之无愧的"温泉会都"，占据了北京会展市场25%的份额。九华山庄建设了近百个不同规格的会议室，装修豪华、设施先进，可根据客户需要进行多种会场布置，其中 $4000m^2$ 的无柱式宴会厅可以分隔成为6个会议大厅。九华山庄采用会议中心经营模式，通过大型会议与温泉的结合，使会议成为主角，温泉成为配角，最终实现了温泉资源综合开发价值的巨大突破。

九华山庄度假村的经营成功之处在哪里？

1. 从市场定位胜出

"医院和酒店功能的综合体"——就是当初这样一个独特的市场定位，使九华山庄既区别于商务酒店，又不同于京郊的培训中心，也不同于医院，却又同时具备了它们的功能，从而对应了一类综合的需求，形成了一种独有的市场竞争力。之后，九华山庄注意到北京国际会展市场潜力无限，并在2001年以郊区度假酒店的身份介入会展领域，投资设立了1.2万 m^2 的大型会展中心，将商务会展市场从市区吸引到了郊外，大型会议功能日趋完善。现在的九华山庄是一个集住宿、餐饮、娱乐、会议、康体运动、温泉养生、医疗保健等多方位、多种服务功能为一体的大型综合酒店，可以最大限度地满足会展和度假两个市场的需要。

图 8.5 九华山庄

2. 规模造就平价

有规模才能有效益，有效益才能有发展。从九华山庄成立以来，高速扩张就一直是其发展过程中的主旋律。规模化的最直接效果就是开启了市场的平价之门，平价战略一直是九华山庄市场战略的一个重点。九华山庄从2001年开始通过发行商务金卡，将客房价格大幅度下调，尝试推行平价战略。实践证明，九华山庄通过规模效益和有效的成本控制逐步降低酒店消费的门槛，目前九华山庄的客流量已经占到全市郊区度假市场的40%以上。

3. 特色源于创新

九华山庄始终把创新视为企业的生命。最早提出了健康体检的概念，并建立了国内最早的专业化健康体检中心；此后，又率先提出了户外温泉的休闲概念，建立了独具特色的温泉主题公园；近年来，九华山庄提出把会议、展览与旅游相结合的新产业概念，打造出京城第一家融专业会展与休闲旅游于一体的综合型度假酒店（图8.6）。现在，九华山庄又提出建设休闲主题公园的概念，将景区、酒店、会展、体检等多种功能组合，打造一个能够满足全方位需求的旅游大社区，努力培育和提前感知未来时尚消费的潮流。所有这些以创新为指导的前瞻性战略决策，使九华山庄在激烈的市场竞争中每一步都领先于对手、同业，并帮助九华山庄取得了一个又一个巨大的商业成功。

图8.6　九华山庄内部设施

资料来源：蔡元元．九华山庄：创新就是品牌[J]．北京现代商报，2006-02-09(5)．

8.2.3　主题休闲游乐模式

随着温泉旅游消费市场竞争越来越激烈，温泉休闲度假村需要发挥规模优势，提供差异化的温泉服务产品，以此吸引更多的度假者，提高度假村的整体收益。因此，温泉休闲度假村按照"温泉+X"的经营思路，将温泉资源与周边资源充分结合，形成了多种类型的主题休闲游乐经营模式，主要包括"温泉+水游乐"、"温泉+高尔夫"、"温泉+滑雪"、"温泉+综合游乐"等多种形式，见表8-3。

主题休闲游乐模式在传统温泉泡浴的基础上，开发了满足度假者体验性、参与性需求的运动游乐项目，一方面延长了度假者的停留时间，改善了温泉度假村的淡季经营问题，有效地提高了人均消费水平；另一方面，独具特色的休闲游乐主题有助于企业整体旅游吸引力的提升，实现了企业经营水平的突破。

表 8-3　主题休闲游乐型温泉休闲度假村的基本类型

类　　型	市场重点	代表案例	主要旅游项目
温泉＋水游乐	夏季及暑期旅游市场	浙江武义清水湾·沁温泉度假山庄	水上大世界；大型水寨；标准泳池；冲天回旋滑梯；彩虹波浪滑梯；疯狂漂流；巨兽碗滑梯；漂流河；冲浪区
温泉＋高尔夫	高端休闲度假旅游市场	上海太阳岛高尔夫温泉度假村	太阳岛温泉；沙滩浴场；太阳岛高尔夫俱乐部；太阳岛欧式度假村
温泉＋滑雪	北方地区冬季旅游市场	辽宁辽阳弓长岭温泉滑雪场	高山滑雪；夜间灯光滑雪；雪地摩托；雪圈；马、狗爬犁；冰上碰碰车；日式露天温泉
温泉＋综合游乐	大型、超大型旅游休闲度假区	珠海海泉湾温泉度假村	五星级酒店；神秘岛主题乐园；渔人码头；梦幻剧场；体检中心；加勒比海岸；运动俱乐部；拓展训练营；休闲垂钓区；自驾车营地

8.2.4　绿色庄园模式

绿色庄园是一种以生态旅游、绿色农业为目标的旅游环境和场所，其最大特点就是赋予农业庄园形态以生态旅游的主题，目的是营造一个都市人的假日休闲娱乐空间。温泉型休闲度假村的绿色庄园经营模式是指：温泉休闲度假村利用资源和市场优势，将生态、农业与温泉融为一体，创建一种新的温泉旅游经营模式，它是能源循环利用和生态可持续发展的一种非常好的实践。

应用案例 8-3

蟹岛绿色生态度假村的循环经济发展模式

北京蟹岛绿色生态度假村位于北京市朝阳区金盏乡境内，紧邻首都机场高速公路，园区土地的90%用于农业生产，10%用于发展旅游业，它始终坚持"有机、环保、可持续"的经营理念，以有机农业为依托、以休闲度假为手段，大力发展生态产业，集种植、养殖、旅游、度假、休闲、生态农业观光为一体，既利用地热资源开发温泉洗浴的康体休闲功能，又以地热营造温室，发展高附加值的种养殖项目。而生态农庄的建设有效地改善了度假村的旅游休闲环境，营造出独具特色的温泉泡浴场所，实现了生态保护和旅游经济发展的双赢，并开创了"前店后园"和"农游合一"的蟹岛旅游循环经济发展模式。蟹岛村的物质资源利用模式如图 8.7 所示。

蟹岛依托高科技、无污染的绿色农业发展生态旅游，度假村内有大田种植区和蔬菜种植区，开展了农业观光旅游和采摘旅游等，游客实现了走进乡村，认识有机农业，享受有机食品的旅游体验。农业产品主要用于供应旅游业发展所需，同时，旅游开发产生的各种废水、粪便等通过分解处理等再次用于农业生产，旅游业和农业之间实现了良性互动。

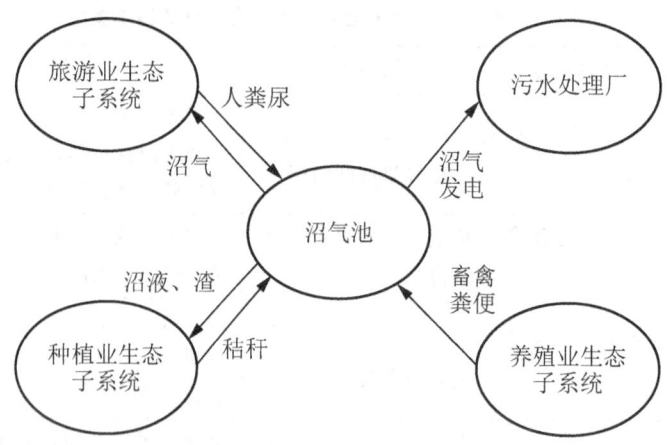

图 8.7 蟹岛村物质资源利用模式图

蟹岛水资源的循环利用主要体现在两个方面：一是污水处理后的循环使用，二是水资源的能级使用。此外，蟹岛水资源的循环利用还体现在蟹岛地热资源的使用上，例如，刚出来的高达 67℃ 的地热水主要供游客泡浴以及冬季客房取暖；当水温降到 40℃ 时，地热水则分别进入温室大棚、沼气池及垂钓中心；当水温降至 20℃ 时，地热水则排放到鱼塘和农田。

蟹岛根据生态学原理创造性地把水稻和螃蟹等互相促进的物种组合在一个系统内，稻蟹二者共生互利，水稻为螃蟹遮阴，稻田内的杂草、浮萍和昆虫是蟹的优质饵料，而蟹能疏松土壤和水稻根部，促进水稻生长发育，达到增产效果，形成一个完整的生态链条（图 8.8）。通过物质循环利用，蟹岛将种植业、养殖业和旅游业密切结合在一起，不仅节约了资源，也降低了经营成本。

图 8.8 共生互利的生态系统

资料来源：彭朝霞. 北京蟹岛发展模式研究及其对旅游循环经济的启示[J]. 大众商务（创业版），2010(11).

8.3 滨海型休闲度假村经营模式创新

滨海旅游是指利用海岸带、海岛及海洋景观资源而开展的旅游经营和服务活动，是旅游业的一个重要组成部分，在沿海地区，它是海洋产业构成中的一个重要部分。世界滨海旅游作为现代旅游增长最快的领域始于 20 世纪 70 年代，而我国滨海旅游业的蓬勃发展兴起于 20 世纪 80 年代后期，自进入 21 世纪以来保持了强劲的增长态势和较快的发展速度，李瑞认为滨海旅游业已经迅速成长为我国海洋经济的支柱产业之一。2009 年底，国务院 44 号文件全面提出开展海南国际旅游岛的建设，开始了中国海洋时代旅游发展的新篇章。

滨海休闲度假旅游是依托滨海游憩系统所开展的以休闲度假为主体的旅游活动，自 20 世纪 50 年代以来，它就是世界休闲度假旅游的主导产品。世界著名的滨海休闲度假旅游胜地主要包括美国佛罗里达海岸、加勒比海岛屿、南太平洋岛屿、澳大利亚东海岸、巴黎人造海岸沙滩、阿联酋迪拜自由港等。梁保尔（2006）认为，随着世界文明的进程，滨海休闲度假旅游在全世界范围内越来越受到特别的青睐。2009 年世界四大岛屿旅游胜地与海南岛、舟山群岛的旅游统计数据见表 8-4。

表 8-4　2009 年世界四大岛屿旅游胜地与海南岛、舟山群岛旅游统计数据比较

项　　目	夏威夷	坎昆	巴厘岛	普吉岛	海南岛	舟山群岛
入境旅游人数/万人	680	280	360	480	55.93	22.35
旅游外汇收入/亿美元	100	32	20	20	2.51	1.3

总体而言，我国的滨海休闲度假旅游还处于起步阶段，与国外市场相比，在消费层次、消费观念、发展体制等方面都有所不同，目前的旅游消费还仅限于国内市场。与此同时，滨海休闲度假村的发展仍是以游览观光和休闲娱乐为主，高端度假旅游市场尚未形成规模，存在着旅游供给和旅游需求之间的错位。在海南国际旅游岛建设所产生的示范效应的基础上，以建设一流的滨海海岛休闲度假胜地为目标，滨海型休闲度假村需要正视发展中存在的问题与不足，充分利用自然人文条件，推动在特色产品基础上的旅游经营模式创新，实现滨海旅游业的升级，从而推动我国滨海旅游进入全面繁荣时代。

随着我国滨海旅游产品结构调整的逐步深化和旅游市场的逐步成熟，滨海型休闲度假村的经营模式创新应体现如下的特点和趋势：

1. 大众化

度假旅游在国际上已经成为一种大众化的旅游形式，英国、德国、西班牙及亚太地区的日本、韩国等国家每年进行度假旅游消费的度假者占到其旅游总人数的 50% 以上。我国的度假旅游虽然起步较晚，但是随着"休闲时代"的到来、时尚旅游的兴起，滨海休闲度假必将受到更多度假者的青睐。

2. 多元化

我国滨海休闲度假旅游正在逐步实现观光、休闲与度假、康体、娱乐、疗养等功能的有机结合，强调旅游功能的多元化和旅游产品的多样化特点，在多元化经营的同时突出自身特色，在传统的阳光、沙滩、海水等单一产品经营的基础上逐步扩展出高尔夫、滑水、摩托艇、海底观光等项目，形成滨海、海面、空中、海底立体式的产品系列。

3. 生态化

滨海休闲度假旅游的生态化趋势一方面源自度假者对良好生态环境的追求，另一方面

则源自度假区生态环境的退化。摆脱城市生活的负效应,回归自然、放松身心是滨海休闲度假者的主要动机之一,由此可见,良好的生态环境本身就是一种吸引物,对滨海休闲度假旅游意义重大。

4. 休闲化

美国未来学家甘赫曼将人类社会发展的第四次浪潮预言为"休闲时代",随着休闲时代的到来,休闲体验将成为旅游者消费需求的一大特征,而滨海休闲度假旅游区所具有的良好环境、丰富内容又能为度假者提供包括健康休闲、运动休闲、娱乐休闲、文化休闲、艺术休闲等在内的特殊体验。

5. 创新化

创新是发展的原动力,滨海休闲度假旅游本身就是为适应不断变化的旅游市场需求而在持续创新的作用下出现的高级旅游形式。随着市场的成熟化程度逐渐提高,滨海休闲度假旅游必将出现一系列新的需求特征,滨海休闲度假村为求得持续稳定的发展,就必须根据市场变化做出及时的创新与调整,以实现综合竞争力的提升。

8.3.1 生态保护模式

滨海旅游开发建设必然对沿海地区的水体、海岸线、地表水文特征和土壤植被等自然环境产生重要影响,而旅游活动所引起的水体污染、植被破坏、海洋生态系统失调等环境问题在世界著名的滨海旅游地屡见不鲜。许多针对滨海旅游开发的文献都会涉及滨海旅游环境影响及其保护的论述,例如李平(1999)就提出滨海旅游区建立保护区、治理区和示范区的旅游空间规划方案。

滨海休闲度假村经营管理的生态保护模式是指:滨海休闲度假村以可持续发展的观念为指引,开展滨海地区或海岛自然环境的旅游开发,并推广滨海或海岛生态旅游,将传统的阳光(Sun)、大海(Sea)、沙滩(Sand)之"3S"热点逐渐转向追求自然(Nature)、怀旧(Nostalgia)和融入自然天堂(Nirvana)的"3N"境界。在这一经营理念的引导下,滨海休闲度假村以资源和环境保护为首要任务,而旅游开发必须服从或适应自然生态条件,旅游产品也要体现回归自然、保护生态的原则。

应用案例 8-4

天阁露玛(Tangalooma)野生海豚度假村——澳大利亚最纯净的海滩

澳大利亚摩顿岛唯一的天阁露玛(Tangalooma)野生海豚度假村(图8.9)毗邻摩顿岛国家公园,坐落在风景秀丽的人造景观和天然丛林之中。在天阁露玛野生海豚度假村生活的一个亮点就是和本地的野生动物亲密交流(图8.10),每天傍晚,天阁露玛宽吻海豚会急切地游到海滩,在灯光明亮的码头旁边,等待海豚护理人员和度假村的客人给它们喂食新鲜的鱼儿。无论是亲身参与喂食海豚,还是仅仅站在码头上观看,都会被这些美丽的造物所感动。每天早上,岛上栖息的鹈鹕和鸬鹚在沙滩上还会享受一两桶鱼儿做早餐。

第8章 休闲度假村经营模式创新

图 8.9 天阁露玛野生海豚度假村　　　　图 8.10 与海豚亲密交流

天阁露玛度假村由于岛内生态系统非常脆弱,因此一直推行以生态保护为前提的经营模式。度假村不仅对道路通行、交通车辆、行驶速度等都有着严格的规定和限制,而且还推出以喂食海豚为主要内容的生态教育活动,并开发了丛林徒步旅行、帆船航行、潜水、钓鱼、射箭等一系列的休闲娱乐项目。度假村的配套餐饮、住宿、娱乐等项目都遵循了回归自然、保护生态的原则,因此,这里在 2006 年也荣获了"澳大利亚最纯净海滩"的殊荣。

资料来源:网易旅游 http://travel.163.com/06/0322/16/2CR45CON00061DPJ.html.

8.3.2 健康养生模式

滨海旅游的发展大致经历了 3 个阶段,即治病疗养阶段、疗养游乐阶段、游乐度假阶段,康体、健身、养生等功能越来越成为现代旅游消费者的需求。滨海地区因为拥有阳光、沙滩、海洋以及新鲜的空气而成为人们追求健康的首选之地,事实上,欧美各国滨海旅游发展之初就包含了健康的理念,近年来健康养生理念更是成为众多滨海休闲度假村努力突出的一种时尚和特色。

现代滨海休闲度假村推行的全新的健康养生模式主要具有五大特点:普适性、游乐体验性、综合性、科学专业性、教育性。

应用案例 8-5

奇瓦颂(Chiva-Som)度假村的特色健康养生产品与服务

泰国奇瓦颂(Chiva-Som)健康养生度假村位于曼谷南部约 210 公里处的东海岸上,占地 7 公顷,是世界最负盛名的疗养胜地之一,被英国著名杂志《旅行者》评为世界最专业疗养胜地。Chiva-Som,泰语里意思是"生命的港口",拥有可称得上是世界上最多的 SPA 训练、疗法和设施,无论是身心松弛或是瘦身,是减压还是放松,度假村都能够为度假者提供一个可以获得真实的健康福利的环境。度假村能够提供涵盖温泉治疗、药物疗法和健身计划于一体的广泛服务,所奉行的哲学理念是思想、身体和灵魂的健康。

奇瓦颂有着很高的私密性。这座只有 57 间房的酒店为每一位客人配备了 5 名服务员照顾他们的饮食起居,从挥汗如雨的健身到轻松惬意的减压,再到驻颜的面部护理,以及不牺牲口味的减重饮食计划,应有尽有。

游客最短可以在这里待一天,但大部分人都会多待一阵。这里有各种组合式体验课程,例如整体SPA、普拉提护理以及排毒SPA(图8.11)。大多数人会对这里恋恋不舍,有些人能住到两个月之久。要是你已经有这部分预算,为什么不多住两天呢!奇瓦颂同时拥有五星级酒店、乡村俱乐部和一流健身中心所提供的所有服务。

图8.11 SPA

SPA包括15间服务室,提供11种面部护理选择,还有20种全身护理和12种按摩方法选择,4种水疗和12种手部、足部和修饰护理方法。除此以外还有增寿、医疗服务和健身计划等(图8.12)。

图8.12 奇瓦颂的特色健康养生产品

如果游客购买了组合计划,所有的项目都可以按照游客的意愿选择安排。不仅如此,入住奇瓦颂还包括了13项具有异域风格的补充疗法,包括禅道指压、虹膜学(眼部研究)和印度式头部按摩。

奇瓦颂还有另一精妙之处——美食。这里不仅有传统的一日三餐,同时还有自助餐让你吃个够。每一个盘子旁边都标有建议食用量及其热量与脂肪的含量。这里的食物比平时吃到的东西口味更清淡,含有的盐和糖也比其他餐厅要少。

8.3.3 自我特色模式

独特性是吸引人们视线的第一要素,休闲度假村的产品特色是旅游吸引的基础,世界著名的滨海旅游胜地,如夏威夷、巴厘岛、希腊群岛等地区的休闲度假村都因完美结合了独特的自然地理风光和历史文化特色而举世无双。不同特色的滨海型休闲度假村特点比较见表8-5。

我国具有独特美丽的东方文化,同时也形成了拥有自己独特魅力的海洋文化。这为我国滨海旅游产品的开发和提升提供了丰厚的文化资源,也是我们竞争优势的所在。借助特色文化、个性化服务体现旅游地的形象、旅游经济效益、目的地及其旅游企业的核心竞争力,综合度假、休闲、健康、养生等要素的滨海和海岛旅游日益成为吸引度假市场的特色品牌。

表8-5 不同特色的滨海型休闲度假村特点比较

自我特色	案 例	主要特点
海水、海滩	普吉岛安达曼俱乐部沙滩度假村	蔚蓝的海洋加上白色的沙滩
海岛风光	波利尼西亚大溪地波拉波拉度假村	洁净的海滩,延绵的沙滩,碧蓝透绿的海水,梦幻的热带岛国
海岸地貌	山东烟台南长山岛海岸休闲度假村	地势地貌奇特,卵石海滩宽阔洁净,岸礁争奇斗险,山势陡峭壮观,山峦起伏绵延
海洋生态	马尔代夫卡尼岛度假村	壮观的海底世界,各种大型珊瑚礁和礁石通道分布其中,五彩缤纷的珊瑚和丰富的鱼类
海产美食	山东青岛田横岛度假村	富饶的海上牧场,海鲜味道鲜美,非常地道
海洋文化	印尼巴厘岛拉玛茨帝达撒度假村	荟萃了印尼民族舞蹈、巴厘雕刻、绘画、手工业品等文化形式,被称为"艺术之岛"

8.4 城郊型休闲度假村经营模式创新

随着城市化进程的不断推进,城市郊区凭借其独特的区位优势和资源特点已经成为当前旅游开发的热点,城郊型休闲度假村应运而生。城市郊区拥有比城区优越的生态环境,城郊型休闲度假村依托城市周边的山、水、林、湖泊等自然景观,以良好的生态环境和开阔的户外空间为优势,形成具备休闲度假、商务会议、户外运动、健身娱乐等功能的综合旅游度假区。城郊休闲度假村的合理开发既能有效保护城郊地区的生态环境，同时也能有效吸收城市扩张所带来的城市功能的扩张。

此外，许多的城郊型休闲度假村是在对乡村景观与文化的深加工与再利用基础上发展而来的，通过旅游创意策划实现了乡村农业资源的提升，更好地推进了社会主义新农村建设的发展，实现了旅游度假与居民日常生活的良性互动。城郊型休闲度假村通过对周边基础设施的完善和一些商业网点的设置，在满足当地居民日常生活需要的同时也能对度假村的旅游功能进行补充。越来越多的城市人在周末假日到郊外的乡村和田野旅游休闲，以寻求一种自然的回归和淳朴的生活，这加快了乡村旅游产品转型升级的步伐，城郊型休闲度假村不只是简单的农家乐，而是内容更加丰富、功能更为齐全的综合旅游区。

应用案例 8-6

乡村旅游·客家文化与社会主义新农村建设
——以梅州雁南飞茶田度假村为例

广东梅州雁南飞茶田度假村（图 8.13）是一座集茶叶生产、加工、品尝和乡村旅游于一体的开放型旅游度假区，这里将山区绿色生态优势与浓郁的客家文化相结合，不仅在茶叶方面从种植、加工、包装到销售实现了一条龙，而且实现了当地的共同致富的生产方式，很好地协调了度假村发展与当地农民的利益关系，建立了利益相关方的良好共享机制。

图 8.13 雁南飞茶田度假村

度假村的旅游特色明显，形成了独具客家特色的生态建筑景观，并开发了客家传统菜系，形成了客家菜特色的饮食文化，同时雁南飞歌舞艺术团的客家山歌对唱、民间艺术鲤鱼灯等特色节目都充分展现出客家文化艺术的独特魅力。雁南飞把乡村旅游上升为"文化之旅"，其基于客家文化的乡村旅游开发建设同样成为促进梅州社会主义新农村建设的有效途径之一。

资料来源：谢莉，刘昭云．乡村旅游·客家文化与社会主义新农村建设[J]．安徽农业科学，2009，37(12)5779－5781．

城郊型休闲度假村在实现经营模式创新的过程中，必须关注城郊休闲度假旅游的基本特征，从而更好地确定自身的经营管理模式。城郊休闲度假除了具备度假旅游的停留时间相对较长、重复度高、复合型需求和访问地相对固定等基本特征外，还具有如下特征。

（1）旅游距离短、耗时少。

随着城市人工作压力的增加以及人们出游观念的改变，人们不愿意花上半天甚至一天的时间在路途上，下车就进行走马观花、赶场式的旅游活动。他们更愿意不借助旅行社的服务，自己选择交通工具，选择离居住地较近的旅游目的地，从而减少在路途上的时间，延长在目的地的停留时间，以求更彻底地放松身心，达到自由、放松、心情愉悦的一种状态。

(2) 假日游和家庭游是主要特征。

城郊休闲度假旅游主要是居民在周末或黄金周的自费出游，它属于散客旅游，表现为携带妻子和孩子的家庭游、甜甜蜜蜜的情侣游以及三五成群的朋友结伴出游等形式。当然，企业组织的奖励性度假游以及部门组织的会议性度假游也是城郊休闲度假旅游的重要方式，此外，与观光旅游不同，城郊休闲度假旅游的费用支出主要用于娱乐、康体和购物。

(3) 较强的生态性特征。

与远距离度假不同的是，城郊休闲度假旅游的开展依托其优越的自然环境和良好的资源、区位优势，因而能够设计出健康的旅游产品和项目，满足城镇居民回归自然的旅游需求。

应用案例 8-7

玛森姆田园度假村倡导绿色健康的生活

玛森姆田园度假村(图 8.14)地处北京城郊的 4A 级旅游胜地——密云，紧邻风景秀丽的密云水库，四周环绕无污染的纯净绿野，正所谓"依山傍水衬托秀丽景观，人杰地灵体现世外桃源"。

"玛森姆"本着秉承特色沐浴、餐饮文化引导生态田园度假村新潮流的开发理念，对度假、休闲、旅游娱乐，沐浴餐饮，品位、文化、心境等多种元素进行有机的组合。从而形成一个使游客获得全方位的生理与心理休闲的超值复合型业态。游客在此得到的是一种集度假、休闲、旅游、娱乐、健康为一体的真正意义上的全方位服务。

图 8.14 玛森姆田园度假村

独特的沐浴文化、生态餐厅，极具有文化品位的设计风格加人性化的管理模式，温馨和亲情服务更是让游客得到一种深层次的心理放松，精神的愉悦与尊贵感受。在此，游客可以完全抛开都市的喧嚣、工作的压力、身心的疲惫，而置身于一种心灵深处的安逸与宁静，默默品味一种悠然世外的感觉。都市的繁华掩盖不了都市人生活的单调，随着生活节奏的加快以及竞争的日益激烈，都市人更需要放飞心情，释放情怀。

"回归田园生活,享受绿色健康"已成为一种时尚。玛森姆生态精品农业观光园把现代科技农业、生态农业和观光旅游有地结合在一起,围绕生态种植、休闲采摘等多种农业项目进行开发,形成集旅游、娱乐、观光、休闲、采摘为一体的密云县生态精品农业新亮点,打造出一个有别于城市旅游资源的,以农业科技为依托,以首都一潭净水为背景,融自然风光和农事活动为一体的亮丽的现代农业生态园,以此满足城镇居民对生态休闲旅游的需求。

当前,我国的城郊休闲度假旅游发展如火如荼,市场竞争也非常激烈,因此,休闲度假村必须要突出自身特色,开发具有吸引力的旅游产品,才能获得长久的发展。在充分考虑旅游市场需求变化的前提下,城郊型休闲度假村实现经营模式的创新主要有几大途径,见表8-6。

表8-6 城郊型休闲度假村经营模式创新的主要类型

经营模式	主要特色	代表案例	案例介绍
山水田园模式	依山傍水,秀美的山水田园风光	深圳观澜山水田园度假村	山水田园式客房、水上餐厅、岭南农家菜、湖边小屋、百果园等
生态养生模式	优美的生态环境,丰富的养生资源,高星级标准的酒店服务,完善的硬件设施	苏州环秀晓筑养生度假村	温泉浴池、24节气天然养生宴、体检中心、高尔夫练习场、本草理疗、休闲按摩等
务农参与模式	大面积的农田和蔬果园,优美的乡村环境,特色农产品种植	北京万珍舫度假村	家庭农场、做现代农夫、绿色蔬果采摘、深井养鱼垂钓等
农业观光模式	大规模的农业产业基地,现代农业新技术的集中展示,独具特色的园区生态环境	上海孙桥现代农业园	水栽培种植区、超大型育苗温室、瓜果园、农业展览馆、宠物乐园、昆虫馆等

课外阅读8-1

商务会议"上山下乡"

时近年末,大大小小的公司召开各类会议的高潮又将来临。随着深圳这座新兴城市的日趋国际化,各种各样的组织都把商务和会议等活动转向城郊度假村,俨然形成了一个新的"上山下乡"运动。据有关部门统计,目前仅在深圳,大大小小的度假村就达20多家,加上周边地市的各种俱乐部和休闲中心,就更加数不胜数。这些度假村设施齐全、装修豪华、交通便利,每年都要吸引深圳市内外数不清的党政机关、企事业组织和个人来到这里举行各种各样的会议和商务活动以及休闲度假。

1. 度假村大发"商务财"

作为改革开放的窗口和前沿阵地,深圳早就抢先一步与国际接轨,每年在这里举办的各种各样的会议也数不胜数。过去,几乎大多数会议都在市区的高档酒店里,而从最近几年开始,由于酒店费用提高,度假村的设施逐渐完善,深圳的会议就掀起了一个新"上山下乡"运动,不约而同地将会议地点搬到了远离喧闹城市的郊区。这一场会议举办方式的改变就带动了深圳城郊度假村的繁荣。于是大大小小的度假村及时调整自己的经营策略,将商务会议作为各自的主攻方向。

离深圳较近的南岭求水山度假村就从中受益匪浅,这家度假村的销售经理周小姐表示:"我们的客源目标市场就是在商务。一是接待高档小型会议,二是接待大公司里的高层白领。自开业以来,经营状况可以用蒸蒸日上来形容。我们非常看好度假村未来的发展,一方面城市生活节奏加快,来自工作、家庭等各方面的压力使得人们在紧张的生活、工作之余,特别渴望寻找一种放松自我的形式,寻找一种自由自在、尽情享受的感觉,到郊外开会成为未来的新潮流。"

三门岛度假村会员服务中心的肖经理也非常赞同上述观点,他说:"现在一些有实力的事业单位已经慢慢接受在自然放松的氛围中举行一些培训活动或是商务会议,感觉是容易拉近人与人之间的关系,谈生意的成功率也高一些。有一位外企的客人就曾经对我说过,在这种轻松的环境下进行商务会谈,可以激发灵感,能让他想到紧张工作时想不到的东西,而且,彼此心情好,项目很容易谈得拢。"

2. "特色牌"吸引客源

根据记者对深圳度假村的调查,目前深圳度假村的客源主要来自三方面:旅游团队、会务团队和度假人群。但到度假村消费的还是以会议展览、商务团队、公家开会为主。据了解,度假村的淡季是冬季,但此时却是各企业频繁开会的时节,因此以会务团队为主要目标客源的度假村就变淡季为旺季,生意应接不暇。虽然度假村各自繁荣,但在激烈的市场竞争中,要想立于不败之地,各度假村都使出浑身解数,以求吸引更多的客源。

三门岛度假村以原始海岛风情吸引了大批的都市探险家和厌倦了城市喧哗的公司白领。岛上的设施由战备设施改建而成,有各种探险训练、企业凝聚力训练和水上娱乐项目。正式、严肃的会议开完之后,与会人员可以无拘无束地在最原始的海滩摸螺、抓蟹、玩创意沙雕,去岛上最大的相思湖垂钓。

离市区不太远的任达荔园山庄,是深圳市唯一以生态度假为主题的生态农庄。其占地2 000亩,有深圳最大的垂钓湖、豪华的湖边别墅、生态农场和菜地、钓虾场、烧烤场、网球场……山庄主要接待团队旅游和会务工作。这一特色牌一打出去,就获得了很高的知名度,也赢得了好口碑。据独家推出这条线路的东方国际旅行社总经理曹秀珍介绍道:"度假村要脱颖而出,秘诀是9个字:上档次、上规模、有特色。在项目上要做到人无我有,人有我特。"

3. "上山下乡"已成趋势

三门岛会员服务中心肖经理告诉记者:"在北京、上海、深圳等大城市,商务活动和各种会议远离城市已不是一件新鲜事,它已经成为一种发展趋势。虽然我们岛上的条件不如五星级酒店豪华,但是许多客户来这里开会主要是考虑这里的环境好,岛上没有手机信号,完全杜绝了外界干扰,在这里开会的气氛不会很紧张,与会人员心情舒畅。在轻松、融洽的气氛中开一场别开生面的会,这是在市内的酒店和会议室完全达不到的效果。政府机关、各大企业,如免税集团、中科信等,都经常选择去郊外开会。"

此外，节庆活动的策划与举办也是城郊型休闲度假村彰显特色、吸引度假者的重要方式，尤其是具有地域和民族文化特色的各种节日对于提高度假村的整体旅游影响力作用十分明显。

应用案例 8-8

韩国乡村休闲旅游的特色

韩国的城郊型休闲度假村的经营模式的一大亮点就是当地的民俗节日，据统计，韩国乡村旅游可开发的民俗节日达到近 800 个，其中如"蝴蝶节"、"泡菜节"、"人参节"、"鱼子酱节"、"拔河节"、"漂流节"、"钓鱼节"等都具有鲜明的乡土特色。休闲度假村在以节日主导经营方向的同时，还开发了许多能够体现当地特色的休闲娱乐活动，主要有以下项目。

① 主题列车活动：乘坐度假村的旅游交通列车，行到哪里，看到哪里，就吃到哪里。
② 韩定食旅行：前往农村品尝颇具特色的韩式套餐。
③ 茶园旅行：让度假者到茶园采茶。
④ 周末农场：一家老小耕作收获，体验劳动的艰辛和乐趣。
⑤ 绿色农村体验村庄：将自然生态、旅游、信息化和农业培训结合起来的高端乡村旅游。
⑥ 农民家庭旅馆：也称为"民泊"，包括普通农民家庭旅馆、高档别墅式家庭旅馆、原木屋和韩屋型家庭旅馆。

本章小结

不同类型休闲度假村的经营模式不尽相同，既有突出自我资源特色的经营模式，也有凭借后期规模和服务吸引游客的经营模式。本章主要对温泉型、滨海型、城郊型休闲度假村的经营模式创新进行了研究分析，列举了大量的现实案例，需要通过理论与实践相结合的方式加以掌握。休闲度假村的经营模式创新是一个永无止尽的命题，因此，本章中并不能囊括所有的创新经营模式，需要大家进一步深入思考和探究。

复习思考题

一、名词解释

休闲度假村经营模式的创新　　　　温泉型休闲度假村

二、单项选择题

1. 珠海御温泉突出其"御"文化主题，这属于（　　）经营模式。
   A. 文化体验型　　B. 会议中心型　　C. 主题休闲游乐型　D. 绿色庄园型
2. 目前绝大多数温泉休闲度假村最为基本的开发模式是（　　）。
   A. 会议中心　　　B. 山水田园　　　C. 生态养生　　　　D. 自我特色

三、多项选择题

1. 下列哪些属于主题休闲游乐型的温泉休闲度假村？（　　）
   A. 温泉＋水游乐　　　B. 温泉＋高尔夫　　　C. 温泉＋滑雪
   D. 温泉＋综合游乐　　E. 温泉＋会议
2. 下列哪些属于城郊型休闲度假村的创新经营模式？（　　）
   A. 山水田园型　　　　B. 生态养生型　　　　C. 务农参与型
   D. 农业观光型　　　　E. 生态保护型

四、简答题

1. 如何理解休闲度假村的经营模式创新？
2. 简述温泉型休闲度假村主题休闲游乐模式的主要特点。
3. 简述滨海型休闲度假村自我特色模式的主要特点。

五、论述题

1. 以具体案例论述温泉型休闲度假村的经营模式创新。
2. 以具体案例论述城郊型休闲度假村的经营模式创新。

课后阅读

古兜温泉旅游度假村的健康经营管理模式

古兜温泉旅游度假村位于广东江门市新会区崖南镇古兜山谷，环大珠三角城市群游憩带（休闲度假带）上。经过数年开发建设，现已成为集"山"（古兜山）、"林"（古兜山林）、"泉"（古兜氡温泉）、"湖"（古兜水库）、"海"（南海）于一体的大型、综合、主题型的国家4A级旅游度假区。

古兜温泉旅游度假村成功地将温泉度假旅游的经营与现代人最为关切的健康主题融为一体，构建了一个完整、全面、科学的"健康度假"体系，成为中国首家把"健康"作为一条主脉贯穿于整个经营管理的度假村，将以度假酒店（村）为核心的度假旅游经营提升到了一个新高度，从而为度假酒店（村）经营理念和价值取向的把握提供了实践案例。具体言之，古兜温泉旅游度假村具有如下特征。

一是新市场。即抓住城市（珠三角城市尤其是港澳）的健康休闲度假旅游市场。

二是新理念。即将"生态温泉，奉献健康"作为古兜温泉旅游度假村的基本宗旨。

三是新主题。健康主题既是其功能主题定位，又是其文化主题定位，更是其品牌形象定位。

四是新产品。例如打造由健康睡眠、健康饮水、健康饮食、健康环境、健康设施和健康文化等6项内容组成的"健康客房"；又如充分保护利用生态环境与观光资源、设施设备分区融入欧式、唐式、和式等主题文化。

五是新管理。度假村的健康管理包括生态环境管理、绿色环保管理、资源节约管理、健康客房管理、营养配餐管理，以温泉沐浴为主要内容的有氧运动管理、温泉理疗管理

（如 SPA、中西医理疗管理）、中医养生管理、心理保健管理和温泉文化管理，以及健康服务管理、健康快乐管理、健康人才培训等内容，贯穿到整个空间环境、产品项目、服务过程和管理过程中。

六是新体系、新品牌。通过对健康理念、健康主题度假旅游产品的投资开发，及其管理实施、宣传推广、促销传播，促进了健康体验主题的品牌化发展。

资料来源：刘少和，李秀斌．度假酒店的健康体验经营管理研究[J]．旅游论坛．2009，2(3)：384—389．

第9章　休闲度假村组织及人力资源管理

学习目标

知识目标	技能目标
(1) 了解组织管理概念和工作内容 (2) 了解组织管理发展阶段 (3) 了解组织管理各发展阶段的理念及代表人物 (4) 了解组织结构图、岗位结构图的概念及异同 (5) 了解部门职能说明书和岗位职责说明书的概念及异同 (6) 了解组织结构设计程序 (7) 了解人力资源管理概念 (8) 了解休闲度假村人力资源管理现状	(1) 掌握各组织管理理论的重点 (2) 熟悉休闲度假村的一般组织结构及刚部门的岗位职责 (3) 理解休闲度假村组织结构与一般酒店组织结构的异同 (4) 能根据度假村的特点进行组织结构设计 (5) 初步具备从选人、用人、育人、留人的角度对休闲度假村人力资源进行管理的能力

知识结构

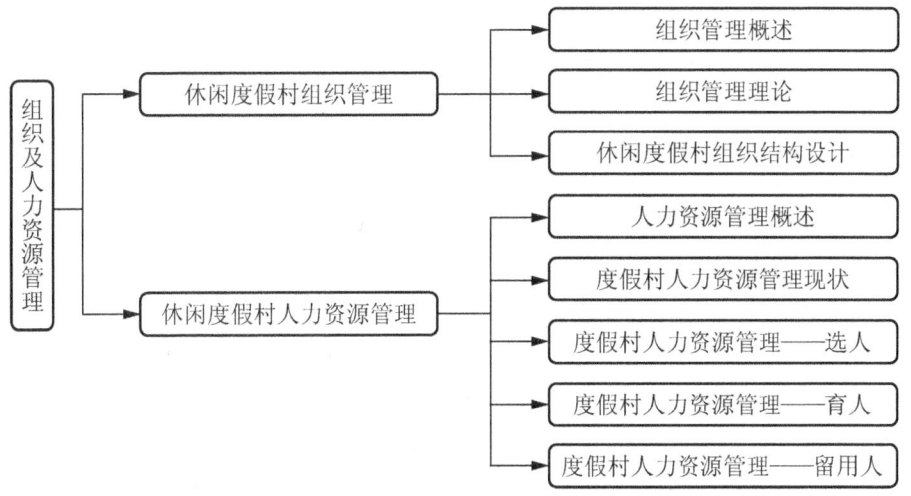

> 导入案例

御温泉度假村荣获中国酒店人力资源管理"伯乐奖"

11月6日,由国际酒店领袖机构与最佳东方联合主办的"2009中国酒店领袖人才打造校企合作高峰论坛暨第二届人力资源管理'伯乐奖'颁奖典礼"在深圳奥斯廷海景酒店和深圳华侨城洲际大酒店隆重举行。

2009年,在全球金融海啸的冲击影响下,中国酒店业面临着严峻的挑战。众多酒店在制定未来经营发展策略的时候,把注意力放在了如何减少人力资源开支这个问题上,出现了一些比较极端的做法,甚至大批裁员,以期控制运营成本。御温泉度假村有自身对人力资源的独特见解,认为"员工不是成本而是资本"。因而在危机期间御温泉把精力加倍地投放在人力资源管理上——包括细化人员招聘甄选、加强员工内部管理培训、提升员工素质及服务技能,以优化人力资源的方式提升人力资源利用度,降低了企业人力成本消耗,提升了企业的人力资本。

御温泉国际度假酒店管理公司有着独特的人员管理激励机制——"金纽扣"。"金纽扣"是御温泉与客人之间的桥梁和纽带,是御温泉"御式"服务形象的标志,"金纽扣"员工是亲情服务、超前服务、细微服务、个性化服务的高境界代表。

"金纽扣"经过员工自评、本部门评审组考核评议后上报度假村评审名单,经过考察期,由度假村全体员工公开评议,度假村评审委员会进行综合评审,审评合格的员工被正式授予"金纽扣"荣誉称号。岗位级"金纽扣"(一粒星型)任期3个月,每3个月评选一次;部门级"金纽扣"(二粒星型)由专业级"金纽扣"中产生,每3个月评选一次;公司级"金纽扣"(三粒星型)由部门级"金纽扣"中产生,每3个月评选一次。

为此,由国际酒店领袖机构、最佳东方、《国际酒店领袖》杂志社共同评选,分别为御温泉国际度假酒店管理(集团)有限公司及御温泉度假村颁发2009中国酒店集团管理公司十佳人力资源管理"伯乐奖"和2009中国酒店十佳人力资源管理"伯乐奖"。

讨论题:休闲度假村与普通酒店在人力资源管理和组织结构上有何异同点?如何实行休闲度假村人力资源管理?

资料来源:中国旅游报,2009-11-25(8).

近年来,休闲度假村得到了飞速发展,成为推动休闲产业发展的重要力量。但休闲度假村的人力资源开发与管理工作一直困扰着度假村经营管理者们,高员工流失率已严重影响到度假村的经营状况,员工技术和经验的流失,甚至商业机密泄漏,使度假村竞争力降低,阻碍了度假村的进一步发展。分析员工流失原因,调整组织结构,激励并留住人才,将是休闲度假村有效利用人力资源的重中之重。

9.1 休闲度假村组织管理

在现实中我们常常看到某个休闲度假村提出了宏伟的年度发展目标,并制定了详尽的行动计划,每位工作人员也都在努力地工作,但却并没有在计划结束后取得预期结果。员工开始出现各种抱怨:领导下达太多的任务、得不到他人的合作与支持、完成任务需要的设施设备却迟迟不更新……可见，恰当而高效地组织管理是度假村目标实现的有效保障。

9.1.1 组织管理概述

组织具有综合效应，这种综合效应是组织中的成员共同作用的结果。组织管理（Organizational Management）就是通过建立组织结构，规定职务或职位，明确责权关系，以使组织中的成员互相协作配合、共同劳动，有效实现组织目标的过程。

组织管理的工作内容，概括地讲，包括以下4个方面。

第一，确定实现组织目标所需要的活动，并按专业化分工的原则进行分类，按类别设立相应的工作岗位。

第二，根据组织的特点、外部环境和目标需要划分工作部门，设计组织机构和结构。

第三，规定组织结构中的各种职务或职位，明确各自的责任，并授予相应的权力。

第四，制定规章制度，建立和健全组织结构中纵横各方面的相互关系。依据制度经济学理论，只有将企业管理的政策制度化，才能实施可操作性管理。

组织管理应该使人们明确组织中有些什么工作，谁去做什么，工作者承担什么责任，具有什么权力，与组织结构中上下左右的关系如何。只有这样，才能避免由于职责不清造成的执行中的障碍，才能使组织协调地运行，保证组织目标的实现。

因此，休闲度假村组织管理就是根据度假村特点设计合理的度假村组织结构，规定岗位，明确各岗位职责和权利，使度假村各岗位工作人员通力合作，共同实现度假村目标的过程。

9.1.2 组织管理理论

组织管理理论产生于19世纪末20世纪初，至今经历了3个发展阶段。

1. 古典组织理论

古典组织理论形成于19世纪末20世纪初，代表人物有美国的泰勒、法国的法约尔、德国的韦伯等人。这一阶段的前期，泰勒等人重点探讨了组织内的企业管理理论，后期，以韦伯为代表的权力结构理论探讨了组织内部的行政管理。这一阶段的理论基础是"经济人"理论，他们认为人们工作是为了追求最大的经济利益以满足自己的基本需求。为了满足人们工作的经济利益，他们提出科学管理方法以追求组织的生产效率和合理化，因此要建立一套标准化的原则来指导和控制组织及成员的活动。

古典组织理论的特征是从静态的角度出发，以效率为目标来研究组织内部结构与管理的合理化，只考虑组织内部因素，而不考虑外部环境的影响。

2. 行为组织理论

行为组织理论产生于20世纪20年代初期，代表人物有美国的梅奥、赫兹伯格、里克特等人。与古典组织理论的机械机构不同，行为组织理论强调人的作用，认为组织中每位成员的行为都会影响该组织的结构和功能；人是组织的灵魂，组织结构的建立只是为了创造一个良好的环境，使这个组织中的人能比较顺利地实现他们的共同目标；组织设计最重要的是建立一个分工明确、非人格化的组织结构。

3. 现代组织理论

现代组织理论产生于20世纪中叶，学派甚多，主要有以巴纳德为代表的社会系统论、以西蒙为代表的决策理论、以卡斯特为代表的系统与权变理论和以巴法为代表的管理科学理论。

这一阶段理论的特点是吸收了古典组织管理理论和行为科学管理理论的精华，并且在现代系统论的影响下有了新的发展。他们把组织看成一个系统，要实现组织目标和提高组织效率取决于组织系统内各子系统及各部门之间的有机联系。

各种组织理论的着重点见表9-1。

表9-1　各种组织理论的着重点

古典组织理论	行为组织理论	系统组织理论
结构因素	行为因素	环境因素
主要秩序 因素稳定性 组织目标 标准化 规章制度	相互之间的关系 群体参与 非正式的人际交往 激励	组织的生命周期 组织规模 技术 外部环境 其他

资料来源：邢以群. 管理学[M]. 2版. 杭州：浙江大学出版社，2005.

课外阅读9-1

组织管理的十条经典原则

（1）除非特殊状况，交代事项只对下一级的直接部属，而绝不跨级指挥。否则今后受害受累的一定是你自己。

（2）除非事先已协调有共识或遇紧急状况，否则绝不指挥其他平行单位的员工。

（3）接受上级跨级指挥时，必定要及时回报自己的直接上司，让他第一时间了解状况。否则，今后你可能吃不了兜着走。

（4）交办员工工作或任务分配时，要多花点时间沟通，了解他对工作的想法同时让他了解工作的重要性与意义，想办法唤起他内心执行的愿意。否则可能不会有你想得到的结果。

（5）交代部属工作时，应该尽量思考如何给予他更多的空间发挥。要让下属告诉你他是怎样做的，而绝不要做下属的保姆，也最好不要直接告诉他怎么做。

（6）下达指示时，着重要求目标的完成，对过程不需要太多的限制。

（7）当有人向你打小报告时，一定不要过于在意，也不要喜形于色，否则，你的组织文化就会烂成一锅粥。

（8）考核评估下属时，不要只看事情的结果，一定要了解他的过程是怎么样的。否则，你的下属一定会投机取巧。

(9) 奖励下属时，绝对不要只会用现金，精神激励永远比物质激励更重要。否则，你的团队将会随时面临危机。

(10) 提拔下属时，绝对不要一步到位，因为爬得快的人一定会跌得很惨。否则，你就是害了他，也害了你自己。

资料来源：http://baike.baidu.com/view/1051432.htm.

9.1.3 休闲度假村组织结构设计

1. 组织结构概述

组织结构设计就是建立组织结构和明确组织内部的相互关系，提供组织结构图和部门职能说明书、岗位结构图和岗位职责说明书。

(1) 组织结构图和部门职能说明书。

组织结构图以图示的方式明确表明组织中的部门设置情况和层次结构，直观反映了组织内部的分工和各部门上下隶属关系。一般休闲度假村组织结构如图9.1所示。

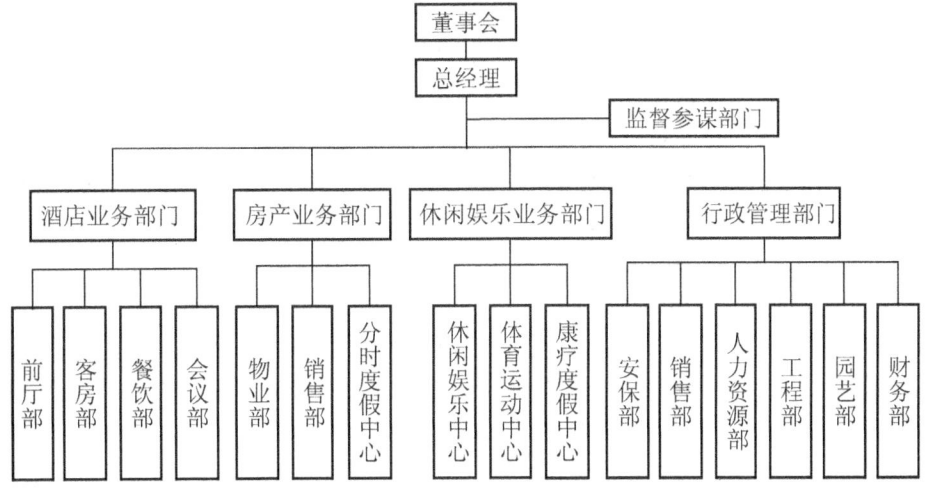

图9.1 一般休闲度假村组织结构示意图

① 酒店业务部门。酒店业务部门是为度假者提供入住接待服务、住宿服务、餐饮服务以及会议服务等相关服务的部门。度假者可以在此获得满足其基本生理需求的各项服务内容。休闲度假村的酒店业务部门基本具备普通酒店的功能，但在软硬件上与传统酒店有所区别，强调休闲度假氛围的营造，力求最大限度满足顾客放松身心的需求。如硬件上，宁波开元九龙湖度假村的每间客房都带有阳台，浴缸则从浴室挪到了阳台，度假者可以在沐浴的同时尽情享受湖光山色。再如浙旅·杭州千岛湖温馨岛度假酒店客房皆临碧湖，游客能够一览千岛湖秀水美景，客房设计舒适温馨，从细节处彰显天然的亲和力。

② 房产业务部门。在目前的行业发展情况下，房产业务部门往往成为休闲度假村不可或缺的组成部门，在资金快速回笼、度假村品牌塑造、度假村市场营销等方面起到了举足轻重的作用。房产业务部门的产品以景观房产、产权式酒店、分时度假等产品类型构成，以别墅、联排、小洋房的形式为主，并提供后期的物业、房产置换等服务。该部门还

可以具体分为直接对外销售的房产销售部门、为业主提供贴心周到的物业服务的物业部门、为产权式酒店和分时度假产品提供房屋置换、点数消费的分时度假服务中心等3个分支机构。

景观房产、产权式酒店、分时度假三者同属于旅游房产的范畴，一般位于风光旖旎的休闲度假地区，以优美的自然环境、便利的交通、完善的物业吸引消费者，消费者购买此类商品的目的以投资和度假为主，自住的极少，因此旅游房产又叫第二居所。三者之间也有一定的区别，景观房产与一般的商品房类似，房产的所有权和使用权归业主所有，业主定期或不定期前往居住，其余时间闲置，由物业部门代为管理。产权式酒店是为提高资源的利用率而兴起的一种产品形式，业主在购买某景观房产后随即委托专门的酒店管理公司代为出租，业主每年获得一定的租金收益并享有某个时段的房产使用权。为满足人们多样化的度假需求，分时度假应运而生。与产权式酒店不同的是，在分时度假中，业主将每年享受的房产使用权与他人交换，取得其他度假胜地的产权酒店使用权，这就意味着，业主一次性投资后不仅每年可获得一定的收益，而且还可以去不同度假村或度假胜地度假，免费享有高档住宿权。为满足此类消费需求，专门用于房屋置换的分时度假中心便出现了。

③ 休闲娱乐业务部门。对于以休闲度假、康乐疗养为主要吸引要素的休闲度假村，康乐部已不再是普通酒店的依附部门，而是作为核心业务部门与酒店平起平坐。为了吸引度假者，休闲度假村会做强做大休闲娱乐业务部门，引进游艇、高尔夫、马会、SPA等高档项目，力争将该部门产品设计成多样化、创新性、体验性项目。按照所提供的产品性质不同，休闲娱乐业务部门还可以细化为以棋牌、KTV、垂钓、少儿游乐场等项目为主的休闲娱乐中心，以球类、攀岩、射击、滑雪、健身房等项目为主的体育运动中心，以SPA、温泉、体验等项目为主的康疗度假中心等3个分支机构。

④ 行政管理部门。休闲度假村的行政管理部门包括安保部、销售部、人力资源部、工程部、园艺部和财务部。其中安保部负责整个休闲度假村的安全保卫工作，度假村地处郊区或偏远地区，村内面积较大，独栋建筑较多，大大增加了安保部的工作难度。销售部（个别度假村又叫市场营销部）以提高度假村的知名度和美誉度为使命，通过与大型企事业单位、政府部门、会议公司、旅行社等合作，尽可能提升休闲度假村的销售业绩。人力资源部则负责企业文化营造、规章制度的制定、员工的招聘与管理等工作。工程部负责整个度假村内所有设施设备的维修、报废工作，度假村的绿化和环境小品设计工作则由园艺部管理。

值得一提的是，以上只是一般休闲度假村的组织结构图，不同位置、不同性质、不同类型的休闲度假村组织结构会有一定差别。

部门职能说明书一般包括部门名称、部门宗旨、主要职能、主要责任和权利、上下隶属关系、协作部门等内容。通过部门职能说明书，管理者能清楚地了解企业中各部门之间的职能分工情况。

（2）岗位结构图和岗位职责说明书。

岗位结构图给出了某个企业的全部岗位以及岗位之间的隶属关系。而岗位名称、主要工作、岗位权利和责任、岗位素质要求等内容则在岗位职责说明书中表明。一般休闲度假村的岗位结构示意图如图9.2所示。

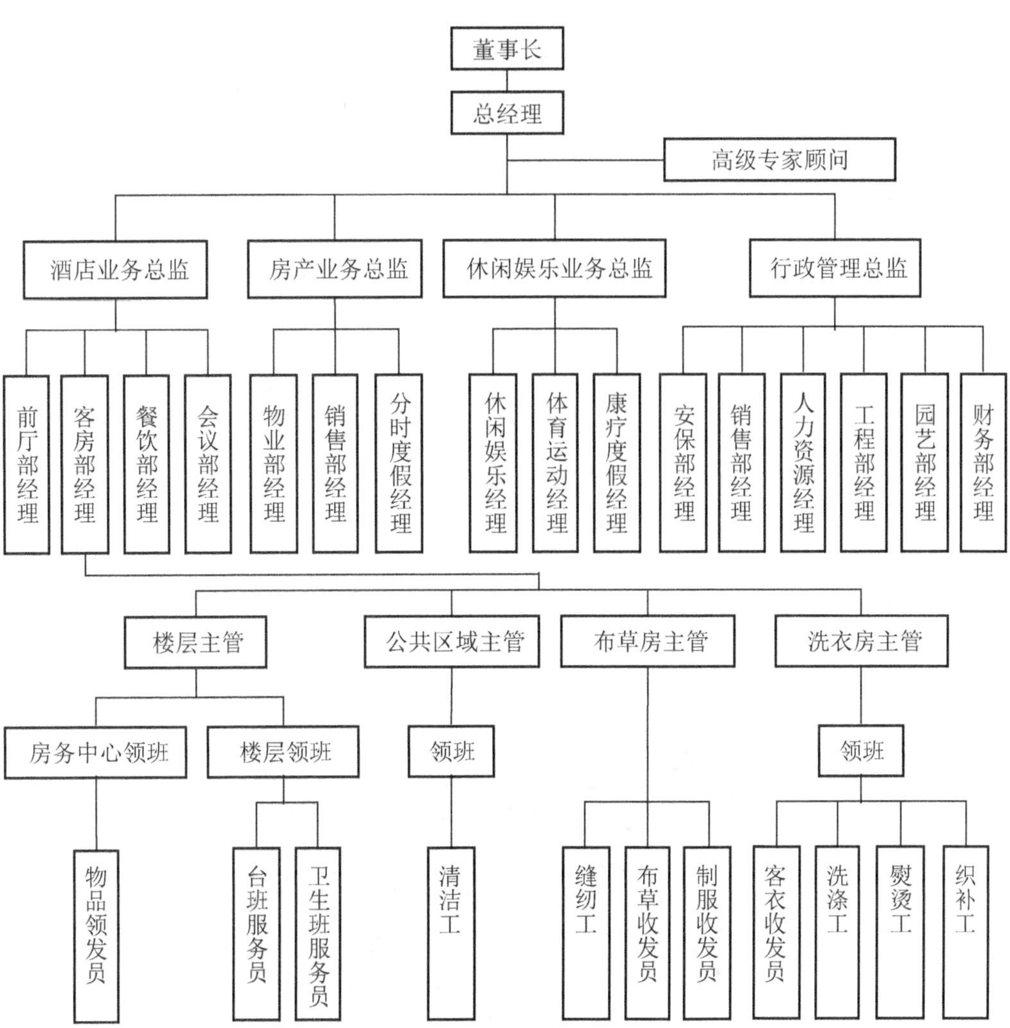

图 9.2 一般休闲度假村岗位结构示意图

2. 组织结构设计程序

程序Ⅰ：岗位设计。

组织结构设计的第一步是分解组织目标，将目标细化为单个行动或任务，通过具体观察或演示的方法估算完成每项任务所需的时间，从而计算出完成企业目标所需的工作人员数量。

程序Ⅱ：部门化。

将程序Ⅰ分解的行动或任务按照某种逻辑合并成一些组织单元，如与餐饮有关的合并成餐饮部，与房务和清洁有关的合并成客房部，与休闲娱乐度假活动有关的合并成休闲娱乐业务部。将整个组织通过部门化划分为若干个管理单元的目的是为了据此明确责任和权力，并有利于不同的部门根据其工作性质的不同采取不同的政策和加强每个部门内部的沟通与交流。

程序Ⅲ：确定组织层次。

组织层次即每个部门的职位等级数，它直接决定了企业内部权力等级和管理幅度。在某部门基层服务人员数量一定的情况下，一位管理人员直接管理的下属越多，则该部门内组织层次越少，所需要的管理人员也越少。相反，一位管理人员直接管理的下属员工越少，则部门组织层次就越多，所需的管理人员也越多。

管理人员直接管辖的下属人员数量主要取决于管理者自身能力、下属熟练程度、工作条件、工作环境等因素。不同休闲度假村各自条件不同，组织层次和组织结构差异也会比较大。

课外阅读 9-2

顺发千岛湖公司组织结构

顺发千岛湖公司系万向集团控股的中外合资股份制有限公司，公司成立于 2001 年 6 月，注册资本 1.5 亿元人民币。

公司项目（图 9.3）地处千岛湖东南湖区，依山面湖，具有一流的自然生态环境。陆路紧邻杭千高速出口，距杭州市仅 1 小时 20 分钟车程。

图 9.3　顺发千岛湖公司项目

项目立足千岛湖良好的生态环境和丰富的旅游资源，主要开发千岛湖乡村俱乐部（高尔夫球场）、山地别墅、羡山旅游度假中心（万向洲际酒店）和姥山休养培训中心等项目，总规划面积约 20km^2，总投资约 20 亿元。公司组织结构图如图 9.4 所示。

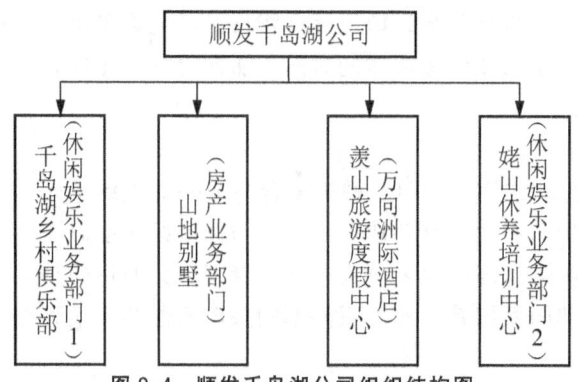

图 9.4　顺发千岛湖公司组织结构图

千岛湖乡村俱乐部是顺发千岛湖公司最先投资开发的高级度假项目（图9.5），是服务于高尔夫练习场和高尔夫别墅，功能齐全、雅俗共建的国际型会所。球场占地面积853 760m²，球道长度6 880码，标准杆18洞/72杆；球场的配套设施有：高尔夫会所、60道挥杆练习场、中西餐厅、客房16间、多功能厅、咖啡厅、高尔夫专卖店、桑拿浴室、更衣室、棋牌室等。

山地别墅项目兼顾山水景观、高尔夫景观的现代风格山地别墅，适度引入中国式元素，特色鲜明、景观独特，是千岛湖最具市场竞争力和前景的山地别墅。

万象洲际度假酒店占地130 000m²，建筑面积60 000m²，是一座白金五星级标准的滨湖度假酒店。酒店拥有245间（套）直面美丽千岛湖的客房，酒店有咖啡厅、自助餐厅、中餐厅、风味餐厅等多个餐厅，总餐位数630个。酒店拥有享誉全球的洲际水疗中心、室内外两个游泳池、健身房、SPA、行政酒廊、棋牌室等休闲设施。

图9.5　顺发千岛湖公司的度假项目

姥山休养培训中心是该项目的经典和升华部分，地处千岛湖第二大岛，是一处让游人纵情自然、放松身心、吸纳山水灵气、极度私密、至高尊贵的休养度假胜地。

9.2　休闲度假村人力资源管理

在度假村的经营管理中，我们经常发现，有员工兢兢业业地在工作，但效果不理想，有些员工干得很出色，却转眼间跳槽到其他公司，给度假村带来了极大的损失。作为典型的劳动密集型企业，人力资源是度假村的核心资源，人力资源管理是休闲度假村管理工作的核心环节，因此如何选人、育人、用人、留人成了度假村经营管理者们思考的重点。

9.2.1　人力资源管理概述

人力资源管理是指根据企业发展战略的要求，有计划地对人力资源进行合理配置，通过对企业中员工的招聘、培训、使用、考核、激励、调整等一系列过程，调动员工的积极性，发挥员工的潜能，为企业创造价值，确保企业战略目标的实现。因此，人力资源管理是企业的一系列人力资源政策以及相应的管理活动，这些活动主要包括企业人力资源战略的制定、员工的招募与选拔、培训与开发、绩效管理、薪酬管理、员工流动管理、员工关系管理、员工安全与健康管理等。人力资源管理即企业运用现代管理方法，对人力资源的获取（选人）、开发（育人）、保持（留人）和利用（用人）等方面所进行的计划、组织、指挥、控制和协调等一系列活动，最终达到实现企业发展目标的一种管理行为。

根据定义，可以从两个方面来理解人力资源管理。

第一，对人力资源外在要素——量的管理。对人力资源进行量的管理，就是根据人力和物力及其变化，对人力进行恰当的培训、组织和协调，使二者经常保持最佳比例和有机的结合，使人和物都充分发挥出最佳效应。

第二，对人力资源内在要素——质的管理。它主要是指采用现代化的科学方法，对人的思想、心理和行为进行有效的管理（包括对个体和群体的思想、心理和行为的协调、控制和管理），充分发挥人的主观能动性，以达到组织目标。

9.2.2 休闲度假村人力资源管理现状

休闲度假村环境优雅、设施齐全，面积大、经营场所分散，以度假旅游和会议旅游为目标市场，明显的季节性、淡旺季差异大等特点决定了度假村人力资源管理与普通企业的人力资源管理有着较大区别。

1. 人力资源需求波动性大

经营的季节性导致了休闲度假村呈现"旺季时人手不足、淡季时人员过剩"的人力资源需求的巨大波动性。同时，由于《劳动合同法》的出台，同时为了度假村人力资源的稳定，休闲度假村不大可能在旺季时满额招聘、淡季时大量裁员。因此，从节约成本和人力资源相对稳定的角度出发，度假型酒店一般都是维持人力资源特别是一线服务人员不足的状态，这也直接导致了休闲度假村服务质量的降低。

2. 专业人才缺乏

休闲度假村满足的是度假者多样性的需求，酒店部门众多、设施齐全，这也要求度假村必须招聘到相应的专业人才，而由于休闲度假村地理位置相对较偏、薪水不高等原因，许多专业性人才不愿意到休闲度假村就业，从而导致了专业人才的严重缺乏。休闲度假村所需要的专业人才（如会议服务人员、会展人才、主持人、翻译、健身教练、DJ等）往往是由度假村现有的非专业人才顶替，因而无法向度假者提供非常专业和令人满意的服务。

3. 劳动强度大

休闲度假村面积大、建筑分散、各经营部门相对独立，度假者经常提出一些新颖的要求，如在游泳池旁边举行酒会、在湖边举行烧烤等，度假村为了满足度假者需求就必须将固定餐厅的大部分设备（如餐桌、餐具）和食物移到游泳池或湖边，而这些设备的移动需要投入大量的人力、物力，所以许多度假村餐饮部的员工抱怨自己是"搬运工"，大部分时间耗费在了琐碎而繁重的设备与食物的搬运工作中。

4. 部门之间缺乏协作

度假者的需求是多样性的，涉及度假村的住宿、餐饮、会议、娱乐、康体等部门，比如举行会议就涉及会议服务部、商务中心、西餐厅、工程部等诸多部门。度假者的这种综合性需求要求休闲度假村的各个部门密切合作，而大多数度假村缺乏一个统一协调的部门或人员，导致各部门服务时各自为政，出现问题后互相推诿，甚至出现度假者投诉无门的尴尬现象。

5. 员工业余生活单调

由于休闲度假村一般地处郊区、风景区里面或附近，位置较为偏僻，与外界的交通联系颇为不便，同时考虑到员工的安全问题，休闲度假村的员工宿舍一般采取封闭式管理。因此，休闲度假村员工在下班后或休假时的业余生活十分单调，一般都是待在宿舍聊天或看电视，这无形中增加了员工的孤独感和心理压力，有些员工为了打发时间甚至染上了赌博的恶习。

6. 管理思想难以落实

度假村所在地居民思想稳定，因此为减少人员流动率，休闲度假村往往选择招聘当地居民。而当地居民大多学历较低，部分仍保留了传统的小农思想，管理层先进的经营管理理念得不到下层的拥护，一个新的思想一经推出往往雷声大、雨点小，效果甚微。这给管理层的改革创新带来了不小的阻力。

9.2.3 休闲度假村人力资源管理——选人

选人是人力资源管理的第一步，主要指人员的招聘和选拔，选人直接影响到休闲度假村的日常服务和长期发展。如果人员的招聘和选拔的质量高，将会促进度假村健康、快速、高效地发展，能够更好地实现度假村的战略和发展目标，反之就会阻碍度假村的发展，所以"选人"是休闲度假村服务力的基础。

1. 制订招聘计划

制订招聘计划是度假村选人的第一步。休闲度假村人力资源专员应分析度假村现状及未来一段时间的发展趋势，综合考虑度假村现有的人力资源使用状况和外部劳动力市场供求状况，确定招聘岗位、人员数量、招聘时间、招聘渠道、招聘费用、招聘面向的对象、招聘组成员等，并最终形成完整的招聘方案报上级审批。

度假村的招聘岗位和人员数量往往由相应部门的经理、主管报送给人力资源部，人力资源部核定招聘人数后报上一级管理部门审批并最终对外或对内发布招聘信息。

休闲度假村人员招聘时间一般不固定，但凡有空缺岗位需要招人时即可发布招聘信息。但两个时间段需要引起注意。第一，每年的旺季之前，即将进入旺季时，度假村人力资源需求量增加，人力资源主管须全面检查各岗位人员数量，尽可能保证旺季人手足够。第二，每年各大旅游院校毕业实习前夕和毕业前夕，各大旅游院校毕业生为休闲度假村提供了大量的后备军力，他们的专业素质较高，可以有效地充实到度假村的人力资源当中。

2. 招聘方式的选择

在实际的招聘中，度假村可以从组织内部招聘，也可以从组织外部招聘。内部招聘一般由人力资源部公布并通过"布告"、"通报"、"简报"等方式将招聘信息传达给度假村内部员工。因此，此类招聘又可视为内部晋升或岗位调整。内部招聘在提高度假村的员工士气、维持员工对度假村的忠诚度、降低招聘成本、提高招聘效率等方面具有外部招聘不可匹敌的优势，但内部人员关系紧张、"近亲繁殖"等弊端也会显现。此外，一些连锁型度假村也常会出现集团内部度假村之间人事变动，除内部招聘的优缺点外，此种方法往往会出现"水土不服"现象，需要企业高层引起注意。

度假村的外部招聘包括广告招聘、校园招聘、劳动力市场招聘、职业介绍所招聘、员工推荐、直接申请等方式。各类外部招聘方式的优缺点详见表9-2。

表9-2 常见的外部招聘途径

招募途径	界定说明	优点	缺点	适用岗位
广告招聘	通过在媒体刊登招聘启事的方式招聘人员	辐射面广,也可有目的地针对某一特定群体	信息不充分,常有许多不合格的应聘者	涵盖度假村所有岗位
校园招聘	由组织派人到各大旅游院校招聘	可面对大量的不同层次和专业的人员	应聘者大多缺乏实际工作经验	实习生、管理培训生、储备干部、基层服务人员和基层管理人员(领班、主管)
劳动力市场招聘	一种人力服务机构组织的有众多用人单位参加的大型招募活动	辐射面广,费用少	人杂,双向选择困难	基层服务人员、中层管理人员(部门经理、副经理、经理助理)和基层管理人员(领班、主管)
职业介绍所(如"猎头"公司)	以付费方式委托外部职业介绍机构物色组织所需人员	牵涉精力少、有可能获得短期的担保	费用相对较高,并需要花费时间筛选	度假村中高层管理人员(度假村总经理、副总经理、总经理助理、部门经理、部门副经理、部门经理助理)
员工推荐	由本企业员工推荐和介绍合适的人选	可通过现有员工进行初步筛选,招聘成本低并可能获得高素质的候选人	可能会导致今后员工之间复杂的人际关系	适用于度假村基层服务人员(如保安、PA、餐厅服务人员、客房服务人员等)
直接申请	外部求职者以发送求职信或直接登门求职的方式谋求工作	成本低、求职者对组织比较认同	被动,不一定适合要求,需专人处理	主要适用于招聘基层服务人员

资料来源:邢以群.管理学[M].2版.杭州:浙江大学出版社,2005.综合休闲度假村实际情况得出。

各类招聘方式都有其优缺点,人力资源主管应根据情况选择其中某一种,或某几种方式进行人员招聘。

招聘费用包括招聘人员往来招聘目的地的交通费、食宿费、出差补贴以及广告费、场租费、委托费等。

3. 人员的选择

人员的选择也即休闲度假村如何通过面试、笔试等方法挑选到合适的员工,这涉及选择标准和选择方法两方面内容。

休闲度假村不同岗位人才选择的标准各不相同，基层服务人员从专业技能和服务意识方面考量，管理人员从服务和管理两个角度去把握，但不管是服务人员还是管理人员，其思想的稳定性和对组织的忠诚度必须引起人力资源招聘专员高度重视。休闲度假村相对远离市中心，让人才长期留用下去必须从源头抓起。

人才选择的方法多种多样，一般有以下几种方法。

第一，岗位申请表分析。度假村可自行设计求职人员岗位申请表，凡岗位所需的人才特征都可设置其中。人力资源招聘专员通过分析岗位申请表，初选出合适人员进入下一环节的选拔。岗位申请表常常用于度假村挑选人员的第一环节，采用一对多的形式，可以在较短时间内进行大量的选拔工作，大大提高招聘的效率。

第二，笔试。笔试常用来测试应聘者的外语水平、专业知识素养、性格特征等，它是岗位申请表分析的进一步深化，也常常在招聘初期使用，目的是从大量的应聘人员中海选出与岗位需求最相近的人才。如今，性格特征与岗位匹配与否越来越受到企业的重视，它关系到所招聘人员的工作兴趣、工作效率和工作忠诚度等内容，这对休闲度假村来讲，显得格外重要。

第三，面试。通过面试环节，度假村可以了解到应聘人员的外语口语水平、语言表达能力、服务意识、团队合作能力、遇到特殊问题的反应能力等，面试是应聘中最为关键的一步。面试的组织形式多样，可以是单独面试，也可以群体面试，还可以设置多重面试，全面衡量应聘人员的综合素质。

课外阅读 9-3

上海波特曼丽嘉酒店的面试

上海波特曼丽嘉酒店连续三届摘得翰威特评选的"亚洲最佳雇主"的桂冠。那么，作为国内知名的五星级酒店的代表之一，他们选人、用人的标准是怎样的？

在员工的招聘挑选上，丽嘉有一套完善质量选择程序，每位员工都要接受6次面试：一是HR面试，二是HR标准化面试，三是部门经理面试，四是直线上司面试，五是HR总监面试，六是酒店总经理面试。任何一个员工进入丽嘉，都要经过这6道程序，上到管理人员，下到一线员工。酒店认为"选择对的员工"非常重要，尤其是一线员工，他们直接面对客户，他们的服务怎样直接决定了丽嘉的服务水平和质量。

在6道面试中，标准化面试尤为不同，通常面试官会问一些特定的问题，然后根据应聘者的回答，与他们经过对上百位优秀的酒店管理人员测试整理出来的标准答案进行比较，评定应聘者是否符合丽嘉企业文化，是否适合这项工作。

作为酒店管理业，有区别于其他行业不同的选人要求。热爱酒店管理业是最基本的前提，这在招聘程序中的标准化面试中表现得淋漓尽致。

资料来源：最佳东方 http://arts.veryeast.cn/companyinterview/2011-1/H2A2_2.shtml.

9.2.4 休闲度假村人力资源管理——育人

育人阶段的主要任务就是员工培训。人力、物质、信息是企业的三大主要资源，其中人力资源是最活跃且能无限开发的资源，而人力资源潜能的发掘和施展又是依靠系统的培训来实现的。对员工来讲,培训可以更大程度地实现其自身价值,通过提高服务素质和服务技能来提升个体服务力。对休闲度假村而言,培训能够改善服务质量,减低损耗和劳动成本,提高工作效率和工作效益,增强每个部门对度假村的贡献率,从而提升整体服务力水平。对于培训的重要性和意义,度假村领导者都了然于胸,但由于各种原因的限制,许多度假村的人力资源开发只是停留在口头上,而在人才培训方面缺乏一个科学、系统、有机的体系,大部分是"治标不治本"的培训模式,完全忽略了员工的主体性。究其原因,一方面是培训经费不足,领导者害怕提高成本。特别是随着休闲度假村的兴起,行业竞争日趋激烈,行业盈利空间日益缩小,而培训结果难以立即转化为量化的效益。同时,员工的强流动性也成为度假村领导者不愿在员工培训上下工夫的主要原因。培训不到位的根本原因在于决策者的意愿,当决策者充分理解到酒店的培训是一项需要长期坚持的战略性工作的理念后,自然愿意增加经费,主动为度假村培育人才、储备人才。

1. 培训的种类

休闲度假村培训的种类可按不同标准进行划分,按照培训的目的可划分为岗前培训、在岗培训、转岗培训和升职培训4类;按照培训对象可分为一线员工培训、基层管理者培训、中层管理者培训、高层管理者培训4类培训,也可以分为前厅部员工培训、客房部员工培训、餐饮部员工培训、休闲娱乐部培训等类型;按照培训内容可分为专业技能培训、服务意识培训、外语水平培训、管理理念培训等。休闲度假村可根据需要选择相应的培训类型,并制定完善的培训计划。

值得一提的是,休闲度假村员工的培训工作应与员工的日常工作相协调,既不影响度假村的正常运转,也不影响培训工作的系统进行。因此人力资源专员应为本度假村各类岗位人员设计周密的培训计划,并协调相关部门,令度假村员工培训工作长期顺畅地进行下去。

课外阅读 9-4

上海波特曼丽嘉酒店的培训

在波特曼丽嘉酒店,员工培训时间每年平均高达150小时。在每个员工的口袋里,都有一张信条卡,里面包括公司的基本信条、员工承诺、座右铭、优良服务的3个步骤、员工基本守则5个部分,其中员工的基本守则是20条。

据内部的员工介绍,每天学习基本守则中的一条是员工的必备功课。当20条学完了之后,再从头学起,周而复始,从不中断,目的是让公司的信条根植入到每一位员工的心中。

除了以上每位员工的必备功课外,波特曼丽嘉的培训还包括新员工入职培训、21天入职培训、365天培训、3年的培训等。新人入岗的前几天都要进行一个以企业文化为重点的职前培训,另外还包括解决客人投诉的培训等。

丽嘉给员工的培训大致可以分成两大方面:一是价值观培训,"例如,新员工的入职培训,会有两天时间介绍丽嘉的企业文化、价值观以及历史",帮助员工了解规范的服务标准和正确的工作流程;二是技巧性培训,"如某些岗位可能要求有特殊的技能"。

为了增强员工的职业技能,波特曼丽嘉还非常重视员工的"内部流动",如"跨职务培训"和"跨部门培训"等,这样的培训既可以增加员工的职业技能,还可以增强部门间的联系。

资料来源:最佳东方 http://arts.veryeast.cn/companyinterview/2011-1/H2A2_2.shtml.

2. 培训的效果评价

任何付出总想得到收获,休闲度假村也不例外。人员培训是一项需要付出大量时间和精力的工作,经营管理者们总想看到培训的效果是否达到预期目标。那么如何确定本次培训工作已有成效?以下是3种常用的培训效果评价效度标准。

第一,受训者对培训的反映。受训人员作为培训的参与者,在培训中或培训后会形成一些感想及意见,他们的这些反映可作为评价培训效果的依据。受训人员对培训的反映涉及培训的各个方面,如培训目标是否合理、内容是否实用、方式是否合适、教学方式是否得当、教员是否称职等。通过受训者对上述各方面感受的问卷调查反馈,就可以对该次培训效果做出相应的评价。

第二,受训者的学习成果。培训是一种学习知识和技能的活动,受训者通过培训所获得的知识水平或所掌握的技能程度可以反映出培训的效果。受训者的学习成果可通过考试来了解。如果受训者在培训结束后参加外部组织的统一资格考试,则受训者的考试成绩能更客观地反映培训的效果。

第三,受训者的工作行为变化。培训的目的之一是提高员工的工作能力,因此受训者能否将培训中获得的信息、知识和技能应用到实际工作中并产生相应的效果,是评价培训效果的重要标准之一。企业可以通过访谈等形式了解受训者回到工作岗位一段时间以后的工作态度、操作技能、行为规范、问题解决等方面所发生的变化,判断培训导致受训者工作行为变化的程度,并由此确定培训的效果。

第四,度假者满意度的变化。休闲度假村归根结底属于服务性行业,员工的培训结果将直接渗透至员工日常的服务意识、服务效率、服务用语、投诉处理等各方面,并最终由接受服务的度假者给出反馈意见,最直接的表现就是度假者的满意度变化。这可以通过度假村各类统计数据以及对度假者的服务满意度调查得出。

9.2.5 休闲度假村人力资源管理——用人与留人

用人是通过完善的权利分配制度、公平的绩效考核制度以及实用的员工激励制度让休闲度假村员工高效开心地在度假村工作;留人则是度假村想方设法留住员工,提高员工的归属感和忠诚度,其工作内容也涉及员工考核、员工激励以及员工的职业生涯规划,因此,本小节将从员工考核、员工激励和员工职业生涯规划3方面阐述休闲度假村的用人与留人机制。

1. 员工考核

在休闲度假村,考核工作的公平与否与员工的工作积极性高低和去留与否直接挂钩。休闲度假村员工考核工作涉及三大核心工作:考核内容、考核方式以及考核结果如何使用。

由于岗位特征和工作内容不同，休闲度假村各岗位考核内容也千差万别，最明显的要数中高层管理岗位与基层岗位之间的区别。中高层管理者一般与顾客接触较少，更多的是进行员工的管理，他们的工作重点是指导下属员工高效工作，提高本部门（对于高层管理者而言则是本度假村）的顾客满意度和利润额度。因此，对中高层管理者的考核应紧紧围绕着这两方面，包括下属对他们的匿名评价、本部门的业绩指标、顾客对其所在部门的满意度调查、其直接领导对他们的工作表现评价等。每项考核指标所占比重可以由人力资源部相关工作人员根据以往经验给出，也可以与当事人共同讨论得出。

基层岗位包括基层服务岗位和基层管理岗位，在度假村里，基层岗位员工是直接的对客服务人员，顾客的反映是基层岗位人员工作考核的直接表现结果，除此之外员工之间的互评、直接领导的评价也应当纳入基层岗位员工的绩效考核中。

在得出各岗位考核结果后，该结果的应用也至关重要。考核结果应与员工的薪资和晋升挂钩，同时也应及时反馈给员工。

课外阅读 9-5

KRA 考核方式贯彻始终

在波特曼丽嘉酒店，每年对员工考核两次。每位员工都有一个个人目标，考核时会根据他们的表现进行评估，使员工按照这条路发展下去。对管理人员和一线员工，波特曼丽嘉的考核标准是不同的。

如在公关部，每周采用的都是 KRA 的考核方式，K(Key)是这周要完成的最主要的工作，R(Result)是每项主要工作要达到的结果，A(Area)是每项工作完成的截止时间。若一周下来，员工没有如期完成，就要分析一下没有如期完成的原因，遇到的困难和障碍是什么。若员工在很长一段时间内经常不能按期完成工作，丽嘉就要考虑员工是不是能胜任这个岗位，通过口头通知、书面交流等方式与员工进行沟通，若迟迟不能改进，就要考虑员工是否继续留在丽嘉工作。

"我们以绅士淑女的态度为绅士淑女忠诚服务"是丽嘉的座右铭。这句座右铭里包含两层含义，一是对客户要有绅士淑女的态度，二是员工之间也要有绅士淑女的态度。在波特曼丽嘉，每位员工都有"一流卡"和2 000美元的使用权限。员工可以在"一流卡"上写下感谢、道歉、祝福，给他们的同事、上级或下级，鼓励员工发现同事的优点。2 000美元则用于对客服务，让员工可以用自己的智慧为他们的客人提供最好最及时的优良服务。给员工这样的权力缘自一份尊重，同时信任他会充分为酒店考虑，做出正确的判断，不会乱花一分钱。

资料来源：最佳东方 http://arts.veryeast.cn/companyinterview/2011-1/H2A2_2.shtml.

2. 员工激励

度假村员工激励机制的构建是休闲度假村人力资源管理的重点，恰当的机制设计能够充分调动员工的主观能动性，提高员工对度假村的忠诚度，进而更好地实现休闲度假村预期的经营目标。

不同的激励类型对行为过程会产生不同程度的影响，所以激励类型的选择是做好激励工作的一项先决条件。激励机制大致可分为两类。第一，物质激励与精神激励，前者是指通过物质激励的方法刺激工作，它主要作用于人的生理方面，是对物质需要的满足，后者作用于人的心理方面，是对精神需要的满足。在度假村员工激励中，物质激励主要指薪资、福利待遇等内容，精神激励包含的内容较广，如提供晋升机会、评比星级员工、增加工作的自主性、奖励旅游、人文关怀等。第二，正激励与负激励，所谓正激励就是当一个人的行为符合组织的需要时，通过奖赏的方式来鼓励这种行为，以达到持续和发扬这种行为的目的。所谓负激励就是当一个人的行为不符合组织的需要时，通过制裁的方式来抑制此种行为，以达到减少或消除这种行为的目的。

在度假村实际的员工激励工作中，应遵循以下几项原则。

(1) 以精神激励为主，兼顾物质激励。

度假村一般地处市郊或偏远地区，即使薪资福利、生活环境都优于市区相关企业，但员工业余生活单调，许多员工往往耐不住寂寞而最终选择离开，因此，营造企业文化、丰富优化员工业余生活常常会成为员工精神激励的有效方法。

(2) 以正激励为主，负激励为辅。

根据心理学分析，表扬可使人产生一种积极的情绪体验，使人受到鼓舞，而批评会引起忧虑甚至敌意。在休闲度假村实际工作中，正激励不仅使当事人得到鼓励，还能在度假村内部营造积极向上的良好氛围，能让更多员工融入到度假村这个大家庭中。因此，在度假村人力资源管理中应以正激励为主，辅之以负激励。

(3) 激励及时有效。

实践证明，激励效果会随着激励实施时间的推移而快速递减，因此对员工的激励应及时有效。浙旅集团温馨岛度假酒店实施着这样一项员工激励措施：凡受到顾客表扬的员工，公司在当月通报所有员工，并给予该员工一百至几百不等的现金奖励，激励效果颇佳。

(4) 激励因人而异。

每一位度假村员工都有其独特的性格特质和人格差异，即使同一位员工在职业发展的不同阶段其需求特征也会不一样，因此度假村在进行员工激励时应因人而异，从每位员工当时的心理特点出发，采取不同的激励方法。

3. 员工职业生涯规划

通常意义上讲，员工职业生涯规划是指员工个人结合自身情况、眼前机遇和制约因素，为自己确立职业目标，选择职业道路，确定发展计划、教育计划等，并为自己实现职业生涯目标而确定行动方向、行动时间和行动方案。对于员工而言，职业生涯规划能满足其高级需要，更快更好地实现其个人发展目标；对于度假村而言，员工职业生涯规划有助于降低员工流动率，实现度假村的长远发展，当然，前提是度假村主动介入员工职业生涯规划工作，并为员工实现其职业生涯目标创造良好的内外部条件。

可见，员工职业生涯规划绝非员工个人的事情，而是一项为实现员工和度假村双赢而共同努力的工作。首先，休闲度假村应加强相关培训，鼓励员工为自己制定合理有效的职业生涯规划。相关培训包括培养理念、制定职业生涯规划的技巧和方法、休闲度假村的发展规划等。其次，在人力资源部专业人员和员工直接领导的共同帮助下，指导员工制定职业发展目标和职业生涯规划方案。这一步骤需要注意的是，职业发展目标和职业生涯规划方案必须由员工自己做出，人力资源专员和直接领导只是起引导作用，不能施加任何行政意志，否则规划方案将成为"会上说说，墙上挂挂"的东西，员工不会付之以切实有效的行动。最后，在员工实现其职业生涯目标的过程中，度假村应尽可能为其创造良好的内外部条件，如度假村在进行培训计划制定、岗位调整时都可以将员工的职业生涯规划考虑在内。

如今，实习生队伍越来越成为休闲度假村的生力军。大量实习生充实到度假村的服务队伍中，不仅解决了度假村旺季用工问题，还为度假村带来了"新鲜血液"，使其企业文化、管理理念、服务意识都得到了较好的改善。然而，目前普遍存在的问题是，学生来实习的较多，毕业后仍然留在度假村工作的却少之又少，既然无法留住实习生，那么能用一批是一批，度假村大都把实习生当临时工使用，这让实习生更加感觉不到归属感，最终能留下来的就更少了。如何让休闲度假村走出此种困境，留住优秀的实习生，实习生职业生涯规划是突破点。浙旅集团千岛湖温馨岛度假村与浙江树人大学校企结合，联合推出的实习生生涯规划方案就取得了良好的效果：浙江树人大学旅游管理专业的校外实习分为两个阶段，第一阶段是历时4个月的综合实习，目的是让学生对休闲度假村有一个感性的认知，第二阶段是长达半年的毕业实习，与就业挂钩。在第一阶段，学生通过双向选择进入千岛湖温馨岛度假村各基层服务岗位工作，学习专业技能，感受企业文化；第二阶段，学生再次进入千岛湖温馨岛度假村实习，但此时学生的角色已转变，从第一阶段的服务生上升到基层管理岗位或管理培训生岗位，在经历6个月的毕业实习后，学生可以优先选择进入浙旅集团旗下任一酒店工作，并担任基层管理岗位，接受集团职业生涯规划指导。

课外阅读 9-6

经典的职业生涯感悟

（1）选择比努力更重要，方向比速度更重要。

（2）没有明确的选择的时候，有时候等待也是正确的。

（3）职业生涯选择的4个因素——地域：地域决定了个人的发展潜能和空间；行业：立足于行业，做行业的领军人物；企业：结合自己的性情，选择适合发展的企业类型；职业：打造属于自己的职业主战场。

（4）想在哪个城市工作最好在那个城市上大学，也可以往那个城市考研。公司企业会觉得有归属感。

（5）选择行业需慎重。要有行业意识，行业决定将来发展高度。

（6）不同的选择导致不同的生活方式，选择企业也是如此。

（7）外企讲能力，国企讲本事，民营企业既要讲能力，又要讲本事。

（8）人在企业，但不能局限于企业，要有更高的视角。

（9）学校学习包括3方面。基本技能：计算机水平、英语、日语；物流知识：有关课程、相关培训认证；综合能力：金融——融资、财务——核算、税务——合理避税、法律——防患未然。考证不只为了证，是为了了解工作逻辑。

（10）社会实践——学校活动：锻炼与人打交道的能力；社会实习、工作：了解社会和以后所要从事的行业；学会做人和做事：悟性有时比文凭更重要。

（11）此外，要锻炼身体，身体是革命的本钱。

资料来源：最佳东方 http://arts.veryeast.cn/satisfaction/2010-10-27/FKUI.shtml.

本章小结

休闲度假村最重要的资源之一——人力资源，是度假村经营过程中的核心竞争力，人力资源管理工作直接影响到休闲度假村的成败。在行业竞争日益激烈的今天，如何设置度假村的组织结构，并对人力资源进行有效管理，是各类休闲度假村关注的重点。本章介绍了休闲度假村的组织结构特点和组织结构设置的一般程序，在归纳休闲度假村人力资源管理现状的基础上，提出了一系列适合度假村的人力资源管理方法。

复习思考题

一、名词解释

组织管理　　　　人力资源管理　　　　员工职业生涯规划
组织结构图　　　部门职能说明书　　　岗位结构图
岗位职责说明书

二、单项选择题

1. 对于度假村而言，员工职业生涯规划有助于降低员工流动率，实现度假村的长远发展，前提是（　　）。

A. 度假村主动介入员工职业生涯规划工作，并为员工实现其职业生涯目标创造良好的内外部条件

B. 员工获得足够的主动权，自我评估，自行规划职业生涯

C. 度假村主动为员工制定职业生涯规划

D. 度假村发展与员工职业生涯规划要一致

2. 度假村对于员工的激励，应（　　）。

A. 以正激励为先，负激励为辅　　　B. 物质激励为主，精神激励为辅
C. 激励因人而异　　　　　　　　　D. 可以在年终时统一激励

三、简答题

1. 简述组织管理的内容。
2. 部门职能说明书和岗位职责说明书的区别是什么？
3. 简述各组织管理理论的重点。

4. 简述组织结构设计的程序。
5. 简述休闲度假村人力资源管理现状。
6. 简述休闲度假村人才选择的方法。
7. 休闲度假村人员激励应遵循的原则有哪些?

四、论述题

1. 试述休闲度假村组织结构与一般的酒店的组织结构有何异同。
2. 试述各类常见的招聘方式优缺点及适用岗位。
3. 休闲度假村人员培训效果如何评价?

课后阅读

瑞士酒店的人力资源管理

1. 良好的住宿条件和一流的员工餐

瑞士国民的人均收入排在世界前列,传统瑞士人的生活水准在欧洲都是数一数二的,所以在瑞士从事酒店业(图 9.6,图 9.7)的老板都格外重视员工的住宿条件和员工餐的质量。

图 9.6　瑞士伯尔尼贝尔维尤皇宫酒店(Bellevue Palace)

在法语区酒店,员工餐的水准是很不错的,员工餐同样有沙拉、汤、主菜、甜点和水果,而且每天都调剂花色品种。不夸张地说,员工餐的水准不比餐厅客人的差。由于定期会有客人点菜菜品的介绍和品尝活动,服务员都知道菜品的色、香、味、形,这样给客人推荐菜品易如反掌。员工在工作区域一律不得放杯子喝水,这是保证服务和工作环境整洁的严格要求,任何员工可抽工作间隙去员工餐厅喝各种饮料。

瑞士酒店员工的洗澡场所完全跟宾客一样,沐浴液装好,有浴巾、拖鞋、梳子、吹风机等,擦完身,把毛巾往箩筐里一扔了事。

2. 一专多能和人尽其用

瑞士的酒店规模不是太大,加之劳动力成本很高,酒店就要求员工能从事多项工作,即通常所说的"一专多能"。在客人比较多的时候,各级管理者都能亲自"操刀上阵"。

3. 完善的培训体系

瑞士酒店所有的员工都有自己的培训档案,每年都有必须参加的培训课程,又有可选修的培训内容。培训课程既周而复始又循序渐进,让每个岗位、每个工作时段的员工都能及时"充电",比方交叉培训,跨职务培训和跨部门培训等,这样的培训既可以增加员工的职业技能,还可以增强部间的联系。不但给员工选择更多岗位的机会,同时培养了更多的多面手,培养了复合型、多用途的人才。

图 9.7 瑞士苏黎世英格马特酒店(Engimatt)

4. 中老年员工队伍和强烈的职业认同感

瑞士在 20 世纪末就进入了老龄化社会。所以酒店采取的措施一是从业人员年龄大大放宽,酒店都是四五十岁的中老年的员工在工作。六七十岁的老门童还在工作是很平常的事。二是招募外籍员工,外籍员工来自世界各地,特别是来自南欧国家如葡萄牙、西班牙、意大利的员工居多,一个酒店就是一个小"联合国"。三是大量使用酒店管理学校的实习生。实习生是瑞士酒店必不可少的"生力军"。

5. 健全的激励制度

对于员工付出的劳动和努力,瑞士酒店多是通过物质和精神两方面的奖励给予积极的肯定和评价,为员工实现抱负和工作价值提供平台。为了激励员工更好地工作,很多瑞士酒店都建立店内招聘系统,酒店采取公开方式如布告牌、组织出版物等向全体员工提供空缺职位的信息,使符合要求的员工有机会参与应征。店内无法补充时,再从店外进行补充。同时建立定期的工作变动制度,给各部门员工提供各种各样的经验,使他们熟悉多样化的工作。

6. 人性化管理和严格管理并重

瑞士酒店管理层十分关心员工的生活,通过各种关怀手段激励员工做好服务。每个新入职员工的照片、喜好、入店日期都会登载在每日联络簿上,也会得到来自各个不同部门的同事的祝福。总经理和人力资源部主管都定期选择和各部门员工一起用餐,与员工交流思想,沟通感情。人力资源部每年都要所有员工进行一次员工满意度调查,内容包括对工作时间、工资、假期、部门管理、上司的意见。酒店设置员工牢骚和员工建议信箱,并专门配备圆桌,供团体讨论,让员工共同沟通,分享信息。员工牢骚箱是饭店的预警系统,员工可就饭店的任何问题发牢骚。员工建议信箱由经理层每周审阅一次,建议一经采纳,就将在简报上将建议与员工的姓名一同登出,未采纳的建议会说明理由,并感谢员工的参与,鼓励员工积极提出新建议。

瑞士酒店管理者通过员工的出勤率、工作质量、情绪、精神状态、业绩等观察员工的

表现,当发现异常状况时,酒店管理者往往会及时向员工询问状况,了解原因,并对症下药,给予妥善处理,使"消极工作"向"积极工作"转化。另一方面,瑞士酒店的管理者对酒店的人员聘任采取警告淘汰制,对于在管理工作中犯错误者,有3次开警告单的机会,以警告屡教不改者,警告单开满3次就会被酒店解雇。

资料来源:沈咏雪.瑞士酒店的人力资源管理[J].饭店现代化.2011,4:48—52.

第10章　休闲度假村产品及服务质量管理

学习目标

知识目标	技能目标
(1) 了解休闲度假村产品及服务质量的概念 (2) 掌握休闲度假村产品质量控制和管理的方法 (3) 了解休闲度假村服务质量的评价标准和测量方法	(1) 能够实际运用服务质量的评价标准和测量方法 (2) 能够运用服务质量差距模型改进休闲度假村的服务质量和营销效果

知识结构

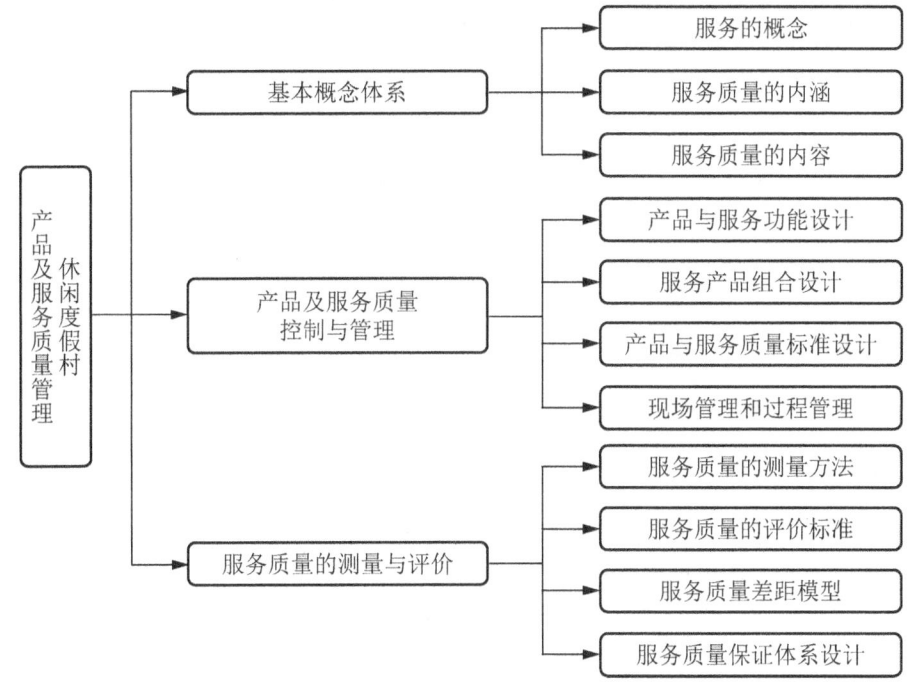

导入案例

王小姐和她的朋友乘坐的出租车刚刚停在千岛湖温馨岛度假酒店（图 10.1）大堂门口，面带微笑的门童立刻迎上前去，并躬身拉门问候道："欢迎光临！"王小姐和她的朋友们谈笑风生地走下出租车，当门童正准备关门时，忽然发现前座上遗留了一部漂亮的手机，于是扭头对正准备进酒店的王小姐说："小姐，您是否遗忘了手机？"王小姐一听，停止了说笑，忙说："哎哟，是我的手机，谢谢，谢谢。"门童将手机递还给客人，同时又写一张小条子递给了王小姐，这张小条上写着这辆出租车的号码，然后门童迅速引领客人进入了酒店大堂。

图 10.1　千岛湖温馨岛度假酒店

王小姐来到前厅接待处，接待员礼貌地问候道："你们好，欢迎光临千岛湖温馨岛度假酒店，请问有没有预订？"王小姐说："我们早在 10 天前已经预订了一个三人间。"接待员随即请王小姐出示证件，并熟练地查阅预订，立即为客人填写了入住登记表上的相关内容，并请王小姐预付押金和签名，最后说："小姐，你们住在 1501 房，这是你们的房卡与钥匙，祝您入住愉快。"

在王小姐办理入住登记手续时，行李员恭立在她们的身后，为客人看护着行李箱。之后，行李员带着客人刚来到 1501 房间的门口，客房服务员便迅速走了过来，笑容可掬地躬身说，"你们好，欢迎光临，请出示房卡"，"请这边走"，服务员来到 1501 房门口敲门并报："Housekeeping，Housekeeping，Housekeeping"，王小姐诧异地说："不是没有人吗？""这是我们的服务规范。"客房服务员打开房门后，开始介绍客房设施与服务，行李员将客人的行李放到了行李架上，同时发现客人将西装脱下随手扔在了床上，便走过去将客人西装挂进了壁橱。客房服务员和行李员询问道："请问，您还有何需要帮助？"王小姐高兴地说："不用了，谢谢你。""祝你们在本酒店居住愉快！"然后两个服务员告辞退出。

王小姐和她的朋友经过了一天的旅行，已经非常疲惫了。当她们躺在柔软的床上，听着悠扬的音乐，欣赏着舒适豪华的室内装潢，回忆着进入酒店的整个过程时，王小姐满意地对朋友们说："这真是星级酒店的服务啊！我们要的不就是这种感觉吗？"

讨论题：以千岛湖温馨岛度假酒店的服务为例，谈谈休闲度假村的产品与服务有何特点。

资料来源：职业餐饮网，2009-02-13.

无论是有形产品的生产企业还是服务业，良好的服务质量都是企业在竞争中制胜的法宝。服务质量的内涵与有形产品质量的内涵有所区别，消费者对服务质量的评价不仅要考虑服务的结果，而且要涉及服务的过程。服务质量应被消费者所识别，只有被消费者认可的服务才可能被认为是质量较好的服务。此外，服务企业的服务质量在构成要素、形成过程、考核依据、评价标准等方面都有别于有形产品质量的内涵。

本章将主要从服务质量的基本概念体系、产品及服务质量的控制与管理、服务质量的测量与评价等 3 个方面进行分析论述，从而建立起休闲度假村产品及服务质量管理的系统结构。

10.1 休闲度假村产品及服务质量管理概述

10.1.1 服务的定义

关于服务的定义，有如下一些常见的表述。

（1）美国营销学会（AMA）（1960）的定义为：服务为销售商品或在商品销售中所提供的活动、利益和满足。

（2）质量管理和质量保证标准 ISO8402（1992）中的定义是：服务为满足顾客的需要，供方和顾客之间接触的活动以及供方内部活动所产生的结果。

（3）对 AMA（1960）定义的补充完善：服务是可被区分界定的，主要为不可感知、却可使欲望获得满足的活动，而这种活动并不需要与其他的产品或服务出售联系在一起。生产服务时可能会或不会利用实物，而且即使需要借助某些实物协助生产服务，这些实物的所有权将不涉及转移问题。

（4）西方酒店认为服务就是 SERVICE（本意亦是服务），而每个字母都有着丰富的含义，其中：S——Smile（微笑）；E——Excellent（出色）；R——Ready（准备好）；V——Viewing（看待）；I——Inviting（邀请）；C——Creating（创造）；E——Eye（眼光）。

综合来看，以上各种定义都有一定的片面性，这不仅是因为服务难以为人们所感知从而无法准确地进行研究，而且随着服务在国民经济生活中的地位越来越重要，其范围也愈来愈广，使得研究人员无法从整体上予以概括。

10.1.2 服务质量的涵义

1982 年，克里斯廷·格罗鲁斯最早提出了顾客感知服务质量的概念，将感知服务质量定义为："顾客期望的服务质量与顾客实际接受的服务质量之间的差异。"这一说法论证了服务质量从本质上讲是一种感知，是由顾客的服务期望与其接受的服务经历比较的结果，并进一步说明了服务质量的高低取决于顾客的感知，其最终评价者是顾客，而不是企业。

Volevi Lehtinen 认为服务质量包括有形质量、相互作用质量、总体质量 3 部分。有形质量是指在服务过程中有形部分的质量，包括物质资料的质量和设备方面的质量；相互作用质量是指消费者与服务生产组织发生直接联系时经济行为的质量；总体质量是指消费者根据以往对某个服务生产组织的经验和印象，或者根据服务生产组织由于长期经营在大众消费者中所形成的影响，是消费者对这个服务生产组织质量的综合评价。

通过对服务质量定义的比较可以看出，服务质量的评判具有很强的主观性和变动性，服务质量特性具有较强的非定量性和权重的权变性。鉴于服务交易过程的顾客参与性和生产与消费的不可分离性，服务质量必须经顾客认可，并被顾客所识别，服务质量的内涵应包括以下内容。

（1）服务质量是顾客感知的对象。

（2）服务质量既要有客观方法加以制定和衡量，更多地要按顾客主观的认识加以衡量和检验。

（3）服务质量发生在服务生产和交易过程之中。

（4）服务质量是在服务企业与顾客交易的真实瞬间实现的。

（5）服务质量的提高需要在企业内部形成有效的管理和支持系统。

由于服务与产品在本质特征上的不同，服务质量同有形产品质量在内涵上有很大的不同，二者的区别主要在于以下方面。

（1）服务质量较有形产品的质量更难被消费者所评价。

（2）顾客对服务质量的认识取决于他们预期同实际所感受到的服务水平的对比。

（3）顾客对服务质量的评价不仅要考虑服务的结果，而且涉及服务的过程。

10.1.3　休闲度假村产品与服务质量的内容

休闲度假村产品与服务质量既包括有形产品质量，如度假村设备设施质量和实物产品质量（菜点酒水质量、客用品质量、商品质量、服务用品质量、服务环境质量），也包括无形产品质量，如服务人员礼貌礼节、职业道德、服务态度、服务机能、服务效率、安全卫生等方面。

应用案例 10-1

费尔蒙酒店及度假村精心打造旅途运动服务

费尔蒙酒店及度假村（Fairmont Hotels & Resorts）最新推出的 Fairmont Fit 服务（图 10.2）让旅客能轻松享用 adidas 运动服饰。本服务专门为尊贵会员而设，酒店员工将把运动服饰及鞋履送到客房、健身中心或户外，为宾客带来更全面的住宿体验。入住期间，宾客只需致电酒店服务热线，说出所需的 adidas 运动用品，所需用品随即将由专人送到，以供宾客随时使用。旅客可随意享用各种运动用品或去酒店的服务台选购运动服饰。此外，酒店亦与 EMI Music 合作，为宾客提供 Creative Zen MP3 播放器，让宾客在运动期间可随意选播现代、经典、摇滚及轻音乐等不同类型的歌曲。在全球各地，运动爱好者只需致电皇家服务（Royal Service）热线，就能安享此项服务，直至退房离开之日。如有需要，度假者更可在入住期间随时致电安排更新所需用品。费尔蒙酒店及度假村为尊贵客户而设的 Fairmont President's Club 奖赏服务，让酒店常客能享受独一无二的优惠及礼遇，充分照顾个性化需要，使其体验更优越的酒店服务。会员可自定义旅游档案，亲自打造贴心舒适的酒店安排，包括免费高速网络服务、使用 Taylor Made 高球杆、特选外游选择等。欢迎宾客于预约住宿时进行报名，或登入 www.fairmont.com 完成网上手续办理。FPC 会员每次入住只需缴付 US＄10 服务费，便可无限次选用运动服饰。

图 10.2 Fairmont Fit 服务

10.2 休闲度假村产品与服务质量控制

10.2.1 休闲度假村产品与服务设计

休闲度假村质量管理是围绕着质量管理的目标展开的。休闲度假村质量管理的基本目标是：贯彻休闲度假村服务质量等级标准，提供满足顾客需要的服务劳动使用价值，维护和保障顾客的合法权益，不断提高休闲度假村的服务质量。而要达到这一目标，首先必须抓好休闲度假村服务设计，即根据休闲度假村的性质、档次及服务提供的内容设计服务功能，制定服务规范、提供规范和服务控制规范，确定服务质量要求和标准。

1）服务功能设计

休闲度假村服务是一种感知服务，要把顾客感知服务与休闲度假村所提供的服务协调起来，休闲度假村必须站在客人的角度，从 3 个层次来理解服务的功能：核心功能、辅助功能和延伸功能。核心功能是指顾客购买休闲度假村服务的基本收益，与顾客期望紧密相关；辅助功能是顾客自己并不直接需要，但要得到核心服务所需经历的过程，即辅助服务过程；延伸功能是为了满足个别顾客的特殊需求而提供的特殊和临时性的功能，通常超越了顾客的辅助期望和预料，是额外提供的功能。

上述服务功能 3 个层次的全部意义在于，休闲度假村企业要提供一个具有质量保证和一定灵活性，并且具有竞争优势的服务产品。

应用案例 10-2

南宁九曲湾温泉度假村服务功能布局规划

九曲湾温泉度假村（图 10.3）位于广西首府南宁市三塘镇，坐落在风光秀丽的九曲湾农场，距市中心仅 12km，交通十分便捷，独享优越的地理环境。其中，温泉水由地下 1 219.94m 深的地热田复合圈喷涌而出，涌水量达 744m³/d，水温在 53.5～61℃之间，水质晶莹滑爽。经检测，矿水年龄约为 12 000 年，泉水中含有偏硅酸、偏硼酸、硫化物、氟、氡、锂、锶等30多种对人体有益的微量元素和矿物质,是一种罕有的重碳酸钠型温热级含氡、偏硅酸的氟医疗热矿水。九曲湾温泉度假村坐落的城市南宁,是一座历史悠久的边陲古城,具有深厚的文化积淀,是一个以壮族为主的多民族和睦相处的现代化城市。度假村在设计中以深厚的壮族历史文化底蕴为主线,秉承历史文脉,挖掘壮族文化内涵,结合人文资源,融合人工创造的自然环境,力求创造环境宜人、愉悦舒适、景色诱人、亲切近人、人在其中、人景交融的生态环境,塑造具有本土文化和历史文化氛围的与自然生态共生的环境空间,发展成为集温泉、康体、养生、休闲度假、会议、文化、地产开发等多种功能为一体的具有浓郁民族风情和地方特色的温泉旅游度假胜地。

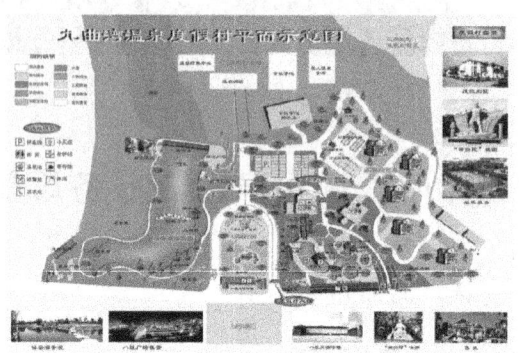

图 10.3　南宁九曲湾温泉度假村平面示意图

九曲湾温泉度假村的产品及服务功能主要体现在以下4个方面。

一是SPA。SPA是开发利用温泉的核心,是度假村赖以生存的法宝、终极目标。通过开发石板浴、木炭浴、中药浴、光波浴、冰蒸浴等,结合现代先进水疗设备(图10.4),充分发挥温泉的医疗保健作用。

图 10.4　先进的水疗设备

二是娱乐。温泉度假村里结合水媒介设置娱乐设施,打造水上乐园,以满足人们的需求。

三是文化。度假村将壮族文化融入温泉,以壮族文化为内容规划,设计其标志性主景，使之成为度假村的亮点。

四是景观。度假村借助亭、廊、阁、楼、风雨桥等园林建筑，以统一风格的桂北民居建筑风格形式来营造度假村内的景观，用小桥流水景观充分体现南方园林的隽秀特色，同时将石板、石块、卵石铺地及拟自然植被群落中品种丰富多样的植物组合，营造自然的生态环境，形成"人在景中游"的美丽画卷。

资料来源：胡元珍. 南宁九曲湾温泉度假村规划设计[J]. 广西城镇建设，2011(9).

2）服务产品设计

服务产品的设计主要是服务产品组合的设计。休闲度假村的服务产品组合由休闲度假村产品的广度、长度、深度和一致性所决定，设计时需要考虑以下原则。

第一，适应需求。顾客的需求是休闲度假村服务的基础，也是休闲度假村经营活动的起点。研究顾客需求的目的是为了确定科学的服务结构。顾客需求结构一般包括功能需求、形式需求、价格需求、外延需求等4个方面。

第二，顾及成本。对消费者而言，在获得某项服务时，其付出的成本主要包括货币成本、时间成本、体力成本和精神成本。休闲度假村应该对顾客的这些成本进行分析，根据休闲度假村实际，降低顾客成本，提高服务质量。

第三，保证品质。休闲度假村产品必须保证有品位和高质量。要达到这一要求，休闲度假村服务必须做到"三个凡是"的"黄金标准"，即凡是顾客看到的必须是整洁美观的；凡是提供给顾客使用的必须是安全有效的；凡是休闲度假村员工，对待顾客必须是亲切礼貌的。服务标准是休闲度假村服务产品品质的保证之一，许多休闲度假村都在这方面设计了许多保证品质的工作标准。

第四，注重特色。求新是人们普遍具有的一种心理，休闲度假村服务产品的设计人员应注意和利用这种求新心理，使服务产品因其"新奇"、"独特"而对顾客具有吸引力。

应用案例 10-3

韩国 Rock It Suda 度假屋

在韩国江原道山中，茂密的森林中隐藏着一组色彩艳丽的异形建筑，这就是由 Moon Hoon 设计的 Rock It Suda 度假屋（图 10.5）。作为 Moon Hoon "玩建筑"的又一次大胆尝试，他再次将极强的个人风格与他丰富多彩的个人精神世界注入到了冰冷的建筑之中，让建筑有了自己性格和色彩，让它们"活"了起来。

图 10.5 Rock It Suda 度假屋

在整个设计中,他从其他艺术领域汲取灵感来丰富设计构想,为度假村中每个建筑设立的空间主题,体现了多种文化的融合。这个度假村拥有极好的视野,背靠绵延的群山。设计师设计了6个不同的空间容器来作为人们享受美景的精致空间。设计师从不同客人的喜好角度出发,选取了芭比娃娃、西班牙斗牛、隐形战斗机和法拉利跑车等主题,每个建筑外观配以相应主题的配色,大胆使用黄色、粉红、蓝色、黑色等浓烈色彩。同时通过对长方体的变形,构成了收缩、扩张等空间形式,创造出一个个极富个性的象征建筑。设计师还模拟图形透视的原理,用网布为其中几个建筑设计了长长的收缩的"尾巴",还为其中一个建筑设计了扬起的牛角。远观这组建筑,更像是站立于山腰的一组变形机器人。

在内部空间的设计上,设计师更打破传统酒店空间模式,多采用设计隔层来增加空间内的层次感。在氛围的渲染上,墙面多有缤纷艳丽的大块色彩和底纹的使用,加上开阔的内部空间,就像是为年轻人度身打造的聚会空间。在家具陈设上没有过多的装饰,仅仅留有必要的床和沙发等。当然为了满足不同旅客的偏好,也设计有内敛传统的韩式风格空间。"粉红色芭比娃娃"主题建筑空间内,从墙面到天花板都由木面材质拼贴装饰,模糊了墙体和天花板的界限。设计师还将楼梯设计成坡道的形式通向二楼,卧室区并不注重私密感的营造,大大的玻璃窗让其拥有极好的视野。设计师为"蓝色西班牙"主题建筑设计了个性阳台,将内外空间连通。"红色法拉利"主题建筑内采用了大面积的红色和倾斜的墙面,体现出赛车的热情和速度感。

资料来源:Moon Hoom. 韩国 ROCK IT SUDA 度假屋[J]. 室内设计与装修,2011(2).

3)产品与服务质量标准设计

标准就是对重复性事物和概念所作的统一规定,它以科学、技术和实践经验的成果为基础,经有关方面协商一致,由主管机构批准,以特定的形式发布,作为共同遵守的准则和依据。

休闲度假村的服务标准化,要求休闲度假村根据质量标准,并结合本休闲度假村的实际制定自己企业内部的标准体系。休闲度假村内部的质量标准一般分为工作标准、技术标准和管理标准3个方面。制定标准要注意以下几点:以顾客的需求为中心;标准要简单、明确、可操作,易于员工理解;定性和定量相结合,尽量使用定量标准;标准必须配套,相互协调,自成体系;标准的实施要坚持检查和考核,并不断加以修订完善。

10.2.2 休闲度假村服务质量的现场管理和过程管理

服务现场指的是服务的具体场所和具体服务过程。服务现场管理是休闲度假村服务质量得到最终体现的场所,休闲度假村必须加强服务现场的管理。服务现场管理的要点包括加强对客交流、控制服务标准、关注重点服务、寻找并处理顾客的投诉、做好人力的调度等方面。

休闲度假村服务运作过程质量控制是指采用一定的标准和措施来监督和衡量服务质量管理的实施和完成情况,并随时纠正服务质量管理目标的实现。休闲度假村服务运作过程质量的控制有3个特点:①全方位,它是指休闲度假村的每一个岗位都要参与服务质量管理;②全过程,它是指休闲度假村每一岗位的每一项工作从开始到结束都要进行服务质量管理;③全体人员,它是指休闲度假村所有员工都要参与服务质量管理。

休闲度假村服务质量的过程管理具体包括服务预备过程的质量控制、服务过程的质量

第10章 休闲度假村产品及服务质量管理

控制和服务结束的反馈过程质量控制。在服务预备过程中要注意资源的有效整合与配置及人员的培训工作；服务过程的质量控制要点包括岗位人员控制、设备物品质量控制、关键环节质量控制、服务方式变更控制和环境的质量控制（客人的消费环境质量控制和员工的工作环境质量控制）；服务结束的反馈过程质量控制要点包括质量反馈信息控制、纠正措施与预防措施控制和新标准的制定。度假村要把服务过程质量控制的成功方案和有效措施纳入相应的质量程序文件和服务程序、服务流程说明书中，使其成为新的服务规范和服务标准。

应用案例 10-4

2009年11月19日，北京市海淀区消费者王女士邀请几个朋友到北京市顺义区花水湾磁化温泉度假村磁泉嬉水中心泡温泉，门票是98元一张。王女士和朋友们大约上午10点多到达嬉水中心，当时游玩的客人不是很多。泡温泉之前，每人发放一双拖鞋，王女士进去时就把拖鞋放在门口了。泡了十多分钟后，大约在上午11点30分左右，王女士出来时发现拖鞋不见了，所以只能光着脚走。当时她没注意到外面地上有一滩水，不慎摔了一跤，摔得挺严重的，倒地的声音很响，王女士一时间躺在地上脖子动不了。这时一位老人立刻走过来询问她怎么样了、摔得严不严重，可当时在场有三四个工作人员（在女宾入口处就站有两位员工），他们看到王女士摔倒后还在边笑边讨论，没有一个人过来询问情况。王女士慢慢站起来后脖子不能动，在椅子上休息了一会儿。11点45分左右，王女士在更衣室里说起自己跌倒，没有一个工作人员询问一下这件事时，当时在场的一位姓付的年轻人说他就是经理，可以负责这件事情。当时王女士考虑到是她请朋友们过来玩的，又是刚到没有玩多久，现在就离开感觉对不起朋友，就决定自己在更衣室里休息，让朋友去玩，等下午走的时候再去找付经理。付经理也承诺说，自己一天都在，什么时候找他都可以。等到下午14点多朋友们玩得差不多想离开时，王女士却找不到付经理。等了30多分钟后付经理回来了。因为王女士是摔到了后脑和脖子，所以她提出做个CT和X光检查一下，付经理称顺义高丽营没有做CT和X光检查的医院。于是王女士让付经理出示一份证明，证明我是在花水湾游玩时摔倒的，要到市区做检查，付经理答应了这一要求，也出示了一份这样的书面证明。当天晚上回到市区后，王女士就到人民医院做了CT和X光，花费了340元。医生让她第二天早上再到颈椎科检查，在颈椎科的检查结果为：软组织挫伤，行动不便，颈椎病。之后王女士打电话告诉了付经理检查结果，想知道花水湾磁化温泉度假村将怎么处理这件事情。付经理说可以给门票作为赔偿，王女士表示再给门票也不敢去玩了，所以不要门票，并提出希望付经理能提供相关领导的联系方式，以便与领导直接反映情况。付经理拒绝了，说自己会向领导反映情况的。之后王女士又打了四五次电话，付经理一直称已经向领导反映了，但是至今也没有人主动与她联系，解决问题。

王女士表示：我对花水湾磁化温泉度假村对待游客的这种态度非常的不满意，我是在他们的场所中摔倒的，而且还是因为他们自身工作失职而引发的安全问题，花水湾磁化温泉度假村就应该负责。希望花水湾度假村赔偿医疗费，并给予适当的补偿。花水湾对待这件事情的态度令我非常气愤，我需要一个说法！

相关法律法规链接：《中华人民共和国消费者权益保护法》第六条规定，保护消费者的合法权益是全社会的共同责任。国家鼓励、支持一切组织和个人对损害消费者合法权益的行为进行社会监督。大众传播媒介应当做好维护消费者合法权益的宣传,对损害消费者合法权益的行为进行舆论监督。第十条规定,消费者享有公平交易的权利。消费者在购买商品或者接受服务时,有权获得质量保障、价格合理、计量正确等公平交易条件,有权拒绝经营者的强制交易行为。第十七条规定,经营者应当听取消费者对其提供的商品或者服务的意见,接受消费者的监督。

2009年12月18日10时45分,就游客反映的问题,相关媒体向北京花水湾温泉度假村发函件核实情况。2010年1月5日,媒体收到北京花水湾温泉度假村的回函,部分内容如下:"接到贵刊提供的游客叙述的详细传真资料,度假村董事长及总经理格外意外,也深感歉意,并对此事件高度重视,强烈表示要一查到底,竟然出现此类投诉却无人上报事件,嬉水中心负责人管理不力,欺下瞒上,严重违反了公司制度,损坏了度假村的声誉与形象。度假村依据贵社的传真资料,结合自身所调查的一手资料,度假村做出以下整改弥补措施,希望能尽可能地获取客人的理解与原谅,挽回企业的部分声誉损失。

一、花水湾度假村勒令嬉水中心经理付佳检讨个人行为给公司带来的损失,并立即给予开除处理。

二、花水湾度假村聘任了新的责任心强、素质高、能力强的嬉水中心管理者,加大力度对部门员工安全意识及服务意识方面的培训,并加强对嬉水中心区域的服务与管理,以安全为首要工作任务,着重提升服务质量,尽可能达到服务零投诉,让所有客人来得放心,玩得舒心,走得畅心。

三、花水湾度假村对游客王女士表示郑重道歉,对其因泡温泉摔倒所产生的CT、X光等其他各类医疗费700多元给予赔偿,另外给予300元营养费赔偿,合计1 000元整;并与王女士沟通联系,邀请她能再次光临,花水湾度假村将免费为其提供泡温泉、游泳等服务。

四、花水湾度假村将引以为戒,召开安全经营会议,强调'生产经营,安全第一','没有安全就没有服务更没有品牌',要求各部门进一步健全安全经营应急预案,并注重落实效果,明确划分责任区域,本着'谁主管,谁负责'的原则,安全有序做好服务接待工作。

五、召开度假村全体会议,强调企业执行力、部门管理衔接问题,并要求各服务接待部门,尤其是销售部门人员,要对新老顾客进行跟踪式信息反馈,获取更多宝贵建议和意见,并及时总结上报公司进行合理化的改进与提高,让客人享受更多标准化、细节化、个性化、亲情化的服务。"

10.3 休闲度假村服务质量监控

休闲度假村服务质量管理的效果最终主要表现在两个方面:一是是否符合休闲度假村服务质量的等级标准,二是是否满足客人的物质和精神的需要。因此,休闲度假村对服务质量的评估和监控显得尤为重要。

10.3.1 休闲度假村服务质量调查

休闲度假村服务质量调查主要有 4 种方式：直接面谈、电话访谈、问卷调查和暗访调查。这四种调查方式的优劣势见表 10-1。

表 10-1 休闲度假村企业服务质量调查方式的比较

调查方式	优 势	弊 端
直接面谈	可提出较为复杂与深入的问题 能借助相关资料让被调查者更好地理解调查者的观点 能较为完整地理解被调查者的观点	成本较高 需要素质较好的调查员 难以提出或回答较为敏感的问题
电话访谈	成本较低 快捷 可对是否进行深入调查进行选择	只能提问简单直接的问题 访谈时间短 需要高素质的人员仅通过语言沟通就能保持被调查者的兴趣与注意力
问卷调查	成本低 能较好地避免调查者的偏见 受调查者可以匿名 方便收集距离远的调查者的意见（通过 E-mail 还可提高回复的速度）	普通信件回复慢 回复率低 问卷必须简短与简单 样本难以做到具有代表性，由于某些被选择的调查对象可能不会回复
暗访调查	隐蔽性高，能获得更真实的调查资料	对调查人员的素质有极高的要求

10.3.2 休闲度假村服务质量评估的方法

休闲度假村服务质量评估可分为有关部门的评估、休闲度假村的自我评估和顾客的评估，而顾客的评估是对服务质量最具权威的最终评估。

休闲度假村服务评价与改进过程就是实施服务过程作业的连续评价，以识别和积极寻求服务质量的改进机会的过程。服务评价与改进过程包括以下 3 个程序：数据的收集、数据分析和服务质量的改进。

1. PDCA 循环法

PDCA 循环是一种科学的工作程序，是质量管理的基本工作方法。PDCA 是英语 Plan（计划）、Do（实施）、Check（检查）、Action（处理）4 个词首字母的组合。它反映了做工作必须经过的 4 个阶段。这 4 个阶段循环不停地进行下去，所以称为 PDCA 循环。

计划：提出一定时期内服务质量活动的主要任务与目标，并制定相应的标准。
实施：根据任务与标准，提出完成计划的各项具体措施并予以落实。
检查：包括自查、互查、抽查与暗查等多种方式。
处理：对发现的服务质量问题予以纠正，对休闲度假村服务质量的改进提出建议。
运用 PDCA 循环来解决休闲度假村服务问题的过程可分成 8 个程序。

(1) 计划阶段。

程序一：对休闲度假村服务质量的现状进行分析，运用 ABC 分析法找出主要的质量问题。

程序二：运用因果分析法分析产生质量问题的原因。

程序三：从分析出的原因中找到关键原因。

程序四：制定解决质量问题要达到的目标和计划，提出解决质量问题的具体措施和方法以及责任者。

(2) 实施阶段。

程序五：按已定的目标、计划和措施执行。

(3) 检查阶段。

程序六：在程序五执行以后，再运用 ABC 分析法对休闲度假村的服务质量情况进行分析，并将分析结果与程序一所发现的质量问题进行对比，以检查在程序四中提出的提高和改进质量的各种措施和方法的效果，同时检查在完成程序六的过程中是否还存在其他问题。

(4) 处理阶段。

程序七：对已解决的质量问题提出巩固措施，以防止同一问题在下次循环中再出现。

程序八：提出程序一所发现而尚未解决的其他质量问题，并将这些问题转入下一个循环中去求得解决，从而与下一循环步骤衔接起来。

2. ABC 分析法

ABC 分析法是意大利经济学家巴雷特分析社会人口和社会财富的占有关系时采用的方法。美国质量管理学家朱兰把这一方法运用于质量管理。运用 ABC 分析法，可以找出休闲度假村存在的主要质量问题。

ABC 分析法以"关键的是少数，次要的是多数"这一原理为基本思想，通过对影响休闲度假村质量诸方面因素的分析，以质量问题的个数和质量问题发生的频率为两个相关的标志，进行定量分析。先计算出每个质量问题在质量问题总体中所占的比重，然后按照一定的标准把质量问题分成 A、B、C 三类，以便找出对休闲度假村质量影响较大的 1~2 个关键性的质量问题，并把它纳入休闲度假村当前的 PDCA 循环中去，从而实现有效的质量管理，既保证解决重点质量问题，又顾及到一般质量问题。

用 ABC 分析法分析休闲度假村质量问题的程序共分 3 个步骤：一是确定关于休闲度假村质量问题信息的收集方式；二是对收集到的有关质量问题的信息进行分类；三是进行分析，找出主要质量问题。

3. 因果分析法

ABC 分析法虽然能够找出休闲度假村的主要质量问题，但是却不能得出这些主要的质量问题是怎样产生的。对产生这些质量问题的原因有必要进行进一步的分析。因果分析法是分析质量问题产生原因的简单而有效的方法。

因果分析法是利用因果分析图对产生质量问题的原因进行分析的图解法。因为因果分析图形同鱼刺、树枝，因此又称为鱼刺图、树枝图。因果分析图对影响质量(结果)的各种因素(原因)之间的关系进行整理分析，并且把原因与结果之间的关系用带管线(鱼刺图)表示出来，如图 10.6 所示。

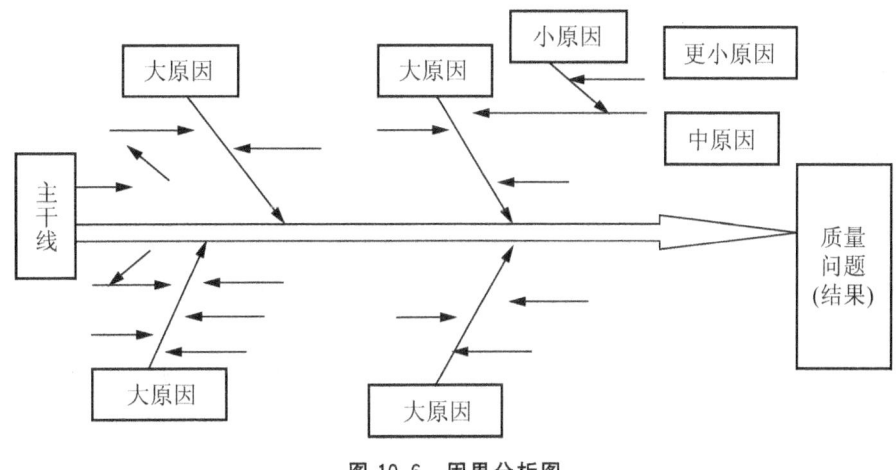

图 10.6　因果分析图

10.3.3　休闲度假村服务保证体系设计

1. 休闲度假村服务检查组织

有些休闲度假村成立了专职的部门——服务质量管理部，还有些按照休闲度假村在培训部或总经理办公室内设立相应的职能(图 10.7)，有利于将质量检查与培训工作紧密地结合起来，从技术和业务的角度来完善休闲度假村的服务质量；而设立总经办(图 10.8)则是为了赋予质量检查工作更大的行政权威，加重检查工作的分量。

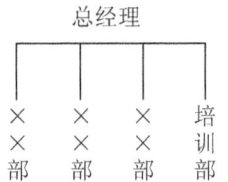　　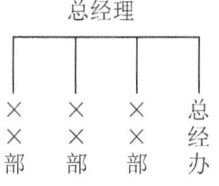

图 10.7　在培训部设立服务质量管理职能　　图 10.8　设立总经办

也有一些休闲度假村没有设立专职的部门，而是代之以非常设的服务质量管理委员会来执行检查，如图 10.9 所示。

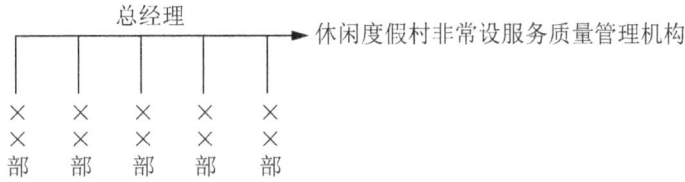

图 10.9　非常设服务质量管理机构

上述各种组织形式都具备其特有的优势，但也都有其无法回避的缺陷。服务质量检查的不同组织形式可以通过表 10-2 做进一步认识。

表 10-2 休闲度假村服务质量检查不同组织形式的比较

组织形式	优势	不足
设专职部门	有机构和人员上的保障	机构设置繁杂,有限的人员很难对休闲度假村各个部门的情况都十分了解,故检查本身的质量会打折扣
设置于培训部之内	有利于服务质量检查与培训工作密切结合起来	缺乏权威性,缺乏其他部门的参与
设置于总经办之内	检查的权威性得以加强	缺乏专业性,缺乏其他部门的参与
非常设服务质量管理委员会	兼顾了检查的权威性和专业化,实现了各个部门的参与	由于没有专职的部门和专业的人员,检查人员对于自己部门以外的业务不尽熟悉,往往造成自己人查自己部门,因此对存在的问题不够敏感,深层次问题不易查出,且容易出现各部门护短的情况

休闲度假村在实施服务质量检查的过程中到底采用哪种组织形式,应根据自己的具体情况来决定,不可盲目地效仿别人,最适合解决自己所面临的问题的组织形式就是最好的形式。但在选择服务质量检查的组织形式时,可以参考以下一些因素。

(1) 不论整个休闲度假村的管理方式是集权式的管理,还是分权式的管理,服务质量检查的组织形式都应与休闲度假村整体的管理方式相协调。

(2) 了解休闲度假村服务质量目前所处的阶段和所面临的主要问题是什么,在检查的过程中主要缺乏什么,是权威、技术,还是各部门的重视程度。

(3) 考虑休闲度假村中高层管理人员的基本素质和专业能力。

(4) 考虑休闲度假村基层员工的服从性和技术操作能力。

有些休闲度假村采用了专职的部门或机构和非常设委员会相结合的办法,也收到了很好的效果。

2. 服务质量检查的实施方式

(1) 休闲度假村统一检查:在这种形式的检查中,要注意对不同部门的重点检查,要注意检查的均衡性、权威性和严肃性。

(2) 部门自查:休闲度假村服务质量检查的体系可分 3 个层次:店一级的检查;部门一级的检查;班组、岗位一级的检查。还可以外请专家进行技术诊断。

(3) 走动式巡检:不论是哪个层次的检查,其形式都可以分为明查和暗查两种。明查是在事先通知后的检查,它可以了解被检查部门在较为充分的准备之后的服务质量状况。当然,这也可能因经过过多的"装饰"而缺乏真实性,但它却可以反映休闲度假村服务质量在临近自己最高水平时的一个基本状态。与之相反,暗查则是了解休闲度假村服务质量日常基本水准的手段,与明查相比,尽管在暗查的过程中会发现更多问题,但它反映的却是真实的情况。

3. 检查报告

对服务质量的每一次检查后，都应该完成一份服务质量检查报告，以反映检查的结果。起草报告时应做到：客观，就是应该将检查现场发生的实际情况记录下来，不掺杂任何主观的看法和评论；严格，就是以休闲度假村管理模式和服务操作标准为依据；公正，就是不能以个人的好恶来组织报告的内容；全面，就是不能随意对检查过的内容进行取舍；细致，就是记录下检查中的每个细节。

4. 检查中应注意的问题

首先应结合休闲度假村服务质量的现状和特点，确定适宜的检查周期。周期过长，会使服务质量的控制力度弱化；周期过短，又会妨碍休闲度假村其他工作的正常进行，同时检查本身也会流于形式。对宾馆服务质量的检查应该是多层次的，包括岗位、班组一级的检查，部门一级的检查，休闲度假村管理公司一级的检查。

同时，检查人员应具有良好的职业道德和公正的人品以及较强的专业能力。休闲度假村总经理可以向服务质量检查机构做出一些授权，以维护其权威性；有权了解、调查各部门和部门以下岗位服务质量状况，听取汇报；检查机构可以根据检查结果，做出单笔罚款在××元人民币以下的处罚决定；用所罚款项建立服务质量管理店内基金，由检查机构负责监管及使用，主要用来奖励在休闲度假村服务质量管理中表现突出的部门和个人及用于与休闲度假村服务质量有关的其他活动；检查机构有权决定单笔金额在××元人民币以下的奖励。

5. 检查后处理与整改

在检查程序完成以后，还应该根据检查的结果分析产生问题的原因，制定解决问题的方案，并采取措施予以落实。否则，检查就失去了意义。

本章小结

本章简要概述了服务、服务质量和服务质量管理的概念，重点分析了服务的基本特征和服务质量差距模型。休闲度假村要想提高自身的服务质量，就要对服务质量差距进行分析与研究，有针对性地了解服务质量中存在的问题和不足，发现服务质量管理中的主要漏洞和薄弱环节，运用服务质量管理的基本手段实行服务承诺，引导企业员工树立正确的服务质量意识。

复习思考题

一、名词解释

服务　　　服务质量　　　服务质量评估　　　服务产品设计

二、单项选择题

1. 无形服务与有形产品在内涵上的主要区别在于(　　)。
   A. 服务的质量较为容易被消费者评价
   B. 顾客对服务质量的评价还包括服务的全过程
   C. 服务的质量更具有可评估性
   D. 服务的质量不需要与预期的感受相比较
2. 下列哪一项不是休闲度假村服务质量的检查方式(　　)。
   A. 休闲度假村统一检查　　　　　　B. 部门自查
   C. 走动式巡检　　　　　　　　　　D. 顾客检查

三、简答题

1. 休闲度假村质量管理涉及哪些环节？
2. 休闲度假村服务设计有哪些要点？
3. 如何开展服务现场管理？
4. 休闲度假村服务质量评估有哪些方法？

四、论述题

1. 以具体案例论述休闲度假村服务质量评估的不同模式的运用效果。
2. 以具体案例论述休闲度假村服务质量的现场管理和过程管理的基本要点。

课后阅读

波多里奇国家质量奖和里兹-卡尔顿酒店管理公司

马尔科姆·波多里奇国家质量奖是美国商界的完美标准，是成功管理公司的指南。里兹-卡尔顿饭店公司是一家在质量管理上精益求精的豪华饭店公司，在马尔科姆·波多里奇国家质量奖标准的指引下，里兹-卡尔顿饭店公司进行了持续的全面质量管理改造，并于1992年和1999年两度获得该奖项。

里兹-卡尔顿公司也是美国服务行业唯一一个两度获得美国波多里奇国家质量奖的公司。里兹-卡尔顿饭店公司在质量方面的努力目标是：永远不失去一个顾客。下面按照2007年波多里奇国家质量奖的7个方面分析里兹-卡尔顿酒店公司是如何进行全面质量管理和改进的。

1. 领导

在里兹-卡尔顿酒店公司中，高级领导集团兼任高级质量委员会的成员。这些高级领导亲自制定了两个最初的质量策略：①新饭店启动的质量保证措施；②建立里兹-卡尔顿酒店公司金牌标准，包括三步服务法、公司座右铭、里兹-卡尔顿酒店公司信条和里兹-卡尔顿酒店公司基本要求。

2. 战略计划

里兹-卡尔顿饭店公司的长期战略计划模型如图10.10所示。

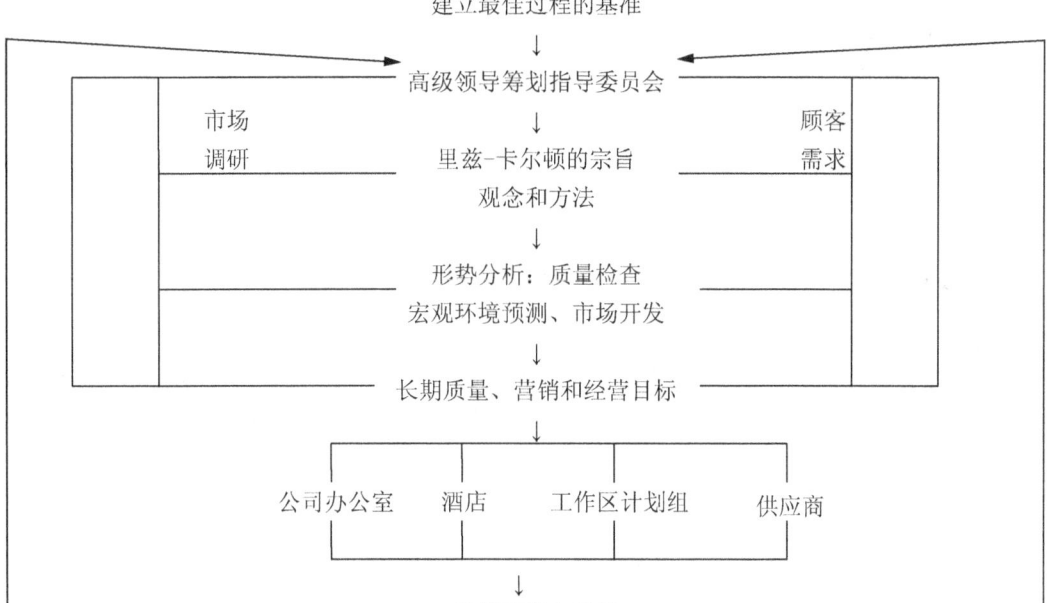

图 10.10　里兹-卡尔顿饭店公司长期战略计划模型

3. 以顾客和市场为中心

里兹-卡尔顿酒店公司评估客人满意度的主要方法是客人和旅行策划者满意度系统（图 10.11）。

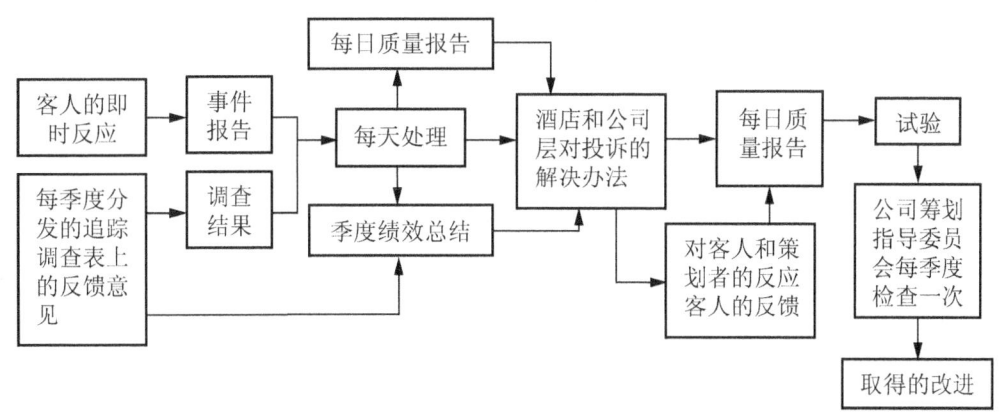

图 10.11　里兹-卡尔顿酒店公司的客人和旅行策划者满意度测量系统

4. 测量、分析和知识管理

里兹-卡尔顿酒店公司广泛部署和应用各种信息系统收集和使用与顾客的反应和满意度有关的信息。里兹-卡尔顿酒店公司建立的测量分析基准是饭店业的最佳实践标杆。

5. 以人为本

①酒店的人力资源部与酒店的其他部门紧密配合，开发员工的潜能；②采取"性格-特征招聘法"；③提高员工的参与性和授权意识；④员工有很多机会可以得到褒奖；⑤保

护员工和客人的健康和安全。

6. 过程管理

里兹-卡尔顿饭店公司的产品管理过程主要包括3个不可缺少的部分，即金字塔形交互小组，基本产品管理过程和区域产品管理过程。

能够提高里兹-卡尔顿饭店公司管理效率的几个方面包括：产品和服务设计方面；供应商方面，主要针对某项活动，如会议和宴会等；服务的保障体系；检查与服务质量改进（进行内外部检查）。

7. 经营结果

里兹-卡尔顿酒店公司将自己的质量水平与世界上最优秀的饭店产品和服务进行比较，且非常重视质量的组织文化，还极大地改进了过程的测量标准。具体方面，包括：顾客价值；过程再造；员工流动率；劳动生产率；自动化系统的运用；部门间合作；单位客房效益。

资料来源：胡敏，张雪丽. 饭店服务质量管理[M]. 北京：清华大学出版社，2008.

第11章 休闲度假村财务管理

学习目标

知识目标	技能目标
（1）了解休闲度假村财务管理的主要内容 （2）了解休闲度假村财务管理的主要岗位及职责	（1）理解休闲度假村财务管理的特点，并引导学生掌握完善的主要内容和方法 （2）理解休闲度假村成本控制的重点和存在问题，并能对目前度假村如何加强内控进行分析

知识结构

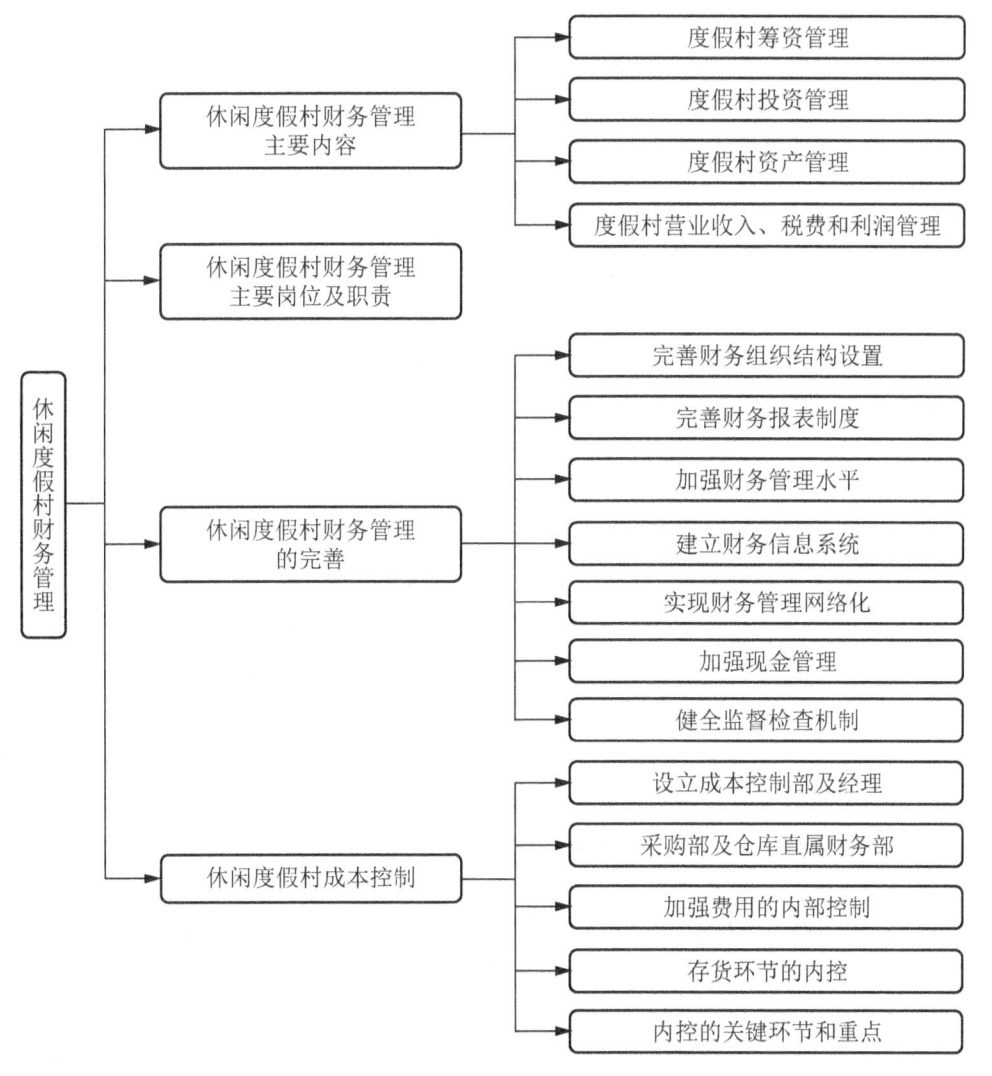

导入案例

银川贺兰山房的半路夭折

贺兰山房位于距宁夏回族自治区首府银川市40多公里的金山乡公路边,作为占地6 000多亩的"艾克斯星谷"旅游主题度假中心的艺术区,由成都著名美术评论家、策展人吕澎一手策划。

项目于2004年3月奠基,开发商计划建成一个大型旅游主题度假中心,包括贺兰山房、国际摩托车动力主题公园、葡萄酒酿制基地、高尔夫球场、马场、休闲别墅、酒店、户外帐篷区,建成后将成为亚洲旅游新地标。2004年4月,在施工初期获得中国建筑艺术界最高奖之一的"中国建筑艺术奖";2004年8月建成并举办中国摇滚音乐节和银川国际摩托旅游节;2004年秋天,由于人事变动和资金链断裂,项目彻底停工。

什么原因使这个雄伟计划成为废墟,使2 700多万前期投入化作乌有?

失败原因:选址、产品、成本等方面的失误使贺兰山房更多地包含有实验成分,而欠缺商业利益考虑。

选址:项目距银川市40多公里,辐射城市商圈内人口不到百万,有效常态消费力严重不足,难以支撑项目。

产品:贺兰山房最初目的是做别墅、酒店和酒吧,但实际施工中艺术家忽略了产品的实际功用,着重表达自己的意志,造成最终每座房子建筑面积大大超过了原定的400 m^2,使其对于家庭居住来说过大,而对公司商务用途来说又过小,更近似于昂贵的艺术展品。

成本:施工成本严重超标,最终造成开发商资金断裂。例如合同中规定,每幢建筑面积不得超过400 m^2,建筑造价不得超过40万元,但每位艺术家的设计都超过了合同规定,丁乙《台邸别墅》光地下基础就花了89万,叶永青《草叶间》超过了1 000 m^2。

讨论题:贺兰山房项目的失败对度假村的财务管理有何启示?休闲度假村财务管理对其发展有何意义?

资料来源:智库文档 http://doc.mbalib.com/view/f23e9fac25c7294a7f78051627f51355.html。

财务管理是度假村管理的中心,因为它是通过价值形态对度假村资金运动进行的一项综合性的管理,渗透和贯穿于度假村一切经济活动之中。随着国家经济的繁荣发展,企业管理以财务管理为中心已逐步成为人们的共识。这种共识的形成为抓好企业财务管理工作创造了良好的社会环境,同时也对财务管理工作中转变观念、提高业务水平作出了更高的要求。

目前一些度假村管理乱、效益差,原因虽是多方面的,但与度假村财务管理乱和差是分不开的:一是度假村管理中对财务管理在企业管理中的中心地位认识不够;二是财务意识不够强烈,参与意识弱,跳不出事后核算圈子,信息反馈能力不高;三是财务约束机制不够健全,资金投向、投量和工资、奖金的分配等缺乏约束;四是财务监督不够有力,使财务管理机制起不到应有的调控作用,财务管理在企业管理中的中心地位也就树立不起来。因此,在度假村财务管理中,构建财务管理新机制,加强财务管理,确立财务管理在度假村管理中的中心地位,是搞好度假村管理的当务之急。

11.1 休闲度假村财务管理主要内容

财务管理(Financial Management)是度假村管理的一个组成部分，它是根据财经法规制度，按照财务管理的原则组织企业财务活动，处理财务关系的一项经济管理工作。财务管理是在一定的整体目标下关于资产的购置(投资)，资本的融通(筹资)和经营中现金流量(营运资金)以及利润分配的管理。

11.1.1 度假村筹资管理

休闲度假村在经营过程中要不断开展筹资活动，尤其是度假村的经营大多具有季节性特点，旅游旺季到来时需要大量的资金补充经营需要；此外，度假村经营过程中难免遇到经营不善、资金周转不畅的情况，这时也需要通过资金的筹集以渡过难关。休闲度假村在经营过程中，也会产生对外扩张和发展的需要，这时就要追加投资，或随着发展需要改善资金结构，由此必然引发对筹集资金的需求。不同筹资方式具有不同的资金成本，资金结构不同，度假村的总资金成本也会不同。因此，度假村必须正确计算不同筹资方式的资金成本，选择适合的筹资方式，确定合理的资金结构。

11.1.2 度假村投资管理

投资是休闲度假村投入资金，以期望在未来获取收益的一种行为。度假村的根本目的是为了谋求利润，增加度假村的总体价值。能否实现这一目标，关键在于度假村能否在变幻的市场环境下，抓住有利的时机，做出合理的投资决策。为此，度假村在投资时必须做到：认真进行市场调查，及时捕捉投资机会；建立科学的投资决策程序，认真进行投资项目的可行性分析；及时足额筹集资金，保证对投资的资金供应；在收益风险均衡基础上控制好投资风险。

11.1.3 度假村资产管理

休闲度假村的资产包括流动资产和非流动资产。流动资产是指可以在一年内或者超过一年的一个营业周期内变现或运用的资产，主要包括货币资金、应收及预付付款、存货、交易性金融资产等。流动资产具有占有内容多样性、占有形态多变性、占用数量波动性、占用效果时间性等特点。度假村流动资产管理的目标就是加速流动资产的周转速度，以最合理的流动资产占用实现最大的效益。

非流动资产是指变现时间在一年以上或长于一年的一个营业周期内的那部分资产，主要包括固定资产、投资性房地产、无形资产、可供出售的金融资产、长期投资等。非流动资产的预期效用主要是满足度假村正常的经营需要，保持度假村适当规模和竞争力，获取充分的盈利。度假村对非流动资产的管理应主要重视其盈利性、变现性、周转性及与其他资产组合的增值性等方面。

11.1.4 度假村营业收入、税费和利润管理

1. 收入管理

度假村营业收入是指度假村在经营活动过程中销售商品或提供劳务等取得的收入,包括接待度假者所取得的住宿、餐饮、娱乐及其他服务项目所取得的收入。在市场经济条件下,度假村为了在激烈的市场竞争中立于不败之地,必须增加营业收入,提高经济效益。度假村的营业收入主要受价格和销售量的影响。在价格一定的情况下,销售量越大,营业收入越高;在销售量一定的情况下,价格越高,营业收入越高。由于度假村的经营具有明显的淡旺季特征,因此度假村营业收入管理的目标就是在考虑度假村最大接待量的情况下,遵守国家相关政策的规定,采取灵活的浮动价格制定政策,并保证其连贯性和相对稳定性。度假村营业收入的管理工作应围绕度假者消费和营业收入实现流程加以全过程控制,坚持收入稽核制度,防止舞弊行为发生。

2. 税费管理

度假村向国家缴纳的税费主要有营业税、增值税、城市维护建设税、教育费附加、房产税、车船税、土地增值税、城镇土地使用税、企业所得税等。度假村应认真履行各项税务登记和纳税申报工作,如实按期交纳各项税费。

3. 利润管理

利润是度假村在一定期间的经营成果,是度假村在经营过程中各种收入扣除各种成本费用后的盈余。利润是度假村生存和发展的必要条件,也是评价一个度假村经营状况的重要指标。利润是度假村新增加的财富,是度假村生存和发展的基础,追逐利润是度假村经营的根本动力。在经营过程中,度假村应尽可能节约成本费用开支,并通过各种途径增加营业收入,提高利润。

利润分配体现着度假村与国家、投资者及职工之间的经济利益关系。因此,度假村必须在遵守相关财务制度规定的基础上,兼顾各方利益,对利润进行合理分配。

4. 度假村成本费用管理

度假村经营活动的一切支出最终都要从成本费用上得到反映。成本费用作为经营耗费补偿的最低界限,是制定度假村产品价格的依据,是影响度假村经营预测和决策的重要因素。成本费用控制与管理是否有效、成功,将直接影响到度假村的盈亏,决定度假村经营效益的高低,因此完善成本费用管理体系对度假村有重要意义。度假村成本费用管理的主要任务是通过预测、计划、控制、核算、分析和考核等途径加强成本费用管理,及时监督成本费用发生的各个环节,不断降低成本费用,提高成本费用的管理水平和度假村经济效益。

课外阅读 11-1

古兜温泉度假村财务管理重点

古兜温泉度假村(图 11.1)为国家 AAAA 级旅游区,位于广东省江门市新会崖南端,靠近珠海、澳门,距广东西部沿海高速公路崖南入口 10km,距江门市区 40km,是一个

集自然风光、历史文化娱乐休闲、健身活动、商务会议于一体的旅游度假胜地。

图 11.1 古兜温泉度假村

度假村内建有占地 10 万 m^2，由唐式、欧式、日式三大温泉区和服务配套设施组成的温泉谷；建有面积 13 万 m^2，水流日夜不息的山泉泳场；还建有 8.8 万 m^2 的高级别墅、7800m^2 的国际会议中心，内设有大大小小的会议室和康体中心，占地 6000m^2，其中 2 个网球场、2 个篮球场和 2 个羽毛球场均按国家标准建设，为游客提供锻炼身体的好地方。

新会古兜温泉度假村温泉谷独有经专家评定与我国古代名泉华清池同属一类的温泉水质，水体澄明清澈，美容养生效果毋容置疑。谷内飞瀑流泉，水木清华，碧翠嫣然。白天云蒸霞蔚，夜晚星辉相映，恍似人间仙境，世外桃源。更有大唐宫殿、南欧风情、东瀛风吕等多种室内外汤池选择，各种康乐设施、餐饮住宿、会议办公设施等一应俱全。

在多年的经营中，古兜温泉度假村取得了良好的经营效益，其财务管理的重点如下。

(1) 尽量使用民间基金会对度假村的投资(不用政府投资)。
(2) 鼓励高新技术的开发和应用(开发者的丰厚报酬)。
(3) 支持对自然环境和生态环境的保护(防污染、奖罚措施)。
(4) 保护职业企业家的社会地位及经济地位(持股、奖励)。
(5) 保护有知识的劳动者(持股、决策)。
(6) 保护业主的利益(企业所有权利益)。

资料来源：新会古兜温泉度假村网站 http://guduhotel.ypb.cn/.

11.2 休闲度假村财务管理主要岗位及职责

11.2.1 财务经理岗位职责

财务经理岗位及其职责见表 11-1。

表 11-1 财务经理岗位及职责

岗位名称	财务经理
直接上级	公司总经理、董事会
直接下级	财务总监(财务部长)
本职工作	负责公司及子公司财和物的管理工作

11.2.2 财务管理中心总监岗位职责

财务管理中心总监岗位及其职责见表 11-2。

表 11-2 财务总监岗位及职责

岗位名称	财务总监
直接上级	财务经理
直接下级	财务中心职员
主要职责	(1) 具体执行有关财务制度，带领财务部人员完成公司的日常工作 (2) 按照经济核算原则，定期检查，分析公司财务、成本、费用和利润的执行情况，挖掘增收节支潜力，考核资金使用的效果，督促本公司有关部门降低消耗、节约费用、提高经济效益，及时向公司提出合理化建议，当好公司参谋 (3) 详细审核财务会计每张凭证上有关的内容、数字、金额、期限、应收应付、手续等是否准确，签名确认无误才安排会计过账 (4) 负责各项目的账总体策划设账、安排处理报表，另在规定的时间内上交国家有关部门要求上报的资料(包括报税、纳税资料、统计资料等) (5) 查阅了解公司财务的计划资料、合同和其他有关经济资料，纠正财务中的差错弊端，规范公司的经济行为 (6) 协助财务经理办理融资、评估、信贷、办证等业务 (7) 完成总经理与财务经理交付的其他工作

11.2.3 会计部经理岗位职责

会计部经理岗位及其职责见表 11-3。

表 11-3 会计部经理岗位及职责

岗位名称	会计部经理
直接上级	财务总监
主要职责	(1) 组织领导会计核算、出纳工作 (2) 组织编制各种内部会计报表，做出文字分析，并报送财务总监 (3) 制定会计部工作目标及工作计划，按月做出预算及工作计划，报财务总监批准后执行 (4) 制定会计部的工作程序和相关规章制度，报财务总监批准后执行 (5) 制定会计部年度、月度专业培训计划，报批后协助培训部实施 (6) 定期监督、检查、处理会计部主管的工作程序以及规章制度实施细则的施行情况 (7) 依据程序做出与相关部门之间的工作联系，并对部门间争议做出界定要求 (8) 准确及时地传达上级指示

续表

主要职责	(9) 定期主持会计部例会，参加企业有关会计部业务的会议 (10) 掌握和执行国家有关会计核算的方针、政策和法律、法规 (11) 审阅会计部及与其相关的文件 (12) 在必要情况下对所属下级授权 (13) 制定本部门所属下级主管的岗位描述，定期听取述职，并对其工作做出评定 (14) 指导、监督、检查所属下级工作，掌管相关数据 (15) 及时向财务总监报告会计部的真实情况和有关数据，并代表会计部投诉 (16) 定期向财务总监述职 (17) 受理所属下级主管上报的合理化建议，并按程序处理 (18) 根据工作需要按程序申请招聘，调配所属下级的工作 (19) 在权限范围内审批所属下级上报的过失单和奖励单 (20) 填写所属下级过失单和奖励单，据权限按程序执行 (21) 负责所属下级任用的提名 (22) 关心所属下级工作人员的思想、生活和待遇 (23) 协调与税务部门、银行等有关单位的工作联系

11.2.4 固定资产总账主管岗位职责

固定资产总账主管的岗位及其职责见表11-4。

表11-4 固定资产总账主管岗位及职责

岗位名称	固定资产总账主管
直接上级	会计部经理
主要职责	(1) 正确划分固定资产与低值易耗品的界限，编制固定资产目录，对固定资产进行分类编号，加强管理 (2) 会同有关部门根据本部门经营状况，认真核定固定资产需用量，并随着经营情况的变化进行调整 (3) 了解分析固定资产的使用和完好状况，为编制固定资产更新和修理计划提供资料 (4) 对购置、调入、内部转移、租赁、封存、调出、报废的固定资产，要督促有关部门或人员办理相关手续，并根据固定资产登记卡定期核对，编制增减情况表，做到账、卡、物相符

11.2.5 总营业收入主管岗位职责

总营业收入主管的岗位及其职责见表11-5。

表 11-5 总营业收入主管岗位及职责

岗位名称	总营业收入主管
直接上级	会计部经理
主要职责	(1) 统计各营业部门的收入 (2) 定期向会计部经理报告营业收入状况,并做解释分析 (3) 向上级提出本部门改进建议

11.2.6 总工资主管岗位职责

总工资主管岗位及其职责见表 11-6。

表 11-6 总工资主管岗位及职责

岗位名称	总工资主管
直接上级	会计部经理
主要职责	(1) 定时将工资打入员工的账户里 (2) 定期向会计经理报告员工收入状况,并做解释分析 (3) 向上级提出本部门改进建议

11.2.7 财务投资主管岗位职责

财务投资主管岗位及其职责见表 11-7。

表 11-7 财务投资主管岗位及职责

岗位名称	财务投资主管
直接上级	会计部经理
主要职责	(1) 根据公司的投资项目进行财务上的分析,预测 (2) 向会计经理报告投资收入状况,并做解释分析 (3) 向上级提出本部门改进建议

11.2.8 信贷收款主管岗位职责

信贷收款主管岗位及其职责见表 11-8。

表 11-8 信贷收款主管岗位及职责

岗位名称	信贷收款主管
直接上级	财务总监(部长)
直接职责	(1) 向会计部经理负责,以确保信贷程序能够按管理层要求正常运行 (2) 负责离店客人的账务 (3) 每天做收款计划,安排收回超过 60 天的账务,跟踪完成收款计划

续表

直接职责	(4) 催收30天以下的宴会挂账。严格控制宴会的挂账。挂账要有申请表，由总监批准，特殊的挂账要由总经理批准 (5) 与其他酒店交流本地市场的经营情况，经常了解旅行社的信誉情况 (6) 对90天、120天的挂账要求销售部共同催收 (7) 在业务上与前台、销售等有关部门保持密切配合 (8) 负责长住户、写字楼的押金合同的保管 (9) 每日向管理层提交信贷报告，提出详细的分析建议 (10) 对信誉不好的旅行社要向有关部门发放备忘录，提醒注意 (11) 对旅行社的投诉，要协调解决 (12) 申报已确定无法收回的账款，由总经理或财务总监批准，做坏账处理

11.2.9 出纳主管岗位职责

出纳主管岗位及其职责见表11-9。

表11-9 出纳主管岗位及职责

岗位名称	出纳主管
直接上级	财务总监(部长)
本职工作	日常收付、银行结算、资金调拨、银行信贷手续
直接职责	(1) 认真执行现金管理制度 (2) 处理现金收付和银行结算业务，货款要及时存缴银行，不准挪用现金和"白单抵库"，不准签发"空头支票" (3) 一切结算业务(包括银行存款、现金)都必须按照财务规定以及开支范围、内容、标准办理，不得弄虚作假，打埋伏，做到日清月结、账目清楚，并逐日、逐笔地登记现金银行存款计算机日记账 (4) 管理好盖有公司财务章的所有凭据及有价证券 (5) 协助有关部门积极追收货款及欠款，加快资金回笼和周转使用 (6) 坚持结算原则，必须做好下列3条：钱货两讫；维护购销双方正当权益；银行不予垫款 (7) 协助主管会计办理借贷款手续并记录清楚 (8) 建立健全现金出纳各种账目，严格审核现金收付过程 (9) 严格支票管理制度，编制支票使用手续，使用支票须经财务经理签字后，方可生效

11.2.10 税务主管岗位职责

税务主管岗位及其职责见表11-10。

表 11-10 税务主管岗位及职责

岗位名称	税务主管
直接上级	财务总监(部长)
本职工作	开具发票、报税、办理所有涉税事项
直接职责	(1) 负责购买、填开、核销发票，汇总开票资料进行抄税 (2) 录入当月开票对应出仓单的产品明细，交成本会计核算 (3) 负责抵扣联认证数据录入，月底进行进项发票后台认证 (4) 填制相关科目的会计凭证 (5) 计算各类税金，填列税务报表进行纳税申报 (6) 及时向主管传达税务信息及资料 (7) 将要负责"免、抵、退"税 管理系统，办理出口退税备案、申报退税事项

11.2.11 成本控制部经理岗位职责

成本控制部经理岗位及其职责见表 11-11。

表 11-11 成本控制部经理岗位及职责

岗位名称	成本控制部经理
直接上级	财务总监(部长)
直接下级	成本控制主管
主要职责	(1) 负责公司成本预算及跟踪执行、控制、分析、检查 (2) 在各种预算基础上提出成本控制计划 (3) 改进成本控制措施 (4) 向财务总监报告月度、季度、年度、财务各项财务状况，并对所得财务状况作出解释分析 (5) 有义务向管理层和上级提出有关改进财务系统和运转的建议 (6) 合理分配本部门的人员的工作 (7) 管理并指导本部门工作照常运转 (8) 承办公司上级领导交办的其他工作

11.2.12 成本控制主管

成本控制主管岗位及其职责见表 11-12。

表 11-12 成本控制主管岗位及职责

岗位名称	成本控制主管
直接上级	成本控制部经理
本职工作	成本核算

续表

直接职责	(1) 管理并指导本部门工作照常运转 (2) 汇总各部门相关报表的收集与审核 (3) 合理分配本部门的人员的工作 (4) 管理并指导本部门工作照常运转 (5) 承办公司上级领导交办的其他工作

11.2.13 成本会计员岗位职责

成本会计员岗位及其职责见表11-13。

表11-13 成本会计员岗位及职责

岗位名称	成本会计
直接上级	成本控制部经理
本职工作	成本核算
直接职责	(1) 成本核算资料的收集（材料、人工、工时、费用） (2) 相应部门相关报表的收集与审核 (3) 固定资产管理与相关凭证的填制 (4) 费用项目控制与相关凭证的填制 (5) 每月成本核算、相关凭证的填制及成本资料的装订 (6) 编制会计报表 (7) 跟踪成本核算相关环节数据处理 (8) 完成其他日常相关会计工作

11.2.14 收货主管岗位职责

收货主管岗位及其职责见表11-14。

表11-14 收货主管岗位及职责

岗位名称	收货主管
直接上级	成本控制部经理
本职工作	成本核算
直接职责	(1) 严格遵守公司各项规定 (2) 负责检查收货员工的出勤状况及仪表仪容 (3) 负责维持正常的收货秩序 (4) 负责调配收货员工的收货工作 (5) 严格要求收货员工按收货流程执行验收工作 (6) 严把商品质量关 (7) 负责保管所有的收退货资料及单据 (8) 监督收货员工对收货用具的保管 (9) 负责协调并维持与供应商及送货人的良好合作关系

11.2.15 材料会计岗位职责

材料会计岗位及其职责见表 11-15。

表 11-15 材料会计岗位及职责

岗位名称	材料会计
直接上级	成本控制部经理
本职工作	应付账款的管理、材料核算
直接责任	（1）材料进仓复核及发票的签收 （2）材料收入记账 （3）月结供应商对账及结算 （4）月底与仓库、采购部门对结账，确保准确、无误、数据一致 （5）确保库存信息的准确、及时 （6）及时整理采购部下来的供应商付款计划，报送上级审批

11.3 休闲度假村财务管理的完善

休闲度假村应该按照现代社会及技术发展的要求，结合度假村财务的特点，完善其财务管理。

11.3.1 完善财务组织结构设置

（1）设立成本控制经理。成本控制经理由财务总监直接领导，对于整个度假村的成本控制、毛利率的调整、成本核算、合理库存量的调整等起到决定性作用。成本控制经理又负责其他跟经济有关的部门，使他们对自己分管的项目各司其职，各负其责，形成层层把关，以利于度假村总成本的控制。

（2）设置采购代理，并使其直接隶属财务部。这样做的好处有以下几点。其一，有利于成本控制。其二，有利于调整成本率的上升。成本控制经理负责监督，任何高报价，吃回扣的行为都会受到制裁。其三，避免因部门分散，发生互相扯皮的情况。

（3）设置日间稽核员（日审）和夜间稽核员（夜审）。由收款员到夜审、日审核对收入，层层审查、层层把关，确保度假村的收入不受损失，也保证客户应收账款的及时回收。各部门收款员下班后，他们的收款机要由夜班核数员清机，清机号码和钥匙只有夜班专人掌握，清机的同时打印出当班收入报告及收款员的值班报告；同时日审对各部门送来的账单与报表核对，从管理制度上保证了收入的准确无误。

11.3.2 完善财务报表制度

财务报表是投资者投资决策的依据，同时也为内部使用者（管理部门）的预测、决策等日常经营管理活动提供依据。度假村的会计报表要做到门类齐全、详细明了、具体科学。

除资产负债表、利润表和现金流量表等会计报表外,还要有经营状况分析表(主要是去年同期水平对比情况,并简单说明盈亏情况)、费用表(管理费用、财务费用、经营费用明细表)、应收付表(应收账款、其他应收款、预付账款、应付账款、其他应付款、预收账款明细余额表)、资金报表(主要为银行存款及现金收支情况汇总表)、成本报表等其他会计报表,使会计管理工作更加细致具体。

11.3.3 加强财务管理水平

(1) 提高度假村对财务环境的适应力。度假村处于财务环境之中,不可避免地受到财务环境的影响。现代度假村财务环境具有不可控制、动态性、复杂性的特点,这使休闲度假村必须搞好财务环境的分析,提高度假村的应变能力。因此,度假村应实行财务弹性管理。在度假村进行财务收支估计和财务控制时,实施弹性分析、弹性预测,留有合理的伸缩余地,使度假村在财务环境发生突变时尚可周旋,不致陷入窘境。

(2) 财务管理人员必须树立理财新观念。现代度假村制度的建立不仅赋予了度假村自主理财的权利,同时也将现代度假村理财置于瞬息万变、高度风险性的市场经济环境中。休闲度假村必须加强财务人员的队伍建设,建立一支具备较高的政策水平、良好的职业道德、全面的业务知识和熟练技能的财务人员队伍。财务管理人员要不断学习,树立理财新观念,适应环境的不断发展。

(3) 完善财务主管管理,健全主管考核办法。一个度假村的成败归根到底还是要看财务主管的管理水平和业务水平。因此度假村应该坚持管资产、管事、管人相统一原则,度假村应制定出财务主管管理办法,明确其职责、考核办法、奖惩制度。财务主管的收入报酬实施统一管理,统一考核,统一发放。

11.3.4 建立财务信息系统,实现财务信息化

现代市场经济中,一切经济活动都必须以快、准、全的信息为导向,信息已经成为市场经济活动的重要媒介。休闲度假村受外界影响大,牵一发而动全身,具有很强的季节性和时代性,因此,建立财务信息系统,实现财务信息化对于加强休闲度假村财务管理、保证休闲度假村健康发展是非常必要的。首先,休闲度假村的财务部门要扩大财务信息采集范围,建立财务信息的收集、整理、反馈、利用的一系列流程和规范,随时对各种财务会计信息进行处理,形成以财务信息为主,其他各环节信息为辅的信息系统,通过对财务信息高效有序的管理和应用,保障财务信息传递的效率和质量,提升度假村财务管理决策的水平,加强预算、结算、监控等财务管理工作的规范化,提高度假村资金利用效率,充分发挥财务管理在度假村管理中的作用。其次,休闲度假村的财务人员必须强化信息理念,关注一切与度假村相关的信息。

11.3.5 实现财务管理网络化

度假村财务管理要应用现代网络技术和信息集成方法,实现度假村物流、资金流和信息流的高度统一以及财务的实时管理。

（1）财务主管部门通过网络，可以对度假村当天的经营状况一目了然，比如，知道哪些产品销售了多少，有多少库存，哪些产品滞销、有积压、可能会造成资金无法流通。财务部门可及时把掌握的这些信息反馈给各个部门，协调相关部门的工作，统一管理。

（2）网络带给人们生活和工作的最大改变是方便快捷。财务部门的高层领导通过网络，可以得出度假村经营中部门之间工作的欠缺，这就减少了传统的财务查账的繁琐步骤，能够直接对基层的员工工作进行指导改进。

（3）度假村在自己的网站上做宣传、搞促销，获取更大的利润，财务主管部门也能通过网络及时全面了解各层次、各方面的实时财务信息，可以及时做出财务安排，实现财务的在线管理。

（4）网络化给交易提供方便的同时也存在着风险，比如，有的客人在网上直接订购，资金流动比较频繁。财务管理可大大提高交易的安全性，交易速度更为快捷，交易资金可以瞬间到账，使得一些传统的安全问题来不及发生，安全系数大大提高。管理人员可以及时监督各部门的资金流动情况，方便快捷地做出各项收支统计，确保度假村的正常运营。

11.3.6 加强度假村现金管理

（1）度假村现金管理采用备用金制度。

① 根据经营情况，向各收款处和总出纳等有关部门配备一定数量的备用金。

② 备用金金额根据每天现金的平均支出量，按 3 天的用量进行核定。核定出的备用金由各使用部门填制备用金申请表，按规定批准后，从银行提款。

③ 财务部财务经理、日审、夜审及审计员定期检查备用金的使用情况，核对备用金的金额，并填制备用金核查情况表，说明检查结果，对于核查出的长短款要说明原因，提出处理意见，报财务部经理批准。

④ 度假村支付 500 元以下（含 500 元）的款项都要通过使用总出纳备用金来支付，因此，总出纳备用金要根据支出情况随时补充。度假村支付 500 元以上的款项都要通过支票或银行转账支付。总出纳申请补充备用金，要填制备用金补充申请表，并将有关零星支出凭证及原始发票附在申请表后，送应付款逐一审核后，填写支票申请，报度假村财务负责人审批后，从银行提款补足备用金。

（2）对现金、支票、信用卡的管理。

对于从营业收入中取得的现金、转账支票、信用卡等，由总出纳进行清点，并编制总出纳收入表，每日送存银行，任何人不得从营业收入中坐支现金。

（3）对于度假村使用转账支票付款的管理。

① 由使用部门填写支票申请，由总账主管根据所附采购订单或其他有关明细单证审批，由应付款填写支票后，再送度假村财务负责人签字，送度假村总经理签字批准。

② 支票领取者需在应付款的支票登记簿和支票根上签字后，方可领用。

③ 凡领用后的支票要在 7 天内将发票送回应付款，并注销登记。超过一个月未回的支票，由度假村财务负责人督促回收。

(4) 每日定期编制现金流量表。

① 财务负责人根据现金流量表来安排日常财务收支计划。

② 度假村管理层应按现金流量计划表，按时计提度假村资金(利润)。

③ 度假村管理层对工程款的支付要按计划和有关报批手续进行。

④ 现金流量表按月编制，每月都要修正现金收支计划，使度假村管理层在现金日常管理中能按计划进行。

11.3.7 建立健全财务监督检查机制，完善度假村财务管理工作

根据旅游行业和度假村的特点，建立适合本度假村管理要求的内部控制体系，制定全面、系统的内部控制制度，明确职能，强化责任，严厉惩处违反内控制度的行为。建立内部会计控制制度体系有助于帮助度假村提高会计信息质量，保护资产的安全、完整。

内部审计是强化度假村内部监督不可缺少的一部分。休闲度假村应该设立专门的内部审计机构或确定专职的内审人员，建立内部审计制度，独立、权威地开展内部审计工作，加强审计监督。通过内部审计监督，可以对度假村内部进行经常性、全面性、直接性的监督，并将审计结果直接向高级领导层及时报告，并果断处理所发现的内部管理存在的问题，充分和有效地化解度假村的经营风险。

课外阅读 11-2

休闲度假村财务管理特征

(1) 具有奢侈消费的特质，容易受经济景气度影响。

(2) 随时间而变的品质期待，因此必须不断地再投资。

(3) 消费者的时间机会成本的差异大，所以差别定价的策略广泛地被运用。

(4) 营业收入的成长受限于时间、空间与服务品质。休闲产业为了大量增产所需付出的代价有：短期内的大幅增产极易导致服务品质恶化，造成品牌形象受损；时间与空间的限制，促使大幅增产必须透过长期的资本投资才能达成。

(5) 开发期间资金取得不易，经常因此延宕开发时程。专案融资不易，母公司的财务状况往往才是银行放款与否的关键。此外，外部的权益资金(对外筹资)的募集时程不易掌握。

(6) 营运期间不易争取到银行中长期贷款，长期投资经常被迫以短期资金应付，实质资金成本较高。度假村的营业收入不稳定，资金成本经常比其他产业高，此外设备与装潢成本不易得到抵押借款。

(7) 休闲度假村属于劳力密集产业，常需面临成本控制与服务品质两难的问题。

(8) 小型休闲产业负债比率呈两极化。

资料来源：智胜文化 http://www.bestwise.com.

11.4 休闲度假村成本控制

度假村成本控制是财务管理的重要内容,指在度假村经营管理全过程中,对影响成本的各种因素加以管理。它贯穿于度假村产品供、产、销的整个过程,包括目标成本、设计成本的确定和生产成本、销售成本的实际发生。休闲度假村应从以下几方面加强成本控制,防止与克服生产经营过程中损失和浪费的发生,从而使度假村的人力、物力、财力得到合理利用,达到节约生产耗费、降低成本、提高经济效益的目的。

11.4.1 设置成本控制部及成本控制经理

为了控制度假村总成本,度假村可在财务部设置成本控制部及成本控制经理,成本控制部的工作范围就是成本核算,尤其是餐饮成本核算,每一道菜肴都有一份标准的成本核算单,完成后的"标准菜单配方"是各个餐厅厨师常操作的成本标准,成本控制部要据此进行成本核算和控制。成本控制经理直属财务总监领导,对度假村的成本控制、毛利率的调整、成本核算、合理库存量的调整等起到决定性的作用。

11.4.2 采购部与仓库直属财务部

为了了解价格市场行情、降低经营成本、控制采购成本,采购成本的确定一般由采购部与财务部共同派员调查确认,对任何一张"采购申请单"一定要充分调查,实行货比三家,最后由财务总监决定,采购价格不会由采购部门和供应商说了算。

11.4.3 加强各项费用的内部控制

(1) 严格执行预算管理制度,重视预算在度假村内部控制中的作用。预算管理是涉及度假村各部门、各层次责权利关系的制度安排,其顺利执行需要度假村上下统一认识、密切配合。度假村要建立差旅费、办公费、部门费用及物料用品领用等内部管理开支标准及审批制度,各级主管按照相应的审批权限层层把关、人人负责。

(2) 费用实行部门核算,并与部门绩效挂钩。度假村设有物料用品库,各部门需要履行领用手续并计入部门费用。对一些随着营业收入的升降而明显增减的可变费用项目,可用费用定率的办法进行控制,促使部门管理者节约开支。

(3) 设置专职的日审与夜审。为了保证收入准确及时,应专门设置日间核数员(日审)和夜间核数员(夜审),由收款员到夜审、日审,对收入核对层层审查、层层把关,确保度假村的收入不受损失,也保证了客户应收账款的及时回收,进而保证收入的及时入账、结账,不易跑账、漏账,比较科学。

11.4.4 存货管理环节的内控

存货管理环节的内控制度包含的内容多且杂,要实现有效控制的目标,应该做好以下几点。

（1）建立存货采购前的审批、定价程序控制制度，把握采购行为的适度性。对度假村而言，采购到既符合本度假村档次、实际所需又符合其采购能力的产品，保持采购行为的适度性对保持采购行为的有序发生以及控制日积月累的采购成本至关重要。因此，各审批部门应对采购申请进行严格审核，并且保证审核程序至少在3次以上，以增加审核的有效性。

（2）采购存货的验收必须由采购与保管以外独立的第三人执行。许多度假村验收岗位多由保管人员兼任，在实行现代化管理的度假村中，应该通过加大对仓库管理硬件（设备及管理系统）投入和提高人才素质来充分发挥仓库工作的管理职能，使度假村实现库存适量和物尽其用，避免缺货成本的发生和超储积压现象的产生，既保证存货资金的合理占用又能满足生产所需，节省储备资金。

（3）建立集体定价制度。在确认采购目标后，对其定价的准确性将直接影响采购成本的高低。度假村应建立包括使用、采购、验收及付款部门人员参加的多部门联合定价制度，保持定价制度的透明、公开、公平，使各部门对所采购、使用及付款的产品有充分的认识，以减少环节摩擦，提高采购工作的效率。

（4）加强对各部门存货进行单位成本核算。度假村管理者可能对存货出库前的所有环节都较满意，但对出库后存货是否得到合理使用、能否做到物尽其用还心存疑虑。对于为了保证一线经营部门的方便领用，专门为其设立由经营部门保管的二级仓库的度假村而言，这种担心不无道理。为此，必须在要求二级仓库建立完整账簿的前提下，对各部门领用的存货进行单位成本核算，制定出准确的单位成本（费用）率，将单位成本与收入等各项指标进行比较，看是否形成配比。此外还需定期召开成本差异分析会议，研究成本或费用异常变动的具体原因，最终达到成本或费用的合理化。

11.4.5 成本内部控制的关键环节和重点

1. 餐饮成本内部控制的重点

度假村餐饮经营成本比客房、娱乐经营成本要高，餐饮成本控制十分重要。餐饮成本控制要建立标准，防止浪费和欺骗。餐饮部各餐厅菜单上的每一道菜肴都必须有一份标准的成本核算单。每一道菜肴的标准分量、烹饪规格、操作方法、所有原料和辅助配料的名称、分量、单价都必须一一核算并记录在案。"标准菜单配方"是各个餐厅厨师日常操作的样板，主要菜单经过试制整盘，还要拍照立样，存入菜单资料库。成本控制部门据此进行成本核算和控制，分析实际成本与标准成本的差异，发现有不正常或不合理成本差异时，要查明原因，及时采取改进措施。

2. 采购成本内部控制的重点

度假村采购的物品种类繁多，采购频繁。餐饮原料中的鲜活原料容易减重、变质，价格又随行就市，起伏变化很大，有时还难以取得正规发票，而餐饮原料成本占餐饮成品成本的30%～50%。故而，采购内部控制的关键环节和难点是采购业务及财务控制流程的合理设置、人员素质的管理。要强调请购、报批、订货、验收、最后核准付款的控制。在食品的采购中应重点加强对每日食品存购一览表的操作控制、仓库与厨房的双重验收控制。对于采购物品的价格控制最好采用三方报价的控制方式。加强采购环节控制对度假村成本控制起很大作用，度假村应严格审批手续、科学规范采购流程、降低采购成本、减少采购资金占用，提高度假村经营效益。

3. 人力资源成本内部控制的重点

人是度假村经营管理的根基，配备高素质、高效率的员工，加强员工培训，才能提升度假村服务质量，增加顾客资产，创造利润。只有提供高质量服务，度假村才能在激烈竞争中获得更大市场份额。

4. 工程费用内部控制的重点

工程管理是度假村财务控制重要组成部分，是维持酒店核心竞争力的重要手段。要控制好度假村能源耗费、日常维修备件备料、设施设备翻修改造等工程费用支出。

课外阅读 11-3

关于加强餐饮成本控制实施意见调查

餐饮作为各度假村三大营收重要部门，同样也是成本费用最高，创造利润最低的一个部门。因此餐饮经营的好坏直接影响到各度假村经营的好坏。故此，度假村要高度重视加强餐饮成本费用控制，这也将是今后度假村加强成本控制的重要工作之一。

为了更好地了解各度假村的目前成本控制措施或环节控制，以及采取什么样的形式进行控制，现做如下调查。

餐饮成本控制尤其食品控制，一般包括了以下几个环节。

申购（月计划、每日计划申购单）。

采购—验收—储存—领用—加工—销售—收款。

因此，餐饮成本控制从以上环节进行调查，同时各度假村也可以自查不足，提出宝贵意见，以便更好地控制各项成本费用。加强餐饮成本控制实施意见调查表见表 11-16。

表 11-16 加强餐饮成本控制实施意见调查表

采购环节：包括采购质量、数量、价格控制	(1) 是自采还是供应商供应？自采所占总采购成本比例（仅限食品类）如何？供应商根据原材料的分类，每类有几家？比如蔬菜类有几家？调料类有几家？等等	
	(2) 是否设置专职成本组	
	(3) 采购质量控制	① 是否有采购原材料质量标准：（原材料的产地、等级、性能、大小、个数、色泽、肥瘦比例、包装要求），最好用图片。 ② 采购规格标准的文字表达是否简练准确（应避免使用含糊的词语如"较好"、"一般"等）。 ③ 是否根据需要和市场变化对质量标准定期修改

续表

采购环节：包括采购质量、数量、价格控制	（4）采购数量控制	① 每日采购数量是否有效？ ② 是否设置紧急、临时采购制度？临时采购频率变高变低？ ③ 每月是否有呆滞原材料报告？ ④ 是否对原材料进行分类定期定量采购，如调料类、蔬菜类？ ⑤ 是否严格按照各类请购单要求进行请购？ ⑥ 是否存在过后补请购单的现象？（多？偶尔？无？） ⑦ 对目前采购数量控制打分：（满分10分）
	（5）采购价格控制	① 是否有定期的调查制度？ ② 调查是否由使用部门、采购、财务三方或多方共同调价？或单独调查？ ③ 是否存在市场垄断性？是否有其他市场进行调价？或相应办法和措施？ ④ 是否有相应独立部门进行监督或者单独调查（质检部）？ ⑤ 是否有综合考量采购效益（从采购价格和质量的对比）？ ⑥ 是否对临时采购进行价格控制？ ⑦ 是否每期定价有各部门负责人签字？是否报总经理？ ⑧ 是否进行同行价格对比或者公开信息对比
验收/储存/发放环节		① 是否设置了标准菜谱？
		② 是否仓库保管、厨房、采购共同验收？还是其他形式？
		③ 验收是否认真检查数量、质量？（逐一数数和计量） 数量：可数的原料，必须逐一点数；以重量计量的原料，必须逐件过秤；验收数量是否与请购单上的请购数量相符等，若出现异常怎么办？
		④ 是否有验证验收质量措施，是否检查实到数量和请购数量一致？
		⑤ 验收是否及时归档？
		⑥ 是否定期盘点，特别是冷冻室，是否存在滞留物资？
		⑦ 是否存在变质物品？
		⑧ 是否来货后及时通知使用部门？
		⑨ 是否存在先领后验收的情况？
		⑩ 是否分类储存？
		⑪ 是否及时入库，定期调整、定期检查、定期盘点等记录？
		⑫ 是否有正规审批申领手续？
		⑬ 是否存在先领用后补单的情况

续表

加工烹饪/销售环节	① 是否设置了标准菜谱？
	② 是否对下脚料等充分利用？
	③ 是否设置了退菜制度及责任制度？
	④ 是使用点菜单还是 PDA 系统？
	⑤ 是否单独设置了成本组？
	⑥ 是否单独设置了每日成本日报？
	⑦ 是否对点菜单有效控制？
	⑧ 是否定期更新菜谱标准菜单？
	⑨ 推出新菜前是否经财务审核？
	⑩ 是否存在点菜到出品过程中时间过长的问题？原因是什么？
	⑪ 是否存在上菜时间过长问题？
	⑫ 是否存在厨房浪费现象，有没有不定期抽查？
	⑬ 厨房管理是否符合食品卫生质量标准？
	⑭ 是否设置了每日成本日报？
	⑮ 对跑单、漏单有无处罚标准？
	⑯ 是否对高干菜品进行数量控制

资料来源：职业餐饮网 http://www.canyin168.com/glyy/cbkz/201110/34923.html.

本章小结

　　财务管理是现代企业管理中的重要环节，只树立正确的财务理念才能在未来激烈的市场竞争中立于不败之地。目前我国各行各业都与世界接轨，国内休闲度假村也应借鉴国际度假村的先进财务管理经验，完善财务管理相关制度，保证收入准确及时，并控制好成本费用的开支。本章首先对度假村财务管理的主要内容及应设置的主要岗位及职责做了介绍，并重点对度假村财务管理与成本控制中存在的问题及如何完善进行了分析。在学习过程可以结合财务管理的相关知识，加深对度假村财务管理工作的认识。

复习思考题

一、名词解释

度假村筹资管理　　　　　财务信息系统

二、单项选择题

1. 分析公司财务、成本、费用和利润的执行情况属于（　　）岗位职责。

A. 财务经理　　　B. 财务总监　　　C. 会计部经理　　　D. 成本控制部经理

2. 度假村支付（　　）元以下的款项可以通过使用总出纳备用金来支付。
A. 100　　　　　B. 200　　　　　C. 500　　　　　D. 1 000

3. 采购存货的验收必须由（　　）执行。
A. 采购人员　　　B. 保管人员　　　C. 会计人员　　　D. 其他人员

三、多项选择题

1. 财务投资主管的主要岗位职责有（　　）。
A. 根据公司的投资项目进行财务上的分析，预测
B. 向会计经理报告收入状况，并做解释分析
C. 统计各营业部门的收入
D. 向上级提出本部门改进建议
E. 汇总各部门相关报表的收集与审核

2. 财务管理网络化的作用有（　　）。
A. 财务主管部门通过网络可以掌握度假村当天的经营状况
B. 财务部门的高层领导通过网络可以了解度假村经营中部门之间工作的欠缺
C. 实现财务的在线管理
D. 交易速度更为快捷
E. 方便快捷做出各项收支统计

四、简答题

1. 度假村财务管理的主要内容包括什么？
2. 度假村财务经理的主要职责有哪些？
3. 度假村的财务报表包括哪些？
4. 成本内控的关键环节及重点是什么？

五、论述题

1. 如何完善休闲度假村的财务管理？
2. 休闲度假村应如何做好成本控制？

课后阅读

四川宜宾黄桷庄度假村财务管理实施细则

第一章　总　则

第一条　为维护投资合伙人共同利益，保证度假村经营管理有序运行，加强内部控制，实现合伙企业利润最大化，特制定本实施细则。

第二条　本细则适用于度假村所有与生产经营活动有关的经济行为，所有员工包括各合伙人都必须共同遵守。

第二章　票据基础管理

第三条　票据填制人应严格按票据内容真实、完整填制，对内容涂改必须加盖本人印

章或签字认可，并保证各联次完全一致。未经授权不得随意填制票据。对作废票据必须将各联次粘贴在一起。票据领用人应妥善保存票据，在领用时应仔细检查票据的连续性，不得遗失票据。对以上所列行为违规将对责任人处以可能造成损失金额1倍以上罚款。未造成损失按10元/联次进行罚款，屡犯将递增处罚。

第四条　在票据上签字确认的责任人员，应严格审核票据内容真实性、完整性，一经签字确认即承担票据上相应的责任。

第五条　票据传递程序：（财务部根据业务特性可做调整）

（一）点菜单、加菜单、宴会菜单、茶（酒水）单（限餐厅吧台）传递程序：服务员填制票据→收银员签字并收取财务联做结算收款凭据→存根联返回填制人→厨房联（或服务员联）交厨房（或服务员）。

（二）住宿登记表传递程序：总台填制票据→将客户联交客户→客户将客户联交服务员并凭此入住。

（三）茶（酒水）单（茶房、住宿部）传递程序：总台填制票据→经总台收银员签字后财务联由总台收银员留存→客户联送服务员留存。

（四）出、入库单（含清单）传递程序：填制票据→采购员（领用人）签字收取采购联（领用人联）→财务联随报表传递至财务。

（五）结账单传递程序：填制票据→经出纳签字收款后财务联随营业日报表交财务。

（六）服务员、后厨、吧台、收银员按月（因需要可提前上交）将留存票据上交财务核查。

第六条　后厨、酒水吧员、住宿部服务员（不含茶房服务）不得在未获取经收银员签字确认票据的情况下擅自供餐、提供商品或提供住宿服务，否则将按营业额（无参照依据按估计）的1~3倍罚款，屡犯将递增处罚。茶房服务员未及时足额准确开具茶（酒水）票据造成收银员错收、漏收的，将按错收、漏收营业额的3~5倍罚款，屡犯递增处罚。

第七条　各实物资产保管员必须及时将实物资产进出登记入账，及时编制报表。对未及时登记入账造成账实不符，将按10元/次罚款，屡犯递增处罚。严禁虚制出、入库单，一经查实将按涉嫌金额5倍以上罚款，屡犯递增处罚。情节严重者移送公安机关处理。

第三章　实物资产管理

第八条　各实物资产保管员、区域实物资产负责人应保证所辖实物资产完好无损，若造成损坏、遗失应及时上报，过错责任人应承担等值赔偿责任。恶意损坏实物资产将按等值3~5倍赔偿。情节严重者移送公安机关处理。

第九条　实物资产负责人应了解掌握实物储存要领及储存禁忌，对实物资产实施有效的监控管理，对可能造成实物毁损因素应及时排查，遇不能解决的困难应及时上报处理，消除不安全因素。对过失造成实物资产毁损、变质、贬值的，实物资产负责人应按造成损失等值赔偿，屡犯将递增处罚。

第四章　货币资金控制

第十条　出纳、收银员应妥善保存票据、印鉴，大额现金应及时送存银行，严禁收银员跨日上交营业款。

第十一条　出纳、收银员应仔细鉴别钞票真伪，已收伪钞不得在本度假村内再使用，对发现在本度假村内使用伪钞有损度假村声誉的行为将处以所使用伪钞金额的5倍罚款，屡犯递增处罚。

第十二条　出纳、收银员应对收、支凭据内容及签章严格审核，对伪造付款票据的不得支付，对伪造收款票据的应及时核查。未尽到以上职责造成的损失由出纳、收银员自负。出纳、收银员参与制作伪造票据的，将处以涉嫌金额5倍以上的罚款，屡犯递增处罚。

第十三条　出纳、收银员不得多列支出、少列收入，对经查实的上述行为将处以相应金额5倍以上罚款，屡犯递增处罚。

第五章　内务控制

第十四条　各合伙人（含受托代理人，下同）在执行度假村事务时应做到勤勉尽责，对因过失行为给度假村造成的损失应承担赔偿责任。

第十五条　度假村负责人应对营业现金折扣授权，被授权人（或未经授权人）超越授权权限对现金折扣签字确认的应承担赔偿责任。各合伙人若自己接待折扣，必须经他方合伙人一人（或以上）签字认可。

第十六条　对客户签单必须经合伙人一人（或以上）认可，擅自签单者应负全额追缴责任，未能追缴的应负全额赔偿责任。收银员漏报、迟报签单营业额造成收款障碍的，将对收银员处以等值罚款，屡犯递增处罚。

第十七条　库管员应对购进物资进行一一准确计量，并检查进货品质，对存在品质问题的物资应作退货或上报处理。不得接受供货商任何形式的馈赠或变相贿赂。对工作敷衍失职造成损失将处以损失金额1～3倍的罚款。

第十八条　后厨对购进原材料数量、品质负监督责任，不得参与采购过程，并且不得接受供货商任何形式的馈赠或变相贿赂。因失职造成损失将处以损失额0.5倍的罚款，屡犯递增处罚。

第十九条　后厨应控制原料使用情况，既要保证菜品正常分量及品质，亦要最大限度节约材料消耗。对失控行为（另行下达菜品成本考核办法）将处以所造成损失额的1倍罚款，屡犯递增处罚。

第六章　附　　则

第二十条　任何员工均享有监督权，对任何造成或可能造成度假村损失行为可匿名或直接向管理层举报，经查属实将对举报人按贡献大小（或按对被举报人罚款额）10%～50%进行奖励。

第二十一条　本制度未尽之规定将提请管理当局审定处理。

第二十二条　本实施细则由财务部拟定，经度假村管理层讨论决议通过，由度假村负责人批准执行，财务部代表度假村监督执行，并负责解释。

第二十三条　本制度自发布之日起执行。

资料来源：http://hexun.com/ybjd06.

第12章　休闲度假村生态环境管理

学习目标

知识目标	技能目标
（1）了解生态环境的内涵	（1）能够辩证地分析度假村与生态环境的关系
（2）了解生态度假村与生态环境之间的关系	（2）学会区分生态环境管理三层次的内容，理解三层次之间的关系
（3）了解生态环境管理概念、内容及特点	（3）理解环境管理体系中PDCA循环的具体过程
（4）了解环境管理体系的概念、来源及构成	（4）能够根据某一度假村特点制定环境管理体系
（5）了解度假村引入环境管理体系的意义	（5）能够运用所学知识对某一度假村进行生态环境管理
（6）了解PDCA循环	

知识结构

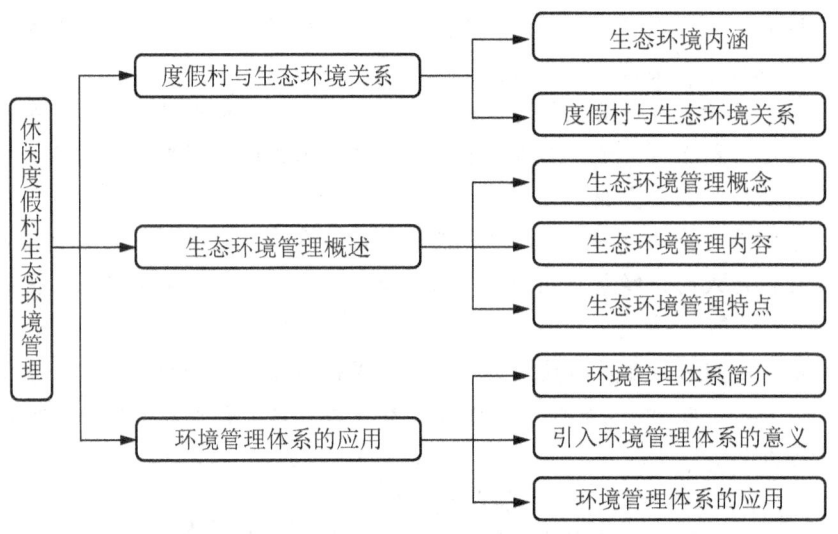

第12章　休闲度假村生态环境管理

导入案例

民丹（Bintan）度假村的生态环境管理

新加坡与印度尼西亚合资的民丹（Bintan）度假村，位于印度尼西亚北部海滨的 Bintan 岛上，占地2.3万公顷，于1991年动工兴建。度假村地理条件优越，交通便捷，距离印度尼西亚和新加坡，只需30～45min的航程。

图12.1　民丹度假村

这里有迷人的私人海滩和广阔的海滨花园，是高尔夫爱好者的天堂。海滨是其最大的卖点，尤其是103km的海岸线和优良的海水水质，为度假村提供了大量的促进旅游业开展的积极因素。因此，度假村将长期有效地保护自然资源，为所有度假旅游者提供一个健康的环境，将保障旅游活动的顺利开展视作其管理目标，在保护好自然资源的前提下进行限制性的开发活动，包括海岸锁紧要求、污水处理标准及出水要求，节能和节水指南，全面废物管理规划等。此外对度假区范围内的水量和水质、固体废物、自然环境、公共健康等进行管理和检测。为保证生态环境管理工作切实有效地执行，度假村专门成立了生态环境管理委员会，负责制订规划、评估检测数据、完善培训计划。

在民丹度假村，生态管理已经产生显著的经济效益和社会效益，直接促进了度假村事业的成功。由于其高度的环境责任意识和积极有效的实施方案，为人们提供了更加满意的生存和休闲空间，因而相对亚洲其他的度假村具备了更强的国际竞争力，年增长率35％的游客量就是最好的例证。

讨论题：休闲度假村的发展与生态环境管理之间有着怎样的联系？想想保护度假村生态环境的措施还有哪些？

资料来源：郭文杰. 海岛旅游度假村的生态管理[J]. 能源工程. 2000(2)：49—50.

一直以来，人们普遍认为休闲旅游是无烟工业，是对环境压力较小的行业。但是随着休闲旅游的不断发展，客源市场的不断扩大，人们休闲活动的规模和范围也越来越广，休闲活动对包括水体、空气、土壤、动植物在内的生态环境系统带来了许多负面影响。休闲度假村的健康持续发展与生态环境管理之间有着密切的联系，要正确处理开发过程中以及经营管理过程中休闲与环境之间的关系，就需要通过生态环境管理来加以控制和协调。

12.1　休闲度假村与生态环境的关系

在第1章时我们就确定了休闲度假村的概念，即"一个接待机构，且具有环境优良清静、服务温馨舒适、交往随和自然、康体娱乐设施完备、提供综合服务等特征。其核心是创造一种能够促进并增强顾客休闲体验的环境和服务氛围。"可见,"环境优良清静"是成为休闲度假村的首要条件。休闲度假村或坐落于大海之滨,或生根于群山之间,或独揽林泉之秀,或尽取乡野之乐,与大自然密不可分是休闲度假村最突出的特点。因此,处理好与生态环境之间的关系便成为休闲度假村健康持续发展的不竭动力。

12.1.1 生态环境的内涵

休闲度假村的生态环境是指在休闲度假村地域范围内由土壤、水、阳光、空气、动植物群落等要素构成的错综复杂、相互作用、相互依存的综合体空间系统。该系统内部各构成要素之间形成了共生、共存的动态平衡。

第一,生态环境有自己的要素构成,它对外来因素的容纳能力是有限的。

第二,生态环境具有自己的运行规律和要求。一切无序的开发都将导致生态系统的彻底崩溃。

第三,生态环境是自然资源的有机结合,一旦失去,就难以重现。

12.1.2 休闲度假村与生态环境的关系

从构成角度看,生态环境是休闲度假村的重要组成部分,失去生态环境的度假村将暗淡无光、无人问津,缺少生态环境要素的休闲度假村是不存在的。

从发展角度看,休闲度假村的发展与生态环境保护之间是一对矛盾的统一体,它们既相互影响又相互促进。休闲度假村的发展对生态环境具有积极作用和消极作用,同样,生态环境对度假村也存在促进作用和破坏作用。它们在一定的条件下互相依存和互相转化。

(1) 积极的促进作用:生态环境保护需要度假村持续的资金投入和人员维护,反过来,度假村的健康发展和持续创收需要生态环境保护做动力支持。

(2) 消极的破坏作用:现实中,由于人们思想的局限性和性格的偏执,休闲度假村发展和生态环境保护往往陷于非你即我的尴尬境地;或者禁止一切开发,将生态环境和自然资源禁锢于绝对保护之中,或者重开发轻保护、重经营轻管理,肆意破坏环境,将资源陷于公地悲剧[①]。度假村开发经营对生态环境的消极影响见表12-1。

表12-1 度假村开发经营对生态环境的消极影响

环境因子	影响因素	影响效应
植物	各类践踏、采集、刻划、驮畜啃食;休闲设施建设、环境污染等引起的生境变化;外来物种入侵	植物覆盖减少,地表裸露;植物个体高度、活力下降,植物繁殖与更新受影响;种群及群落组成与结构等特征改变

---

① 公地作为一项资源或财产有许多拥有者,他们中的每一位都有使用权,但没有权利阻止其他人使用,从而造成资源过度使用和枯竭。过度砍伐的森林、过度捕捞的渔业资源及污染严重的河流和空气,都是"公地悲剧"的典型例子。之所以称之为悲剧,是因为每个当事人都知道资源将由于过度使用而枯竭,但每个人对阻止事态的继续恶化都感到无能为力,而且都抱着"及时捞一把"的心态加剧事态的恶化。公共物品因产权难以界定而被竞争性地过度使用或侵占是必然的结果。资料来源:百度百科。

续表

环境因子	影响因素	影响效应
土壤	践踏，垃圾等污染，植被状况的改变	土壤压实，理化性质变化；土壤生物组成改变；土壤侵蚀加速，水土流失加剧
动物	打猎，垂钓，食用，商品开发，观赏，喂食，游客干扰，植物、土壤状况改变引起的生境变化，外来物种入侵	动物行为变化，健康恶化；繁殖率下降，死亡率增加，数量下降；个体或种群迁移，物种分布改变，区域物种组成改变
水环境	休闲设施建设，外来物种引入，游船等水上休闲活动，岸边休闲活动	水体浑浊，营养物增加，致病细菌增加，水质量下降；水生生物数量和组成改变；水资源数量下降；水资源空间分布改变

资料来源：巩劼，陆林. 旅游环境影响研究进展与启示[J]. 自然资源学报，2007，4(22)：545—556.

积极的促进作用是我们所期望的，但需要为之付出巨大的努力，消极的破坏作用是谁都不愿意见到的，但却在现实中屡屡发生。如何趋利避害，让休闲度假村与生态环境共生共荣、健康发展需要通过生态环境管理来进一步解决。

应用实例 12-1

北京蟹岛度假村基于生态链的循环经济

北京蟹岛度假村(图 12.2)总占地 3300 亩，集种植、养殖、旅游、度假、休闲、生态农业观光为一体，以产销"绿色食品"为最大特色，以餐饮、娱乐、健身为载体，以让客人享受清新自然、远离污染的高品质生活为经营宗旨，是北京市朝阳区推动农业产业化结构调整的重点示范单位，也是中国环境科学学会指定的北京绿色生态园基地。

蟹岛发展旅游业的指导思想是循环经济观。循环经济是一种善待地球的经验发展新模式。它要求把经济发展活动组织成为"自然资源—产品和用品—再生资源"的闭环式流程。所有的原料和能源要在这个不断进行的经济循环中得到最合理的利用，从而使经济活动对自然环境的影响控制在尽可能低的范围内。它强调最有效利用资源和保护环境，做到生产和消费"污染排放最小化、废物资源化和无害化"，以最小成本获得最大的经济效益和环境效益。蟹岛保证绿色的措施是：不烧煤、不烧油、不烧锅炉，用的是地热、太阳能和沼气，物质能量大循环，基本实现了污染物零排放。

水循环利用：地下温泉出水温度 65℃，先提供冬季采暖之用，降温后供应客房；水温降到 20℃就引入鱼塘、蟹池，最后灌溉蔬菜瓜果以及稻田，直至进入水处理系统。2002年，蟹岛投资 200 多万元建设了一个日处理量 2 000m³ 的污水处理厂，对园区内生活污水进行无害化处理并实现资源化循环利用。处理后的水质大部分指标可以达到一级标准。经过污水处理厂处理的中水排放到 170 亩的氧化塘，通过水生植物和微生物的作用，进一步进行生物净化；从氧化塘出来的水经灌溉明渠引入长 80m、宽 50m 的沙床再次进行过滤；沙滤后的水引到农业区，用于灌溉农田、菜地，养殖鱼塘和饲养家畜家禽。

图 12.2 北京蟹岛度假村

物质利用的再循环：用杂粮酿酒，酒糟用来饲养猪、牛、羊等家畜；然后再将人和畜类粪便连接化粪池，经过高温发酵、杀菌产生沼气，供做饭、炒菜和照明，沼气废液和残渣引入农田做基肥。种植园区内建有一座 $300m^3$ 的沼气池，它利用各种农家肥，通过高温发酵，产出沼气、沼气液和沼气渣。沼气池日产 $300m^3$ 沼气，其中 $200m^3$ 的沼气通过管道供应餐厅燃料，$100m^3$ 的沼气用来发电。沼气液、沼气渣引入大田作肥料，减少了农作物病虫害的发生，增加了土壤的肥力，保证了在种植过程中不使用一滴农药和化肥，产出食品为无公害食品，既变废为宝节约能源又保护了生态环境。

种养的循环圈：每亩稻田投放 600 只螃蟹在田里驱除害虫、吃杂草、疏松土壤，代替人工作业，而水稻又为螃蟹提供良好的生存环境。水稻收割后，稻草制成蔬菜大棚冬季保温防冻的草帘，稻谷加工成优质生态大米，稻壳、稻糠酿制成醇酒；酒糟喂猪，猪肉供饭店游客食用，猪粪运到沼气池，经高温发酵后成为无毒无菌的有机肥。

整个度假村遵循了循环经济的"3R"生产原则，即：资源利用的减量化（Reduce）原则，在生产的投入端尽可能少地输入自然资源；产品的再使用（Reuse）原则，尽可能延长产品的使用周期，并在多种场合使用；废弃物的再循环（Recycle）原则，最大限度地减少废弃物排放，力争做到排放的无害化，实现资源再循环。

资料来源：邹统钎. 基于生态链的休闲农业发展模式——北京蟹岛度假村的旅游循环经济研究[J]. 北京第二外国语学院学报，2005，(1)：64—69.

12.2 生态环境管理概述

进入 21 世纪，人们的旅游方式正在发生根本性转变，越来越多的人逐渐厌倦传统的走马观花式旅游，休闲度假游悄然兴起并逐渐成为下一个经济增长的亮点，随之而来的是人们对休闲度假活动对生态环境影响的思考，休闲度假村首当其冲，成为人们热议的焦点。生态环境管理工作是否到位已然成为考验休闲度假村是否能长期健康成长的重要衡量指标。

12.2.1 生态环境管理概念

关于生态环境管理的概念，本书定义为运用法律、经济、行政、规划、科技、教育等手段，对一切可能损害休闲度假村生态环境的行为和活动施加影响，同时通过生态建设与环境保护，协调度假村的发展同生态环境保护之间的关系，达到既促进度假村的持续健康发展，又不超出生态环境的允许极限。对此概念做如下进一步解释。

首先，生态环境管理的方式方法多样，法律、经济、行政、规划、科技、教育等手段都可以拿来使用。

其次，生态环境管理的对象是一切损害以及可能损害休闲度假村生态环境的行为和活动。对造成生态环境破坏的行为和活动要及时制止，防止破坏进一步扩大；同时对可能损害生态环境的行为和活动采取有效措施，管理要有预见性，要防患于未然。

接着，行为和活动的主体可能是度假者，也可能是开发商、经营管理商，甚至是当地的社区居民和政府管理机构，但不管是谁，都必须一视同仁，绝不姑息。

再次，生态环境管理的类型有主动和被动两种，应以主动管理为主，辅之以被动管理。

最后，生态环境管理的目标是度假村与生态环境的良性互动。

在"人类—生态—环境"系统中，人是主导的一方，发展与生态环境的关系中，人类的发展活动是主要方面。所以，生态环境管理的实质是影响人的行为，以求维护生态环境质量，保证经济社会可持续发展的顺利进行。

12.2.2 生态环境管理的内容

本书根据生态环境管理的性质将生态环境管理内容分为生态环境计划管理、生态环境质量管理以及生态环境技术管理3部分。

1. 生态环境计划管理

生态环境问题的产生、环境质量下降主要是人类经济活动的不当造成的，因此需要制定具有科学性、严谨性和预见性的旅游环境规划。

通过度假村开发前期的环境可行性分析、自然资源的调查与评估、生态环境建设规划、环境容量测算来指导度假村的开发建设，协调度假村发展与生态环境保护的关系，这是生态环境管理的首要任务和基础环节。

以往许多度假村并不重视生态环境计划管理，甚至在开发建设过程中省去了这一环节，结果设计的休闲活动项目由于水质问题、水源问题、土壤问题、植被问题而搁浅，或者活动效果大打折扣。如某个度假村开发温泉项目，由于没有重视前期的资源评估和容量测算，看见温泉资源便欣喜若狂，项目盲目上马，结果出水量不足，导致大量设施设备荒废。

2. 生态环境质量管理

一般来讲，判断环境是否被污染或污染程度是以环境质量标准为尺度来衡量的。

生态环境质量管理是指在度假村开发建设中期和后期经营管理中，从时间的尺度对度假村的生态环境质量变化进行评价，为整个建设期生态环境管理提供数据支持。首先，要有监测机制，实时掌握度假村开发建设过程中的水质、空气、土壤、动植物群落等环境要素状况和变化趋势；其次，对已经采取的生态环境管理措施也要进行检查、评估以不断地调整和改进。这是生态环境管理的核心任务和重要环节,为生态环境技术管理提供数据支持。

例如,青海省目前已经通过遥感动态监测、GIS 空间数据分析与管理、地面监测校核、分布式数据库等方法,进行生态环境遥感调查及动态监测,初步形成了三江源生态环境遥感动态监测技术流程,为三江源生态环境变化的分析提供数据支撑。

课外阅读 12-1

度假村生态环境质量评价内容

休闲度假村内的生态环境质量评价可以结合度假者问卷调查、专家组评价、技术组评价对以下内容进行评价。

① 气候舒适度评价(专家组和游客问卷)。
② 空气质量参照 GB 3095 标准进行评价(技术组)。
③ 地表水水域环境质量参照 GB 38381 进行评价(技术组)。
④ 土壤质量参照 GB 15618 进行评价(技术组)。
⑤ 自然灾害的威胁程度(技术组)。
⑥ 度假村功能布局是否合理,选址及布局模式是否顺应自然地形地貌(专家组)。
⑦ 是否对前期规划和所有建设项目进行环境影响评价(技术组)。
⑧ 开发建设项目是否很好地贯彻了规划设计文件(专家组)。
⑨ 各类设施的装饰装修材料是否符合《室内装饰装修材料有害物质 10 项国家标准》(技术组)。
……

3. 生态环境技术管理

生态环境技术管理指通过制定技术标准、技术规程,根据国内外最新技术手段,及时引进有效的污染防治手段和仪器设备,达到生态环保护的目的。这是生态环境管理的技术性环境和保障性环节。如部分度假村采用能源的循环利用技术,大大降低了碳的排放量。

12.2.3 生态环境管理的特点

生态环境管理作为休闲度假村经营管理内容的一部分,有其自身的特点,需要我们全面把握,以更好地进行生态环境管理。

1. 综合性

生态环境管理是一个系统工程,其综合性体现在对象和内容的综合以及生态环境管理手段的综合两个方面。它需要对度假区内水体、土壤、空气、动植物群落进行实时监控,包括计划管理、质量管理、技术管理 3 个层面,协调度假者、度假村开发商、经营商、投资商、度假村社区居民及当地政府之间的利益关系,同时需要对度假村开发建设前期、中期、后期进行生态管理,涵盖要素多、涉及面广、持续时间长,因此是一个综合性强的工作。

2. 持续性

休闲度假村的生态环境管理贯穿于整个度假村开发与经营管理过程。在开发前期就要将生态环境的调研纳入环境管理范畴中，从开发建设到后期的经营活动和休闲度假活动均要坚持长期管理，全面确保开发建设、度假活动、经营管理与生态环境的和谐发展。休闲度假村的生态环境管理始于规划设计，止于完全退出度假村生命周期。

3. 易变性

由于经济利益的驱使，度假村管理者在开发建设与生态保护相冲突的情况下往往优先考虑前者，将原有的一整套生态环境保护体系置于脑后，使完善的生态环境保护方案流于形式。各地高尔夫球场顶风作案，野蛮生长就是一个很好的例子。此外，部分度假村为降低经营风险，将多个休闲度假项目外包，导致经营主体不统一，生态环境保护措施执行力度大打折扣。

因此，休闲度假村生态环境管理是一项艰难的工作，它需要最高管理者坚定的信念和完善的管理体系作保障。

课外阅读 12-2

高尔夫与环境

高尔夫球场草坪的养护要求极其严格，其 $1m^2$ 的耗水量是普通草坪的数倍。不但如此，为保持草坪的平整划一，草坪还要经常喷施化学农药。有资料显示，每年喷施在高尔夫球场草坪上的农药要达 50 余种，农药中的一部分随水渗透和残留到土壤中，对地下水造成污染。此外，场地建设需要改造大面积土地，砍伐树木，削丘填沟，使物种结构发生改变。

资料来源：科学网 http://news.sciencenet.cn/html/shousbnews/.aspx?id=157655

12.2.4 生态环境管理的措施

1. 倡导绿色消费，全民参与生态环境保护

人们生态意识的提高对于生态环境保护意义重大。保护度假村生态环境不仅仅是经营管理者的义务，更是每位服务人员和度假人员的责任。生态环境保护要全民化，提倡全民参与，共同防治。

对于度假村而言，可从以下方面采取措施：制定详细可行的节能节水方案，有与改进目标相匹配的资金投入，有专人负责度假村内尽量使用可回收循环再利用的用具；建、构筑材料环保或使用可再生材料，装修材料采用带有绿色标志的环保型材料；建立垃圾分类收集设备以便回收利用，对废电池等危险废弃物设置专用存放点；定期开展服务与管理人员环保培训；对开发者与经营者进行生态教育，使其树立可持续发展观念，不以牺牲生态环境、当地传统文化和历史遗迹为代价，保证资源与环境的长期持续利用。

在休闲度假活动中，度假者的行为对当地的生态环境会产生重要影响。因此，对度假者加强环保宣传力度，在客房及公共区域增设环保宣传册，在用水、用电处设置明显的节

能节水提醒标志,在细节上不断转变度假者消费方式,这也是度假村保护生态环境的重要举措。

2. 加强环境监测,预防与治理双管齐下

保护与管理环境从认识环境开始,环境监测、环境质量评价是认识环境的重要基础与根本手段。度假村应根据自身发展特点和规律,设计监测方案,及时掌握环境质量信息,为制定环境管理对策提供依据;同时,通过网络、报纸、杂质等媒介及时向社会发布度假村生态环境质量信息,让社会公众共同参与度假村生态环境监督的同时,扩大度假村的知名度和影响力。

环境监测要全面,空气、土壤、地表水、噪声、植被等都要监测;环境监测要及时,数据要及时送达给环保经理或负责生态环境管理的主管人员,并根据数据分析结果及时给出相应的治理对策;监测数据要客观,切勿弄虚作假、流于形式。

3. 提高规划科学性,合理利用环境容量[①]

个别休闲度假村淡旺季差异十分明显,旺季过旺,度假村生态环境严重超负荷,造成严重后果。科学测算环境容量是合理有效利用环境容量的基本前提,是处理好旅游发展与环境协调的基础工作。度假村应加强生态系统研究,科学确定度假村生态容量。

在科学测算生态环境容量的基础上,要合理规划、利用旅游环境容量。对利用不够合理的地方及时进行调整。对新建项目要进行环境影响评价,控制新污染源的出现,项目建成后要进行环境审计,对项目运行情况进行监控、管理,存在污染问题的要限期治理,确保对容量的利用控制在环境承载能力范围内。

4. 关注技术研究,为绿色度假村建设提供技术支持

针对度假村自然环境特点与资源消耗、污染物性质等各方面因素,研究绿色技术开发和运用,制定绿色度假村资源使用方案,如使用沼气技术、使用太阳能清洁能源技术,充分使用清洁能源,利用废弃资源,发展循环经济,转变资源利用方式,降低资源的源头进入量。同时要根据度假村的生态环境和资源特点,因地制宜,合理规划,减少土地等资源的占用,减少污染物的产生,减轻环境压力,把开发建设对生态环境的影响降到最低水平。

课外阅读 12-3

上海世博园生态环保技术

在上海世博园区,生态环境保护技术的广泛应用受到参观者的普遍关注。从总装机容量 4.7GW 左右的太阳能光伏发电、普遍采用节能环保的 LED 光源的景观照明到随处可见的节能、节水、雨水回收利用等技术装置与设计,园区规划、建设、运营等各个环节都贯彻了低碳理念。各国、各地、各组织的场馆及展示内容也大多以低碳环保、可持续发展、人与自然和谐等为主题。

[①] 杨美霞. 世界旅游精品建设目标下的张家界旅游环境管理对策研究[J]. 环境科学与管理,2008,33(8):1—5.

作为一场开启未来城市大门、引领新的生活方式的盛会，上海世博会不仅向人们展示了生态环境保护技术与应用的巨大魅力，也在一定程度上反映了当今国际社会对人类生存环境的极大关注和对生态环境保护的高度重视。

资料来源：http://www.gxdrc.gov.cn/cslm/gyfz/201009/t20100907_243330.htm.

12.3 环境管理体系在度假村生态环境管理中的应用

环境管理体系（EMS，Environmental Management System）是系统管理环境问题的一件工具，其作用是帮助组织实现和系统地控制设定的环境绩效水准、支持环境保护和污染预防。休闲度假村的生态环境具有综合性、持续性、易变性特点，环境管理工作繁琐而艰难，仅仅依靠几条措施或几样工具难以控制复杂的生态环境。一直以来，度假村开展各种各样的生态环境管理工作，但这样缺乏系统性的工作令成效难以显现。以 ISO14000 系列标准为基础建立实施环境管理体系正是系统解决休闲度假村生态环境管理问题的有效工具，为生态环境管理工作提供了一个大舞台。

12.3.1 环境管理体系简介

随着人类社会经济发展所产生的环境问题的日益凸现，人类在环境保护领域取得了重大的进展。但以往对处理环境问题都缺乏系统性，寻找一种系统地管理环境问题的方法成为各国环境工作者一项迫在眉睫的事情。随着时间的推移，许多国家陆续制定了有关环境管理的标准和条例，如 1977 年德国制定"蓝色天使"计划、1992 年英国颁发的 BS7750《环境管理审核规则》、1993 欧共体正式公布的《环境管理审计规则》（EMAS）、1995 年德国依据 EMAS 制定的《环境审核法》。为了解决不同国家在环境管理领域各自为政的局面，国际标准化组织在成功制定并推行了质量管理体系（ISO9000）的基础上，于 1996 年在奥斯陆制定了 ISO14000 环境管理系列标准，提出了一种在世界范围内系统地管理环境问题的方法。

课外阅读 12-4

世界八大公害事件

世界八大公害事件是指发生在 20 世纪，由于环境污染而造成的 8 次较大的轰动世界的公害事件。

(1) 1930 年比利时马斯河谷工厂排放大量 SO_2、SO_3，3 000 人中毒，60 人死亡。

(2) 1943 年美国洛杉矶汽车排放氮氧化物与紫外线作用，400 人死亡。

(3) 1984 年美国宾夕法尼亚州多诺拉镇排放 SO_2、SO_3，6 000 人患病，20 多人死亡。

(4) 1952 年英国伦敦居民煤炉排放大量 SO_2、SO_3，5 天内 4 000 人死亡。

(5) 1955 年日本四日市工厂，排放大量 SO_2，并含钴锰钛，500 人患病，36 人死亡。

(6) 1968年日本爱知县米糠油被多氯联苯污染，10 000多人受害，16人死亡。

(7) 1953—1956年，日本熊本县水俣市氮肥厂，把含汞催化剂废水排入海湾，180人患精神病，22人死亡。

(8) 1955—1972年，日本浮山县锌、铅冶炼厂排放含镉废水，130人患病，81人死亡。

如今，公害事件逐渐转移至发展中国家，各类触目惊心的环境污染事件（图12.3）几乎天天都在上演。

资料来源：百度百科. http://bike.baidu.com/view/2491687.htm? fr=aladdin.

图12.3 触目惊心的环境污染

ISO14000环境管理系列标准用于组织内部环境管理体系的建立、实施与审核，通过经常和规范化的管理活动实现减少污染和环境保护的承诺和应尽的义务，并通过审核和注册向外部予以证实。该标准适用于全球商业、工业、政府、非营利组织和其他用户，对改善管理体系的有效性和每个组织的环境行为、加强国际合作与交流、减少世界贸易中的非关税壁垒具有重要促进作用。

我国根据本国国情和地方特色，将ISO14000系列标准转化为GB/T 24000系列国标，对应关系见表12-2。

表12-2 ISO14000与GB/T 24000的对应关系

ISO14000系列标准	对应的GB/T 24000系列标准	标准内容
ISO14001	GB/T 24001	《环境管理体系——规范及使用指南》
ISO14004	GB/T 24004	《环境管理体系——原则体系和支持技术通用指南》
ISO14010	GB/T 24010	《环境审核指南——通用原则》
ISO14011	GB/T 24011	《环境审核指南—审核程序——环境管理体系审核》
ISO14012	GB/T 24012	《环境审核指南——环境审核员资格要求》
ISO14040	GB/T 24040	《生命周期分析——原理与实践》

上述已经颁布的6个标准主要集中在环境管理体系标准及环境审核标准。其中ISO14001环境管理体系标准是ISO/TC207环境管理技术委员会颁布的核心标准，是组织建立与实施环境管理体系最基本的参照载体，对环境管理体系的要素内容作了完整的概

括。该标准还是这一系列标准中唯一可作为环境管理体系第三方审核认证依据的标准,它规定了环境管理体系的基本要求,认为组织在建立并保持环境管理体系时,一定要满足环境方针、规划、实施与运行、检查与纠正措施以及管理评审五个一级要素,每个一级要素又被划分为若干个二级要素,这些要素共同构成一个有机整体,详见表12-3。

表 12-3 ISO14001 标准构成表

总要求	一级要素	二级要素
4.1 组织应建立并保持环境管理体系	4.2 环境方针(P)	4.2 环境方针
	4.3 规划(P)	4.3.1 环境因素
		4.3.2 法律与其他要求
		4.3.3 目标和指标
		4.3.4 环境管理方案
	4.4 实施与运行(D)	4.4.1 机构和职责
		4.4.2 培训、意识和能力
		4.4.3 信息交流
		4.4.4 环境管理体系文件编制
		4.4.5 文件管理
		4.4.6 运行控制
		4.4.7 应急准备和响应
	4.5 检查和纠正措施(C)	4.5.1 监测
		4.5.2 违章、纠正与预防措施
		4.5.3 记录
		4.5.4 环境体系审计
	4.6 管理评审(A)	4.6 管理评审

资料来源:李惠娟.环境管理体系在生态旅游中的应用[D].天津大学硕士学位论文,2003.

ISO14001环境管理体系运行模式遵循查利斯·戴明的PDCA循环模式,即把体系的运行要素划分为4个阶段。

策划阶段(Plan)——建立所需的目标和过程,以实现组织的环境方针所期望的结果。

实施阶段(Do)——对过程予以实施。

检查阶段(Check)——根据环境方针、目标、指标以及法律法规和其他要求,对过程进行监测和测量,并报告其结果。

改进阶段(Action)——采取措施,以持续改进环境管理体系的绩效。

环境管理从规划到实施再到验证,最后到改进依次进行,经过改进以后,又在新的起点上开始新一轮的循环,以达到持续改进的目的。

12.3.2 休闲度假村引入环境管理体系的意义

休闲度假村可引入环境管理体系，以便在生态环境管理上更具系统性和操作性，这对度假区的发展和生态环境管理目标的实现均有重大意义。

1. 有助于提供休闲度假村的生态环境管理水平

度假村的生态环境管理效果往往不尽如人意，很大程度上是因为生态环境管理水平有限，经验不足。环境管理体系是一套科学的、系统的管理标准，度假区通过建立并实施环境管理体系，不仅对本地生态环境状况有了更为深入而详细的了解，且可以建立文档体系加以控制，同时通过策划、实施、检查、改进这一 PDCA 循环，不断提高自身的环境管理水平。

2. 有助于提高利益相关者生态环境保护意识，生态环境管理事半功倍

生态环境管理需要全员行动，共同参与。然而，由于意识和理念的匮乏，下属员工、度假者、社区居民不能很好地配合，造成最高管理者唱独角戏的局面，生态环境管理实施情况很不理想。

度假村引入环境管理体系后，各利益相关者（管理者、员工、社区居民、度假者、政府管理者）将受到系统培训，了解环境保护的必要性。对于度假村员工，明确了岗位的环境因素以及岗位职责和今后环保工作的方法策略；对于社区居民，更加重视环境保护，极大地提高了行动的积极性；对于度假者，纠正休闲度假行为，休闲度假方式将发生质的改变；对于政府管理者，政策措施的制定将更有利于度假村生态环境工作的开展。

3. 有助于提高度假村知名度和美誉度，吸引中外度假者

环境管理体系的建立和实施为度假村树立了良好的社会形象，能够增加公众对其服务的认可度，提高产品竞争力。优美的生态环境成为度假村对外宣传的金字招牌，拓宽了宣传辐射面和影响力，大大增加了度假者的数量，使度假村的国际知名度大幅提升，经济效益也随之提高。

12.3.3 环境管理体系在度假村生态环境管理中的应用

本小节将从 PDCA 循环角度将环境管理体系应用于休闲度假村。

1. 策划阶段(Plan)

首先，环境管理体系的发起人应是度假村的最高管理者，这有助于从思想、人力、物力、财力方面保证环境管理体系的有效执行。

第二，最高管理者要向员工、社区居民、度假者等社会各界做出承诺，表明决心。

第三，对度假村的环境问题、环境因素、环境影响、所在地法律法规等进行初始综合分析，将结果形成文件作为度假村建立环境管理体系的基础。

第四，针对内部各岗位职能和层次设置可测量的环境目标和指标，确定实现目标和指标的方法和时间。

2. 实施阶段(Do)

第一，确定环境管理组织机构，落实职责和权限。

第二，进行全员培训，共同提高环保意识和能力。

第三，建立环境管理体系文件，文件包括手册、程序文件、作业指导书以及环境记录等4个层次。

第四，进行日常监控，包括基层部门自查，推进部门定期检查和不定期抽查等多种措施；监控的对象是环境绩效、有关的运行控制、环境目标和指标的符合情况、环境法律法规的遵循情况等。

第五，确保环境管理信息在度假村内外及时畅通地传递、实施，保证体系正常有效运行。

第六，对度假村环境管理体系文件进行控制，确保相关场所适用的文件处于受控状态。

第七，直接控制和改善与环境因素相关的运行与活动，保证环境因素受控，减少环境因素对环境造成的负面影响。

第八，针对诸如火灾、水灾、爆炸、化学品泄漏、排污剧增、度假村人数激增等突发事件，度假村应建立应急预案与相应程序以保证对意外和偶然事件有合适的响应，减少损失和对环境的影响。

3. 检查阶段(Check)

环境管理体系经过策划和实施后便进入了环境审计阶段，即客观地获取审计证据并予以评价，以判断特定环境活动、事件、状况与管理体系是否符合系统化的审计准则，以及是否能够通过文件的形式加以验证。

第一，度假村按照标准要求判断体系的符合性、适用性和有效性，为环境管理体系提供监督保障。

第二，根据环境体系审计结果并针对组织客观环境变化进行定期评审。

第三，请第三方认证，争取获得ISO14001认证证书。

4. 改进阶段(Action)

尽管度假村建立了环境管理体系，但远未达到环境管理的终点。在此阶段，度假村应分析现有状况，根据审计结果确定今后持续改进的方向，并确定改进内容和改进措施。

本章小结

生态环境管理是休闲度假村经营与管理的一个重要内容，生态环境质量好坏与度假村是否可以持续健康发展息息相关。本章在阐述生态环境与度假村的辩证关系的基础上，介绍了生态环境管理概念、特点及内容，使大家对生态环境管理有一个整体的认识。同时，引入国际通用的环境管理体系，为休闲度假村生态环境管理提供了一套系统而有效的方法。

生态环境管理的综合性、持续性、易变性特点告诉我们度假村生态环境管理工作是一项长期且艰巨的任务，需要各界进行不断的探索与实践。

复习思考题

一、名词解释

生态环境　　　　生态环境管理　　　　环境管理体系　　　　环境审计

二、单项选择题

1. 以下不是生态环境管理特点的是（　　）。
A. 综合性　　　　B. 持续性　　　　C. 易变性　　　　D. 特殊性
2. 生态环境管理的实质是（　　）。
A. 改变生态环境　　B. 改变人的观念　　C. 改变人的行为　　D. 改变管理方法

三、多项选择题

1. 生态环境管理的主体是（　　）。
A. 度假村经营者　　　　B. 度假村开发商　　　　C. 度假者
D. 社区居民　　　　　　E. 政府主管部门
2. 根据生态环境管理的性质，可将生态环境管理内容分为（　　）。
A. 生态环境计划管理　　B. 生态环境质量管理　　C. 生态环境技术管理
D. 生态环境监测管理　　E. 生态环境措施管理

四、简答题

1. 简述度假村引入环境管理体系的意义。
2. 简述 ISO14001 环境管理运行模式的 PDCA 循环。

五、论述题

1. 试阐述休闲度假村与生态环境之间的关系。
2. 调查某一度假村生态环境管理现状，试将环境管理体系运用到该度假村的生态环境管理之中。

课后阅读

高尔夫球场的发展的背后

在 GDP 高速增长和人们生活水平不断提高的今天，高尔夫球场（图 12.4）成为许多高档度假村的代名词，从 9 洞到 27 洞，国内高尔夫球场越建越大、越建越多。国务院早就多次下令禁止新建高尔夫球场，但 2004 年叫停至今，全国各地都在大张旗鼓地违规建设，而且很多高尔夫球场竟然是被招商部门"主动"招徕。据调查，国内度假村的高尔夫项目普遍处于亏损状态，加上对生态环境的严重破坏，究竟是什么动机在推动高尔夫球场的野蛮扩张？

图 12.4　高尔夫球场

首先，在地方执政者眼里，高尔夫球场是一种"高端项目"，对拉动周边土地和房地产项目的效应格外明显。土地和项目的升值将直接影响到地方土地财政收入。因此，地方政府往往明知高尔夫球场违规却毅然决然地支持到底，对度假村高尔夫项目的建设自然是推波助澜。

其次，在度假村看来，"高端项目"吸引"高端顾客"，而这"高端顾客"正是现阶段度假村的主要客源市场。同时，借高尔夫项目举办国际赛事、推动高端旅游地产项目，能够为度假村创名、创收。在生态环境与经济发展相矛盾时，开发商和经营商往往会选择后者。

经济利益是眼前的，环境保护却能影响几代人，面对如此肆意发展的高尔夫项目，你有何建议？

第13章　休闲度假村安全管理

学习目标

知识目标	技能目标
（1）了解休闲度假村安全管理对象、内容、机制 （2）了解休闲度假村安全管理现状 （3）了解休闲度假村安全的影响因素 （4）了解休闲度假村度假资源与生态环境的异同 （5）了解休闲度假村自然环境安全管理的具体措施 （6）了解休闲度假村食品卫生安全事故的特点 （7）了解休闲度假村设施设备安全管理的含义 （8）了解休闲度假村设施设备安全管理的具体内容	（1）能够从政策法规、管理机构、配套设施等方面分析度假村安全管理现状 （2）能够辨析度假资源与生态环境的异同点 （3）能运用所学知识对休闲度假村的自然环境安全进行管理并提出有效措施 （4）能运用所学知识对休闲度假村的食品卫生安全进行管理并提出有效措施 （5）能运用所学知识对休闲度假村的设施设备安全进行管理并提出有效措施

知识结构

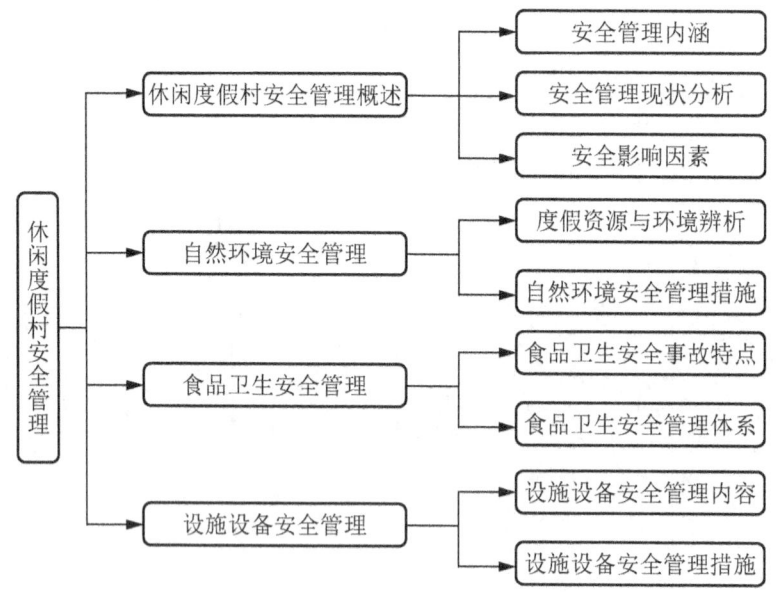

第13章 休闲度假村安全管理

导入案例

6龄童泡温泉摔伤 度假村尽到安全保障义务仅赔医疗费

2007年10月4日下午，小慧由家长带领来到度假村泡温泉时，由于地面湿滑，小慧摔倒磕在池子的边沿，下额磕出一个2.5cm长的大口子。家人立即将孩子送到医院，缝了7针。

小慧的家人认为，孩子是在经营场所内受伤的，度假村作为营利性经营单位，应采取足够的措施保证消费者的安全。在治疗后，小慧的家人多次找度假村协商赔偿，但度假村只同意赔付医疗费，其他费用拒不赔偿，且从未对小慧进行任何安慰。因为小慧一行6人购票刚进去孩子就受了伤，为送孩子去医院治疗，大家都没能洗浴，所以小慧的家人提出退还当天的门票钱，但也遭到了拒绝。

于是，小慧的家人以孩子的名义提起诉讼，要求度假村赔偿医疗费、护理费、交通费、门票款、后续治疗费和精神损害抚慰金等共计26 271.7元。

法庭上，度假村的法律顾问针对小慧的起诉答辩称：我们在度假村的大厅、服务台、休闲区等多处都设立了"小心地滑"的警示牌，已经尽到注意义务。原告是未成年的孩子，属于限制行为能力人。我度假村规定，身高不满1m的孩子要在家长的陪伴下泡温泉。原告的家长没有尽到监护责任，是导致孩子摔伤的直接原因。同时，度假村对原告提出的各项赔偿费用均提出了异议，他们只同意赔偿孩子的医药费，其他费用均不同意支付。至于门票款，度假村的法律顾问表示，小慧并不是一进去就摔伤了，而是在他们一行几人洗了一段时间后才摔伤的，故不同意退还门票款。度假村的代理人还当庭出示了照片，来证明洗浴大厅接待处悬挂的宾客须知和在洗浴场内多处摆放有"小心地滑"黄色警示牌。

丰台法院审理后认为，当事人对自己提出的诉讼请求所依据的事实或者反驳对方诉讼请求所依据的事实有责任提供证据加以证明。没有证据或者证据不足以证明当事人的事实主张的，由负有举证责任的当事人承担不利后果。小慧系未成年人，其监护人带其到公共场所，应依法履行保护其安全的义务。根据庭审证据表明，度假村在从事经营活动中已尽到合理范围内的安全保障义务；小慧在度假村洗浴场所摔伤，系其监护人未能在职责范围内履行相关义务所致。故原告认为，度假村在其摔伤事件中存在过错，要求损失的诉讼请求，证据不足，本院不予支持。庭审中，度假村自愿表示赔偿小慧现已发生的医疗费，本院不持异议。据此，判决度假村赔偿小慧医疗费261.7元；小慧的其他诉讼请求予以驳回。

讨论题：你对法院的判定是否有异议？除了安全警示标志外，度假村的安全管理工作还应包含哪些内容？

资料来源：http://www.flssw.com/anlifenxi/info/25045018/.

近年来，休闲度假村在强大的市场需求的推动下如雨后春笋般茁壮成长，然而，度假村地理位置特殊、公共区域较大、娱乐项目众多，成为安全事故高发地带。如何趋利避害，保障度假者以及服务与管理人员的人身与财产安全成为各方关注的焦点。

13.1 休闲度假村安全管理概述

旅游安全是旅游业持续、健康、稳定发展的基础。"没有安全，就没有旅游"，这是旅游实践经验和教训的总结。作为休闲旅游业的重要组成部分——休闲度假村，其地理位置及功能的特殊性决定了安全管理工作在休闲度假村管理工作中的关键地位。加强休闲度假村安全管理，保障度假者和服务管理人员的人身、财物安全，是政府相关部门和度假村经营管理者的义务和责任。

13.1.1 休闲度假村安全管理内涵

国家旅游局在1990年颁布的《旅游安全管理暂行办法》中明确提出旅游安全管理应当贯彻"安全第一，预防为主"的方针以及统一指导、分级管理、以基层为主的原则，但未给出安全管理的内涵。

张进福(2001年)指出，旅游安全是旅游业的生命线，在旅游业中扮演着极为重要而特殊的角色，同样未对旅游安全管理下一明确定义。

张合(2006年)就旅游景区安全管理给出了如下定义：旅游景区安全管理是根据国家旅游安全工作方针政策，为确保景区和旅游者的人身及财务安全，在企业接待服务过程中所采取的一系列制度、措施方法等管理活动的总称。同时，他提出旅游景区安全管理是通过行政、法律、教育、经济、技术等多种途径和手段来达到旅游景区对各类伤亡事故、灾害事故以及职业危害有效控制的活动。这一定义首次明确了旅游安全管理工作不仅针对旅游者，也包括旅游景区的环境安全和旅游企业职工的人身安全，不仅通过行政、法律手段，更要综合运用各类教育、经济、技术等途径。

休闲度假村安全管理至今虽未有准确定义，但其安全管理既有一般旅游安全管理和旅游景区安全管理的基本特点，又有其自身的特殊性。首先，休闲度假村多数位于风景旖旎的市郊或偏远之地，或海岛琼州、或高山密林，各类医疗设备、警力卫队、防灾设施与城市有一定的差距；其次，休闲度假村多数为分散、开放式的建筑布局，公共区域面积大，安全保卫工作需要做得更周密细致，但又不能过多干涉客人的自由和隐私，否则会引起客人的反感；最后，度假村参与性项目较多，一些颇受度假者欢迎又对旅游安全需求较高的特殊性旅游项目如蹦极、漂流、摩托艇、空中滑翔、热气球观光纷纷上马，而国内又缺乏关于此类项目的安全管理办法，安全隐患着实令人担忧。2006～2007年我国旅游安全事故见表13-1。因此，本书在旅游安全管理定义的基础上就"休闲度假村安全管理"给出如下定义。

(1) 管理对象：度假村资源与环境安全、度假者人身与财产安全、管理服务人员人身与财产安全。休闲度假村的资源与环境是吸引度假者的关键因素，因此资源与环境安全是休闲度假村安全管理工作的首要对象，任何一位度假者面临的安全威胁对休闲度假村来说都是致命的打击，因此度假者的人身与财产安全是度假村安全管理工作的重点对象。管理与服务人员是度假村持续经营的基础，是度假村高质量服务的代言人，可见，其人身与财产安全同样不容忽视，是度假村安全管理工作的重要组成对象。

(2) 管理内容：横向包括自然环境安全、食品卫生安全、设施设备安全、度假者行为安全以及治安安全，纵向包括安全监督、安全预警、应急救援。度假村安全管理工作应全程监督控制，未雨绸缪、防患于未然，并涉及吃、住、行、游、购、娱全方位多角度。

(3) 管理机制：以政府相关部门的政策法规为指导，以管理服务人员为引导，以度假者为主导。休闲度假村安全管理工作必须在政府现有的政策法规指导下进行，同时在度假村管理服务人员的引导和帮助下，以度假者为主体，巩固和加强安全意识，结合法律、行政、经济、技术手段，让安全始终成员休闲度假村的生命线。

表 13-1 2006—2007 年国内旅游安全事故一览表

事故类型	典型案例	发生地区	发生时间	涉及人数
自然环境安全	被困沙漠	内蒙古库布其沙漠	2006-04-30	13
	遭遇暴风雪	新疆"天师古道"	2006-05-01	31
	沙漠遇险	内蒙古库布其沙漠	2006-05-04	42
	被困悬崖绝壁	四川佛宝原始森林	2006-05-04	4
	严重雪崩	云南德钦梅里雪山	2007-05-02	9
	海上遇险	山东日照太公岛	2007-05-01	51
	身陷冰缝	拉萨那曲桑丹康桑雪山	2007-04-30	1
交通安全	旅行车与货车相撞	宁夏	2006-07-11	10
	旅游大客车突然爆胎	商亳高速公路	2007-04-13	31
设施安全	水上小飞机与游艇相撞	南京六合区金牛湖	2007-05-02	4
	漂流筏发生撞击	武汉中山公园后区"峡谷漂流"	2007-05-01	6
	"时光穿梭机"发生机械故障	重庆南岸洋人街	2007-10-08	1
治安安全	导游砍伤游客	云南丽江四方街	2007-04-01	20
	商贩围殴游客	海南三亚天涯海角	2007-02-25	5
健康安全	突发疾病猝死	湖北赤壁	2007	1
	食品安全	团队游客食物中毒	2006 年暑假	37

资料来源：杨洪，李蔚，何俊阳.我国旅游安全管理探讨[J].现代商贸工业，2008，(12)48—49.

13.1.2 休闲度假村安全管理现状分析

1. 政策法规

到目前为止，我国尚未有针对休闲度假村安全管理的法律法规颁布，休闲度假村安全管理基本沿用旅游业安全管理的相关政策法规。旅游业安全管理没有专门的法律和行政法规，1990 年国家旅游局颁布的《旅游安全管理暂行办法》成为旅游业安全管理中最具法律效力的部门规章。此外，其他相关部门颁布的全国性相关法规《旅馆业治安管理办法》、《公共娱乐场所消防安全管理规定》和国标《游乐园（场）安全和服务质量》为旅游业安全管理法规做了有益补充。当然，地方性行政法规和部门规章也不断充实着旅游业安全管理法律体系。尽管如此，我们仍呼吁有关部门尽快出台针对休闲度假村经营管理和安全管理的专门性法律法规。

2. 管理机构

从政府层面看，除旅游局外，农办、建设、交通、林业、环保、消防等部门共同组成了休闲度假村安全管理的外围机构群体，能有效地抑制安全问题发生。但也容易因主观机构多且分散而形成多头管理和管理的"真空地带"，造成旅游安全管理的低效[①]。

从企业层面看，部分度假村设有安全管理部门、灾害救援指挥中心、紧急救援预案等，但多数形同虚设，专用于评级考核，实际效果欠佳。

3. 配套设施

在国内，休闲度假村起步较晚，受传统管理体制束缚较少，能更多地与国际接轨，引进高新技术设备和手段，如资源与环境质量监控系统、交通安全标志系统、自然灾害预警和防范系统、救灾措施储备系统、防火防盗系统、闭路电视监控系统等，以维护度假村安全。然而，受资金和人力资源束缚，个别度假村在设备维护与更新方面尚待提高。

13.1.3　休闲度假村安全影响因素

休闲度假村安全管理工作十分关键但难度较高，因此，在提出相应的对策措施前必须理清楚度假村的安全影响因素，这样才能事半功倍，保证措施的有效性。

1. 自然环境因素

休闲度假村多位于海岛、沙滩、群山、密林等风景独特之地，地震、海啸、洪水、泥石流、滑坡、沙尘暴等自然灾害易发，不仅威胁到度假村的资源和环境，而且出于旅游业敏感性特点，任何一丝风吹草动都会影响到度假者的心理安全期待和后期的出游状况。

2. 管理服务因素

此因素来源于度假村管理方和服务方，包括各类基础设备维护不善、操作不当导致出现火灾、盗窃等事故；各类娱乐设施更新维护不及时，导致出现坠落、碰撞、碾压、落水等意外事故；各类服务设施设置不到位，导致发生摔倒、滑落等事故；各类食品、生活用品监督管理不善，导致食物中毒、过敏等事故的发生。与自然环境因素相比，管理服务因素更容易控制和管理，这就需要有效的监管体系来维系休闲度假村的安全管理工作。

3. 度假者行为因素

部分度假者刻意追求高风险的度假行为，增大了意外事故发生的可能性。在实际的休

---

① 张进福. 旅游安全管理现状分析与对策思考[J]. 旅游科学，2001，(2)：44—46.

闲度假中,个别度假者不顾生命安全寻求危险刺激,包括极限运动、峡谷漂流、探险、野外生存在内的一批惊、险、奇、特的活动项目成为流行时尚。更有甚者,度假者为求刺激,随意进入禁止区域或无人监管地带导致意外事故频频发生。此外,电器设备操作不当、纵情过度无节制等也会影响到度假者自身的安全与健康。因此度假者安全意识的培养和行为管理也成为休闲度假村安全管理工作的重要内容。

课外阅读 13-1

饭店安全问题的主要类型

饭店安全问题的类型及特征分类见表 13-2。

表 13-2 饭店安全问题的主要类型及其特征

饭店安全问题的类型	安全问题的主要表现和特征
(1) 火灾安全问题	损失面大、会造成财务和人员的综合损伤,损失难以恢复
(2) 犯罪安全问题	偷盗犯罪、打架斗殴、黄赌毒、公共恐怖行为、讨债、欺诈
(3) 卫生安全问题	食物中毒、环境卫生问题、服务操作卫生问题
(4) 设施安全问题	设施陈旧缺乏安全性,比如电梯关人、桌椅缝夹人等
(5) 名誉安全问题	名誉损失、隐私安全
(6) 心理安全问题	受到心理威胁、陌生感、差别对待、情绪忧郁
(7) 主客冲突问题	口角、主客实施暴力、投诉、法律纠纷
(8) 施工安全问题	综合性安全问题
(9) 饭店行业危机	影响饭店的生存环境,导致客源减少
(10) 其他安全问题	客人伤病及死亡、饭店职业灾害、自然灾害

资料来源:谢朝武.论饭店全面安全管理体系的构建[J].华侨大学学报(哲学社会科学版)2006,(3):38—44.

13.2 休闲度假村的自然环境安全管理

上一节定义的休闲度假村安全管理的横向内容包括自然环境安全、食品卫生安全、设施设备安全、度假者行为安全以及治安安全。其中治安安全在度假村安全管理中不做重点内容,度假者行为管理将在第14章中专门探讨,因此在本章的其他节中将重点讨论休闲度假村自然环境、食品卫生和设施设备的安全管理。

13.2.1 休闲度假村资源与环境辨析

休闲度假村的自然环境安全是指度假村的度假资源与生态环境受到实时监控,保持经营前状态,不受任何因素的破坏,始终具有较高的品质。

这里需要注意区分"度假资源"与"生态环境"两个概念。借以形成度假产品的自然或文化吸引物才可作为"资源",如形成滑雪度假产品的滑雪地资源、形成海滨浴场度假产品的滨水资源等。不同的度假村其度假资源不甚相同,因此休闲度假村的独家资源安全管理措施也会大相径庭。"生态环境"是指度假村所处的环境条件,包括气候舒适度、空气质量、地表水水域环境质量、土壤质量、自然灾害的威胁程度等。可见,在生态环境的安全管理上各类度假村都大同小异。此外,尽管"资源"与"环境"概念不同,但二者在度假村自然环境安全管理的地位上却是平起平坐的,任何一项被破坏了都会影响整个度假村长期发展。

13.2.2 休闲度假村自然环境安全管理措施

1. "度假资源"安全管理措施

"度假资源"的安全管理措施要因地制宜、从头抓起。在开发建设之初就应根据度假村的性质做好资源保护计划,并在开发建设和后期的经营管理过程中严格遵守。度假资源可从丰度、品位、独特性、可持续性等几方面加以评价。

2. "生态环境"安全管理措施

生态环境管理已在第12章中做了详细的讲解,这里仅就如何保护休闲度假村生态环境提出几点对策措施。

(1) 技术性措施。通过遥感实时监测度假村的空气、水质、土壤质量,记录数据并分析,以便有针对性地进行资金和人力资源投入。在气候舒适度方面,可利用地暖、水幕等措施调节气温。在存在自然灾害威胁地区,应建立防空洞等防灾避险设施并从地震局、气象局、防汛办公室等相关灾害发布机构及时获得天气变化情况和灾害预警,以尽可能降低灾害威胁程度;设立灾害援救指挥中心,对灾害发生后各责任人的具体工作有详细周全的书面规定;度假村内安全管理部门安排专人负责各防灾、基础设备的定期检查、维修;度假村建设规划中科学测算环境容量,并进行相应环境影响评价,当有潜在自然灾害威胁时制定防灾避险规划。

(2) 评价性措施。度假村可通过游客问卷调查和聘请专家定期或不定期地明察暗访来监测度假区生态环境的安全性。

课外阅读 13-2

旅游度假区等级划分标准中有关自然环境保护的强制规定

2011年6月1日,GB/T 26358—2010《旅游度假区等级划分标准》颁布实施,标准中将度假区划分为2个等级,从低级到高级依次为省级旅游度假区和国家级旅游度假区。

等级划分的基本条件之一为环境质量达到相应国家标准,其中空气质量应达到GB 3095—2010《环境空气质量标准》的二级标准,噪声质量应达到GB 3096—2008《声环境质量标准》的Ⅰ类标准,地表水质量应达到GB 3838—2002《地表水环境质量标准》的Ⅲ类标准,土壤质量应达到GB 15618—1995《土壤环境质量标准》的Ⅱ类标准。

此外，等级划分的一般条件中关于度假资源的规定有：①应具有优质的、可供度假利用的自然人文资源；②度假资源宜具有较高的旅游承载力和一定的独特性；③应在不影响可持续发展的前提下对资源进行合理开发，利用资源形成品牌性的度假产品。而对于自然环境的规定有：①宜具有每年不低于3个月的适宜度假的气候；②宜具有优美的自然风光；③宜具有较高的空气质量、较好的地表水及土壤环境。

13.3　休闲度假村的食品卫生安全管理

食是旅游六要素(吃、住、行、游、购、娱)之一，休闲度假村特殊的经营方式和地理位置在一定程度上阻碍了度假者与外界，尤其是其他经营单位的联系，在这看似开放实则密闭的空间里，度假者的一日三餐及其他休闲餐饮基本由度假村提供，可见，休闲度假村的食品卫生安全作为度假村安全管理的重要内容需要引起格外重视。

课外阅读 13-3

近几年发生的部分旅游食品安全事故

我国近几年发生的部分旅游食品安全事故见表 13-3。

表 13-3　部分旅游食品安全事故一览表

发生时间	发生地	事件概况
2009 年 7 月	山东烟台	石家庄某村村委会组织 200 位退休老人和优秀党员，赴山东"长岛烟台威海五日游"，途中 41 人出现不同程度的恶心、呕吐、腹泻等症状
2009 年 6 月	四川绵阳	50 人在某农家乐就餐，有 13 人出现恶心、呕吐、嘴唇发干等症状，分别入院治疗，初步查明系误食亚硝酸盐中毒所致
2008 年 10 月	浙江临安	复旦大学 6 名大一学生参加某旅行社的浙西大峡谷 2 日游，患了急性肠胃炎，可能是细菌性食物中毒
2008 年 1 月	香港	昆明某旅行社赴港澳旅游团 16 人中有 14 人出现不同程度的恶心、呕吐、腹泻、头晕等症状，食物中毒症状明显
2007 年 6 月	福建厦门	江西赣州旅行团赴厦门旅游，20 人食物中毒，医生怀疑为吃海鲜所致
2006 年 7 月	湖南长沙	南昌教师旅行团 30 多名游客在长沙食物中毒，入院治疗
2005 年 2 月	澳门	北京某旅行社组织的港澳旅游团游客中出现不同程度的腹泻、腹痛及呕吐等食物中毒症状
2001 年 6 月	北京—绍兴列车上	北京—绍兴某次列车上提供的盒饭不卫生，导致旅客集体食物中毒，近 400 名旅客被及时送往徐州、蚌埠和南京等铁路沿线医院治疗

资料来源：胡卫华. 中国旅游食品安全管理的现状与对策[J]. 中国食品卫生杂志，2010，22(1)：49—52.

13.3.1 休闲度假村食品卫生安全事故的特点

近年来,健康养生成为炙手可热的议题,食品安全管理也逐渐提上议程。2005年国家旅游局颁布的《旅游突发公共事件应急预案》对旅游食品安全事故的等级及应急援救处理程序作了详细而明确的规定。2009年第十一届全国人民代表大会常务委员会第七次会议通过并实施的《中华人民共和国食品安全法》使食品安全管理有了法律保障。各地旅游局、工商局、卫生局、食品药品监督局等部门也纷纷制定相应措施以切实保证食品安全。在此背景下,休闲度假村食品卫生安全情况不断向好。当然,受小环境和某些不良商贩影响,加之个别人为因素的作用,度假村食品卫生安全管理依然如履薄冰,摸清其特点与规律对构建度假村食品卫生安全管理体系有着重要影响。

1. 事出突然

与其他行业一样,休闲度假村的食品卫生安全事故带有突发性特点。加上度假村原本就是个让人彻底放松身心的地方,度假者难免会掉以轻心。因此,一旦发生食品卫生安全事故便令人措手不及。

2. 影响面广

尽管休闲度假村食品卫生安全事故发生在餐饮部门,但事故一旦发生,影响的就不仅仅是餐饮部门,会给包括休闲娱乐部门、客房部、前厅部等在内的整个度假村带来重创,后果十分严重。同时,旅游业的敏感性和综合性特点会造成该度假村在今后很长的一段时间内的市场不振,严重的还会波及整个休闲度假行业乃至旅游业。

3. 有规律可循

尽管如此,休闲度假村食品卫生安全事故依然有规律可循。从时间上看,夏季往往是食品卫生安全事故的高发时段,夏季气温偏高,若食物、饮料保存不当,极易发生食物霉变;另外,度假旅游旺季由于时间有限、人力不足、偷工减料、监管不到位等因素也会导致食品卫生安全事故频发。从空间上看,由于度假村是个看似开放实则密闭的环境,在休闲度假村内,度假者除了自带零食外,其余饮食都发生在度假村内,主要涉及以下部门:中西餐饮、休闲吧、酒吧、商场、客房mini吧、个别娱乐场所的小卖部,所以,事故一旦发生,追本溯源、查明真相相对较为容易。

13.3.2 构建休闲度假村食品卫生安全管理体系[①]

1. 追本溯源,建立原材料采购质量安全体系

当地沟油、瘦肉精、增白剂、膨胀剂等食品添加剂成为人们谈虎色变的词汇时,休闲度假村食品卫生安全管理工作也新添了一项重要内容——如何从源头做起,对食品原材料质量严格把关,让所谓的添加剂彻彻底底离开人们的饭桌。

---

① 本段内容在整理胡卫华《中国旅游食品安全管理的现状与对策》的基础上结合休闲度假村特点综合而得。

课外阅读 13-4

2011 十大食品添加典型案例

（1）沈阳寒某等制售有毒、有害豆芽案。4月17日，沈阳警方破获一起制售有毒有害食品案，抓获寒某等4人，查获用非食品添加剂浸泡的豆芽6t。寒某等在生产豆芽过程中非法添加亚硝酸钠、尿素、恩诺沙星等有毒、有害非食用物质。

（2）山东茌平雷某制售伪劣腐竹案。4月18日，山东警方破获一起非法添加吊白块案件。2010年下半年以来，犯罪嫌疑人雷某雇用段某等3人，非法使用含吊白块的添加剂生产食用腐竹。

（3）广东罗某等制售伪劣食品案。4月22日，广东中山市警方破获一起制售伪劣食品案，抓获罗某等3名犯罪嫌疑人，成功捣毁制售伪劣粉条的窝点。2011年2月以来，罗某等人非法利用工业石蜡、墨汁、果绿、柠檬黄色素、玉米淀粉制作假"红薯粉条"和劣质"珍珠粉"。

（4）重庆徐某等非法利用潲水油制售食用油案。4月27日，重庆警方破获一起特大非法利用潲水油提炼食用油案件，抓获徐某等人。经查，徐某先后从曹某等人处收购潲水油，出售给油脂加工厂，加工提炼成问题食用油，销售给一粮油食品公司。

（5）江苏江阴胡某等制售假牛肉案。5月2日，江阴警方破获一起制售有毒、有害食品案，抓获胡某等7人。经查，胡某等人在无锡市张泾镇开设加工假牛肉的地下加工点，以母猪肉为原料，添加胭脂红、卡拉胶后，冒充假牛肉半成品出售。

（6）黑龙江齐齐哈尔市张某等制售有毒、有害食品案。5月7日，黑龙江齐齐哈尔市警方破获一起制售有毒、有害食品案，抓获张某等3人。经查，2010年9月以来，张某非法使用工业卤水大量生产干豆腐，销往本地菜市场。

（7）江西鹰潭陈某等制售有毒豆制品案。5月13日，江西鹰潭警方会同福建南平警方，成功破获一起制售有毒、有害食品案，抓获陈某等4人。经查，陈某等人非法利用吊白块大量生产腐竹，销往江西、福建、广东等地。

（8）广东东莞昱延食品有限公司制售有毒、有害食品添加剂案。5月31日，广东东莞警方破获一起制售有毒、有害食品添加剂案，抓获4名犯罪嫌疑人。经查，台湾籍人赖某出资成立东莞市昱延食品有限公司，利用从台湾购进的原料非法生产有毒的食品添加剂，销往广东、河南、新疆等地。

（9）河北石家庄张某等生产、销售有毒有害食品案。6月3日，石家庄市有关部门捣毁一非法食品加工黑窝点，查获添加火碱的牛肚、鱿鱼、鸭肠、海参一批，抓获张某等3名犯罪嫌疑人。该团伙主要利用双氧水、工业火碱等有害物质，通过发制、漂白、浸泡等流程，加工有毒有害牛肚、鱿鱼、鸭肠、海参等水发产品进行销售。

（10）辽宁大连王某制售有毒辣椒面案。6月8日，大连市公安局破获一起制售有毒、有害食品案，收缴大量有毒辣椒面。经查，犯罪嫌疑人王某为增加销量，向普通辣椒面中掺入一种红色玉米皮，用于染红玉米皮的染色剂含碱性橙和罗丹明等有毒、有害的非食用化学物质。

资料来源：http://www.6eat.com/Info/2011/6/17/275370.htm。

度假村从源头抓起，严把食品原材料质量关应采取的措施主要有以下几点。

首先，供应商的选择需要客观、综合考量，以往的供应记录、原材料的种植、养殖过程是考察的重点；

其次，增加原材料质量检测环节，通过自主购买检测仪器或定期到相关部门检测的方式杜绝各类添加剂；

最后，尽可能选择有"身份证"的高档食材，以切实保证食品原材料的质量。

应用实例 13-1

最"牛"身份证——澳洲牛肉

被誉为世界上最安全、健康、美味的食材之一，"澳大利亚牛"从出生至死亡，一生都有"国家牲畜鉴别系统NLIS"全程跟踪，终身监控——这被业界称为"最牛的身份证"。并且每一只将要进入屠宰场的澳洲牛都被要求心情非常"愉悦"，以减轻它们因心理恐慌、压力等负面情绪影响而导致的牛肉质量差异，可见澳洲肉类行业的确下足了功夫。

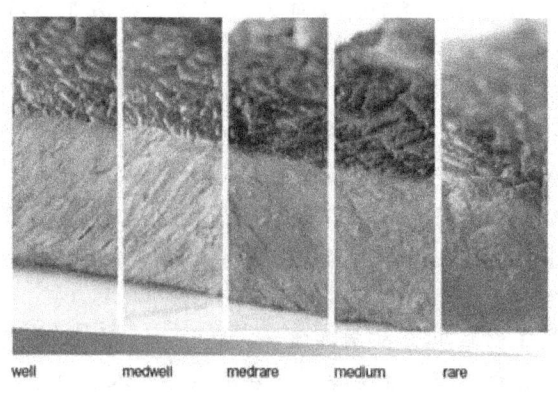

图 13.1 澳洲牛肉

资料来源：新浪时尚 http://fashion.eladies.sina.com.cn/lifestyle/2010/0902/150817119.shtml.

2. 审慎加工，建立食品安全可追溯体系

造成食品安全问题的环节还有可能出现在加工工艺上，不正当的存储，不恰当的烹饪方式，如过度油炸、膨化，都会产生一些不利于人体健康的物质，造成食品安全问题。因此，可以通过食品安全可追溯体系来遏制问题食品的扩散。

其一，任何厨房出品都需要贴上由哪位厨师烹制的标签，以便责任到人。

其二，任何出品都需留样，以备发生可疑食源性疾病或食物中毒时能提供检验，寻找事故原因。如最新出台的《上海市旅游团餐食品安全操作指南》规定：供应的各类菜肴均要分别留样100g置于消毒的密闭容器中，在冰箱内保留48h。

其三，鼓励度假村参与"中国烹饪大师"、"中华餐饮名店"、中国"名菜"、"名点"、"名宴"或"中华名火锅"等餐饮品牌认证，以切实提高餐饮质量。

3. 广泛宣传，建立全员参与体系

度假村要编织一张全员参与食品安全宣传的大网，提高群众参与度，加强部门联动，形成市场监管合力。

第一，对于休闲度假村管理与服务人员，利用各种机会对其进行卫生法律、法规的宣传教育，定期组织人员培训，提高食品卫生安全意识。直接从事餐饮相关工作的人员必须持健康证上岗，并定期做健康检查。中西餐饮等直接经营食品加工服务的部门需至少配备1名营养师，从饮食营养的角度把关食物的烹制、食材搭配以及服务流程的合理性。

第二，对于度假者，要加强思想教育。在度假村客房与公共区域增放食品卫生安全宣传册、报刊、杂志等。

第三，对于社会公众及媒体，鼓励其积极举报，共同参与度假村食品安全监管工作。建立食品卫生安全有奖举报制度，由休闲度假村共同出资，成立举报奖励基金，鼓励社会公众及媒体积极参与食品安全监督。

4. 以人为本，建立高效的应急处理体系

一方面，度假村应制定可行的应急处理预案。休闲度假村要有一套切实可行的食品安全应急处理预案，加强决策指挥系统、应急检测技术支撑系统、应急队伍和物资保障体系建设，建立应对突发食品安全事故的救助体系和运行机制，规范和指导应急处理工作。

另一方面，完善相关保险。完善保险是做好安全事故善后工作、保障旅游者合法权益的保证。目前我国旅游保险在食品卫生安全方面尚不完善。重庆市渝中区2008年起实行的"统保"制度值得推广，该制度的一大亮点是首次将以前有歧义的食物中毒纳入了理赔范围。游客在旅行社参团出游时一旦出现食品安全等伤害事故，不须经过司法程序认定，只要旅游主管部门或旅游执法部门认定责任，即可启动理赔程序，保证游客能得到及时医治，这在全国旅游行业中尚属首创。休闲度假村亦可采纳此举以保证度假者的合法权益。

13.4 休闲度假村的设施设备安全管理

休闲度假村的设施设备安全管理作为度假村安全管理的又一重要组成内容，涉及面较广、隐患较多，需要经营管理人员定期排查与维修，杜绝意外事故的发生。

13.4.1 休闲度假村设施设备安全管理内容

休闲度假村是软环境与硬环境的结合，软环境是指度假村的服务与管理、无固定设施的活动项目等无形物品，硬环境除低值易耗品、食物原材料外主要指各类设施设备，主要分三类：娱乐设施设备、服务设施设备、基础设施设备。具体分类见表13-4。

度假者来到度假村为的是彻底放松，获得身心愉悦，因此娱乐设施设备是核心；服务设施设备是每位度假者必定会接触的东西，是重点；基础设施设备作为支撑性项目，是任何区域必须具备的，是基础。

据此，休闲度假村设施设备安全管理是指包含娱乐、服务、基础设施设备在内的涉及设备采购、安装、维护、维修、报废的全过程管理。娱乐设施设备是安全管理的核心内

容，服务设施设备是安全管理的重点内容，基础设施设备是安全管理的基础内容，三者相辅相成、互有交集、缺一不可。

表 13-4 休闲度假村设施设备分类

类别		具体内容
娱乐设施设备	歌舞休闲类	夜总会类、歌舞观赏类、卡拉 OK 类
	文化休闲类	博物展陈类、图书类、手工艺制作类型、影剧音乐类、茶酒吧类
	疗养康体类	温泉类、SPA 类、按摩康体类
	游戏休闲类	棋牌类、游艺类、互联网类
	运动健身类	游泳嬉水滑水类、漂流类、冰嬉类、船艇运动类、球类、攀岩登山类、射击类、骑行类、滑雪嬉雪类、旱冰类、跳伞滑翔类、走跑类
	休闲放松类	垂钓类、农业参与类
	主题游戏类	主题游乐园、军事游戏类、探险游戏类、狩猎游戏类
服务设施设备	客房	床、椅凳、房间卫生间、通风系统、各类电器、防火防盗系统、装修材料
	公共区域	餐厅、前台、商场等区域的天花板、地板、厕所、电梯、装修材料、通风系统
基础设施设备	区内交通	
	给排水设施	
	供电设施	
	医疗服务设施	
	灾害防范设施	
	救灾设施	
	老年人、残疾人、儿童等特殊人群设施	
	信息服务设施	

13.4.2 休闲度假村设施设备安全管理措施

1. 娱乐设施设备

各类娱乐设施应有良好的安全措施。

具有危险性的项目（如水上运动、攀岩、探险等）均应在现场设置足够援救人员，且人员位置合理，观察范围无死角。

运动设施配备的教练员需具有相应的专业资格，人数及语种能满足需求。

各类娱乐设施设备需保证采购质量，确保其安装安全正确，定期派专人维护，维修与报废要及时。

室内娱乐场地要通风顺畅，防火防盗设施需定期进行检查维护。

2. 服务设施设备

室内装饰装修材料要符合《室内装饰装修材料有害物质 10 项国家标准》，室内空气质量基本达到 GB/T 18883—2002《室内空气质量指标》的要求，能充分利用自然环境和再生性能源，尽量减少非再生性能源的消耗。

室内通风顺畅、系统完好、空气质量符合相应标准。

公共区域及卫生间干净、整洁、无异味，定时消毒。

各区域地板洁净，有防滑措施或警告。

天花板悬挂物牢固，有专人定期维护。

安全出口无物品阻隔，时刻保持通畅。

各类电器插座有使用说明和警示。

电梯设备要定期维护。

3. 基础设施设备

区内交通安全标志线基本符合国家标准。

停车场容量与度假村的游客接待量协调，布局符合度假区的游客分布和出入需求。

区内交通组织管理有序。

给排水、供电系统基本完善，满足度假村及员工生活需求，无污染。

能提供全天候的医疗卫生服务。

度假村内主要地点应设有免费 SOS 固定求助电话。

度假者集中处有灾害警铃、广播等示警设备。

在危险地段、场所设置规范、醒目的中英文警示标志或禁止进入的标志，且标志有夜间照明。

危险地段防护设施齐全、有效。

室内外消防设施设备符合国家规范。

所有设施安全有效，并由专门人员定期检查。

在灾害多发期和度假高峰期，同比例增派安全管理人员，专门对灾害隐患点进行排查、监测、记录和汇报，并及时采取防范措施。

课外阅读 13-5

深圳华侨城"太空迷航"安全事故

2010 年 6 月 29 日下午 16 点 45 分，深圳东部华侨城大侠谷游乐项目"太空迷航"（图 13.2）发生坍塌安全事故，造成 6 人死亡，10 人受伤，其中 5 人重伤。据介绍，"太空迷航"是东部华侨城在新运行的一个旅游项目，众多游客对该项目的评价较好。游客首先进入一个封闭的展馆，可以看到中国和世界的航天历史展览，现场还配有太空服，游客可穿上拍照。真正的"太空迷航"是指游客坐上一辆模拟的太空飞船，4 个人一个船舱，总共可以坐 48 个人。"起飞"之前，游客会先感觉到周围漆黑，只有显示屏发亮。"起飞"之后则会感觉双腿非常沉重，随后屏幕上则显示冲破大气层，冲向太空的场景。整个过程都通过统一的程序控制。

图 13.2 深圳华侨城"太空迷航"项目

据当时坐在飞船上的游客介绍,事故发生时,首先整个设备似乎停电了,突然停止运行,还传出爆炸声,随后听到有人喊叫,部分船舱好像掉了下来,但是现场非常漆黑,完全看不清发生了什么。

2010年9月,记者从深圳市盐田区安监局获悉,深圳东部华侨城"6·29"事故调查组基本查明了事故原因:"太空迷航"设备存在严重的设计缺陷;安装调试期间已发现隐患但未能有效整改;使用过程中维护保养不到位;该设备存在局部制造缺陷。

据调查组查明,"太空迷航"在设备设计方面存在的问题包括:座舱支承系统的中导柱法兰与活塞杆之间的连接为间隙配合,使中导柱内一个直径为16mm的螺栓承受交变载荷,设计上没有考虑该螺栓承受交变载荷,未进行相应的疲劳验算,而且结构设计没有考虑在现场安装、维护时保证该螺栓达到预紧力的有效措施。由于该螺栓松动,加剧了中导柱法兰与活塞杆在运行时的相对运动,使该螺栓的受力状况恶化,从而导致疲劳破坏。此外,还存在着中导柱连接结构设计不便于对该螺栓进行日常检查、维护,设备控制台急停按钮功能无法以最合适减速率停车,不符合国标要求等问题。

在设备制造方面和设备安装调试和使用方面存在的问题是:5号座舱侧导柱焊缝存在虚焊缺陷,受力后完全断裂;设备在安装调试阶段已发现该螺栓容易松动,虽采取了一定的补救措施,但没有从技术上消除隐患。而且在使用过程中也没有及时发现该螺栓松动,加速了该螺栓的疲劳进程。

据调查,由于上述原因的综合作用,"太空迷航"设备在运行中,5号座舱支撑系统的中导柱螺栓发生疲劳断裂,致使支撑系统失稳,引起与座舱连接的液压缸和侧导柱断裂,导致5号座舱与活动站台发生碰撞后坠地。随后,4号、3号、2号座舱托架相继与坠地的5号座舱发生碰撞,致使4号、3号、2号座舱支撑系统失稳并与活动站台碰撞,导致事故发生。

资料来源:百度百科 http://baike.baidu.com/view/3884110.htm,有删改。

本章小结

安全是休闲度假村的生命线,安全管理是度假村管理工作的永恒话题。本章在提出休闲度假村安全管理内涵的基础上,分析度假村安全管理工作现状,指出自然环境、管理服务和度假者行为是影响度假村安全的主要因素。接着，从自然环境安全、食品卫生安全和设施设备安全三方面分别提出休闲度假村安全管理的对策措施。当然，休闲度假村安全管理的措施在与时俱进，有兴趣的读者可以搜寻国内外度假村安全管理的经典案例，让好的对策方案不断充实到度假村经营管理体系中，以指导休闲度假村的不断发展。

复习思考题

一、名词解释

休闲度假村安全管理　　　　　　设施设备安全管理
度假资源　　　　　　　　　　　生态环境

二、单项选择题

1. 以下不属于休闲度假村食品卫生安全事故特点的是（　　）。
　A. 突发性　　　B. 影响广　　　C. 有规律可循　　　D. 极为复杂
2. 休闲度假村设施设备安全管理的核心内容是（　　）。
　A. 娱乐设施设备　　B. 服务设施设备　　C. 基础设施设备　　D. 餐饮设施设备

三、多项选择题

1. 休闲度假村安全管理的对象（　　）。
　A. 度假资源　　　　　B. 生态环境　　　　C. 度假者
　D. 度假村服务人员　　E. 度假村管理人员
2. 休闲度假村安全的主要影响因素（　　）。
　A. 自然环境因素　　　B. 管理服务因素　　C. 度假者行为因素
　D. 时间因素　　　　　E. 地理位置因素

四、简答题

1. 休闲度假村度假资源和生态环境的安全管理有何不同？
2. 列举休闲度假村安全管理的内容。

五、论述题

1. 如何构建休闲度假村食品卫生安全管理体系？
2. 谈谈休闲度假村设施设备安全管理的具体措施。

课后阅读

旅游安全管理暂行办法

第一章　总　　则

第一条　为加强旅游安全管理工作，保障旅游者人身、财物安全，根据有关法律、法规，制定本办法。

第二条　旅游安全管理工作应当贯彻"安全第一，预防为主"的方针。

第三条　本办法适用于从事经营旅游业务的企、事业单位。

第四条　各级旅游行政管理部门负责组织实施本办法。

第二章　安全管理

第五条　旅游安全管理工作应遵循统一指导、分级管理、以基层为主的原则。

第六条　各级旅游行政管理部门必须建立和完善旅游安全管理机构。

第七条　各级旅游行政管理部门，在当地政府的领导下，会同有关部门，对旅游安全进行管理。

第八条　旅游安全管理机构的职责：

（一）指导、督促、检查本地区旅游企、事业单位贯彻执行本办法及国家制定的涉及旅游安全的各项法规的情况；

（二）组织、实施旅游安全教育和宣传；

（三）会同有关部门对旅游企、事业单位进行开业前的安全设施检查验收工作；

（四）督促、检查旅游企、事业单位落实有关旅游者人身、财物安全的保险制度；

（五）受理旅游者有关安全问题的投诉，并会同有关部门妥善处理；

（六）建立和健全安全检查工作制度，定期召开安全工作会议；

（七）参与涉及旅游者人身、财物安全的事故处理。

旅游安全管理分为轻微、一般、重大和特大事故4个等级：

（一）轻微事故是指一次事故造成旅游者轻伤，或经济损失在1万元以下者；

（二）一般事故是指一次事故造成旅游者重伤，或经济损失在1万元至10万元（含1万元）者；

（三）重大事故是指一次事故造成旅游者死亡或旅游者重伤致残，或经济损失在10万元至100万元（含10万元）者；

（四）特大事故是指一次事故造成旅游者死亡多名，或经济损失在100万元以上，或性质特别严重，产生重大影响者。

第三章　事故处理

第九条　事故发生单位在事故发生后，应按下列程序处理：

（一）陪同人员应当立即上报主管部门，主管部门应当及时报告归口管理部门；

（二）会同事故发生地的有关单位严格保护现场；

（三）协同有关部门进行抢救、侦查；

（四）有关单位负责人应及时赶赴现场处理；

（五）对特别重大事故，应当严格按照国务院《特别重大事故调查程序暂行规定》进行处理。

第十条　处理外国旅游者重大伤亡事故时，应当注意下列事项：

（一）立即通过外事管理部门通知有关国家驻华使领馆和组团单位；

（二）为前来了解、处理事故的外国使领馆人员的组团单位及伤者家属提供方便；

（三）与有关部门协调，为国际急救组织前来参与对在国外投保的旅游者（团）的伤亡处理提供方便；

（四）对在华死亡的外国旅游者严格按照外交部《外国人在华死亡后的处理程序》进行处理。

第十一条　对于外国旅游者的赔偿，按照国家有关保险规定妥善处理。

第十二条　事故处理后，立即写出事故调查报告，其内容包括：

（一）事故经过及处理；

（二）事故原因及责任；

（三）事故教训；

（四）今后防范措施。

第四章　奖励与惩罚

第十三条　在旅游安全工作中做出显著成绩或有突出贡献的单位或个人，给予表彰或奖励。

第十四条　对违反有关安全法规而造成旅游者伤亡事故和不履行本办法的，由旅游行政管理部门会同有关部门分别给予直接责任人和责任单位以下处罚：

（一）警告；

（二）罚款；

（三）限期整改；

（四）停业整顿；

（五）吊销营业执照。

触犯刑律者，由司法机关依法追究。

第五章　附　　则

第十五条　本办法由国家旅游局负责解释。

第十六条　各省、自治区、直辖市旅游局可根据本办法，结合本地区的实际情况制定实施办法，并报国家旅游局备案。

第十七条　本办法自1990年3月1日起施行。

资料来源：国家旅游局令第1号《旅游安全管理暂行办法》。

第14章 休闲度假村度假者管理

学习目标

知识目标	技能目标
(1) 了解休闲度假村度假者管理的基本概念与主要内容 (2) 了解休闲度假村度假者管理各项内容的常见措施 (3) 了解休闲度假村度假者管理存在的主要问题 (4) 掌握休闲度假村度假者管理的基本模式与流程	(1) 熟悉度假者管理的主要内容并能够举例分析 (2) 能够制定简单的度假者管理措施与方案 (3) 掌握度假者管理的基本方法与技巧，并能够进行案例分析与应用

知识结构

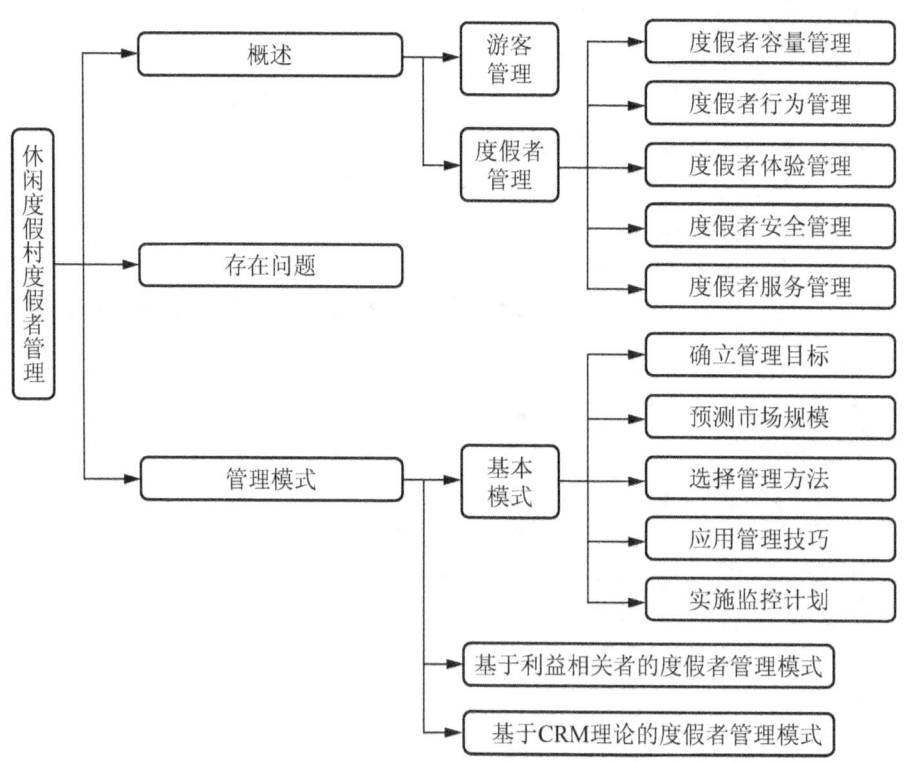

第14章 休闲度假村度假者管理

导入案例

度假者乱扔垃圾煞风景　市民出游别忘文明

春夏正是出游的好时节，然而，很多人在旅游中随意扔垃圾，大煞风景（图14.1）。从余姚大隐镇至鄞州区横街镇惠民村一路上，美丽的慈江两岸树丛中和草地上到处是垃圾，有塑料饭盒、旧报纸、饮料瓶、塑料食品袋等，在一些开阔的地方，还有烧烤后留下的灰烬和废纸。

惠民村的竹林里堆积了许多垃圾，有火腿肠皮、肯德基袋子和被压扁的易拉罐。据该村村主任郑杭海介绍，由于村附近风景优美，村子下面又有多个登山步道，每到双休日，有许多人开着私家车到村子周围的山上去游玩，这些人常常会在地上铺着旧报纸或塑料布，坐下来看风景、吃东西，离开时垃圾并不带走。废弃的塑料布等被风一吹，四处乱飞，竹林的环境也被破坏了。

图14.1　不受欢迎的节日"礼物"

从余姚市陆埠镇前往洪山村的路上，在一些风景秀美的地方，也不时看到散落在青山绿水间的垃圾，据当地人介绍，这是一些自驾游的游客扔下的，由于沿途不是风景区，没有专人清理，日久天长，垃圾越来越多。

在宁波市一些论坛上，有多名网友发帖，反映一些市民旅游时乱扔垃圾。日前，网友"动情"在天一论坛上发帖子，讲述了自己在鄞州区横街镇芝林村看到的情景，这名网友还上传了多张竹林中遍地是垃圾的照片。跟帖者中，也有人描述了自己在别的地方见到的类似情况。

不仅郊区有度假者乱扔垃圾，就是在位于城区的一些公园，度假者乱扔垃圾现象也很严重。一名清洁工表示，每到双休日，游人猛增，会留下大量垃圾，几个清洁工一天清理的垃圾有上百筐。

讨论题：度假者乱扔垃圾已经成为目前景区管理难题之一，一方面要坚持度假者就是上帝的宗旨，另一方面要保持景区的清洁卫生，同时还要防止与顾客的冲突、降低管理的成本费用。针对旅游景区垃圾泛滥和乱扔垃圾的现象，你有怎样合理可行的解决办法及措施？

资料来源：孙研. 度假者乱扔垃圾煞风景　市民出游别忘文明[N]. 宁波日报，2011-5-2(2).

随着我国旅游业的快速发展,度假者数量也急剧增加,很多景区在旅游旺季时都会出现人满为患的现象,大量度假者的涌入对于景区的资源与环境保护形成了巨大的威胁,同时也使旅游安全、旅游服务等管理成为难点。因此,度假者管理成为旅游企业所必须实施的管理内容,这对休闲度假村本身及自然资源的可持续发展都具有重要的现实意义。

14.1 休闲度假村度假者管理概述

14.1.1 游客管理

度假者管理是在早期旅游环境容量概念的基础上进一步丰富演化形成的,即对度假者数量的控制会直接影响到旅游环境的承载力高低,但是度假者行为与态度、体验方式与过程等同样会对旅游环境容量产生影响。史蒂芬·佩吉(2004)认为度假者管理能够使旅游活动对旅游地环境与资源的影响降至最低程度,有效的度假者管理就是可持续发展型旅游的核心。

1. 国外游客管理研究

游客管理的基本理念与方法在欧美旅游较为发达的目的地和景区已经得到广泛的应用。郝艳丽等(2008)认为,自20世纪60年代起,游客管理模式在理论形成上越来越多样化,先后形成了游憩机会序列(ROS)、可接受的改变极限(LAC)、游客体验与资源保护(VERP)、游客风险管理(VRM)、游客影响管理(VIM)、游客活动管理程序(VAMP)等游客管理模式,见表14-1。

表14-1 国外游客管理模式一览表

游客管理模式理论	研究代表	主要观点
LAC	美国林业管理局	为旅游目的地环境改变设定一个可接受的极限,进行日常检测。当某区状况接近极限值时,马上采取管理措施
VIM	美国国家公园管理局	致力于研究与旅游影响有关的3个基本问题:问题的现状、问题的成因、解决问题的潜在对策
VERP	美国国家公园管理局	强调建立在资源与游客体验质量基础之上的与旅游承载力相关的战略决策,利用各项指标和标准来限定某类区域的理想状况
VAMP	加拿大公园管理局	以游客活动形式为中心,针对游客活动制定管理计划和支持系统,并根据游客团队特点提供服务
ROS	美国林业管理局	根据环境资源特征分区,对每一区域可能产生的而游客体验机会以及各机会指标、相关管理参数与指导原则进行定义

阅读资料 14-1

国外游客管理的成功经验

西班牙之所以能够成为世界旅游大国,除了拥有丰富的旅游资源外,还有着文明的旅

游氛围和管理井然有序的旅游景点。西班牙所有的旅游景点都不允许开饭馆和咖啡馆,也不准零售任何食品、水和纪念品,更不准乱停车。沿街叫卖的小商小贩在景点是绝对禁止的,违者严惩不贷。西班牙旅游景点内不准吃东西,游客吃饭、喝水必须到城里的饭馆、咖啡馆,买纪念品必须到附近出售纪念品的商店。旅游景点里厕所全部免费,厕所布点合理,而且非常干净,洗手池、洗手液、手纸和烘干机等一应俱全,因此不可能发生随地大小便之类的不文明行为。

坐落在首都市中心的马德里王宫和布拉沃古典绘画博物馆,大门口没有任何人维持秩序,但是有两排弯曲的白色栏杆引导人们前进,游客有秩序地鱼贯而入。在这样的文明环境里,人们会自觉地约束自己的行为,任何不文明的行为都会让人觉得是一件十分丢人、极其难堪的事情。马德里大街小巷到处都能在路边看到体积不大的圆形垃圾箱,相隔20~30m就有一个,方便行人将垃圾扔进垃圾筒。

而著名的水城意大利威尼斯是一座面积不足 $8km^2$ 的小城,城中居住着不足8万居民,每年平均接待1 200万游客。巨大的客流量严重威胁着当地旅游业可持续发展的能力。为了保持威尼斯的吸引力、减少旅游业对当地的负面影响,当地政府以及旅游主管部门制定了一系列游客行为管理政策。为了有效维护当地的文明旅游氛围,威尼斯政府采取了"软硬兼施"的方法,具体表现如下。

首先大力开展环保教育和宣传活动,以培养和提高旅游者以及当地居民的旅游资源环境保护意识,形成环保内在驱动力。当地旅游政府部门以及旅游企业共同倡导旅游可持续消费理念,即倡导旅游者的消费观念、消费结构、消费行为和消费模式向有利于环境、资源合理利用和人们整体素质提高的方向发展。

其次,在加强旅游者环保意识教育的同时,切实加强执法力度,从而有效地规范了游客行为、保护了旅游资源环境。威尼斯的旅游环保法规比较健全,除了严格执行欧盟、意大利的各种环保法规以外,威尼斯还专门制定了相关旅游法规,例如威尼斯市政府为规范旅游者行为而专门出台了名为"您不能"的行为规范手册,其内容包括游客不能在街头吃午餐、不能乱丢垃圾、不能在河道里游泳、不能在城内骑车或是驾驶其他任何车辆、不能在公共场合脱衣服、不能身着泳装行走街头等。对于游客的不文明行为执法官员会不留情面地给予高额罚款,如对在圣马可广场上野餐的游客的处罚高达250欧元。

资料来源:李娜.旅游景区游客管理研究——以北京欢乐谷的游客管理模式为例[D].北京:北京第二外国语学院,2008.

2. 国内游客管理研究

国内学者也提出了许多游客管理的理论与观点,张文等(2007)对此进行了综述。何方永(2005)提出了对游客管理的3种理解:首先,游客管理就是游客行为管理,即游客责任管理,目的是规范与引导游客行为,以减少对旅游目的地的环境与资源的破坏;其次,游客管理是游客体验管理,其目的是为了提高旅游体验质量,增加游客满意度;再次,游客管理是协调环境保护与游客需求关系的一种工具。

张建萍(2003)指出,旅游者管理的目标是要塑造"有责任的旅游者"。袁南果等(2005)认为游客管理模式的目标是为了保证环境不受到不可接受的负面影响,从而制定管理措施来引导限制游客活动,将破坏降到最低点。

刘亚峰等(2006)认为,游客行为管理的内容包括环境卫生方面的常规行为管理、破坏性行为管理和安全行为管理3个方面。他们指出,不同的旅游景区对游客行为的要求是不同的,如在生态旅游区,对游客的活动范围、装备乃至所穿的鞋子往往都有要求;在文物古迹景区,一般重点是监管触摸、涂刻及拍照等行为。除配备足够的人员进行监管外,导游的配合是有效的补充,为此必须注意对导游的管理。管理的方式主要有提醒、宣传教育,但强制性手段也是必不可少的。李萌等(2002)认为,游客不文明行为是景区管理的一个部分,景区管理部门要重视对游客进行引导和管理;景区工作人员首先应以身作则,发挥示范作用,带头爱护环境;景区应建立方便反映问题的渠道,便于游客反映问题和意见,及时消除不满情绪,预防破坏行为的发生;制定比较完备的规章制度对可能出现的各种不文明行为尤其是故意破坏行为加大制约力度;在旅游活动项目的安排中应有意识地增加与环境、景观保护有关的内容,使游客在生动有趣的活动中获得相关知识。

马勇等(2006)将游客管理的方法分为激发型管理和约束型管理两种,其中,激发型管理是一种软性管理,主要通过沟通和交流,充分激发旅游者的自我约束能力,包括教育、示范和引导;约束型的管理也称强制性管理,通过制定相应的行为规则,并借助强制力保障该规则得到遵守。吴必虎(2001)通过对国内外游客管理技术的归纳与总结,认为游客管理可分为直接管理与间接管理两种方式,直接管理是指直接改变旅游者的意志和行为,如限制利用量、限制某些类型的活动等。间接管理方法是指通过改变影响游客意愿和行为的因素,来改变游客的行为本身,如对设施作物理变更、加强对游客的宣传等。张建萍(2003)认为,应该通过导游或宣传手段对旅游者进行教育,通过法规、法律、制度等手段对旅游者行为进行制约,通过技术手段加强对旅游者的管理。李毅(2002)则提出了对游客管理的具体措施,即严格控制游客数量,有效控制游客活动,加强对游客的宣传和教育,重视导游管理和培训。

14.1.2 休闲度假村度假者管理

本书将休闲度假村的游客明确为"度假者",则休闲度假村的度假者管理即为"度假者管理"。

度假者管理是休闲度假村旅游经营管理的重要组成部分,实施科学有效的度假者管理有助于完善旅游管理体系,塑造高质量的度假村旅游景区,提高度假者满意度,促进旅游全面可持续发展。虽然近年来有关休闲度假村的度假者管理研究备受重视,但是度假者管理的现状却存在很多的问题,例如管理手段的单一、管理效率的低下等都制约着旅游业的发展,困扰着度假村企业的发展。因此,休闲度假村建立符合自身发展特点的度假者管理模式,以全新的视角和方法不断提高度假者管理的效果,对于实现度假村的可持续发展意义非常重大。

度假者管理是指休闲度假村或管理机构通过各种手段组织和管理度假者行为的过程,度假村通过对度假者容量、度假者行为、度假者体验、度假者安全、度假者服务等的调控和管理来强化旅游资源和环境的吸引力,实现旅游资源的永续利用和旅游目的地经济效益的最大化。休闲度假村实施度假者管理是企业管理者使用现代管理手段,是实现度假者满意与目的地满意的过程,根据颜虹(2010)的理论,休闲度假村度假者管理的主要目的是保护资源和提升度假者旅游体验质量两个方面。休闲度假村度假者管理体系如图14.2所示。

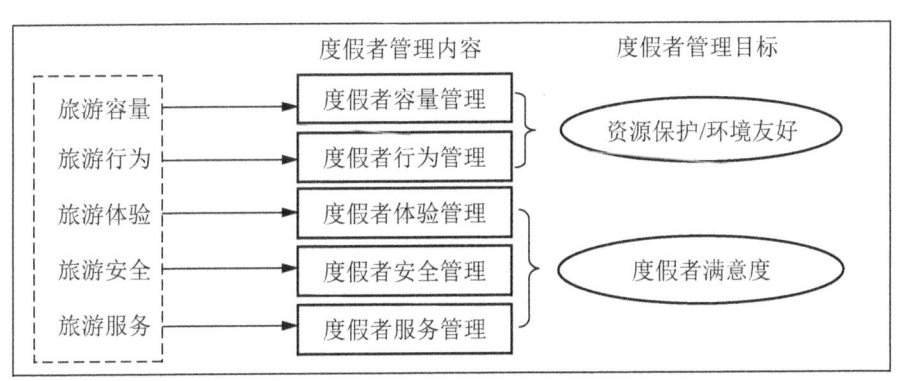

图14.2 休闲度假村度假者管理体系

1. 度假者容量管理

黄瑞华等(2007)认为旅游容量是在不降低旅游者体验的前提下,在旅游资源、设施以及该区域社会经济承受范围内旅游景区所能接纳的旅游者的数量或活动量。度假者容量管理是对休闲度假村特定旅游空间内旅游活动量的管理,目的是实现旅游合理容量,并保证旅游活动量不会对该旅游地的可持续发展造成危害。

影响度假村度假者环境容量的因素包括很多方面,如自然条件、资源条件、天气、地方民俗、当地居民态度、游客素质、游客心理、游客时空分布、景区接待能力等。休闲度假村应随时关注度假者数量,一旦出现客流拥挤,应立即通过电子公告牌向度假者发出预警信息,引导度假客流的合理改向;若在旅游旺季出现度假者井喷现象,度假村应考虑开发新的旅游项目,或是通过提高门票价格强制分流。其他的常见管理措施还包括:对通道和入口进行管制,例如仅限行人或骑自行车;灵活设计景区游线,避免度假者过度集中;通过增加活动项目减少度假者排队等待时间。

2. 度假者行为管理

度假者行为管理是对各种可能损害旅游地环境和景观质量的度假者不文明旅游行为的管理,主要包括度假者违反旅游法律法规的活动行为,以及在旅游过程中的任何不道德行为与不良行为。通常来讲,度假者的不文明行为主要表现为3种类型:一是参与色情、赌博等违法犯罪活动;二是在游览过程中的违章行为,如乱攀乱爬、乱涂乱刻、违章拍照、违章采集、随意给动物喂食物等;三是随地吐痰和乱扔垃圾的不文明行为。

这些问题都向度假村的管理者敲响了警钟,度假村应注重对度假者行为的管理和控制,将正确的行为方式和态度通过教育途径传递给度假者。休闲度假村度假者行为管理的常见措施包括:专门设计游览步行道,减少度假者对环境的影响;倡导并大力宣传旅游文明行为;禁止随地吐痰、乱扔垃圾、毁坏财物等不文明行为;对于景区内发生的违法犯罪行为,协助公安部门依法处置。

阅读资料 14-2

愤怒游客的 3 种类型、性格特征及对策

度假村常见的"愤怒游客"类型及管理对策见表 14-2。

表 14-2 愤怒游客的类型及管理对策

	利己型	主宰型	歇斯底里型
特征	"我第一","我最先","只有我"	教你该如何干,如果你解决问题的方案不成功,就会指责你不称职	大喊大叫,有任何偏移就会大发雷霆
对策	不要将他的过激言辞看作是对你个人的冒犯,不要急于忙你手头的工作而让他感觉不受重视;记住并运用他的名字和职务并适当恭维。承认他很忙;不要向他宣讲制度规定,因为他自认为比规定高明,可以向他说明制度允许干的事	友善、礼貌,并尽量满足他们的要求;如果确实不能按他提出的要求办,必须解释清楚,保持规定上的一致性。不能因为顾客要求破坏制度规定	尽量让他们发泄情绪。要让他感觉你理解并认可他的心情,不要有抵触情绪,否则会将事情弄僵。将他带离人多现场,请他冷静下来

应用案例 14-1

中国公民国内旅游文明行为公约

(1) 维护环境卫生。不随地吐痰和口香糖,不乱扔废弃物,不在禁烟场所吸烟。

(2) 遵守公共秩序。不喧哗吵闹,排队遵守秩序,不并行挡道,不在公众场所高声交谈。

(3) 保护生态环境。不踩踏绿地,不摘折花木和果实,不追捉、投打、乱喂动物。

(4) 保护文物古迹。不在文物古迹上涂刻,不攀爬触摸文物,拍照摄像遵守规定。

(5) 爱惜公共设施。不污损客房用品,不损坏公用设施,不贪占小便宜,节约用水用电,用餐不浪费。

(6) 尊重别人权利。不强行和外宾合影,不对着别人打喷嚏,不长期占用公共设施,尊重服务人员的劳动,尊重各民族宗教习俗。

(7) 讲究以礼待人。衣着整洁得体,不在公共场所袒胸赤膊;礼让老幼病残,礼让女士;不讲粗话。

(8) 提倡健康娱乐。抵制封建迷信活动,拒绝黄、赌、毒。

美国生态旅游者应该遵守的 10 条"道德标准"

(1) 了解当地的地理概况,当地居民的习惯,风俗和文化。

(2) 尊重地理环境的生态脆弱性。

(3) 只留下脚印,只留下照片。

(4) 尊重别人的隐私和尊严。
(5) 不买用濒危动植物制成的产品。
(6) 走设计的路线，不打扰动物的栖息地，不破坏动植物。
(7) 了解并支持环境设计和组织。
(8) 尽量徒步和使用对环境无害的交通工具。
(9) 支持节约能源，环保的企业。
(10) 遵守环境保护规范，约束在特殊景点和生态系统的旅游行为。

3. 度假者体验管理

在休闲度假村的度假者管理实践中，相比度假者体验管理，度假村通常更加重视对度假者行为的管理。贝勇斌等(2009)认为，虽然度假者的行为与度假者的个人素质有着一定的联系，但是，度假者的行为与度假者的体验有着更直接的联系。度假者的低体验感会直接导致度假者行为失范。因此，休闲度假村作为旅游体验型景区，忽视度假者体验管理就势必导致对度假者行为管理的失效，因此，度假村在进行度假者行为管理的同时，更需要重视加强对度假者的体验管理。魏峰群(2006)提出旅游体验管理的主要任务是：旅游企业必须将旅游产品和服务体验化，生产满足体验展示的商品，将产品融入品牌体验之中，策划展示产品体验的活动，增加旅游的体验内涵；合理组织旅游企业的生产要素，使产品稀缺感知化，增加其经济价值；重视员工的自我体验，维护并不断改善各种社会关系。

休闲度假村的度假者体验管理是指度假村企业策划、生产、展示具有参与体验功能和意义的旅游产品或活动项目，使度假者能够从中满足好奇、获得教育、感悟快乐，达到身心愉悦。结合国外的度假者管理先进经验，度假者体验管理的核心内容和评价指标就是度假者(游客)满意度。度假者(游客)满意度决定着度假村的生存和发展，20世纪70年代，美国学者皮萨姆(Pizam)提出："游客满意是游客对目的地的期望与在目的地的实际体验相比较的结果，若期望与实际体验比较的结果使游客感到满足，则游客是满意的；反之，则游客不满意。"休闲度假村提高度假者(游客)满意度，做好度假者体验管理的常见措施有：规划旅游购物和娱乐场所，增强旅游体验；保持旅游环境与设施的清洁、舒适及使用便利，维持良好的景观质量；合理安排旅游活动项目，避免造成长时间的排队和冲突。

以温泉旅游度假产品为例，其度假者满意度测评指标见表14-3。

表14-3 温泉旅游度假产品度假者(游客)满意度的测评指标①

产品衡量维度	产品绩效指标
温泉资源	①温泉疗效；②温泉质量(水质、水温、水量)；③温泉池特色；④温泉地文化氛围；⑤温泉项目的多样性及质量；⑥康体娱乐活动的多样性及合理性；⑦温泉地环境的生态性

---

① 江金波、高娟. 基于四分图模型的温泉游客满意度测评及其应用研究——以聚龙湾天然温泉旅游度假村为例[J]. 热带地理，2011(1).

续表

产品衡量维度	产品绩效指标
温泉旅游度假地服务	⑧工作人员具备的温泉专业知识和技能；⑨工作人员服务态度；⑩工作人员服务效率；⑪对游客投诉的处理；⑫住宿价格；⑬餐饮价格；⑭洗浴价格
温泉旅游度假地设施	⑮住宿档次及条件；⑯餐饮口味及条件；⑰游览设施；⑱内部交通方式及便利性
旅游商品	⑲旅游商品价格；⑳旅游商品种类及特点
旅游通达性	㉑外部交通的便利性；㉒通信条件的方便性

14.1.3 度假者安全管理

根据马斯洛的需求层次理论，安全需求是旅游者最基本的需求，也是旅游业发展的保障，被称为旅游业发展的生命线。近些年，随着旅游活动的升温，特别是在我国实行双休日和延长"十一"假期所形成的黄金周以来，旅游安全问题更加突出。"没有安全就没有旅游"，休闲度假村的度假者安全事故不仅会对旅游业产生不良的影响，影响度假者的旅游体验，给度假者带来心理上的阴影，而且重大的度假者安全事故将严重影响当地旅游业的形象，制约旅游业的发展，给旅游业带来致命的打击。因此，度假者出行安全不仅影响到一个休闲度假村的运营，而且更重要的是，它将关系到整个地区的安全信誉，影响到潜在度假者的出游动机的形成或取消。

国外的旅游安全管理主要集中在恐怖主义、犯罪、战争与政治不稳定、景区游览安全、旅游交通安全等方面。本书认为，休闲度假村的度假者安全管理是指对旅游过程中度假者的人身安全、财产安全和心理安全的管理，它是旅游景区正常运营和旅游业发展的基本保障。常见的管理措施有：做好度假者安全须知、安全警示标志、准备应急处置预案等工作；加强对船只、缆车、游艇等设施的日常检查；杜绝火灾隐患，确保度假者的生命及财产安全。

应用案例 14-2

旅游安全管理暂行办法

（国家旅游局令第1号发布）

第一章 总 则

第一条 为加强旅游安全管理工作，保障旅游者人身、财物安全，根据有关法律、法规，制定本办法。

第二条 旅游安全管理工作应当贯彻"安全第一，预防为主"的方针。

第三条 本办法适用于从事经营旅游业务的企、事业单位。

第四条 各级旅游行政管理部门负责组织实施本办法。

第二章 安全管理

第五条 旅游安全管理工作应遵循统一指导、分级管理、以基层为主的原则。

第六条　各级旅游行政管理部门必须建立和完善旅游安全管理机构。

第七条　各级旅游行政管理部门，在当地政府的领导下，会同有关部门，对旅游安全进行管理。

第八条　旅游安全管理机构的职责：

（一）指导、督促、检查本地区旅游企、事业单位贯彻执行本办法及国家制定的涉及旅游安全的各项法规的情况；

（二）组织、实施旅游安全教育和宣传；

（三）会同有关部门对旅游企、事业单位进行开业前的安全设施检查验收工作；

（四）督促、检查旅游企、事业单位落实有关旅游者人身、财物安全的保险制度；

（五）受理旅游者有关安全问题的投诉，并会同有关部门妥善处理；

（六）建立和健全安全检查工作制度，定期召开安全工作会议；

（七）参与涉及旅游者人身、财物安全的事故处理。

旅游安全管理分为轻微、一般、重大和特大事故4个等级：

（一）轻微事故是指一次事故造成旅游者轻伤，或经济损失在1万元以下者；

（二）一般事故是指一次事故造成旅游者重伤，或经济损失在1万元至10万元（含1万元）者；

（三）重大事故是指一次事故造成旅游者死亡或旅游者重伤致残，或经济损失在10万元至100万元（含10万元）者；

（四）特大事故，是指一次事故造成旅游者死亡多名，或经济损失在100万元以上，或性质特别严重，产生重大影响者。

第三章　事故处理

第九条　事故发生单位在事故发生后，应按下列程序处理：

（一）陪同人员应当立即上报主管部门，主管部门应当及时报告归口管理部门；

（二）会同事故发生地的有关单位严格保护现场；

（三）协同有关部门进行抢救、侦查；

（四）有关单位负责人应及时赶赴现场处理；

（五）对特别重大事故，应当严格按照国务院《特别重大事故调查程序暂行规定》进行处理。

第十条　处理外国旅游者重大伤亡事故时，应当注意下列事项：

（一）立即通过外事管理部门通知有关国家驻华使领馆和组团单位；

（二）为前来了解、处理事故的外国使领馆人员的组团单位及伤亡者家属提供方便；

（三）与有关部门协调，为国际急救组织前来参与对在国外投保的旅游者（团）的伤亡处理提供方便；

（四）对在华死亡的外国旅游者严格按照外交部《外国人在华死亡后的处理程序》进行处理。

第十一条　对于外国旅游者的赔偿，按照国家有关保险规定妥善处理。

第十二条　事故处理后，立即写出事故调查报告，其内容包括：

（一）事故经过及处理；

（二）事故原因及责任；

（三）事故教训；

（四）今后防范措施。

第四章 奖励与惩罚

第十三条 在旅游安全工作中做出显著成绩或有突出贡献的单位或个人，给予表彰或奖励。

第十四条 对违反有关安全法规而造成旅游者伤亡事故和不履行本办法的，由旅游行政管理部门会同有关部门分别给予直接责任人和责任单位以下处罚：

（一）警告；

（二）罚款；

（三）限期整改；

（四）停业整顿；

（五）吊销营业执照。

触犯刑律者，由司法机关依法追究。

第五章 附 则

第十五条 本办法由国家旅游局负责解释。

第十六条 各省、自治区、直辖市旅游局可根据本办法，结合本地区的实际情况制定实施办法，并报国家旅游局备案。

第十七条 本办法自1990年3月1日起施行。

14.1.4 度假者服务管理

随着度假者自我保护意识的不断增强和媒体的宣传报道，度假者对休闲度假村的期望值也越来越高。当今社会是一个服务性的社会，度假者常常在想他在游览过程中所获得的旅游服务是否"物有所值"，因此，当度假者的预期效果不如自己所愿时，旅游投诉就会出现，纵观目前大多数的旅游投诉内容，较多的集中在服务收费和服务质量等方面。休闲度假村的度假者服务管理就是对各项旅游服务内容和服务质量的管理，对于度假者投诉进行妥善及时的处理，从而提高度假者的信任度和满意度。

当今社会是一个服务性的社会，为了更好地适应市场需求，促进旅游社区的和谐发展，休闲度假村的管理者必须重新审视景区的管理机制，注重对服务细节的完善与强化，从这个意义上讲，我国的旅游景区即应进入了服务管理的时代，站在服务质量管理的角度来研究景区的规划、开发与管理，对于景区的全面升级意义重大。

国际标准化组织颁布的ISO9004—2《质量管理和质量体系要素第二部分：服务指南》认为：服务是为满足顾客的需要，供方与顾客接触活动和供方内部活动所产生的结果。该组织将服务内容概括为：设施、能力、人员的数目和材料的数量；等待时间、提供时间和过程时间；卫生、安全性、可靠性和保密性；应答能力、方便程度、礼貌、舒适、环境美化、胜任程度、可信性、准确性、完整性、技艺水平、信用和有效的沟通联络。基于这一标准，结合休闲度假村的度假者管理特点，其常见的度假者服务管理措施主要包括：规范市场秩序，提升服务品质；提高导游服务水平和服务质量；推行异地投诉和网上投诉，及时处理度假者意见。

应用案例 14-3

按照顾客对服务质量感知的基本标准，确定由高到低的服务质量判定的 5 个基本方面：可靠性、响应性、保证性、移情性和有形性。

1. 可靠性：按照承诺办事

可靠性是指准确可靠地执行所承诺服务的能力。从更广泛的意义上说，可靠性意味着企业按照其承诺行事——包括提供服务、问题解决以及定价方面的承诺。顾客更愿意与信守承诺的企业打交道，特别是那些能够信守关于核心服务方面承诺的企业。

2. 响应性：主动帮助顾客

响应性是指帮助顾客及提供便捷服务的自发性。该维度强调在处理顾客要求、询问、投诉和问题时的专注和快捷。响应性表现在顾客在获得帮助、询问的答案及对问题的解决前等待的时间上。响应性也包括为顾客提供其所需要服务的柔性和能力。

3. 安全性：激发信任感

安全性是指雇员的知识和谦恭态度，以及其能使顾客信任的能力。在顾客感知的服务包含高风险或其不能确定自己有能力评价服务的产出时，如银行、保险、证券交易、医疗和法律服务，该维度可能特别重要。

资料来源：http://baike.baidu.com/view/1330762.htm

14.2 休闲度假村度假者管理存在的问题

14.2.1 唯经济效益至上，缺乏对度假者管理重要性的认识

休闲度假村唯经济效益至上，过度重视获取旅游经济效益。大多数旅游经营管理者不具有长远的发展眼光，管理目标只是在于如何吸引大量的度假者，对大批量度假者进入后带来的负面影响没有考虑或考虑不周全，缺乏可持续发展的前瞻性，缺乏对度假者管理重要性的认识，甚至认为只要能够收门票、卖饭菜，根本不需要进行度假者管理。还有一些规模较小的休闲度假村受经济利益的驱动，为了增加旅游经济效益，增加度假者消费，不仅缺乏对度假者环保意识和文明旅游的教育，甚至对一些度假者的不文明行为视而不见。而作为旅游供给方，在缺乏统一规划和环卫设施的情况下，盲目开发，急于上马，也容易产生安全隐患；在旅游旺季到来的时候也无法提供规范的旅游服务，因而造成度假者与度假村员工之间的矛盾，甚至会产生冲突，产生极为恶劣的影响。例如：某旅游团在贵州黄果树瀑布某休闲度假村就餐时，遭遇了两三百名度假者同时"抢餐"的事件，最后却只抢到了三块豆腐和一小碟青菜，而饭店的服务员则大概 15 分钟才会端上一盘菜来，根本无法填饱肚子，度假者纷纷表示愤慨，但导游和饭店方都置之不理。

14.2.2 从业人员培训管理不到位，缺乏度假者常态管理的意识和基本技能

我国旅游业从业队伍长期以来都存在流动性强、稳定性不够的问题，尤其是许多基层管理人员的素质相对较低，服务意识和技能相对较差，加之很多休闲度假村景区和企业对

从业人员的培训和管理不到位，缺乏对从业人员管理能力、岗位责任、服务意识、服务技能的培养和要求，服务人员缺乏起码的职业道德和服务技能。媒体经常有这样的报道，在国内的许多景区，游客随意在文物古迹上拍照、嬉戏，或者在景区乱扔垃圾，景区工作人员却对这类不文明行为"习以为常"或"视而不见"，很少上前劝导制止。例如，许多小规模的农家乐多以私人农户经营为主，服务人员或是家人帮忙或是临时聘请，无法开展系统的培训管理，一些基本的服务意识和安全、卫生技能都不具备。

应用案例 14-4

2006年，成都都江堰虹口景区的山角峰避暑山庄就发生了一起一氧化碳中毒造成一死一伤的事故。山角峰避暑山庄设有茶座、娱乐室以及20间客房，据称在虹口景区属于中等以上级别的农家乐，旅游淡季时二三十元钱就可以包吃包住耍一天。发生事故的客房位于住宿楼的二楼，这里不同档次的客房几乎都是在一间空屋子内放上几张数量不等的床垫，而床垫几乎就占据了房间三分之二的空间，使整个房间看起来十分局促和狭小，每间客房也都只有一扇推拉式的窗户。整个农家乐均未张贴游客在农家乐游玩时需要遵守的注意事项。

虹口景区共有10余家农家乐，几乎没有一家张贴或者设有游客游玩住宿需要注意的事项内容的标志。据虹口景区管理局李局长介绍，虹口景区现有137家农家乐，"一般来说，农家乐都没有相对固定的服务人员，旺季才从外面招人，一到淡季服务员就回家忙农活去了。"在虹口景区深溪沟内一户农家乐上班的王大姐称，她家在农村，平常除了在农家乐上班，还要忙家里的农活。"我们只能从农村招人当业余服务员啊！难道要我们从城里面找经过专业培训的高素质服务员？我们这里毕竟是农家乐！"虹口景区一户农家乐的老板如此表示。

虹口景区管理局李局长表示，由于景区内的农家乐太多，旅游管理部门不可能对每位从业人员进行服务以及安全方面的培训，因此最多就只能每户选择一名代表进行培训，"让他们再对其他人传达培训内容。"李局长称，为了迎接五一黄金周，4月28日景区管理局就与景区内的农家乐经营者签订了《文明经营安全责任书》。

据景区管理局李局长介绍，死者杨平宇（化名）及其女友一行20多名来自成都的游客，于上周五晚到达虹口景区并入住了山角峰避暑山庄。由于当晚天气很冷，吃过晚饭后游客便提出回房间打麻将，杨平宇等几人在室内生起了炭火取暖，打完麻将后杨又将炭盆端进了自己和女友的房间。"对于游客如何能在客房内生炭火一事，农家乐老板和服务员都说不知道，第二天早上服务员敲门时才发现。"李局长称，按照农家乐老板的说法，游客们生炭火使用的锅是他们自己从外面拣来的——一名卖烧烤的老婆婆留下的，木炭也是游客自己从楼下库房里拿的（农家乐做烧烤时使用的）。

根据都江堰市旅游局制定的《农家乐开业基本条件》和《都江堰市农家乐旅游服务质量星级评定实施细则》的规定，农家乐开业应具备的基本条件和要求包括：从业资格、经营服务场地、接待服务设施、经营管理、从业人员等几个方面，要求经营者在"经营管理上有明确经营范围和经营方式，实行岗位责任制及服务规范化"；从业人员也"应经培训考核，达到岗位合格的要求"。然而，一些农家乐的老板却笑称，这样的规则对于他们农

第14章 休闲度假村度假者管理

家乐这种特殊旅游行业来说,"要完全真正施行起来难度不小。"

资料来源:新浪网,http://news.sina.com.cn/o/2006-05-16/03528933830s.shtml.

14.2.3 度假者管理服务设施不完善,相关服务系统缺乏

科学合理的规划直接影响着度假者的行为及旅游活动。在休闲度假产业迅速发展的同时,休闲度假村制定旅游规划的却非常少见,常常是以高级管理层个人意见为主开展景点的建设和开发,度假村内的旅游活动和旅游项目也缺乏合理的组织,这在一定程度上导致度假者游览的不畅通、不满意。此外,缺乏景区综合利用规划也会导致服务设施的建设与选址方面的问题,例如厕所太少,或是太过偏僻;还比如商贩摊点乱摆乱卖,破坏卫生环境等。

度假者的不文明或破坏性行为在很大程度上是由于景区缺乏科学的规划,服务设施不完善所造成的,例如停车场的位置、游道的设计、旅游项目的设计、标识系统等都与度假者的拥挤程度和对环境的影响密切相关。除此之外,垃圾桶的数量、位置、分布和开口不合理,厕所数量不足和分布不合理,缺少让游人休息的设施等客观原因都会导致不文明行为的增加。因此,休闲度假村的度假者管理不仅需要制定具体的管理措施,更加需要建设与完善相应的服务设施,诸如度假者服务中心、滚动信息屏、医务室、安全警示牌和防护栏等都是必需的管理服务设施。

应用案例 14-5

2002年,北京师范大学实验幼儿园在朝阳区蟹岛绿色生态度假村组织了植树旅游活动,按照事先的约定,这个幼儿园小班的4岁左右的孩子、家长、老师约300人到朝阳区蟹岛温泉度假村进行植树并在度假村里游玩。在进行完植树以及采摘、观赏动物表演等活动后,中午1点左右,在一位度假村导游的带领下,一部分人走向这个村里的"十二种桥",准备在这个由一个水塘、水中的小岛以及12座从岸边通向小岛的各式铁索桥的景点放松一下心情,但意外恰恰就在人们没有任何思想准备的时候发生了。

当许多孩子和家长由一座铺有木板的入口桥到了水中的小岛后,打算返回时却发现能够供大人、小孩一起通过的只有一座中间用铁丝网弯成V形、上面两端固定在两条铁链上的铁索桥,其他几座桥都是供大人冒险用的独木桥、吊环桥等,于是,孩子和家长便纷纷攀爬上那座V形桥,准备回岸。13点04分,这个在一位没有上岛的家长拍摄下全过程的摄像机发现的准确时间,是让当事的许多人心惊肉跳的惊悚一刻:正当孩子、家长们在桥上晃晃悠悠地走向对面,连接V形桥一端的铁索忽然绷断,桥轰然向一侧倾斜,失去平衡的20多名家长和14名幼儿全部落入水中,一时间,大人的惊叫、孩子的哭声响成一片。

万幸的是,池塘中的水不算深,惊魂稍定的家长从水中站起来,迅速地寻找自己的孩子,而在岸边的其他没有落水的家长纷纷跑到水中帮助捞救孩子。一阵紧张的忙乱之后,当浑身湿透的家长、孩子从水里回到岸边,当天北京城刮着的5、6级大风又让他们瑟瑟发抖、狼狈不堪。在紧急与度假村管理部门交涉后,约40名落水的幼儿、家长被安排在了几间客房里,换衣、洗澡、镇静神经。

后经调查，事故原因是铁索桥系景区自行焊接，未经过有关部门的安全检测，事发当时桥面违规超载，从而造成了安全事故。

资料来源：http://news.xinhuanet.com/newscenter/2002－04/10/content_353008.htm.

14.2.4 管理混乱，人性化管理不到位

目前休闲度假村的度假者管理会出现两个极端的现象，要么度假村完全无视度假者管理的重要性，不采取任何管理手段，放任游客的行为；要么制定缺乏人情味的硬性管理措施，管理过于严厉。这都是度假者管理当中应当避免和改正的方面。目前，休闲度假村的度假者管理内容大多偏重于对度假者行为的管理，主要集中在减少度假者对环境和资源的破坏方面，而忽视了对度假者的体验质量和游览安全的管理，对度假者的满意度及相关投诉行为不能做出合理而及时的解决。

休闲度假村在旺季时常常面临度假者流量瞬间加大的局面，景区管理甚至会出现失控，此外，对于度假者行为的管理方法和手段通常都表现得过于直接、过于硬性，如罚款、处罚、禁止等，无法让度假者真正意识到不文明行为的危害，因此，管理较为被动，而且管理成本也相对较高，不能以人为本，从度假者的角度出发制定相应的管理措施，提供人性化的服务。此外，目前我国许多休闲度假村还普遍存在着管理混乱的问题，主要包括：商贩围追度假者出售商品；随意圈地占点收取拍照费；景区收费不合理，重复收费情况严重；清扫人员不到位，垃圾满溢，不及时清运等，由于在管理上缺乏必要的疏导和调控，导致度假者的不文明行为频频发生，而景区的管理混乱更无法对度假者的行为进行很好的约束与监控。例如，某度假者与家人一同去江苏省一个新开的主题公园游玩，当天天气十分炎热，在进入一座球幕影院时，虽然度假者较少，但是仍需沿"之"字形围栏走上好多圈才得以进入。度假者在经过一展览门口时想借用洗手间，却被工作人员告知未到开放时间，只好顶着烈日走到200米开外的厕所。

14.3 休闲度假村度假者管理的模式

14.3.1 度假者管理的基本模式

休闲度假村的度假者管理模式即休闲度假村在明确的管理目标之下所选择的度假者管理方法及所制定的度假者管理方案，其中应用具体的度假者管理技巧非常重要，基本管理模式如图14.3所示。

1. 确定管理目标

休闲度假村度假者管理目标的关键是要回答这样一个问题，即"如何吸引更多的度假者来这里度假游览"，答案可以是简单的追求利润，也可以是复杂的资源保护，从而直接决定度假者管理的走向和流程设计。

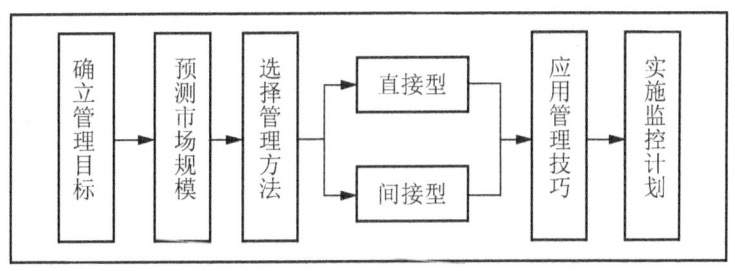

图 14.3　休闲度假村度假者管理的基本模式

2. 预测市场规模

对休闲度假村的度假者规模和类型进行初步的预测，并对市场做出细分，例如主要的度假者是来自家庭、企事业单位，还是自驾度假者？对旅游市场的定位能够使度假村更准确地把握不同类型度假者的心理特点，从而采取相适应的人性化管理办法。

3. 选择度假者管理方法

常见的度假者管理方法包括直接硬性管理法和间接软性管理法，具体区别见表 14-4。

表 14-4　休闲度假村度假者管理的直接法与间接法比较

内容 方式	度假者服务管理	度假者容量与安全管理	度假者行为与体验管理
直接 管理法	加强巡视 罚款 使用闭路电视监视	利用禁行牌、围栏或保安限制度 假者活动范围 限制度假者数量 限制度假者停留时间	禁止篝火晚会 禁止野营 禁止超出道路和游径的旅行 禁止乱扔废物
间接 管理法	改进停车设施 改善并维护景区道路 扩大视野，提高景观质量	利用景点信息牌、方向标志和解说系统引导度假者流动线路 收取固定入场费 根据场所和季节收取不同的费用	教育度假者遵守规则 号召度假者予以协助

对于休闲度假村而言，无论其规模大小，都需要综合使用上述两种管理方法，即将直接型度假者管理和间接型度假者管理灵活地组合使用，从而发挥各自的管理优势。一方面，为了保护度假者的安全，防止脆弱的旅游环境遭受破坏，直接的硬性的管理是非常必要的；另一方面，随着度假者素质的不断提升，人性化的软性管理应当被逐步地引入到度假村度假者管理中来，更多地使用教育和引导的方式对度假者行为加以疏导，并且注重激发度假者的主动性和积极性，使之共同参与到旅游管理过程之中。

4. 具体的度假者管理技巧

1) 分区管理

休闲度假村中一些最容易引起注意的负面影响都直接与度假者数量及拥挤状况相关，分区管理有助于减轻特定区域内的旅游压力，并且有效缓解不同使用者或利益群体间的矛盾。度假村通过合理规划旅游功能分区，并综合使用各种旅游交通方式，如步行道、电瓶车、自行车、机动车等，能够有效地疏导度假者。

2）收费与定价

利用收入门票来减少度假者数量作为一种硬性管理方法，尽管会产生一些负面的影响，但是它仍然不失为一种有效的管理及控制需求的方法。在旅游旺季时，通过收取门票或是提高入场价格，可以起到使客流稳定平衡的作用。

3）提供高质量的旅游体验

在旅游过程中，如果度假者倍感愉悦，并且能够获得有求必应的服务，则会减少其破坏行为的发生。有助于度假者获得高质量旅游体验的管理与服务措施有以下几点。

（1）热情接待、积极鼓励并给予度假者个性化的关注。

（2）度假村工作人员应随时准备解答度假者提出的问题，并提供准确无误的信息。

（3）度假村应保持接待设施的干净整洁，营造舒适怡人、井然有序的游览环境。

（4）采取避免让度假者感到乏味或不愉快的相关措施，例如小赠品、户外表演等。

（5）为某些特殊的游览群体，如残疾人和带小孩的家庭提供特殊关注。

4）开展营销活动

休闲度假村通过开发、营销、促销新的旅游景点或产品，可以减轻传统旅游景点的游览压力，同时，开展营销活动还有助于旅游形象的宣传推广。

5）实施解说计划

景区导游员的解说不仅要向度假者介绍当地的历史文化和旅游景点，更要引导度假者远离危险区域和环境敏感区域，教会他们如何做一个文明的度假者，随时提醒度假者哪些行为是被禁止的，以及为什么禁止这样做。

6）实施监控计划

休闲度假村在实施度假者管理计划的同时，应当对计划的执行力和有效力加以随时的监控与评估，例如可以通过度假者问卷调查的方式了解其感受，也可以让员工观察度假者情况，了解计划是否切实有效。

14.3.2 基于利益相关者的度假者管理模式

利益相关者一词的英文为"Stakeholders"，也有人译作相关利益者、利益关系人、利害关系人或利害相关者等。索特和莱森将利益相关者的理论运用到旅游业中，并绘制了旅游业的利益相关者图，如图14.4所示。对于休闲度假村而言，与度假者管理相关的所有个人或团体，包括受度假者管理目标实现影响的，或是影响度假者管理目标实现的个人或团体，都是度假者管理的利益相关者。从本质上讲，休闲度假村的度假者管理是度假者与度假村企业之间关系的管理，其中所包含的利益相关者包括休闲度假村、度假者、政府管理部门、社区居民、竞争者等，此外，还包括旅行社、专家学者、公共机构、新闻媒体以及其他个体或团体等。

颜红（2010）认为，游客管理中存在4个核心的利益相关者，其中游客是游客管理的实践者，旅游企业是游客管理的执行者，政府是游客管理的调控者，社区（居民）是游客管理的参与者。明确休闲度假村度假者管理的各利益相关者，即是对核心利益相关者在度假者

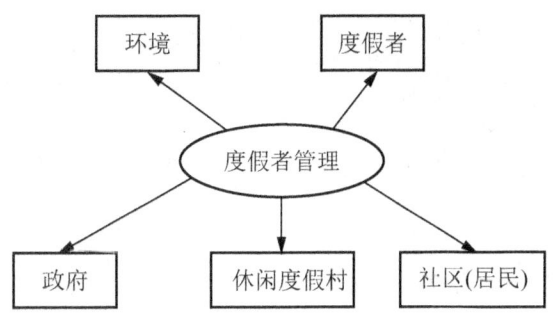

图 14.4　休闲度假村度假者管理利益相关者示意图

管理过程中所承担的利益和责任进行明确分析，从而将各利益相关者全部纳入到度假者管理系统中，这样，无论度假者管理的具体方法和内容发生如何的变化，度假村都必须综合考虑和平衡4个核心相关者的利益诉求，具体诉求内容如下。

（1）度假者：度假者是旅游活动的主体，旨在获得满意的旅游体验和良好的旅游环境。由于度假者（游客）满意度是度假村度假者管理的重要目标，因此，休闲度假村需要改变传统的以限制和惩罚为主的管理方式，而更多地强调以人为本的人性化的管理。

（2）休闲度假村：休闲度假村是度假者管理的执行主体，负责制定并实施度假者管理措施。企业所采取的度假者管理理念和方法将直接影响到管理的效果和度假者（游客）满意度，因此，休闲度假村需要克服短视的只注重经济效益的管理，而应该具有可持续发展的长远眼光。

（3）政府：政府的旅游行政管理部门拥有立法、规范、协调和激励的权力来影响到度假村企业的度假者管理，通过制定相关的政策法规，采取相应的行政手段，政府能够帮助并监督休闲度假村度假者管理的具体实施。

（4）社区（居民）：社区（居民）是度假者管理的重要参与者和主要受益者，但是在目前的休闲度假村的度假者管理中社区（居民）的参与度并不高，因此受益程度也较低。因此，度假村的度假者管理应充分重视社区（居民）的主体意识，提高参与的可能性和深度，共同营造良好的旅游体验环境。

综上所述，度假者管理以保护资源和提升游客体验质量为目标，基于利益相关者的度假者管理模式能够科学地分析各利益相关者的利益责任及相互关系，使各核心利益相关者共同参与、各司其职、分工合作，从而保证度假者管理的系统化和科学化，进而不断提高休闲度假村度假者管理的水平。

应用案例 14-6

香港郊野公园在多年的管理实践当中，充分充实游客体验在游客管理中所能扮演的角色，采取了一种"内外兼修"的管理模式（图14.5），既通过立法手段由外而内地实现对游客行为的控制，又通过参与、教育、交流、宣传等由内而外的手段，将环保、科普等目标有效地"内化"为游客自身所秉持的一种观念和行为指南，并潜移默化地将"参与环境保护"、"促进生态发展"升华为游客体验的崭新内容。

图 14.5 游客管理的"内外兼修"

香港郊野公园的游客管理模式主要分为以下几个层次。

1. 立法与机构管理:"外修"的主要形式

《郊野公园条例》及其补充细则《郊野公园及特别地区规例》是最为基本的法律依据,同时渔农自然护理署也颁布了一系列的游客指南,如《康乐设施活动指引》、《露营人士指引》、《越野单车活动守则》等。

2. 参与立法:内化的第一种形式

《郊野公园条例》的出台,进行了多次听证会咨询民众意见和建议,体现了香港立法的民主性和公开性,奠定了"内化"的最广泛的参与基础。

3. 科普教育与体验式学习:内化的第二种形式

郊野公司不定期地免费对市民开展有关环保、生态知识、郊野公园和自然生态的专题讲座,并推出超过100种有关野外和本地生态资源的书籍。每年香港政府还会举办一些活动供市民参与,包括"访校计划"、"郊野公园义工计划"、"企业植林计划"、导赏游及其他多项义务工作。

4. 管理者与游客的定期正式交流:内化的第三种形式

郊野公园与海岸公园管理局设立了"郊野公园游客联络小组",加强了双方之间的互动和交流,对于促进游客管理是一大迈进,也是"内化"培养主人翁意识的重要手段。

5. 社会力量的关注与配合:内化的第四种形式

郊野公园之友会以推动香港郊野公园的发展及鼓励市民善用郊区自然资源为目的,注重培育游客的环保意识、丰富其自然生态知识,从而建立起"内外兼修"的城市生态旅游发展模式。

资料来源:张骁鸣,等.游客管理的"内外兼修":来自香港郊野公园的经验[J].园林,2009(8).

14.3.3 基于 CRM 理论的度假者管理模式

CRM(Customer Relationship Management)就是客户关系管理,它源自 20 世纪 90 年代的美国咨询公司——Gartner Group,其核心思想是一种"以客户为中心"的商业策略,一种旨在健全并改善企业与客户之间的关系的新型管理模式,强调利用信息技术,按照客户的分类情况有效地组织企业资源,培养以客户为中心的经营行为,实施以客户为中心的业务流程,以提高客户招揽率、客户满意度、客户忠诚度和客户收益率。CRM 的核心是管理客户的价值，其作用体现在提高客户满意度、降低企业运营成本和提高企业的竞争优势。

陈瑶等(2010)认为，随着旅游市场的发展，景区之间的竞争尤为激烈，游客成为景区最重要的资源，游客管理是景区获取游客、提高游客满意度、培养忠诚游客的重要手段，在游客管理中引入CRM，可以充分利用信息化所带来的机遇，为景区注入新的活力，在实现景区信息化的同时，更有助于景区实施有效的游客管理。首先，它能通过信息化的手段加强景区游客管理的力度；其次，它同时从理论和实践两个方面把游客满意度和游客忠诚度视为管理重点，有利于游客资源的获取和维持，是旅游景区在激烈的竞争中获取利益的有力帮助；再次，它强大的数据库记录了详细的游客信息，使旅游景区对游客实现了一对一有针对性的管理，从根本上提高了游客满意度，塑造了忠诚游客。

针对目前休闲度假村度假者管理普遍存在的管理观念落后、信息化水平较低、客户信息缺乏且分散、从业人员素质偏低等问题，休闲度假村引入CRM有利于整合自身资源，提高核心竞争能力，具体而言，就是将原本分散的服务、营销、管理人员整合成以客户需求为中心的强大团队，形成高效运行的管理系统和信息系统。休闲度假村的CRM度假者管理系统主要包括以下4个方面的内容。

1. 度假者信息管理

建立潜在度假者和现实度假者的信息数据库，针对现实度假者的消费记录，掌握度假者心理需求，提供有针对性的宣传资料与后续关怀，加强度假者的信息反馈，从而达到巩固度假者、增加消费的目的。针对潜在度假者，则以积极主动的宣传促销为主，掌握潜在度假者的旅游动态，分析其旅游心理，旨在将潜在度假者转化为现实度假者。

2. 建立客户导向的组织结构

首先，深化休闲度假村企业的组织结构创新，推行"扁平"的组织形式。随着高科技成果特别是计算机和信息技术成果的应用，旅游企业可以扩大管理跨度，推行"无限扁平"的组织形式。其次，对度假者进行分类，确定目标度假者群，按度假者群设立部门，加大与度假者直接接触的部门的力量。

3. 企业文化的改造

CRM是一种"以客户为中心"的商业模式，是一种旨在改善企业与客户之间关系的管理机制，因此，CRM的真正贯彻实施需要一种全新的企业文化的支撑。度假村企业要重视度假者利益，关注度假者的个性需求，形成注重情感消费的经营思路，形成努力争取以度假者为主的企业外部资源的经营思想。

4. 建立适应CRM的绩效管理与薪酬制度

绩效考核和薪酬制度是指导企业员工工作行为和工作努力方向的指挥棒，是培育和发展企业文化的重要制度保证。因此，要使企业的每一位员工在工作中切实贯彻"以客户为中心"的观念，最重要的是对原有的绩效考核指标和奖励制度进行调整，达到让员工在实现自己利益最大化的同时也最大化地实现CRM的目的。

本章小结

长期以来，人们较多地关注从旅游资源和环境（旅游客体）的角度研究旅游管理问题，随着休闲度假村的类型不断丰富、规模不断壮大，从度假者（旅游主体）的角度开展管理活动逐渐开始得到重视。本章对休闲度假村度假者管理的主要内容和管理模式进行了介绍，其中涉及到许多具体的管理措施与技巧，这些内容需要大家与具体的企业或案例结合起来加以理解和学习，并尝试进行各种度假者管理新思路的拓展。

复习思考题

一、名词解释

度假者管理　　　　　度假者容量管理

度假者行为管理　　　度假者体验管理

二、多项选择题

1. 下列哪些项目属于休闲度假村度假者管理内容？（　　）
   A. 度假者容量管理　　B. 度假者体验管理　　C. 度假者行为管理
   D. 度假者服务管理　　E. 度假者安全管理　　F. 度假者冲击管理

2. 下列哪些项目属于休闲度假村度假者管理的硬性直接管理措施？（　　）
   A. 罚款　　　　　　　B. 设置禁行牌和围栏　　C. 设置方向标志和解说系统
   D. 禁止乱扔废物　　　E. 开展旅游宣传教育

三、简答题

1. 简述休闲度假村度假者管理的主要内涵与管理内容。
2. 举例说明休闲度假村的度假者管理模式。

课后阅读

小梅沙度假村：游客口碑胜金杯

在深圳东部绵长的海岸线上，闪烁着一颗璀璨的明珠，这就是素有"东方夏威夷"美誉的著名海滨旅游景区——小梅沙度假村（图14.6）。

小梅沙度假村凭借良好的旅游资源和管理水平，成为深圳乃至周边省市以及港澳地区颇具影响力的海滨旅游景区，先后被国家、省、市有关部门评为"先进旅游企业"、花园式园林式景区、盐田区卫生先进单位、中国旅游行业十大领袖品牌、中国魅力景区和"中国首届最佳旅游去处"等。小梅沙度假村为了维护企业的良好声誉和品牌，坚持以市场为导向，抓管理，练内功，不断提升企业的管理水平。特别是近几年来，他们根据海滨旅游企业的经营特点，把抓好安全、卫生和服务作为全年工作的突破口，致力于建立健全安全、卫生、服务质量保证体系，推动企业管理上水平、产品上档次、效益上台阶。

图 14.6　小梅沙度假村

在安全保障方面，小梅沙度假村始终坚持"预防为主"的方针，根据本企业的经营特点和管理需要，建立和完善公司的安全管理网络和各项安全管理规章；公司指定了一名副总出任安全责任人，专抓安全工作，并设置了安全办，配备了一名安全主任，专职负责公司日常性安全管理，开展经常性的安全宣传、教育、培训、检查、安全档案等基础工作以及层层签订安全管理责任书等；公司建立了一支由保安、救生、医疗、广播等50多人组成的专职安全联防管理队伍，配备了救护车，并经常进行游客溺水赴救、医疗急救等联合演练；公司在度假村内安装了密度较高的监控系统，所有重要部位都有摄像头监控；公司针对旅游景区安全工作的重点和难点，加大了隐患的整改力度和重点防护部位的防护措施，特别突出抓好防溺水、防台风、防洪、防汛、防火、防治安事故等工作，及时发现事故苗头，消除一切不安全因素。由于小梅沙度假村十分重视海上救生和内部治安管理工作，建立了一支强有力的安全管理队伍，安全管理工作十分到位，因溺水导致死亡的事件极少发生。小偷进入度假村内作案，绝大部分都会被当场抓获，游客在景区内发生的纠纷也基本上能得到及时的平息和解决。因此，游客在小梅沙度假村休闲度假普遍感到比较安全。

在卫生管理方面，小梅沙度假村始终坚持保洁工作的高标准、严要求，公司非常重视卫生保洁队伍的建设，建立了一支50多人的保洁队伍，并对海水保洁、沙滩保洁、海岸保洁、公厕保洁等进行严密的分班管理，责任到人，每天24小时不间断对沙滩、海水、公厕以及其他经营场所、游客休闲娱乐场所进行保洁。为了给广大游客提供优良的海水泳场，小梅沙度假村每年都组织潜水员打捞沉淀在海水泳场及周边海底的垃圾。由于采取了以上有力措施，小梅沙度假村海水泳场始终保持洁净、清澈见底（图14.7）。据深圳市海洋局多年来进行的每周两次海水质量监测，小梅沙度假村的海水质量始终保持优良水平。近几年来，小梅沙度假村为了巩固卫生景区的美誉度，维护小梅沙度假村作为"盐田区卫生先进单位"、"园林式花园式景区"的品牌荣誉，以更加积极的姿态和务实的精神，建立了更加科学、规范、符合海滨旅游业卫生管理特点、满足公众到海滨休闲度假需求的卫生管理模式，受到政府主管部门、旅游服务业同行以及广大游客的高度赞扬和好评。

在加强服务方面，小梅沙度假村对全体员工进行了礼仪方面的再培训，加强员工仪态和服务技能的训练，努力改善服务设施，改进服务方法，简化服务程序，提高服务质量，确保每一位到小梅沙度假村旅游的游客都能得到热情、周到、及时的服务。

图 14.7　洁净的海水泳场

游客不仅满意小梅沙度假村优越的旅游环境,更满意小梅沙度假村良好的安全、卫生管理和优质服务。

资料来源:http://www.ly66.net/Trave/News_61502.html.

综合案例　杭州千岛湖温馨岛浙旅度假酒店

Z.1　酒店基本概况

浙旅千岛湖温馨岛度假酒店隶属于浙江省旅游集团,坐落于国家五A级风景名胜区千岛湖中心湖区,是千岛湖唯一一家全岛型休闲度假酒店。酒店定位为"五星级标准的高档休闲度假酒店",总面积超过60亩,拥有各类豪华客房173间,床位数305个,餐位600个,会议室9个,并有健身房、乒乓球室、台球室、棋牌室、儿童活动室、卡拉OK包厢、桑拿足浴中心、垂钓平台、室内外游泳池等各项配套娱乐设施,是集休闲度假、政务和商务接待、会议服务、特色餐饮、娱乐观光等为主要特色的度假休闲酒店,让度假者体验会员式生活的私密与尊贵,体验家的温馨。

Z.2　酒店的规划与开发

1. 酒店的选址分析

温馨岛度假酒店位于淳安县,在千岛湖的北边,与千岛湖大桥隔湖相望。作为浙江省旅游集团向杭州市以外发展的第一家酒店,温馨岛虽然地处郊区,不过通过环湖北路,接连千黄高速,通过杭新景高速与杭州的交通网相连,至杭州市区156km,至淳安县城千岛湖镇仅6km,交通可算便利。

从另一个角度来讲,酒店地处郊区,人口密度较小,远离城市的喧嚣,且岛上植被覆盖面积大,具有优美的自然风光和良好的空气质量(图Z.1),独特的岛屿位置,让所有的房间都留下一片湖景,特别适宜休闲度假。

图 Z.1　酒店周围优美的风光

2. 酒店的资源分析

酒店位于知名的国家五A级风景名胜区的中心湖区,由于旅游度假资源丰富,尤其是水资源丰富,千岛湖的声望与资源每年吸引着大量的游客来游玩,为度假区提供了一个良好的客源市场，有持续发展的后劲。

温馨岛上的自然生态环境为其开发打下了良好的基础，有些自然的乡土气息是人工改造所无法代替的。现代都市人对钢筋水泥筑起的城市生活已经感到有些厌倦，有着较强烈的返璞归真的愿望。温馨岛四面临湖，岛上植被茂密，负氧离子含量丰富，且与草地、水体组合良好，这幽雅秀丽的生态环境绝对是都市人释放压力和修身养性的好去处。

【综合分析】休闲度假村的选址是度假村开展市场定位、投资规划与产品开发的前提条件，也是度假村实现成功经营的关键环节。综合国内外休闲度假村的选址经验，其选址所需考虑的基本条件主要包括资源条件、交通状况、基础设施状况、客源市场的经济特征、区域经济状况与企业的关系等。

结合温馨岛度假酒店的实际情况，可以看出，酒店选址首先考虑了资源条件，以千岛湖优美的自然风光和良好的空气质量为基础，并以独特的岛屿风情作为资源特色，形成了独一无二的全岛型度假酒店，从而在千岛湖区域众多的度假酒店中脱颖而出。

其次，区位交通和客源市场条件是影响酒店持续发展和成功运营的关键因素，温馨岛度假酒店在选址时也充分考虑到了这两点。随着大杭州公路交通网络的不断拓展与完善，自杭州前往千岛湖的旅游交通日益便捷。酒店虽地处淳安县郊区，但是外部进入交通却十分顺畅便利，将有力推动酒店进一步拓展长三角及国内休闲度假旅游市场。

再次，酒店所处区域的基础设施状况也是选址时必须考虑的重要因素，它决定了酒店后续开发的可行性与成本控制。在这一方面，温馨岛度假酒店并不具有选址的优势，其位于千岛湖中的一个独岛区域，需要通过栈桥等与主陆地相连接，因而增加了初期开发过程中水、电、气、暖、道路等基础设施建设的难度，增加了一定的建设成本。但是综合考虑以上选址要素，其所处的独立岛屿在资源方面的优势和发展潜力无可比拟，完全可以弥补基础设施铺设方面所增加的成本。

综上所述，休闲度假村的选址要素涉及很多方面，作为一个新开发的度假村或度假酒店，在前期选址时要对资源条件、交通条件、基础设施状况和客源市场都进行充分的论证，以保证选址的科学性与合理性。与此同时，还需对众多选址因素加以重要性排序，对选址的优势和劣势加以综合分析，才能实现休闲度假村选址的全面性与客观性。

3. 酒店的特色产品开发

休闲度假村的住宿产品和餐饮产品可以满足度假者睡眠、用餐等基本的生理性需求，是休闲度假村的基础产品；休闲娱乐产品、康体建设产品等能够令度假者舒展经络、康体健身，达到彻底的身心放松，是休闲度假村的核心产品，也是区别于其他度假村和度假目的地的关键。

温馨岛度假酒店坐落于温馨岛岛屿上，四面临湖，碧水环绕，是千岛湖唯一一家全岛型度假休闲酒店。因此，温馨岛的产品开发始终以"水文化"为主题，做足"水"的文章，其休闲度假产品的开发也围绕"水"这一主题展开。

由于酒店主体位于湖中岛屿之上，因此，从停车场到酒店大堂需要通过一段长长的浮桥（图Z.2）。在早期的时候，浮桥不能通车，宾客到达停车场后必须步行至酒店大堂，在炎热的夏天和寒冷的冬天行走在浮桥上无疑会让宾客对酒店的印象大打折扣。温馨岛酒店深刻认识到这一点，将原本简陋的浮筒浮桥改成宽大的景观浮桥，桥上设有花箱，桥两边湖中养殖了观赏鱼，建成后的浮桥可以通行电瓶车，宾客可搭乘电瓶车直达酒店大堂。浮桥的投入改造，实现了劣势向优势的转化，并成为温馨岛的一项特色服务，更是一道亮丽的风景线。

图 Z.2　景观浮桥

一般的高星级酒店都会配备游泳池，但是配有室外天然浴场的却很少见。温馨岛度假酒店坐落在千岛湖水中央，除了设有标准的室内游泳池外，还充分利用自己的地理位置优势，开发了室外天然浴场（图 Z.3），成为千岛湖地区独一无二的亮点，宾客在温馨岛酒店就能获得在沙滩上享受阳光，欣赏沙滩美景的体验。

图 Z.3　室外天然浴场

千岛湖有机鱼声名远扬，到千岛湖游玩的游客中有相当一部分是专程来垂钓的。温馨岛酒店针对这一目标市场，利用自身休闲渔业基地优势，新建专门的垂钓平台，并提供相应的服务，受到很多垂钓者的青睐。除垂钓外，酒店还开发了其他的水上游乐项目，如水上自行车、电动船、脚踏船、手划船等，吸引了大批儿童、少年游客。

【综合分析】近年来，我国的休闲度假旅游市场得以快速增长，合理开发休闲度假产品是休闲度假村持续快速发展的关键。然而，目前多数休闲度假村的开发都体现出千篇一律、同质化，重复建设等问题，令休闲度假村失去新意和吸引力。如何利用资源优势和自身特色设计并开发创新型产品是休闲度假村决胜的关键。

温馨岛度假酒店在产品开发方面也充分彰显了其独特的资源优势，首先实现了产品开发的主题化，形成了"水"文化主题产品的开发。突出了酒店以千岛湖美景作为外部环境，优美怡人，进入酒店大门，又通过亲水浮桥深入到酒店所处的独立岛屿之上，形成了被水包围的岛屿度假环境，依托岛屿地形，还开发了天然浴场、垂钓、水上自行车、脚踏船等丰富的水上娱乐项目，旅游产品开发突出了作为全岛型酒店的水资源特色。

此外，温馨岛度假酒店还紧跟时代潮流和市场需求，根据资源和环境特点，有计划的引入新的设施设备及活动要素，从而逐步实现酒店产品齐全、分类合理、配比适当、新颖新奇、卫生安全等目标。例如，目前温馨岛度假酒店的自驾车度假者越来越多，为了满足自驾车旅游市场的需求，酒店不仅提供了预定、导航、线路设计等方面的贴心服务，而且特别设计了多款"度假套餐"供度假者选择，自驾车客人可以自由组合搭配，从而实现更为丰富便捷的旅游活动。

因此，休闲度假村的产品开发是要建立起以住宿、餐饮、休闲娱乐为三大主体的丰富的产品体系，产品类型的多寡和创新程度直接影响到休闲度假村的吸引力，产品档次的高低也直接决定了度假村的市场吸引力。

Z.3 酒店的经营与管理

酒店的 10 条经营原则

1. 选址于优雅的自然环境之中

处于喧嚣的闹市中心的酒店是无法吸引度假客人的。度假酒店最理想的位置应当在气候稳定的旅游胜地，或大城市风光秀丽的郊区。这样才能拥有稳定的客源。在温馨岛度假酒店，当客人拉开窗纱望向窗外，能欣赏到千岛湖波光粼粼的一湖碧水，心旷神怡自不言表。

2. 不断推陈出新娱乐和美食项目

度假是一种经历，客人希望体验和尝试到新的东西，尤其是娱乐与美食。温馨岛酒店的浮桥、电瓶车、千岛湖特色风味农家菜肴、酒店自酿米酒、自制鱼干等都是独具特色的体验内容。因此，度假酒店需要让客人经常有"惊艳"的感觉，再好的东西，如果长期一成不变，也会让人乏味的。

3. 营造轻松而有文化品味的酒店氛围

度假酒店不追求豪华，而是追求轻松、精致和文化品味。在温馨岛酒店最能体现这些的是酒店的员工服装（夏季的岛服——花衬衫）、酒店的装修风格（大唐风）、酒店的艺术小品、酒店的广告与文案、酒店的自然环境，以及酒店的特色产品。

4. 推出令人印象深刻的服务

温馨岛酒店推出了"坐式登记"服务，非常适合度假酒店对尊贵客人的礼遇。今后，可以进一步推出"咖啡加登记"的服务，客人要一间客房就像要一杯咖啡，要房价表就像要酒水单。此外，婚纱摄影基地、绿色生态农产品中心都是酒店所提供的特色服务，不仅延伸了服务范围，而且丰富了服务产品。

5. 举办丰富的主题度假活动

商务酒店是必需品，而度假酒店是奢侈品。如果没有好的亮点，要把奢侈品卖出去并且使它长盛不衰并不容易，所以酒店必须经常寻求为客人制造新奇和快乐的最佳方法，如化装舞会、钓鱼比赛、车友会、书画展、皮划艇体验、太极拳表演等，以富有特色的各类主题活动丰富宾客的度假体验，拓展酒店的旅游功能。

6. 开展风格独特的广告宣传

度假酒店知名度的大小与酒店的生意好坏成正比。位于市中心的酒店本身就是一座非常好的广告，而位于风景区的度假酒店则必须依靠风格独特的广告宣传，开发"眼球经济"，因此，在广告上面需要比一般酒店花更大的精力与金钱。

7. 建立良好的媒体关系

很多新的产品、活动和观念都是依靠新闻媒体的传播才渐渐流行起来的。度假酒店必须学会与媒体建立良好的关系，才能把新的产品与服务项目更有效、更省钱地推销出去。温馨岛酒店所属的浙旅集团旗下的《江南游报》就是一个良好的宣传交流平台。

8. 巧妙运用公关策划

度假酒店比商务酒店更需要注重"概念"的包装、品牌的塑造和形象的宣传。好的公关策划比纯粹的广告更有效。温馨岛酒店以"温馨、浪漫"为主题，关注家庭温馨和爱情浪漫，通过开展一系列的公关活动，能够建立起良好的社会形象和口碑，并进一步建立起温馨岛酒店在市场上鲜明而有特色的形象认知。

9. 请名人免费下榻

用几间豪华套房、几顿美食，换来新闻媒体、娱乐杂志对名人入住酒店趣闻的报道，是非常划算的。何况名人还会留下一些纪念品，如签名、在酒店的相片、故事等。这样的好事不妨多做几次。温馨岛酒店曾经到访过的名人有：歌星彭丽媛、宋祖英、阎维文、林萍、李煜、张咏等，演员江珊、何赛飞、严顺开、六小龄童等，导演徐克，体育明星王皓、叶肇颖等，以及多位国家领导人、开国将军等知名人士。

10. 拓展会议旅游市场平衡淡旺季

度假酒店最难经营的一点，就是季节性非常强，旺季时人满为患，淡季时门可罗雀。针对这一特点，在旅游旺季时重点开发休闲度假旅游市场，在旅游淡季时着力拓展会议旅游市场，是一种较好的旅游促销方式。目前，温馨岛度假酒店共有大、中、小共十几个会议室，并配有齐全的会议设施，深受会议旅游市场的青睐。

【综合分析】休闲度假村的经营管理涉及规划设计、产品开发、市场营销、组织及人力资源管理、财务管理、生态环境管理、度假者管理等多个方面，同时还需结合企业的实际情况，创新经营管理模式，从而实现度假村的平稳高效运行，以产品特色吸引更多的度假者，并为度假者提供满意的服务，从而实现休闲度假村的可持续发展。

首先，在市场营销方面，温馨岛度假酒店突出"温馨、浪漫"的主题氛围，关注家庭温馨和爱情浪漫，开展了风格独特的广告宣传和一系列的公关活动，从而建立起温馨岛度假酒店鲜明而富有特色的旅游市场形象。但是目前的营销环节仍略显薄弱，主要表现出网络营销手段落后、品牌战略意识较低等问题，成为拓展新市场、培育老市场方面的一大制约因素。

其次，在组织及人力资源管理方面，温馨岛度假酒店基本建立起高效合理的企业组织结构，明确了各部门的主要职能与岗位职责，对旅游人才和专业员工也非常重视，营造了较好的工作环境。但是，在组织架构方面，住宿、餐饮、休闲娱乐的业务分工尚不清晰，主要业务部门的权责不够明确，再加之酒店行业人才流失严重，从而导致经营效率的降低。

再次，在生态环境管理和度假者管理方面，温馨岛酒店也面临着许多的难题。千岛湖优美的自然风光既是酒店的核心特色和重要组成各部分，也为酒店在生态环境管理和度假者管理方面提出了严峻的考验，酒店应不断的引入国际先进的环境管理体系，制定绿色度假村的低碳旅游方案，同时，应注重提高度假者的生态环境保护意识。

综上所述，休闲度假村的经营管理所涵盖的内容非常庞杂，需要管理者全盘考虑，既有宏观的运营战略，还有具体的行动计划，同时通过经营模式的创新，实现休闲度假村在运行机制和产品开发方面更加规范合理，更好的实现人、财、物等资源的有效配置。

Z.4 酒店的服务品质管理

温馨岛酒店所属浙旅集团总部拥有一批资深管理层，通过每月/每季的关键业绩报表评估、每个季度的业务巡视，以及每个年度的绩效评价体系，总部管理层能够洞悉各家酒店的运营状况，并协同酒店管理层及时采取改善计划，确保每家酒店都有上佳的业绩表现。

集团总部会连同和酒店管理层一起确定年度的财务指标和管理指标，并以此作为衡量酒店业绩的主要标准，同时也是对酒店管理层进行年度业绩考核的重要标准。这些指标主要包括：酒店营业收入、GOP、宾客满意度、员工满意度、核心员工流失率、品牌标准、人才发展、管理创新等。通过这一业绩评价体系，集团总部能够确保酒店无论从短期效益（财务收益），还是从长期发展前景（品牌、人才、创新），都能够达到最佳的状态，并能够最大限度激励酒店管理层争取最佳表现。

对酒店保持长期的对标管理，将对标管理与提升服务品质、增强酒店竞争力相结合，也是温馨岛度假酒店持续提高服务质量的一项重要手段。对标单位有许多值得借鉴的经验，在对标管理中，酒店重点以抓品质服务为突破口，结合自身的特点，着重开展了以下几个方面的工作。

(1) 通过狠抓全员培训，努力修炼内功，夯实品质服务基础。酒店在人员培训方面，建立与酒店发展及人力资源相配套的培训体系，制定了详尽的培训计划，通过全面系统的培训，以及岗位练兵、技能比武等活动，有效提高了酒店员工的服务技能，增强了员工的服务意识和主人翁意识。2012年1~9月，酒店累计培训量达到13 127课时。

(2) 通过多种激励措施，激发全员参与品质管理的热情。酒店采取精神鼓励和物质奖励相结合的办法，注重提高广大员工参与品质管理的积极性。此外，结合五星创建工程，酒店自2012年3月份以来相继推出了"季度服务明星"评选、"温馨服务卡"征集、网络提名奖励等一系列活动，员工品质意识得到提升，服务质量稳步提高。

(3) 通过关注不同渠道的顾客意见，突出品质服务的重要性。对于服务质量和宾客满意，酒店倾注了最大精力，建立了全面的宾客意见倾听和分析渠道，包括客房宾客意见信、大堂经理宾客拜访报告、宾客满意度调查、销售经理日报表、团队接待意见调查等。所有这些意见都能实现当天汇总，并及时发送到酒店总经理、驻店经理处，由他们亲自审阅并督办，确保在最短时间内作出回应和补救。

（4）通过建立服务质量管理体系，确保各项措施得到有效落实，服务质量持续改进。酒店充分发挥质量管理领导小组和质检小组的作用，进一步落实服务质量奖罚措施，落实服务质量评价体系，推动服务质量管理的有序开展。在日常管理中，将顾客满意度作为年度考核的重要依据，要求部门管理人员每天关注不同渠道的顾客意见，加强对网络评价信息的汇总，做到及时跟进、及时整改、及时反馈。

通过上述措施，温馨岛酒店服务质量得到了广大顾客的认可，酒店美誉度大幅提升，品牌效应逐步显现。顾客的网络评价显著提高，在酒店网络综合评价排名中，温馨岛度假酒店在千岛湖旅游饭店中名列第二。

【综合分析】对于休闲度假村而言，服务质量是生存的根本，也是制胜的法宝。休闲度假村的服务质量既包括有形设施、商品和产品的质量，也包括无形服务、态度和效率等方面的质量。只有拥有一流的服务人员、一流的服务水平、一流的服务质量，休闲度假村才能真正获得旅游市场的认可，赢得响当当的声誉。

以温馨岛度假酒店为例，想要在千岛湖旅游市场激烈的竞争中脱颖而出，除特色资源条件外，就必须建立严格的服务质量标准，并开展系统的服务质量监控，从而形成全面高效的服务质量管理体系。

温馨岛度假酒店服务质量的提升，首先需要加强有形产品的功能完善和设计策划，使实物产品和设施更加满足住店客人的需求，即"感觉舒适、使用贴心、操作方便"，并营造一个高质量的旅游体验环境。与此同时，加强服务的标准化管理对于酒店而言也具有重要的意义。

当前，温馨岛酒店已经建立起自己的一套服务质量管理体系，应在此基础上不断强化服务的现场管理和过程管理。所谓现场管理即加强对客交流、控制服务标准、关注重点服务、随时处理顾客投诉、做好人力调度等，保证现场服务的准确、针对与高效。而过程管理则包括了前期的质量控制、中期的质量控制和后期的质量反馈，其中，后期的质量控制通常是酒店所忽略的内容，而其恰恰是提高服务质量最为重要的环节。酒店应在细致的服务质量调查的基础上，综合企业、部门、顾客、同事等多个环节，开展服务质量的评估与坚持，以及时发现问题，并主动寻求积极改进的机会。

Z.5 酒店的安全管理

温馨岛度假酒店将安全保卫工作视为生存和发展的不二法则，旨在向住店客人提供全方位的安全服务，营造室内外和谐、稳定、安心、舒适的休闲度假环境。酒店主要从"六项落实"抓好安全工作，即"观念落实、组织落实、制度落实、责任落实、培训落实和安全生产设施设备落实"。

同时，由于温馨岛酒店所处区域地形复杂、面积广、湖湾水域多、交通设施（车辆）多，对酒店内部安全和外部游览安全都提出了严峻的要求。针对这一特点，酒店在安全管理的组织建设、制度建设、培训和设施设备配置等方面都制定了具有针对性的措施，例如成立水上救援队，制定《防洪抗汛应急预案》、《溺水救援应急预案》等制度，配置了与消防队同样专业的消防水泵（图 Z.4）等。

图 Z.4　消防水泵

【综合分析】旅游安全是旅游业持续、健康、稳定发展的基础，"没有安全，就没有旅游"，这是旅游实践经验和教训的总结。休闲度假村，由于地理位置特殊、公共区域较大、娱乐项目众多，从而成为安全事故的高发地带。加强休闲度假村的安全管理，保障度假者和服务管理人员的人身、财物安全，是休闲度假村经营管理者的义务和责任。

对于温馨岛度假酒店而言，其临水临湖的特殊地形，也对安全管理工作提出了严峻的考验。除自然环境因素外，管理服务和度假者行为也是影响酒店安全管理的重要因素，都需要酒店予以重视，并制定相应的安全管理办法。

首先，在自然环境方面，酒店已经制定了一系列的管理措施和应急预案，在汛期保证酒店的正常运营，并对汛期的度假者行为加以约束和限制，防止在开展水上活动时发生意外。

其次，在管理服务方面的重点主要是食品卫生安全管理和设施设备安全管理，这两个方面出现安全事故，将对酒店造成不可弥补的损失，因此，必须建立起温馨岛度假酒店的食品卫生安全管理体系，并总结安全事故发生规律，建立高效的应急处理系统。而设施设备的安全则包括了娱乐、服务和基础设施设备三个主要方面。

再次，在度假者行为方面，酒店应予以进一步加强，并实现度假者安全行为管理的常态化、制度化，常见的管理措施有：做好度假者安全须知、安全警示标志、准备应急处置预案等工作；加强对船只、缆车、游艇等设施的日常检查；杜绝火灾隐患，确保度假者的生命及财产安全。

参 考 文 献

[1] Chuck Y. Gee. 度假饭店的开发及其管理[M]. 北京：中国旅游出版社，2003.
[2] http://wenku.baidu.com/view/2d78ff6d1eb91a37f1115c39.html
[3] http://wiki.mbalib.com/wiki/%E5%B8%82%E5%9C%BA%E8%90%A5%E9%94%80%E7%BB%84%E5%90%88%E7%AD%96%E7%95%A5
[4] http://www.davost.com/Intelligence/Theory/2009/04/24/1011215692.html
[5] Pizam A. Tourism'simpacts：The social costs to the destination community as perceived by its residents [J]. Journal of Travel Research，1978(spring)：8－12.
[6] 百度百科：人力资源管理 http://baike.baidu.com/view/4692.htm
[7] 百度百科：组织管理 http://baike.baidu.com/view/1051432.htm
[8] 贝勇斌，翟媛. 景区游客体验管理运行机制初探[J]. 经济研究导刊，2009(5).
[9] 曹霞，吴承照. 国外旅游目的地度假者管理研究进展[J]. 北京第二外国语学院学报，2006(1).
[10] 陈爱玲. 对度假酒店经营的几点思考[J]. 工作研究，2006(11).
[11] 陈学章，马勇. 旅游饭店安全管理标准化初探[J]. 标准科学，2010，(7)：14－17.
[12] 陈燕娥. 江垭温泉度假村旅游产品再开发策略分析[J]. 长沙大学学报，2006，20(4)：15－16.
[13] 程露悬. 国内度假型酒店的发展研究[J]. 旅游管理，2002(02).
[14] 池雄标. 滨海旅游理论与实践[M]. 广州：中山大学出版社，2004.
[15] 迟景才. 世界度假旅游产品及其发展[J]. 旅游调研，1996(7)：24－27.
[16] 戴斌. 中国旅游研究[M]. 北京：旅游教育出版社，2008.
[17] 邓惠君. 服务力视域下的酒店人力资源管理初探[J]. 旅游论坛，2009，2(5)：731－733.
[18] 冯海燕. 旅游景区环境管理初探[J]. 乐山师范学院学报，2005，10(20)：86－88.
[19] 傅文伟. 论我国旅游开发与环境管理[J]. 经济地理，1996，1(14)：79－81.
[20] 高峻，刘世栋. 可持续旅游与环境管理[J]. 生态经济，114－121.
[21] 高元衡. 沿海旅游目的地成长研究——以广西北部湾经济区为例[D]. 上海：上海师范大学，2009.
[22] 耿逸冉. 国家级旅游度假区开发建设探析[J]. 财经界，2006，(8)：190－191.
[23] 郭鲁芳. 休闲经济学——休闲消费的经济分析[M]. 杭州：浙江大学出版社，2005.
[24] 郝艳丽，苏勤等. 旅游目的地度假者管理研究进展[J]. 黄山学院学报，2008(8).
[25] 何方永. 基于不同目标导向的度假者管理模式比较研究[J]. 成都大学学报(社科版)，2008(3).
[26] 何巧华. 资源型岛屿旅游安全管理探讨[J]. 北京第二外国语学院学报，2008，(9)：75－80.
[27] 侯景亮. 烟台滨海生态旅游环境管理的探讨[J]. 特区经济，2005，171－172.
[28] 胡静，袁金名，唐贝. 饭店企业餐饮食品卫生安全管理浅析[J]. 中国集体经济，2008，10：62－63.
[29] 胡琼. 剖析休闲旅游酒店成功要素探索南湖度假酒店发展战略[J]. 中小企业管理与科技，2010(12).
[30] 胡卫华. 中国旅游食品安全管理的现状与对策[J]. 中国食品卫生杂志，2010，22(1)：49－52.
[31] 黄细嘉. 略谈我国旅游度假区的现状、问题和发展趋势[J]. 南昌大学学报，2002(02).
[32] 贾县民，王喜莲. 基于体验经济的度假者管理研究[J]. 安徽农业科学，2008，36(28).
[33] 靳国章. 我国度假村发展中存在的问题及发展趋势[J]. 天津商学院学报，2003(03).
[34] 李春颖. 森林公园度假旅游产品开发研究[D]. 华侨大学硕士学位论文，2006，4.
[35] 李惠娟. 环境管理体系在生态旅游中的应用[D]. 天津大学硕士学位论文，2003.
[36] 李平，等. 滨海旅游发展中的环境问题及对策[J]. 海岸工程，1999(2).

[37] 李志刚，戴光全．国际会议安全管理初探——以桂林 2002 博鳌亚洲旅游论坛为例[J]．旅游学刊，2004，19(3)：72-76．

[38] 里切，等．旅游研究方法[M]．天津：南开大学出版社，2008．

[39] 梁保尔．我国滨海休闲度假旅游发展研究[J]．旅游科学，2006(6)．

[40] 林越英．浅论旅游环境管理[J]．北京第二外国语学院学报，1999，4：64-67．

[41] 刘宏丽．谈旅游度假村建筑的生态设计[J]．林业科技情报，2008，4(40)：31-32．

[42] 刘家明．旅游度假区发展演化规律的初步探讨[J]．地理科学进展，2003(2)：211-218．

[43] 刘少和．度假酒店(村)的健康体验经营管理研究：以广东江门市古兜温泉旅游度假村为例[J]．旅游论坛，2009(3)．

[44] 刘伟．21 世纪国际度假村经营管理发展趋势[J/OL]．百度文库，2011-3-7．

[45] 刘欣．刍议森林生态旅游中生态环境的管理[J]．哈尔滨商业大学学报(社会科学版)，2004，3：95-97．

[46] 吕君．旅游景区发展的生态环境管理分析[J]．内蒙古财经学院学报，2008，1：37-40．

[47] 罗伯特·克里斯蒂·米尔．度假村管理与运营[M]．李正喜，译．大连：大连理工大学出版社，2002．

[48] 骆高远，陆林．我国温泉旅游的回顾与展望[J]．特区经济，2008(3)．

[49] 马勇．旅游景区度假者管理[M]．北京：中国旅游出版社，2005．

[50] 彭惠军，黄翅勤，王鹏．我国度假型酒店人力资源管理创新研究[J]．旅游市场，2009，11：73-74．

[51] 任开荣．城郊休闲度假旅游地开发研究[J]．绿色大世界，2007(8)．

[52] 沈咏雪．瑞士酒店的人力资源管理[J]．饭店现代化，2011，4：48-52．

[53] 师守祥．度假区管理[M]．天津：南开大学出版社，2008．

[54] 孙黎．论国际旅游度假村经营管理发展的七大趋势[J]．商场现代化，2010(23)：122．

[55] 谭伟明．南岳衡山度假旅游产品开发与 SWOT 分析[J]．南阳师范学院学报，2010，3(9)：43-46．

[56] 谭伟明．南岳衡山休闲度假旅游产品开发研究[D]．湖南师范大学硕士学位论文，2011，5．

[57] 汤举红．浅谈我国休闲度假村的发展和存在的问题[J]．安徽农业科学，2006(16)．

[58] 汤雅芬．上海市青浦区度假旅游产品开发研究[D]．华东师范大学硕士学位论文，2006，4．

[59] 唐继刚．我国旅游度假区的开发现状、问题及发展构想——以苏南为例[D]．南京师范大学硕士论文，2002．

[60] 田玉堂．21 世纪瑞海姆国际旅游度假村经营模式[M]．北京：中国旅游出版社，2000．

[61] 田玉堂．度假村的理论与操作实务[M]．北京：中国旅游出版社，2003．

[62] 田玉堂．古兜温泉旅游度假邨健康经营与管理模式[M]．北京：中国旅游出版社，2008．

[63] 田玉堂．古兜温泉旅游度假村健康经营与管理模式[M]．北京：中国旅游出版社，2007．

[64] 万绪才．基于客源市场的乡村旅游产品开发研究——兼论南京市江心洲乡村旅游产品开发的问题与对策．东南大学学报(哲学社会科学版)，2007，9(5)：56-59．

[65] 王国生．旅游生态环境管理初探[J]．山西财经大学学报，2010，2(13)：1-2．

[66] 王艳平．温泉旅游研究导论[M]．北京：中国旅游出版社，2007．

[67] 王莹，骆文斌．对我国旅游度假区建设与发展的再思考[J]．地域研究与开发，2002，21(4)．

[68] 王永强，冯军．日本、韩国及中国台湾地区促进乡村旅游发展的经验与启示[J]．现代经济信息，2009(20)．

[69] 魏峰群．旅游体验管理在旅游业经营实践中的影响[J]．长安大学学报(社会科学版)，2006(9)．

[70] 魏小安．旅游目的地发展实证研究[M]．中国旅游出版社，2002 年 12 月版：261-262．

[71] 魏小安．中国休闲度假的特点及发展趋势[J/OL]．中国旅游智网，2009-4-24．

[72] 肖星,杨国靖.阳关度假村旅游规划研究[J]西北师范大学学报:自然科学版,2002.
[73] 谢朝武.论饭店全面安全管理体系的构建[J].华侨大学学报(哲学社会科学版),2006,(3):38-44.
[74] 谢朝武.我国高风险旅游项目的安全管理体系研究[J].人文地理,2011,(2):133-138.
[75] 邢以群.管理学[M].2版.杭州:浙江大学出版社,2005.
[76] 徐红罡.旅游系统分析[M].天津:南开大学出版社,2009.
[77] 徐清.乡村度假旅游产品开发探讨[J].乡镇经济,2008(4):64-67.
[78] 许春晓,黄玲娟,何俊阳.休闲度假村几个问题探讨.湘潭师范学院学报,1998(06).
[79] 薛兵旺.浅谈中国旅游度假村发展历程与现状[J].当代经理人,2005(01).
[80] 颜红.基于利益相关者理论的游客管理研究[J].科技资讯,2010(31).
[81] 颜燕.三亚国际酒店管理集团高端品牌度假酒店业现状及前景展望[J].酒店管理研究,2011(6).
[82] 杨洪,李蔚,何俊阳.我国旅游安全管理探讨[J].现代商贸工业,2008,(12):48-49.
[83] 杨美霞.世界旅游精品建设目标下的张家界旅游环境管理对策研究[J].环境科学与管理,2008,33(8):1-5.
[84] 易金.乡村旅游资源评价与产品开发研究[D].山东大学硕士学位论文,2007年3月.
[85] 俞海滨.度假酒店(村)的开发与服务管理[M].北京:经济管理出版社,2008.
[86] 张广海,田纪鹏.国内外滨海旅游研究回顾与展望[J].中国海洋大学学报(社会科学版),2007(6).
[87] 张洁,杨桂红.借鉴海南经验发展云南度假酒店[J].经济论坛,2009(12).
[88] 张进福.旅游安全管理现状分析与对策思考[J].旅游科学,2001,(2):44-46.
[89] 张晶晶.生态旅游景区经营模式创新的研究[D].福州:福建农林大学,2008.
[90] 张凌云.试论我国度假区的市场定位和开发方向[J].旅游学刊,1996(4):5-9.
[91] 张文,李娜.国外度假者管理经验及启示[J].商业时代,2007(27).
[92] 张雨晴,杨嘉琳.定制旅游景区安全服务管理模式的出土[J].中国商贸,2011,146-147.
[93] 赵士德,郭小莉.浅析我国旅游安全管理现状及对策[J].资源开发与市场,2008,24(8):760-762.
[94] 赵西萍.旅游市场营销学[M].北京:高等教育出版社,2002.
[95] 浙江省旅游局.旅游政策与法规[M].3版.北京:中国旅游出版社,2010.
[96] 郑静.我国旅游度假村行业现状及发展趋势分析[J].商场现代化,2008(12).
[97] 郑向敏.我国沿海岛屿旅游发展与安全管理[J].人文地理,2007,(4):86-89.
[98] 钟林生,宋增文.游客生态旅游认知及其对环境管理措施的态度——以井冈山风景区为例[J].地理研究,10(29):1814-1821.
[99] 钟永德,陈晓磬.旅游景区管理[M].武汉:武汉大学出版社,2010.
[100] 周建明.旅游度假区的发展趋势与规划特点[J].国外城市规划,2003(1):25-29.
[101] 周霄,夏沫.中国海滨度假旅游的现状、趋势与创新对策[J].学术探索.2005年第1期.
[102] 朱少明.旅游景区游客管理研究——以杭州景区为例[J].商场现代化,2010(11).
[103] 邹统钎,陈芸,胡晓晨.探险旅游安全管理研究进展[J].旅游学刊,2009,24(1):86-92.
[104] 邹统钎.基于生态链的休闲农业发展模式——北京蟹岛度假村的旅游循环经济研究[J].北京第二外国语学院学报,2005,(1):64-69.
[105] 邹统钎.中国旅游景区管理模式研究[M].天津:南开大学出版社,2006.